"十二五"国家重点图书出版规划项目

关学文库　总主编　刘学智　方光华

吕大临评传

陈海红　著

西北大学出版社

总　序

张载(1020—1077),字子厚,宋凤翔府郿县(今陕西眉县)人,祖籍大梁,宋仁宗嘉祐二年(1057)进士。张载出身于官宦之家。祖父张复在宋真宗时官至给事中、集贤院学士,死后赠司空。父亲张迪在宋仁宗时官至殿中丞、知涪州事,赠尚书都官郎中。张迪死后,张载与全家遂侨居于凤翔府郿县横渠镇之南。因他曾在此聚徒讲学,世称"横渠先生"。他的学术思想在学术史上被称为"横渠之学",他所代表的学派被后人称为"关学"。张载与程颢、程颐同为北宋理学的创始人。可以说,关学是由张载创立并于宋元明清时期,一直在关中地区传衍的地域性理学学派,亦称关中理学。

关学基本文献整理与相关研究不仅是中国思想学术史的重要课题,也是体现中国思想文化传承与创新的重要举措。《关学文库》以继承、弘扬和创新中华文化为宗旨,以文献整理的系统性、学术研究的开拓性为特点,是我国第一部对上起于北宋、下迄于清末民初,绵延八百余年的关中理学的基本文献资料进行整理与研究的大型丛书。这项重点文化工程的完成,对于完整呈现关学的历史面貌、发展脉络和鲜明特色,彰显关学精神,推动传统文化创造性转化、创新性发展无疑具有重要意义。在《关学文库》即将出版发行之际,我仅就关学、关学与程朱理学的关系、关学的思想特质、《关学文库》的整体构成等谈几点意见,以供读者参考。

一、作为理学重要构成部分的关学

众所周知,宋明理学是中国儒学发展的新形态与新阶段,一般被称为新儒学。但在新儒学中,构成较为复杂。比较典型的则是程朱理学与陆王心学。南宋学者吕本中较早提到"关学"这一概念。南宋朱熹、吕祖谦编选的《近思录》较早地梳理了北宋理学发展的统绪,关学是作为理学的重要一支来作介绍的。朱熹在《伊洛渊源录》中,将张载的"关学"与周敦颐的"濂学"、二程(程颢、程颐)的"洛学"并列加以考察。明初宋濂、王祎等人纂修《元史》,将宋代理学概括为"濂洛关闽"四大派别,其中虽有地域文化的特色,但它们的思想内涵及其影响并不限于某个地域,而成为中华思想文化史上重要的一页,即宋代理学。

根据洛学代表人物程颢、程颐以及闽学代表人物朱熹对记载关学思想的理解、评价和吸收,张载创始的关学本质上当是理学,而且是影响全国的思想文化学派。过去,我们在编写《中国思想通史》第四卷、《宋明理学史》上册的时候,在关学学术旨归和历史作用上曾作过探讨,但是也不能不顾及古代学术史考镜源流的基本看法。

需要注意的是,张载后学,如蓝田吕氏等,在张载去世后多归二程门下,如果拘泥门户之见,似乎张载关学发展有所中断,但学术思想的传承往往较学者的理解和判断复杂得多。关学,如同其他学术形态一样,也是一个源远流长、不断推陈出新的形态。关学没有中断过,它不断与程朱理学、陆王心学融合。明清时期,关学的学术基本是朱子学、阳明学的传入及与张载关学的融会过程。因此,由宋至清的关学,实际是中国理学的重要组成部分,它是一个动态的且具有包容性和创新性的概念,它开启了清初王船山学术的先河。

《关学文库》所遴选的作品与人物,结合学术史已有研究成果,如《宋元学案》《明儒学案》《关学编》及《关学续编》《关学宗传》等,均是关中理学的典型代表,上起北宋张载,下至晚清的刘光蕡、民国时期的牛兆濂,能够反映关中理学的发展源流及其学术内容的丰富性、深刻性。与历史上的《关中丛书》相比,这套文库更加丰富醇纯,是对前贤整理文献思想与实践的进一步继承与发展,其学术意义不言而喻。

二、张载关学与程朱理学的关系

佛教传入中土后,有所谓"三教合一"说,主张儒、道、释融合渗透,或称三教"会通"。唐朝初期可以看到三教并举的文化现象。当历史演进到北宋时期,由于书院建立,学术思想有了更多自由交流的场所,从而促进了学人的独立思考,使他们对儒家经学笺注主义提出了怀疑,呼唤新思想的出现,于是理学应时而生。理学主体是儒学,兼采佛、道思想,研究如何将它们融合为一个整体,这是一个重要的课题。从理学产生时起,不同时代有不同的理学学派。

比如,在"三教融合"过程中,如何理解"气"与"理"(理的问题是回避不开的,华严宗的"事理说"早在唐代就有很大影响)的关系?理学如何捍卫儒学早期关于人性善恶的基本观点,又不致只在"善"与"恶"的对立中打圈子?如何理解宇宙?宇宙与社会及个人有何关系?君子、士大夫怎么做才能维护自身的价值和尊严,又能坚持修齐治平的准则?这些都是中国思想史中宇宙观与人生观的大问题。对这些问题的研究和认识,不可能一开始就有一个统一的看法,需要在思想文化演进的历史进程中逐步加以解决。宋代理学的产生及不同学派的存在,就是上述思想文化发展历史的写照,因而理学在实质上是中国思想文化的传承创新,具有重要的历史意义。

张载关学、二程洛学、南宋时朱熹闽学各有自己的特色。作为理学的创建者之一,张载胸怀"为天地立心,为生民立命,为往圣继绝学,为万世开太平"的学术抱负,在对儒学学说进行传承发展中做出了重要的理论贡献。北宋时期,学者们重视对《易》的研究。《易》富于哲理性,他通过对《易》的解说,阐述对宇宙和人生的见解,积极发挥《四书》义理,并融合佛、道,将儒家的思想提升到一个新的高度。

张载与洛学的代表人物程颢、程颐等人曾有过密切的学术交往,彼此或多或少在学术思想上相互产生过一定的影响。宋仁宗嘉祐元年(1056),张载来到京师汴京,讲授《易》学,曾与程颢一起终日切磋学术,探讨学问(参见《二程集·河南程氏遗书》卷二上)。张载是二程之父程珦的表弟,为二程表叔,二程对张载的人品和学术非常敬重。通过与二程的切磋与交流,张载对自成一家之言的学术思想充满自信:"吾道自足,何事旁求!"(吕大临《横渠先生行状》)

因为张载与程颢、程颐之间为亲属关系,在学术上有密切的交往,关学后传不拘门户,如吕氏三兄弟吕大忠、吕大钧、吕大临,苏昞、范育、薛昌朝以及种师道、游师雄、潘拯、李复、田腴、邵彦明、张舜民等,在张载去世后一些人投到二程门下,继续研究学术,也因此关学的学术地位在学术史上常常有意无意地受到贬低甚至质疑(包括程门弟子的贬低和质疑)。事实上,在理学发展史上,张载以其关学卓然成家,具有鲜明的特点和理论建树,这是不能否定的。反过来,张载的一些观点和思想也影响了二程的思想体系,对后来的程朱学说及闽学的形成也有重要的启迪意义,这也是客观的事实。

张载依据《易》建立自己的思想体系,但是,在基本点上和《易》的原有内容并不完全相同。他提出"太虚即气"的观点,认为没有超越"气"之上的"太极"或"理"世界,换言之,"气"不是被人创造出的产物。又由此推论出天下万物由"气"聚而成;物毁气散,复归于虚空(或"太虚")。在气聚、气散即物成物毁的运行过程中,才显示出事物的条理性。张载说:"太虚不能无气,气不能不聚而为万物,万物不能不散而为太虚,循是出入,是皆不得已而然也。"(《正蒙》卷一)他用这个观点去看万物的成毁。这些观点极大地影响了清初大思想家王船山。

张载在《西铭》中说:"乾称父,坤称母。予兹藐焉,乃混然中处。故天地之塞,吾其体;天地之帅,吾其性。民,吾同胞;物,吾与也。"天地是万物和人的父母,人是天地间藐小的一物。天、地、人三者共处于宇宙之中。由于三者都是气聚之物,天地之性就是人之性,所以人类是我的同胞,万物是我的朋友,归根到底,万物与人类的本性是一致的。进而认为,人们"尊高年,所以长其长;慈孤弱,所以幼其幼。圣,其合德;贤,其秀也。凡天下疲癃残疾、茕独鳏寡,皆吾兄弟之颠连而无告者也"。这里所表述的是一种高尚的人道主义精神境界。

二程思想与张载有别,他们通过对张载气本论的取舍和改造,又吸收佛教的有关思想,建构了"万理归于一理"的理论体系。在人性论方面,二程在张载人性论的基础上进一步深化了孟子的性善论。二程赞同张载将人性分为"天地之性"和"气质之性"。但二程认为"天地之性"是天理在人性中的体现,未受任何损害和扭曲,因而是至善无瑕的;"气质之性"是气化而生的,也叫"才",它由气禀决定,禀清气则为善,禀浊气则为恶,正因为气质之性不可避免地受到了"气"的侵蚀而出现"气之偏",因而具有恶的因素。在二程看来,善与恶的对立,实际上是"天理"与"人欲"的对立。

朱熹将张载气本论进行改造,把有关"气"的学说纳入他的天理论体系中。朱熹接受"气"生万物的思想,但与张载的气本论不同,朱熹不再将"理"看成是"气"的属性,而是"气"的本原。天理与万事万物是一种怎样的关系?朱熹关于"理一分殊"的理论回答了这一问题。他认为:"太极只是个极好至善的道理。人人有一太极,物物有一太极。"又说:"太极非是别为一物,即阴阳而在阴阳,即五行而在五行,即万物而在万物,只是一个理而已。"(《朱子语类》卷九四)"理一分殊"理论包括一理摄万理与万理归一理两个方面,这与张载思想有别。

总之，宋明理学反映出儒、道、释三者融合所达到的理论高度。这一思想的融合完成于两宋时期。张载开创的关学为此做出了重要的学术贡献。正如清初思想家王船山所说："张子之学，上承孔孟之志，下救来兹之失，如皎日丽天，无幽不烛，圣人复起，未有能易焉者也。"（《张子正蒙注·序论》）船山之学继承发扬了张载学说，又有新的创造。

三、关学的特色

关学既有深邃的理论，又重视实用。这可以概括为以下几个方面：

首先，学风笃实，注重践履。黄宗羲指出："关学世有渊源，皆以躬行礼教为本。"（《明儒学案·师说》）躬行礼教，学风朴质是关学的显著特征。受张载的影响，其弟子蓝田"三吕"也"务为实践之学，取古礼，绎其义，陈其数，而力行之"（《宋元学案·吕范诸儒学案》），特别是吕大临。明代吕柟其行亦"一准之以礼"（《关学编》）。即使清代的关学学者王心敬、李元春、贺瑞麟等人，依然守礼不辍。

其次，崇尚气节，敦善厚行。关学学者大都注意砥砺操行，敦厚士风，具有不阿权贵、不苟于世的特点。张载曾两次被荐入京，但当发现政治理想难以实现时，毅然辞官，回归乡里，教授弟子。明代杨爵、吕柟、冯从吾等均敢于仗义执言，即使触犯龙颜，被判入狱，依旧不改初衷，体现了大义凛然的独立人格和卓异的精神风貌。清代关学大儒李颙，在皇权面前铮铮铁骨，操志高洁。这些关学学者"穷则独善其身，达则兼善天下"，体现出"富贵不能淫，贫贱不能移，威武不能屈"的"大丈夫"气节。

最后，求真求实，开放会通。关学学者大多不主一家，具有比较宽广的学术胸怀。张载善于吸收新的自然科学成果，不断充实丰富自己的儒学理论。他注意对物理、气象、生物等自然现象做客观的观察和合理的解释，具有科学精神。后世关学学者韩邦奇、王徵等都重视自然科学。三原学派的代表人物王恕以治易入仕，晚年精研儒家经典，强调用心求学，求其"放心"，用心考证，求疏通之解，形成了有独立主见的治国理政观念。关学学者坚持传统，但并不拘泥传统，能够因时而化，不断地融合会通学术思想，具有鲜明的开放性和包容性特征。由张载到"三吕"、吕柟、冯从吾、李颙等，这种融会贯通的学术精神得到不断承传和弘扬。

四、《关学文库》的整体构成

关学文献遗存丰厚，但是长期以来没有得到应有的保护和整理，除少量著作如《正蒙》《泾野先生五经说》《少墟集》《元儒考略》等在清代收入《四库全书》之外，大量的著作仍散存于陕西、北京、上海等地的图书馆或民间，其中有的在大陆已成孤本（如韩邦奇的《禹贡详略》、李因笃的《受祺堂文集》家藏抄本），有的已残缺不全（如《南大吉集》收入的《瑞泉集》残本，现重庆图书馆存有原书，国家图书馆仅存胶片；收入的南大吉诗文，搜自西北大学图书馆藏《周雅续》）。即使晚近的刘光蕡、牛兆濂等人的著述，其流传亦稀世罕见。民国时期曾有宋联奎主持编纂《关中丛书》（邵力子题书名），但该丛书所收书籍涉及关中历史、地理、文学、艺术等诸多方面，内容驳杂，基本上不能算作是关学学术视野的文献整理。20世纪70年代以来，中华书局将《张载集》《蓝田吕氏遗著辑校》《关学编（附续编）》《泾野子内篇》《二曲集》等收入《理学丛书》陆续出版，这些仅是关学文献的很少一部分。全方位系统梳理关学学术文献仍系空白。

关学典籍的收集与整理，是关学学术研究的重要基础，文献整理的严重滞后，直接影响到关学研究的深入和关学精神的弘扬，影响到对历史文化的传承和中国文化精神的发掘。

现在将要出版的《关学文库》由两部分内容组成，共40种，47册，约2300余万字。

一是文献整理类，即对关学史上重要文献进行搜集、抢救和整理（标点、校勘），其中涉及关学重要学人29人，编订文献26部。这些文献分别是：《张子全书》《蓝田吕氏集》《李复集》《元代关学三家集》《王恕集》《薛敬之张舜典集》《马理集》《吕柟集·泾野经学文集》《吕柟集·泾野子内篇》《吕柟集·泾野先生文集》《韩邦奇集》《南大吉集》《杨爵集》《冯从吾集》《王徵集》《王建常集》《王弘撰集》《李颙集》《李柏集》《李因笃集》《王心敬集》《李元春集》《贺瑞麟集》《刘光蕡集》《牛兆濂集》以及《关学史文献辑校》。

二是学术研究类，其中一些以"评传"或年谱的形式，对关学重要学人进行个案研究，主要涉及眉县张载、蓝田吕大临、高陵吕柟、长安冯从吾、朝邑韩邦奇、周至李颙、眉县李柏、富平李因笃、户县王心敬、咸阳刘光蕡等学人，共11部。它们分别是：《张载思想研究》《张载年谱》《吕大临评传》《吕柟评传》

《韩邦奇评传》《冯从吾评传》《李颙评传》《李柏评传》《李因笃评传》《王心敬评传》《刘光蕡评传》等。此外,针对关学的主要理论问题与思想学术演变历程进行研究,共3部。这些著作分别是:《关学精神论》《关学思想史》《关学学术编年》等。

在这两部分内容中,文献整理是文库的重点内容和主体部分。

《关学文库》系"十二五"国家重点图书出版规划项目,国家出版基金项目、陕西出版资金资助项目,得到了中共陕西省委、陕西省人民政府和国家新闻出版广电总局的大力支持。本文库历时五年编撰完成,凝结着全体参与者的智慧和心血。总主编刘学智、方光华教授,项目总负责徐晔、马来同志统筹全书,精心组织,西北大学、陕西师范大学、中国人民大学、华东师范大学、郑州大学等十余所院校的数十位专家学者协力攻关,精益求精,体现出深沉厚重的历史使命感和复兴民族文化的责任感;他们孜孜矻矻,持之以恒,任劳任怨,乐于奉献,以古人为己之学相互勉励,在整理研究古代文献的同时,不断锤炼学识,砥砺德行,努力追求朴实的学风和严谨的学术品格。出版社组织专业编辑、外审专家通力合作,希望尽最大可能提高该文库的学术品质。我谨向大家卓有成效的工作表示衷心的感谢。由于时间紧迫、经验不足等原因,文库书稿中的疏漏差错难以完全避免。希望读者朋友们在阅读使用时加以批评指正,以便日后进一步修订,努力使该文库更加完善。

张岂之
2015年1月8日
于西北大学中国思想文化研究所

前　言

　　吕大临(1040—1093),字与叔,号芸阁,人称芸阁先生、蓝田先生①,北宋著名经学家、理学家、金石学家,今陕西蓝田人。吕大临与其兄吕大忠(1020—1100?)、吕大防(1027—1097)、吕大钧(1031—1082)因为在当时突出的政事、人格与学问影响,被世人称为"蓝田四贤"。吕氏兄弟中有三人师事关学开山张载(1020—1077),在张载死后,又慕洛学创始人程颢(1032—1085)、程颐(1033—1107)兄弟的学问,一道成为二程及门弟子,而被称为"蓝田三吕"(吕大忠、吕大钧、吕大临)。其中,吕大临与谢良佐(1050—1103)、游酢(1053—1123)、杨时(1053—1135)一道,被《宋史》并称为"程门四先生"。又由于吕大临所作《考古图》《考古图释文》在中国考古学、金石学上的杰出成就,学界有人称其为"考古鼻祖"。

　　以吕大临为代表的蓝田吕氏兄弟,是中国传统社会官宦、学者相结合的文化家族的杰出代表。作为北宋佑文政策下成长起来的知识分子,吕氏兄弟既是这一文化政策的产物,代表了那个时代的精神风貌;也在这一思想活跃、文化繁荣的时代,积极参与其中并通过自己的努力成为引领政治、思想、学术与文化的代表。吕氏兄弟不论为官、为学,还是为人,都代表了中国传统知识分子的良心。

　　吕氏兄弟中,吕大临既不是年龄最长者,也不是官职最高的,但却被共同

---

①　今天大陆学者皆知吕大临称为芸阁先生,其实他还有另一称呼,即蓝田先生,或谓吕蓝田。譬如清人张伯行、民国时的陈青之与赵兰坪、日人宇野哲人与渡边秀方等,在其著作中都称吕大临为吕蓝田。参见①张伯行:《学规类编》(丛书集成初编),北京:中华书局1985年版,收有吕大临的"吕蓝田克己铭"文。②陈青之:《中国教育史》(上)(民国学术文化名著丛书),长沙:岳麓书社2012年版,第262—263页"吕蓝田"条。③赵兰坪:《中国哲学史》(卷三),上海:国立暨南学校出版部1925年版,第74页,"程学后继·吕蓝田"。④宇野哲人著,马福辰译:《中国近世儒学史》,台北:中国文化大学出版社部1982年版,第165—168页,"程门诸子"章"吕蓝田"节。⑤渡边秀方著,刘侃元译:《中国哲学史概论》,北京:商务印书馆1928年版,第50—51页"程门诸子·吕蓝田"。

推许为最有学术创造精神的一个。不过,作为一名博及群书的杰出学者,吕大临虽然受到张载、二程以及朱熹的赞许,也因其兄吕大防为相之故而被《宋史》列传,但时至今日并没有一部全面研究、述评他的著作问世。究其故:①在于吕大临年龄的缘故。朱熹说吕大临:"吕与叔惜乎寿不永!如天假之年,必所见又别。程子称其深潜缜密,可见他资质好,又能涵养。某若只如吕年,亦不见得到此田地矣。'五福'说寿为先者,此也。"①也就是说,吕大临的思想因为年龄故,其实没有达到真正的大家地步。②由于历史的原因,吕大临的生卒年代没有准确的记载,即使学博术精的朱熹,也在吕大临的生卒年代上犯了错误。朱熹就认为吕大临生于1046年,卒于1092年。而实际上,据现在可见的文献,我们可以更有理由相信吕大临生于1040年,卒于1093年。就吕大临现实的求学经历而言,生卒年的不确定性,造成了后来的研究者不能够完整地判定吕大临的人生历练、学术经历与自我思考。③由于历代战火的摧残与古代书籍流传的现实,吕大临众多的作品在历史的长河中渐流渐佚。除了《考古图》《考古图释文》《中庸解》能够较完整地流传至今,其他的作品则全部散佚。虽然现代学者经过艰辛的努力,从其他历史人物的著作中进行搜集、梳理、辑校与恢复,但是其全貌可以肯定地说不可能再现了。尤其是他在受学张载、二程以前以及过程中,有哪些著作于其时问世更没有准确的资料记载,这造成了研究者在分析吕大临思想与关、洛二学之间的关系时,遇到了极大的困难。④今天的研究者因为受到现代西方学科模式、专业背景设置的影响与训练,也因为中国当代学术与传统学术的巨大差异,形成了古今专业隔阂、知识贫乏的现实,从而在面对古代文史哲相融一体的学术体系时,只能各守一隅,不能够全面地把握、分析与研究。笔者对此深有感触,痛感自己知识的匮乏、专业的限制与视野的狭窄。面对古圣先贤的广博知识、精深思想与时代风貌,大有隔膜之感。

可喜的是,随着上个世纪80年代大陆学界理学研究的升温,吕大临的理学思想及影响终于如同他金石学贡献一样走进了研究者的视野。这既得益于吕大临相关著作辑佚工作的展开,比如陈俊民教授的《蓝田吕氏遗著辑校》、曾枣庄等的《全宋文》、傅璇琮等的《全宋诗》开创之功,也得益于极少数文献研究工作者对于吕氏兄弟著作的考释,比如李如冰女士的《宋代蓝田四

---

① 《朱子语类》卷一百一,第七册,第2560页。

吕及其著述研究》。由于文献学者的努力，一些未见的资料得以发现、辑佚，一些模糊的资料得到考辨、确证，这大大有益于在目前的研究局面下，从更全面、准确的角度来对吕大临进行研究。另外，近年来的考古研究也为吕大临及其家族的研究提供了翔实的田野实证材料。比如，2006年12月至2009年12月陕西省考古工作者抢救性发掘了蓝田吕氏家族墓群，出土了大批文物，这其中就有关涉我们研究之需的吕氏兄弟墓志。"出土的众多墓志铭文确定了大部分墓葬主人名讳身份，以此为依据，可排列出家族墓葬的分布次序。"①考古工作者据此所排列出的吕大临兄弟六人次序，为我们的研究提供了准确的依据。但是，我们也不能不遗憾地指出，考古工作者至今仍未公布墓志铭文中所显示的吕氏兄弟的生卒及其他重要信息。这使我们对吕大临生卒年的判定，仍只能依据既有文献的逻辑推演，缺少了实证的可信性。

吕大忠、吕大防、吕大钧、吕大受、吕大临，与吕大观弟兄六人，其中五人登科，贵为进士，代表了他们对于那个时代基本知识的把握与理解已经达到了极高的程度。北宋的进士科考试，虽时有变革，但都要求试者系统并熟练地掌握《诗》《书》《礼》《易》等儒家的经典。同时，由于历史的演变到吕大临兄弟生活的11世纪的中国，文化政策的开明形成了中国知识分子更加广阔的知识面向。而且，随着社会的逐渐世俗化，知识分子追求的价值实现也是多元而丰富的。当然，面对一直没有解决的北方少数民族的虎视眈眈局面，知识分子还必须有着更加现实的家国安危忧患意识。在相对公平的科举考试选拔之下，吕氏兄弟通过自己的学术努力，进入了官僚系统的上层。他们之间共同切磋，也互相激励，形成了名不下"三苏"的声望。而且，他们虽然可能在政治见解上与重视文学的苏氏"蜀学"相异，但并不妨碍两大家族之间的学术交往与互相尊重。就吕大临而言，他虽然求学于重视义理而轻视文学的理学家张载、二程门下，但并没有让其丧失作为一个时代文人的家学特色。而且，一直到北宋五子开创、奠基理学规模与精神时，我们认为北宋时代的学术思想界也并非纯粹地只有一个理学话题。理学作为中国传统社会曾经延续并占据思想中心的学术思潮，也有其本身的演变过程。至少在吕大临兄弟登上历史舞台之际，中国社会的思想还不是理学一尊的时代。开明文化政策

---

① 张蕴、卫峰等：《九泉之下的名门望族——陕西蓝田北宋吕氏家族墓地》，《中国文物报》，2009年9月11日第4版。

下的知识分子,表现出了多面向的知识结构与兴趣所在。王国维先生就说过:"宋代学术方面最多进步,亦最著。其在哲学,始则有刘敞、欧阳修等,脱汉唐旧注之桎梏,以新意说经;后乃有周敦颐、程颢、程颐、张载、邵雍、朱熹诸大家,蔚为有宋一代之哲学。其在科学,则有沈括、李诫等,于历数、物理、工艺均有发明。在史学,则有司马光、洪迈、袁枢等,各有庞大之著述。绘画,则董源以降,始变唐人画工之画,而为士大夫之画。在诗歌,则兼尚技术之美,与唐人尚自然之美者,蹊径迥殊。考证之学,亦至宋而大盛。故天水一朝人智之活动与文化之多方面,前之汉唐,后之元明,皆所不逮也。近世学术多发端于宋人,如金石学,亦宋人所创学术之一。"①多方面的知识兴趣点形成了有宋一代的文化繁荣,也造成了知识分子丰富而多元的知识结构。吕大临,就是这其中的一个杰出代表,有着多方面的知识兴趣。当然,就吕大临一生的学术重点而言,他首先应该是一个理学家。

作为一个理学家,由于吕大临有受学于张载、二程的学术经历,一般论者认为,吕大临的思想"非关即洛""关洛之际"。其实,吕大临博及群书、好学深思、资质甚美。在投身张载门下之前,就已经在其良好的家庭学术氛围中,形成了对于传统学术的理解与阐释。而且,从当前既有的资料来看,吕大临应该有一个时间不短的游学经历。并且,虽然同为关中学人,在其兄长吕大钧已经投师张载的现实下,吕大临也没有同时从学,而是经过了一段时间的思考、选择之后,才最终成为张载的及门弟子。这无疑表现出了吕大临勤于求索、独立自主的为学精神。所以笔者认为,吕大临的学术经历可以分为三个时期:即自我求索"吕学"期(31岁之前),受学张载"关学"期(31岁至40岁),受学二程"洛学"期(40岁以后)。吕氏之父吕蕡中过进士,兄弟六人中有五人进士及第。史载吕蕡未仕之前,居家教子,显有成就;吕大忠、吕大防、吕大钧也为史载好学修身,而相互勉励。吕大临年纪排行第五,受到吕大忠、吕大防、吕大钧、吕大受的影响,但又被弟兄几人认为是最值得问学求道之人。蓝田吕氏兄弟有着强烈的求道之心,践行古礼的笃实家风,以及良好的博学求知兴趣。我们认为,虽然他们的著作现在可见的只是很少的一部分,但还是能够看出他们在北宋思想争鸣、文化兴盛的时代背景之下,有着自己

---

① 王国维:《宋代之金石学》,《王国维文选》,林文光选编,成都:四川文艺出版社2008年版,第91页。

共同的价值追求、兴趣取向与经世风格。吕大临在这样一个学术家庭中,必然受到巨大的影响,我们不妨将吕氏兄弟共同形成的问学求知之风名之曰"吕学"。又由于吕大临本人资美而精思,他还表现出与其兄长不一样的穷于形上追问的致思特点。这一特点,可以从其对于形上道体的提炼所展示出来的抽象思维水平看得很清楚。问学张、程后,在张载与二程兄弟的启发指点下,吕大临学术经历了"先关后洛"两个阶段,且后一个阶段总带有前一个(或两个)时期的某些思想特点。就现有的资料来看,不论是自我求索期、亲炙张载时期,还是受学二程期间,吕大临都以其"以道自任"的道统意识与"持中守一"的理性精神,追求对于道体的体认,对传统儒家学术思想做出了自己的理解与阐释。这一理解与阐释以"中为大本"的形上本体思考,同前此的章句训诂之学相比,带有鲜明的宋明新儒学思想特色,使他能够跻身于新儒家学者的行列。而且,他也没有完全抛弃自己博学的知识兴趣。比如,十卷本的《考古图》里所摹绘的众多古器物,既不是一朝一夕能够搜集到的,也不是一朝一夕就能够摹绘成功的,这应该经历了一段很长的时间,跨越了他求学的三个时期,终于在他离世的前一年完成。

　　经历了唐末五代的社会混乱后,赵宋王朝采取的"佑文"政策激活了传统学术尤其是儒家学人的思想活力。他们自由思考,相互辩论。既为社会安宁,也为个人信仰;或求现实变革,或求天理流行。一个需要思想创新,并且也出现了创新的时代正在来临。北宋传统学术面临新的发展契机,吕大临同那个时代的儒家知识分子一样,都有出入佛老的经历,也都希望在儒、释、道三教之中寻求形上的精神证明。在自我求索期,吕大临钻研道籍,翻阅佛典,遍查诸子,希望能够寻求到为学、成人的精神资源。从这一时期起,他逐渐形成了比较开明的学术评判思路。后来的他曾说:"诸子百家,异端殊技,其设心非不欲义理之当然,卒不可以入尧舜之道者,所知有过不及之害也。"① 虽然这里还是以儒家为标准,但毕竟承认了诸子百家、异端殊技寻求义理之当然的用心。因此,他注有《老子》,认为老子能够体验道体。而在与张载、二程的学术讨论中,基于其"深潜缜密"(二程评吕大临)的学术品格,吕大临与其师一道,加强了儒家学术的道统意识,他们通过抽象的思辨与精深的思考,提出了一些新的理论话题、关注了一些新的理论视点,也提供了一些新的致思

---

① 《礼记解·中庸第三十一》,《蓝田吕氏遗著辑校》,第276页。

路径,重释了一些新的既有范畴,从而奠定了新儒学以后演进的致思框架。他们所讨论的一些形上话题、思维致思的方向,成为以后新儒学诸多流派共同的关注,并且还为他们构建自己的思想理论提供了重要的问题意识与逻辑线索。

"北宋五子"提供了后来宋明理学的极其重要的思想资源,而张载关学与二程洛学思想最终构成了理学的逻辑发展核心。关学张载、洛学二程兄弟是真正宋明理学的奠基者,他们思想的形成有一个不断成熟的过程。从宋明理学的思想逻辑体系而言,它由一系列的概念、范畴、命题、话题与推理、结论组成。这些概念、范畴、命题、话题与推理、结论的形成,显然经历了学者们之间长期的思考、辩论、交流与相互吸收。因为处于同一个时代,又具有亲戚关系,张载、二程兄弟的许多思想其实都经历了这样的一个过程。在有宋开明的文化氛围下,张载关学、二程洛学提出的复兴孔孟之道的新儒学思想逐渐成为社会所接受的话题。许多有志于此的知识分子投身门下,成为学习、研究、宣传、传播张载关学、二程洛学的重要载体。他们与张载、二程兄弟一道,扩大了张载关学、二程洛学的影响,深化了相关讨论,丰富了理学命题的内涵,也为宋明理学最终成为一种影响深远的社会思潮做出了自己的贡献。吕大临先后师从张载、二程,作为张载关学、二程洛学创始人的亲炙高弟,他参与了这两大学派思想构建的具体过程。尤其是他亲身请益张载、二程并与他们进行的直接思想交流、辩论,更是见证了张载、二程某些思想的成熟过程。后来的理学家们,无不从这一思想交流、论辩中得到感悟与借鉴。吕大临的思想确实有一个简择、体悟、融合张载关学、二程洛学的特点,它反映了理学奠基期的思想现状,也体现了中国传统学术在相互争辩、相互讨论、相互吸纳,最终选择走向成熟的历史演绎逻辑。吕大临在张载、二程门下的特殊经历,既成就了他自己的学术生命,也给宋明理学后来的发展提供了思想的借鉴。后来的理学集大成者朱熹之所以高度重视吕大临的思想,正是因为吕大临曾经受学的张载关学、二程洛学也是朱熹进行理论阐释最重要的两大思想资源。

笔者对于吕大临学术最为重要的方面——理学思想的研究,将以整个宋明理学发展史为背景。这一研究架构,既有吕大临自话自说的理论分析,也有横向的张载、二程思想比较与纵向的关洛浙闽区域学术的比较。31岁以后,由于其曾先后师从张载与二程,在张载、二程巨大的学术影响下,吕大临的理学思想确实存在一个关、洛二期的不同问题。由于张载逝后,他的学生中绝大部分都师事二程,有学者据此认为这是一个"关学洛学化"的过程。但笔者认为,吕大临的两段求学经历,并不表明其是一个典型的"由关入洛"的思想转变。原因在于:其一,吕大临不长的学术生命与张载、二程学术体系形成的不成熟性,都使他的思想还不具有明确的后来研究者所判定的学术认同与学派归属。其二,作为一个学派的"关学洛学化"的思想史现实非常复杂,它并不表明学派中的每一个体都有着这一倾向。"关学洛学化"着重从改变师门立论,而少从思想承继入手,有其分析上的不足。吕大临本人有其独特的思想特点,程颐就说:"与叔守横渠学甚固。"① 基于此点考虑,笔者《吕大临理学思想研究——兼论浙东学派的学术进程》就从理气、心性、知行、天人之学四个方面,来分析吕大临对这些后来成为宋明理学主要话题的思考与解答,从而提炼出他的主要观点与思想。今天看来,吕大临对于这些后来理学主要话题的思考与解答都还不是非常自觉的。本书将在此基础上,弱化吕大临的理学话题自觉,而坚持其问题意识自觉。也就是突出其在重建社会规范与人伦秩序基础上,所表现出来的:从理义之善走向天下一理,这是在关学时期就已经形成的;从气质之差走向人性趋善,这是关洛二期共同关注的;从养气养心走向克己归仁,这是"由关转洛"的突出表现。

  宋明理学是中国文化中具有重要学术与思想意义的理论思潮,这一庞杂的学术思想除了基于儒学的正统学术立场而与佛、老既论衡又融摄外,其内部的各个学派之间也是互动互济,冲突融合的。新儒学各个学派,其实有着共同的道德人学主题;学派之间的不同,实际上也只是对于这一主题所作的论证不同。张载的气本、程朱的理本、陆王的心本、胡宏的性本,都是基于不同的理论基点,来对儒家所一贯坚持的主体天赋的道德本性和儒家道德观进行形上性、合理性、必然性论证。他们在确证人的天赋的善性,开发这种善性,并希望在现实中实现内圣外王的社会理想上是一致的。理学互渗互济的过程,在理学的开创期关学、洛学并立时期就已经开始。实际上,我们把吕大临置于张载与二程的弟子的角度进行分析时,就已经看出这一理学的内部相融相合特点。当我们从吕大临作为关、洛二学的承继者的角色走出时,作为理学开创与奠基时期的吕大临在理学发展中的思想史意义,就更加清晰。而

---

① 《河南程氏遗书》卷十九,《二程集》,第265页。

他追求道体,并以"中为大本"来总结自己的心路历程时,这一意义、价值也当更加独特。

综论吕大临的新儒学追求,我们可以概括出他思想的三个特征,也就是:

(一)对儒家道统的坚定信仰。① 理学家都面临着对异端的佛、老展开批驳的任务。他们在新的理论层面,从理性思辨的角度对这些不同于儒学的思想"异端"展开批判。吕大临生活的时期,正逢唐、五代之后。由于历经连年战火以及佛、老之冲击,中国本土的儒家学说在这一过程中受到了理论与现实层面的双重打击。在理论上,儒家学说不论在形上本体的论证上,天地自然的构成上,还是在心性的内在阐发上,都不及佛道之精致;而在现实的社会中,儒家所一贯倡导的仁义礼智的道德伦理观念,受到了严重的摧残。表现于生活的实际上,则如同吕大临所说:"今大道未明,人趋异学,不入于庄,则入于释。疑圣人为未尽善,轻理义为不足学,人伦不明,万物憔悴。"②也就是说,一方面,曾经是中国文化主导,被儒家学者敬为大道之学的儒学,已不再被人们认为是唯一正确的选择;另一方面,则是维系中国社会几千年的儒家伦常,由于儒学的失势与佛道的世俗化,使人们对于这一调节社会的约束规范不再相信,造成人伦失序。

就儒家学者而言,他们在内心深处一直以儒家所倡导的"三纲五常"作为自己精神世界的支柱。他们认为学统就是道统,儒家学者本身就是道统的承担者。作为一名高度自觉的知识与道德的实践者,儒家学者虽然对大道至为敬畏,但他们从不将主体的人置于天道的完全笼罩之下。从孔子开始,这一传统就一直成为他们思想的核心。孔子说:"人能弘道,非道弘人。"③人是大道的弘毅者,作为客观存在的大道只能通过自觉担当意识的人来加以体现。儒家认为,大道是自古至今就一直存在于人伦物理之中,它并不因人之意识如何而有变化,关键在于是否有有德之君子对之加以自觉的担当。二程讲:"天理云者,这一个道理,更有甚穷已?不为尧存,不为桀亡。人得之者,故大

---

① "昔富郑公致政家居,蓝田吕大临与之书,劝其以道自任,振起坏俗,郑公纳其言,多所倡导。"(参见《二曲集答魏环溪先生书引吕大临劝郑公以道自任》,《蓝田吕氏遗著辑校》附录,第650页)

② 《与叔吕先生》,《关学编(附续编)》卷一,第12页。

③ 《论语·卫灵公》。

行不加,穷居不损。这上头来,更怎生说得存亡加减? 是佗元无少欠,百理具备。"① 吕大临则说:"道有兴有废,文有得有丧,道出乎天,非圣人不兴,无圣人则废而已。故孔子以道之废兴付诸命,以文之得丧任诸己。及秦灭学焚书,礼坏乐崩,数千百年莫之能复,殆天之丧斯文也,然道未尝丧,苟有作者,斯文其复兴乎?"②

儒学本是中国先秦百家学派中的一家,以继承中国传统薪火为自己的理论特色,以实现三代圣王之事业为己任,表现出高度的自我承担意识。他们在自己的理论中,处处以民族文化的承继者自期、自为、自立。虽然久历社会政治的变故,儒家学者却从不以自己学说为末流。他们也在一定的意义上认为,儒家的学统不仅是道统,也是政统得以合法与合理化的唯一的理论形态。中唐的韩愈,就以道统来论证儒家学统对于华夏的一贯性与唯一合法性。

理学家们对于自己尊奉的儒家学术传统,有着更深更多的体认,他们较之自己的前辈之不同,在于从更理性化的层面来对此进行论证,从更充实与超越的理性层面来对自己的道统进行辩护与捍卫。③ 吕大临认为,儒学以外的佛道等其他学术,之所以不能代表华夏之道统,倒不在于他们不自觉于大道的体认。他说:

> 墨氏兼爱,杨氏为我,原其设心之初,以为道在乎是,天下之善无以易此,岂欲为无父无君之行哉? 然卒至于无父无君者,积靡其敝,不至于是则不止也。④

自以为体道的杨墨,不能够对于大道有清醒的认识,他们"其始未有害也,其风之末,则至于无君无父而近于禽兽"⑤,因此,以杨墨为代表的"百家者流"最终不能成为传统的合法承继者。他说:"绝伦离类,无意乎君臣父子者,过而离乎此者也;贼恩害意,不知有君臣父子者,不及而离乎此者也;虽过

---

① 《河南程氏遗书》卷二上,《二程集》,第31页。
② 《易章句·子罕第九》,《蓝田吕氏遗著辑校》,第448页。
③ 宋初三先生之一的石介,在这一维护儒学的立场上,表现出了强烈而可贵的道统意识。他说:"吾学圣人之道,有攻我圣人之道者,吾不可不反攻彼也。盗入主人家,奴尚为主人拔戈持矛以逐盗,反为盗所击而至于死且不避。其人诚非有利主人也,遂事主之道不得不尔也。亦云忠于主人而已矣,不知其他也。吾亦有死而已,虽万亿千人之众,又安能惧我也!"(参见《怪说下》,《徂徕石先生文集》,第63—64页)
④ 《礼记解·缁衣第三十三》,《蓝田吕氏遗著辑校》,第344页。
⑤ 《礼记解·中庸第三十一》,《蓝田吕氏遗著辑校》,第309页。

不及有差,而皆不可以行于世,故曰'可离非道也'。"①而作为大道的承继者的儒家学说,以"中"为目的,既不过也不及,他们才是大道真正之人格彰显。

  佛教倡空、道家倡无,为了对这一建立于高度思辨基础上的理论进行反驳,理学家从天理至实的角度展开论述。吕大临说:"天之道虚而诚,所以命于人者,亦虚而诚"②。"虚"在理学家吕大临这里不再是佛家的空而不真的意味,虚而诚是指本体的天道、天理形状是无形的,而在存在上却又是真实无妄的存有。张载则是以"太虚"之无形与实有来批佛教之空,而二程也说:"皆是理,安得谓之虚? 天下无实于理者。"③吕大临明确指出:"夫诚者,实而已矣。实有是理,故实有是物;实有是物,故实有是用"④。实是理学家在形上本体上同释老的最为明确的区别。虽然吕大临这一虚而诚的本体抽象带有明显的佛道的理论特征,但这却从另一层面表明了理学家在理论上对于释老理论精华的自觉借鉴,它也使理学家对佛道理论的批判上升到一个更高的层次。因之,朱熹批评"程门高弟如谢上蔡、游定夫、杨龟山辈,下梢皆入禅学去"⑤,而不及吕大临。

  (二)对形上道体的执着追求。理学之分为不同的学派,是宋明理学作为一种理论思潮正常的理论碰撞。关学与洛学分别从气与理的角度对万事万物之最终的依据、本原进行论证。这一气与理的分裂与不同,表明理学从一开始就不是作为一个统一的学术方向而展开的。气本者,有鉴于世界的大化流行与化生,他们从世界之实的角度力批佛、老之空无。正是有鉴于佛、老认世界万物为虚幻,张载从其理论的逻辑之始就不准备给佛道以借口,因此他更多地从万物实有的层面对形上本体进行抽象。张载的大气一本批驳了认世界为虚幻的佛老,而其"太虚即气"的理论抽象又从形上层面为其理论树立一实有且不可见闻的本体。二程也必须解决儒家传统所缺失的形上之体,他们认为张载实有之气对于批判佛老之空无是大有作用于圣门的。但是,他们又认为张载的大气还是处于形而下的层次,万事万物的最终之依据应该是形上的存在,他们因此提出实有的天理作为形上之最终指归,而且天理是实而

---

① 《礼记解·中庸第三十一》,《蓝田吕氏遗著辑校》,第272页。
② 《孟子解·告子章句上》,《蓝田吕氏遗著辑校》,第477页。
③ 《河南程氏遗书》卷第三,《二程集》,第66页。
④ 《礼记解·中庸第三十一》,《蓝田吕氏遗著辑校》,第301页。
⑤ 《朱子语类》卷一百一,第七册,第2556页。

不虚空。气是有生有灭的,而理则是无生无灭的存在。理与气在理学理论的发展过程中,具有重要的意义。

从某种意义上说,宋明理学的发展实际上是为了能够为人间的伦理寻求形上的理论论证。张载与二程处于理学的奠基期,他们为以后的理学家提供了可供选择的理与气两种形上本体之可能。为了证明儒家所倡导的伦理的现实必然性,他们一方面从理与气的天赋层面进行超越的论证,另一方面,他们又认为人性之善是内存于人心的。朱熹作为自觉的理学继承者,吸收了张载与二程的思想,对二者的理与气加以系统地融合与创造。而陆九渊则认为朱熹的格物致知式的由物理而至道心之善,有支离之嫌,他提出直接由人心开出现实伦理之必要。明中期的王阳明有鉴于朱熹之理学的外在式教化所造成的理念僵化,而从陆九渊的心学走向更直接的良心良知。理论的发展总是伴随着社会的实践,当王学的纠偏流向狂禅而使社会有进一步走向无序之弊时,刘宗周既认"天下盈一气"又认"天下盈一心",其目的是挽王阳明心学良知之失;等到苦心孤诣的王夫之要从"六经开新面",就从更高的层次对于理学所提供的资源重新进行整理与发掘,张载的"大气一本"为他提供了寻找失落的现实存在的形上之根。

在这一理学的逻辑发展中,理与事(道与器)的关系实际上表明了理学各个阶段的特点。张载认为理在气中,气在理在;程朱认为理在事先,理恒气灭;陆王则以理在心中,心外无物;刘宗周认为气心一通,独体统贯;到王夫之进行总结时,则是理在事上,理事相即。在这一理学的发展中,理学家或者自觉、或者无意识地进行着理论的总结与拣择。如果说朱熹作为理学的集大成者,是自觉地对张载与二程的理与气进行批判继承与总结的话,那么作为张载与二程弟子的吕大临则是在逻辑上无意识地进行着理论的融合与总结。在某种意义上,吕大临实际上做着朱熹所进行的工作。他一方面自觉地以张载的大气一本对万事万物进行实有的论证,一方面又力求避免张载气之形下的一面而认可二程以天理为物、心、事的逻辑依据。这一形上本体的寻求,吕大临表述为"天之道虚而诚,所以命于人者,亦虚而诚"①。"虚"是不可现于见闻,"诚"则表明其无妄的实有之存在。秉承张载、程颢、程颐思想的吕大临,实际上具有对理本与气本的逻辑体系进行融合与拣择的现实条件。程颐

---

① 《孟子解·告子章句上》,《蓝田吕氏遗著辑校》,第477页。

之所以说"吕与叔守横渠学甚固,每横渠无说处皆相从,才有说了,便不肯回",就表明吕大临并不是如影随形地接受二程的教诲,他有自己的思考与见解。这一思考,我们前面归结为他将"中为大本"的道体理解,作为自己三个学术经历期的一贯追求。即使程颐批评他将形下的经验层面的"赤子之心""中"作为形而上之体看,他还是坚持自己的观点。

吕大临之所以在学派归属上难以定位,其一,在于他对于张载与二程的思想没有完全接受(张载死后,他就入洛;程颐的一些思想,诸如易学在吕大临在世时还没有面世);其二,也在于吕大临英年早逝的缘故;其三,则在于他自己31岁以前就已经确立的寻求形上道体的致思途径。但无论如何,能够成为关学与洛学的高足,已经表明吕大临的学术思想有其独到之处。实际上,当我们确认吕大临将"中"作为形上之体时,"理"与"气"其实是可以并存于他的思想体系之中的。"天下通一气,万物通一理",就不再是矛盾的简单归一,而是"中为大本"思想下的合理内涵。吕大临的学术努力,在朱熹是以理统气得到解释,在刘宗周则是在"独体"之下的相存。我们研读后来具有综合性的理学体系,当会发现无不是在更新的层次上来和会理气于一元。吕大临的思想可能是不成熟的,但是他的努力却是值得思想史研究重视的。

(三)对一本思维的突出论证。理学家在寻求儒家倡导的道德伦理的形上证明时,不仅仅从气、理及其关系的角度来进行分析,他们由理与气的争持发展到心、性的辨析。张载的气本、程朱的理本、陆王的心本、胡宏的性本无不是从天下之本为一的角度,对万物万事作形上的抽象。

中国哲学的思维深度随着理论形态的演变而得到推进,这一进程在宋明以来,是经由理学家们对于形上本体的高度抽象与长期探索追问实现的。这一形上本体,是以论证人伦的合理与终极意义为标的的。理学家们必须要在这一本体上,找到人间伦理的形上本原。就理学奠基期的关、洛二学而言,张载以实有的气作为天地物事的本原与依据,这虽然能够在形上本体上解释天地万物万事的物质实在之意义,但它却不能够完全解决如何从气过渡到具有伦理意味的仁义礼智等儒家所倡导的社会价值规范。不同于张载的"大气一本",二程另辟蹊径,"天理"是他们明确提出的最高思想范畴,这一范畴后来也成为整个宋明理学的核心范畴,但是这一范畴在不同学派那里并不如同二程思想一样具有至上的地位。在二程,天理是气之流行的道理与根据,气是万物的组成质料。二程的人性论,实际上也是在张载的"天地之性"与"气质之性"这一二元人性基础上的继承,他们也需要且不能不从物质性的角度为人性之恶找到本体的依据,这也就必然不能够从理论上完全解决张载所留下的理论困惑。况且,从逻辑上说,万物万事的善恶之源从人性二元理、气的角度出发,也就使理学家的本体的圆满至一性受到了挑战。

作为二程学说的自觉的继承者,朱熹在这一形上本体的看法上,就具有理气二元的倾向。朱熹对于张载的气本与二程的理本做了理论上的继承与融合,后来的理学批判总结者王夫之在这一问题上也明显是张载与二程的相融并合。而作为心学的本体之心,它却包含了善恶于一身。心学的兴起与发展,在某种意义上是为了能够解决前引的气本与理本因分性为二所造成的理论上的两难。王阳明说:"无善无恶是心之体,有善有恶是意之动,知善知恶是良知,为善去恶是格物。"①王阳明认为什么是对的,什么是不对的,人们有共同的理解,而这个理解也就是一种好恶的情感,这情感是天生的,是生来固有的。这生来固有的是是非非,好善恶恶的情感即是道德的根源。② 他认为心体是超乎善恶对立的,善恶对立是意念发动之后才产生的。以胡宏为代表的湖湘学派则以性作为善恶之上的本体,人性之恶是心之体发作之后的情所表现出来的基于外界诱惑的产物。

气理心性都需要对于人性之善恶的形上本体进行理论上的证明,这一理学核心范畴的理论追问与论证是宋明理学思潮发展中的一条主线,在整个宋明理学的学术演进中起着重要的作用。而理学家在这一核心范畴上的抉择与衡定是在儒家思想的内部进行的,在理学的奠基期,作为关学与洛学的直接受业者吕大临,在气理心的甄别选择上自然经历了一番思想斗争的心路历程。

理学家们都自觉地在理论论证上坚持本根为一的理性精神,吕大临说:"天下之理,一而已。"③这是理学家理论思维上终极追问的一种简明的表述,他们需要在事物的最终处为天下之物寻求至一的根据。"一"作为"天下之理"的抽象特征,往往可以作多层面的追问,具有多重内涵与内容。从天下之

---

① 《传习录下》,《王阳明全集》,第117页。
② 北京大学哲学系中国哲学教研室:《中国哲学史》,北京:北京大学出版社2001年版,第416页。
③ 《礼记解·中庸第三十一》,《蓝田吕氏遗著辑校》,第291页。

物的组成来看,是一本之气:"万物之生,莫不有气。"①而这些由气所成的万物万事,又是一理所生:"天地万物形气虽殊,同生乎一理,观于所感,则其情亦未尝不一也。"②理的一个重要的特征是"实",也就是不伪不虚:"实有是理,故实有是物;实有是物,故实有是用;实有是用,故实有是心;实有是心,故实有是事。是皆原始要终而言也。"③

吕大临从气理物心事用等众多的角度来对天下之物进行展开论述,但他又不是西方式的主观论者。他说:"'天下之动,贞夫一也',故天下通一气,万物通一理,出于天道之自然,人谋不与焉。"④"一"是人心所不可主宰的客观存在,气与理都是非人谋所可参与的。在此,吕大临显然是不同于心学所主张的心本的,虽然他也从心的层面对理学相关问题做出自己的阐发与论证。这种阐发与论证并不具有心为天地之本的意义,他说:"仁义本出于人之诚心。"⑤"礼乐之原,在于一心。"⑥礼乐理义都是儒家本体之心所发,是本心所固有。吕大临这一思想是孟子四端说的继承与发展,但这里不再将仁义礼智作人心之发端,而直接就是人心所固有。人性之善是本心所有,而人性之恶是人之私意所蔽,除去人心之私,则人心同于天心。他说:"我心所然,即天理天德。孟子言同然者,恐人有私意蔽之,苟无私意,我心即天心。"⑦

吕大临从孟子人性善的角度对本心加以展开,他并不认为人心即天心,人心即可生天生地,走向心学的本心内涵。他说,人受天地之中以生,"良心所发,莫非道也"⑧。人是天地万物的最可贵者,是天地之"中"者,"中"即天地之中,天地之心,而非心生天地。心可尽天地之"中"("一""理"),这也是从心之思的角度来加以论证:"心之知思,足以尽天地万物之理,然而不及者,不大其心也。大其心与天地合,则可知思之所及,乃吾性也。"⑨人心,现实的人心并非天心。天心皆备万物万事,因此履行"君子之道"必须善于反求人心

---

① 《礼记解·中庸第三十一》,《蓝田吕氏遗著辑校》,第284页。
② 《易章句·咸》,《蓝田吕氏遗著辑校》,第114页。
③ 《礼记解·中庸第三十一》,《蓝田吕氏遗著辑校》,第301页。
④ 《易章句·系辞下》,《蓝田吕氏遗著辑校》,第182页。
⑤ 《礼记解·大学第四十二》,《蓝田吕氏遗著辑校》,第374页。
⑥ 《蓝田礼记说》,《蓝田吕氏遗著辑校》,第551页。
⑦ 《孟子解·告子章句上》,《蓝田吕氏遗著辑校》,第478页。
⑧ 《礼记解·中庸三十一》,《蓝田吕氏遗著辑校》,第271页。
⑨ 《孟子解·尽心章句上》,《蓝田吕氏遗著辑校》,第478页。

本有的先验价值：

> 君子贵乎反本。君子之道，深厚悠远而有本，故淡而不厌，简而文，温而理，本我心之所固有也。习矣而不察，日用而不知，非失之也，不自知其在我尔。故君子之学，将以求其本心。①

君子反本，在于求其人心所固有的善性，而人性之善是同物性一致的，都是禀受于一天理而已。气一理一是人心所善的理论根源与依据，气一则人与天地体一，理一则人性与天理性一。吕大临没有将人心作本根之解，但心却是自作主宰的自觉之心。

心在吕大临的理学思想主张中，实际上是主体人格之自觉，是主体意识的表现。他说："此心自正，不待人正而后正，而贤者能勿丧，不为物欲之所迁动。如衡之平，不加以物；如鉴之明，不蔽以垢，乃所谓正也。"②"正"是主体人之自觉的内心活动，是心的流用发端，人心自有好恶之权衡，"盖好恶本诸心"。心自作主宰，心也就是主体价值的评判者与道德践行者，心是主体立身处世的最后的价值依归，为人处世，有外在的虚饰，却不可有内在的自欺，"仁义本出于人之诚心……人犹可欺也，心不可欺也"③，这是儒家慎独思想的内在依据。按照先秦儒家开出的思路，吕大临甚至认为，心中既然礼义俱足，"本心，我之所固有者也"④，心正则行正事正，心是事业行为的最终的根据。他说："有文武之心，然后能行文武之政；无文武之心，则徒法不能以自行也。"⑤有什么样的心，就会有什么样的政事，心就成了儒家所倡导的仁政德治的心性本原，这与《大学》所提倡的"正心诚意修身齐家治国平天下"的思路是一脉相承的。

总之，在吕大临思想中，理气是万物所成者，心是理义所存在处，天下一气一理是人心同于天心的形上根据与证明。与陆王心学的本体内涵相比，吕大临更多是从孟子所开出的人心自有仁义礼智的内向角度对本心加以展开，他并没有承认"吾心即宇宙"的心学前提。就本体划分学派的角度而言，吕大临是不可归为心学一途的。理气心性在吕大临理论思想中的关系、地位，是

---

① 《中庸解》，《蓝田吕氏遗著辑校》，第493页。
② 《蓝田语要》，《蓝田吕氏遗著辑校》，第555页。
③ 《礼记解·大学第四十二》，《蓝田吕氏遗著辑校》，第374页。
④ 《礼记解·中庸第三十一》，《蓝田吕氏遗著辑校》，第309页。
⑤ 《礼记解·中庸第三十一》，《蓝田吕氏遗著辑校》，第289页。

理学从开创至奠基时期,理学家们对传统儒家思想与佛道理论进行判定与选择所必然出现的理论特征。

朱熹非常推崇吕大临的理学成就,他说:

> 曰:然则吕、游、杨、侯诸子之说孰优?曰:此非后学所敢言也。但以程子之言论之,则于吕称其深潜缜密,于游称其颖悟温厚,谓杨不及游,而亦每称其颖悟,谓侯氏之言,但可隔壁听。今且熟复其言,究核其意,而以此语证之,则其高下浅深亦可见矣,过此以往,则非后学所敢言也。①

朱熹说得非常委婉,但是他的态度却是很清楚的,在程门高足中最取吕大临。朱熹多次对吕大临的早死表示惋惜,这是吕大临理学思想应该被重视的一个极好的证明。而作为湖湘学派的胡宏,对于吕大临也是极为称许的。他在《题吕与叔中庸解》中,除了考证《中庸解》为吕大临而非程颐之作外,并表示"尊信诵习,不敢须臾忘"②。对于吕大临与程颐所进行的"中"的讨论,他没有遵循程颐的不可体验于未发之前的思想,而是同吕大临的"喜怒哀乐未发以前"的思想相一致。吕大临求"中"于"喜怒哀乐未发之前"的思想,在杨时的后学中得到了发展。

但是,吕大临在官方所编史书中的理学(或说道学)地位并不明显,《宋史》虽为其作传,只是附见于贵为宰相的兄长《吕大防传》之后,而不入《道学传》。后人颇有异议,至有《宋史·道学传》遗漏吕大临、蔡元定的说法。《宋元学案》评价吕大临"未发已发""赤子之心"的思想,认为其"起豫章、延平看未发以前气象宗旨"③。明确地对吕大临所持"赤子之心"为中之说加以肯定。关中学者对吕大临的学术表示了足够尊重,明代冯从吾总结吕大临的思想,认为他"不为空言以拂世骇俗"④,且"博及群书,能文章;已涵养深醇,若无能者"⑤。清代的张骥在《关学宗传》中,对吕大临的思想也进行了一番总结与说明。《清史稿》载:"己酉,予宋儒吕大临从祀文庙。"⑥经过漫长的岁月

---

① 《中庸或问上》,《四书或问》,《朱子全书》第六册,第554页。
② 《题吕与叔中庸解》,《胡宏集》,第190页。
③ 《吕范诸儒学案》,《宋元学案》卷三十一,《黄宗羲全集》第四册,第379页。
④ 《与叔吕先生》,《关学编(附续编)》卷一,第11页。
⑤ 《与叔吕先生》,《关学编(附续编)》卷一,第11页。
⑥ 《清史稿·本纪二十四·德宗本纪二》卷二十四,第四册,赵尔巽等撰,北京:中华书局1976年版,第914页。

之后,吕大临终于得到朝廷的认可,以"从祀文庙"的待遇印证了他作为新儒家学者的道统身份。

站在历史的角度,我们发现吕大临亲身参与到了宋明儒学复兴的历史大潮中,成为其中优秀的一员,做出了自己的贡献。他以力辟异端的道统意识、持中守一的理性精神、勇于担当的主体关切与君子如玉的人格追求,为儒家的不绝之薪火留下了重要一笔。其师从张载、二程的学术经历,"修身好学,行如古人"①,无意仕进擢用的性格特征,"博及群书,能文章"②的知识追求,以及不务虚玄、"不为空言以拂世骇俗"③的学风,使他真正做到了"力振正学,为吾道作干城"④的学术自期,也在一定程度上实现了自己"独立孔门无一事,唯传颜氏得心斋"⑤的新儒学自诩。而其理学思想的心路历程,也必将在文化的生生不已之流行中彰显其独特的价值内涵。

而就思想史演进的多重路径言,吕大临虽然不是一个能够频繁出现在哲学史课本上的人物,但就所生活的时代、交往的人物、问学的对象言,都使他具有其他学者不具备的独特地位。尤其是他问学关学张载、洛学二程的学术经历,更使他的研究具有重要的思想史意义,是我们在梳理宋明理学思想发展史时不能回避的人物。其实,假如我们不从学术取向,而从区域取向来划分学派之内涵,就会发现宋明理学史上的一些重要的区域学术流派无不对吕大临做出过自己的评价,而且这些区域学派的不同时期也会出现不同的评价。这反映了吕大临在宋明理学初期思考的问题、致思的路径、讨论的话题,是任何区域学派都无法回避的问题,它彰显了吕大临独特的理学地位与学术创造之功。至于他在中国传统金石考古学上的意义,历代都有高度的评价,自不待言。

作为中国历史上杰出的金石学家,吕大临为后人留下了《考古图》与《考古图释文》等相关著作,这些著作奠定了以后考古学与古文字学的基础,深远地影响了中国考古学与古文字学。《考古图》共10卷,是我国最早的、系统的

---

① 《与叔吕先生》,《关学编(附续编)》卷一,第11页。
② 《与叔吕先生》,《关学编(附续编)》卷一,第11页。
③ 《与叔吕先生》,《关学编(附续编)》卷一,第11页。
④ 《二曲集答魏环溪先生书引吕大临劝郑公以道自任》,《蓝田吕氏遗著辑校》附录,第650页。
⑤ 《文集佚存·送刘户曹》,《蓝田吕氏遗著辑校》,第600页。

古器图录,收录了主要为商周时代的青铜器及其铭文。作为商周时代的遗物,青铜器是研究这一时代的珍贵的实物资料。汉代以后,青铜器时有出土,统治者将其视为祥瑞之物,一般达官贵人则将其作装饰门面之用。自北宋开始,学者们将青铜器及其铭文作为一门真正的学问进行研究。在这些学者中,吕大临无疑是最有学术成就的士大夫学术群体之一。在这本书中,吕大临收录了宫廷及民间收藏的各种器物共238件(包括青铜器、玉器、石器)。该书体例严谨、记载翔实准确,所载器物图文并茂,对于所记器物的大小、重量、出土地点、流传收藏情况均以事实为依据,这种真实可信的特点为后世金石学研究树立了榜样。《考古图释文》则是对所收录青铜器铭文的考释。在这本书中,吕大临运用《广韵》四部的方法,对其中85件铭文进行编排与考释,纠正了一些对古文字的形、音、义传统的认识,这些考释多有新义,具有重要的借鉴价值,受到历来学者的重视。

以吕大临为代表的吕氏兄弟,是那个时代文化政策的受益者,也是那个时代思想的创造者。就我们可见的史料看,吕氏兄弟中的每一个人都表现出了勇于进学、关注社会的优秀品质。他们在自己所感兴趣的领域,都取得了极高的成就。笔者认为这一北宋文化望族有其本身的家学特色与思想内涵,虽然是三秦大地关学的一部分,但理应受到社会更多的关注。因为本著作研究时间关系与查阅史料不足,笔者还不能够全面研究、揭示这一文化望族的学术思想,暂且命名为"四吕家学"。同当时名声日隆的张载关学、二程洛学相比,"四吕家学"由于有多人受学张载、二程,接受其学说而声名不显。其实吕氏兄弟"四吕家学"至少有以下几点是张载、二程不具备的:一是吕大忠、吕大防长期执政上层,具有更多的现实视角。可以肯定,吕氏兄弟亲身参与边境之事形成的政治主见,就不是张载、二程所能够具备的。二是吕大忠、吕大钧、吕大临都有先后师事张载、二程的经历,因此较张载、二程本人言,多了另一学派的视野。可能他们的思想没有张载、二程精深,但也少了张载、二程的自我。三是吕氏兄弟都在道学之外的学术领域有所成就,比如金石学、碑铭学、建筑学,这是张载、二程所没有的。四是亲身践行,并在乡村社会具体化推行古礼的实践。就这一点言,张载、二程远没有吕氏兄弟影响深远。他们制定了中国历史上第一部成文的并具有一定规范性的乡规乡约——《吕氏乡约》。乡约从不同方面,对于乡间邻里人与人之间,尤其是家庭内部,以及家族不同家庭之间的关系进行规范与整合。他们将理学精神与古礼内涵相结合而落实到相互救助、和睦共处的实践层面,并通过德业相劝、过失相规、礼俗相交及患难相恤等方面加以具体化。在吕氏兄弟的大力推行并身体力行之下,关中风俗为之一变,张载就曾说过:"秦俗之化,和叔有力"①。作为中国古代乡规乡约的典范,《吕氏乡约》对于后世学者的影响是十分明显的。不论是朱熹的《朱子重校吕氏乡规乡约》,还是王阳明在江西推行的《南赣乡约》,都从这里汲取了思想与形式上的资源。这一将礼治思想具体化并制度化的乡约,不仅仅对于改变关中地区的风俗人情,也不仅仅对于当时的社会起着重要的作用,它实际上对于以血缘为纽带的中国宗法社会都起着极为重要的作用。

  蓝田吕氏文化望族在中国传统文化史上留下了重要的一笔,有其本身的深厚学术文化基础。而吕大临无疑是这一文化望族中优秀的代表。有宋一代的新儒家知识分子们迫切需要建设一个秩序井然、文明开放的新社会,他们一方面通过批判、反思、借鉴佛教的优秀思想资源,另一方面则希望通过重新阐释中国三代之固有的礼制传统与伦理精神,来真正完成儒学与治统的复兴。吕大临的老师张载说:"为天地立心,为生民立命,为往圣继绝学,为万世开太平",这既是张载关学的精神追求,也是以吕大临为代表的中国传统知识分子的精神追求。

陈海红

2015 年元旦于杭州耐寂斋

---

① 《和叔吕先生》,《关学编(附续编)》卷一,第 10 页。

目 录

总　序 ………………………………………… 张岂之(1)
前　言 ………………………………………………… (1)

第一章　一门四贤：文化昌明下的北宋望族

一　时代氛围 …………………………………………… (1)
二　家族身世 …………………………………………… (4)
三　生平简述 ………………………………………… (12)
四　著作概览 ………………………………………… (21)
五　四吕家学 ………………………………………… (28)

第二章　理气之思：生皆有气与实有是理

一　理学课题 ………………………………………… (38)
二　理义为理 ………………………………………… (44)
三　万物一理 ………………………………………… (51)
四　生皆有气 ………………………………………… (57)
五　理气化生 ………………………………………… (62)

第三章　心性之辩：赤子之心与习以成性

一　心性彰显 ………………………………………… (70)
二　本　心 …………………………………………… (74)
三　赤子之心 ………………………………………… (84)
四　人性善恶 ………………………………………… (93)

第四章　成仁之惑：存心养气与克己归仁

一　思虑之困 ………………………………………… (114)
二　存养心性 ………………………………………… (120)

三　知以反性 …………………………………………（130）
　　四　礼以成人 …………………………………………（141）

第五章　道学论衡：吕大临与关洛浙闽
　　一　吕大临与关学 ……………………………………（154）
　　二　吕大临与洛学 ……………………………………（165）
　　三　吕大临与浙学 ……………………………………（182）
　　四　吕大临与朱熹 ……………………………………（203）

第六章　考古鼻祖：《考古图》与《考古图释文》
　　一　博古风尚中的考古思潮与金石学研究 …………（223）
　　二　《考古图》与《考古图释文》的成书 ……………（226）
　　三　《考古图》与《考古图释文》的技法 ……………（231）
　　四　《考古图》与《考古图释文》的精神 ……………（239）

第七章　关西清英：吕大临的社会理想与人生追求
　　一　治理思想 …………………………………………（245）
　　二　中体独识 …………………………………………（260）
　　三　仁者至诚 …………………………………………（269）
　　四　君子如玉 …………………………………………（279）

参考文献 ………………………………………………（287）

第一章 一门四贤:文化昌明下的北宋望族

作为北宋关中"蓝田四贤"之一、关学张载与洛学二程之高足,吕大临的新儒学思想、考古金石成就是其所处时代的学术产物,其不懈的学术追求、开阔的知识面向、毕生向道的人生选择,正代表了那个时代的社会风貌与精神品格。而吕大临自己勤勉的个体努力,苦心孤诣的精深思虑,才是造就他成为独特学术主体的真正根源。正如同任何思想者总是在个人与群体的互动交涉中,才得以成就自己学说一样,吕大临的一生也是在这种小己与大我的融摄过程中,逐步完成其生命智慧的开启和道德理想的实现的。

一 时代氛围

唐宋之间的五代时期,是中国历史上少有的大动乱时代。这一动荡的最大原因,在于各种割据势力的"大者称帝,小者称王"行为,形成了偌大一个中国"豆分瓜剖"的分裂局面,也造成了一个没有文化、没有信仰、没有道德,一句话没有秩序的时代。如何避免这一混乱无序局面的再次出现,成为宋初人们最为关心的话题。宋太祖就有此问,他说:"天下自唐季以来,数十年间,帝王凡易八姓,战斗不息,生民涂地,其何故也?吾欲息天下兵,为国家长久计,其道何如?"①为国家长久计的"道",显然是一个有着多个维度、多种理解与多重内涵的概念。宋人吕中总结宋初的政策说:

> 天下之所以四分五裂者,方镇之专地也;干戈之所以交争互战者,方镇之专兵也;民之所以苦于赋繁役重者,方镇之专利也;民之所以苦于刑苛法峻者,方镇之专杀也;朝廷命令不得行于天下者,方镇之继袭也。太祖与赵普长虑却顾,知天下之弊源在乎此。于是以文臣知州,以朝官知县,以京朝官监财赋,又置运使,置通判,皆所以渐收其权。朝廷以一纸下郡县,如身使臂,如臂使指,无有留难,而

---

① 《续资治通鉴长编》卷二,第二册,第49页。

天下之势一矣。①

为了解决五代方镇的弊端,太祖君臣找到的"道"是偃武修文与重文轻武。当然,北宋立朝伊始就一直面临着周边少数民族政权的威胁,偃武、轻武只是相对而言,并不表明北宋王朝放弃了"国依兵而立"的国策。只是为了限制方镇的拥兵自重,而不得不然的修文、重文。重视文臣,一定意义上也就是重视知识分子及其所代表的知识。北宋的这一政策转向造成了社会价值评判的转变,因为"状元登第,虽将兵数千万,恢复幽蓟,逐强虏于穷漠,凯歌劳还,献捷太庙,其荣亦不可及也。"②读书做官,成为跻身于上层的最佳途径。这里面尤其重要的是宋代对于创立于隋唐的科举选士制度做了更进一步地推进。它表现在选拔人才的社会面更广,制度的操作性更加公平,这对于北宋文化、教育的空前繁荣起到了巨大的推动作用。一个明显的表征,就是北宋知识分子群体的数量宏大、水平的显著提升。"宋代士人的身份有一个与唐代不同的特点,即大都是集官僚、文士、学者于一身的复合型人才,其知识结构远比唐人淹博融贯,格局宏大。"③甚至有学者断言:"北宋,既是儒学的繁荣时代,也是中国古代知识分子的黄金时代,这一点既为以关中武士集团为本位的唐人所不可企及,也为首先给了儒家文化以独尊待遇的汉武帝时期所不能比拟。"④

知识分子虽然也以知识赚取功名利禄,但毕竟在知识的增长过程中开阔了眼界、提高了修养、繁荣了文化,也丰富了思想。没有知识分子参与的社会,其文化的繁荣与思想的活跃是难以想象的。正是在这一政策影响下的知识分子群体的努力,北宋造就了中国古代文化的再次高峰。陈寅恪先生说:"华夏民族之文化,历数千载之演进,造极于赵宋之世。"⑤邓广铭先生也说:"宋代是我国封建社会发展的最高阶段,两宋期内的物质文明和精神文明所达到的高度,在中国整个封建社会历史时期之内,可以说是空前绝后的。"⑥

---

① 陈邦瞻:《收兵权》,《宋史纪事本末》卷二,《宋史纪事本末 元史纪事本末》,上海:上海古籍出版社1994年版,第7页。
② 田况:《儒林公议》卷上,北京:中华书局1985年版,第3页。
③ 王水照主编:《宋代文学通论》,开封:河南大学出版社1997年版,第27页。
④ 陈植锷:《北宋文化史述论·邓广铭序引》,北京:中国社会科学出版社1992年版,第12页。
⑤ 陈寅恪:《金明馆丛稿二编》,上海:上海古籍出版社1980年版,第245页。
⑥ 邓广铭:《谈谈有关宋史研究的几个问题》,《社会科学战线》,第138页。

又说:"宋代的文化,在中国封建社会历史时期之内,截至明清之际的西学东渐的时期为止,可以说,它是达到了登峰造极的高度的。"①

当然,任何文化政策的推行并发挥效应都有一个过程。宋太祖时的科举选士数目还不大,洪迈就说:"国朝科举取士,自太平兴国以来,恩典始重。"②也就是到宋太宗太平兴国(976—984)年间,科举取士数量才真正得以扩大。此种尊重儒家知识分子的趋势,在真宗(998—1022)、仁宗(1023—1063)两朝得到了进一步延续。真宗有《崇儒术论》,他说:

> 儒术汙隆,其应实大,国家崇替,何莫由斯。故秦衰则经籍道息,汉盛则学校兴行。其后命历迭改,而风教一揆。有唐文物最盛,朱梁而下,王风浸微。太祖、太宗丕变弊俗,崇尚斯文。朕获绍先业,谨遵圣训,礼乐交举,儒术化成。③

儒术得到承认,文人在朝廷中地位也得到了加强。仁宗朝的蔡襄说:"今世用人,大率以文词进:大臣,文士也;近侍之臣,文士也;钱谷之臣,文士也;边防大帅,文士也;天下转运使,文士也;知州郡,文士也。"④宋仁宗更加强调儒家知识的意义与学人的价值,认为"儒者通天、地、人之理,明古今治乱之原,可谓博矣"⑤。最高统治者从思想与功能上来认可儒家学说,显然极大地促成了社会对于儒家学说的重视,也刺激了儒家知识分子的高度责任感、使命感与钻研知识的兴趣。可以说,有宋一代儒家知识分子的终极追求,就在于寻找"天地人之理,古今治乱之原"。

一批杰出的学人成为这一政策下的受益者,也成为这一政策下文化繁盛的参与者。这些受到尊重的文士、学人以超越前人的眼光,在承继盛唐所带来的佛、道、儒三教并立文化格局下,能够以更加综合的意识来处理思想的创新、传统的改造与知识的更新。而在印刷技术提供的有利条件下,北宋学人能够以更快的速度、更高的效率钻研、学习、传播、交流、辩论与传承知识学

---

① 陈植锷:《北宋文化史述论·邓广铭序引》,北京:中国社会科学出版社1992年版。

② 洪迈:《科举恩数》,《容斋续笔》卷十三,《容斋随笔》,上海:上海古籍出版社1996年版,第237页。

③ 《续资治通鉴长编》卷七十九,第六册,第1798—1799页。

④ 蔡襄:《任材》,《蔡中惠公文集》卷一八,清光绪逊敏斋刻本。

⑤ 《选举二》,《志第一百一十》,《宋史》卷一百五十七,《二十四史》(简体字本),第43册,第2448页。

问。更不用说在这一文化影响下,中国知识分子表现出来的怀疑精神与思想解放。比如司马光与李觏就都怀疑和非难《孟子》,而欧阳修公然倡言《周易》中的《系辞》篇不是孔子所作。即使在希望实现儒家固有文化复兴、朝廷提倡儒术的情况之下,北宋的知识界还是表现出了多元化的价值取向、博学多识的学术兴趣,以及为我所用的包容精神。这种情况甚至延续到以张载、二程为代表的宋明理学已经崛起的宋神宗时期。司马光就说:

> 今之举人,发口秉笔,先论性命,乃至流荡忘返,遂入老庄。纵虚无之谈,骋荒唐之辞,以此欺惑考官,猎取名第。禄利所在,众心所趋,如水赴壑,不可禁遏。①

虽然他批判的是举人为猎功名而论老庄之辞,但无疑表明知识界已经形成了吸纳、融会老庄(包括佛释)并正酝酿着知识创新与思想突变的现状。谈性论命,既是宋明新儒学家们的核心话题,也成为那个时代科考登第者热衷的词汇。这是一个开放的时代,这也是一个知识受到尊重的时代。

蓝田吕氏兄弟共同组成了文化大家族,吕大防于皇祐元年(1049)第一个以甲科进士及第,正好是在这一长期"佑文"政策造成的文化繁荣、知识高扬的年代登上历史舞台的。

二　家族身世

蓝田吕氏在当时得到社会的认可,与吕大忠、吕大防、吕大钧、吕大临四兄弟的社会地位、政事作为、人格精神与学术影响相关。他们共同组成了这一文化家族,也在这一文化家族中相互切磋、共同进步。

中国古代重视祖望,《宋史·吕大防传》说:"吕大防,字微仲,其先汲郡人。"吕氏四兄弟也常常以其郡望称为汲郡吕氏。这里的汲郡,也就是四吕祖籍汲郡,在今天的河南新乡市。曾官至右相的吕大防就到过汲郡祭祖。② 从远绍汲郡到祖籍蓝田,这里经历了一段历史的变迁与人事的纷扰。

按照中国古代姓氏的沿革,吕之为姓当以国称。宋郑樵《通志》说:"吕氏,姜姓侯爵,炎帝之后也。虞夏之际,受封为诸侯。或言伯夷佐禹有功,封

---

① 司马光:《论风俗札子》,《千古传世美文》(宋代卷)上,王德保、徐利平编:北京:九州图书出版社1999年版,第391页。

② 李如冰:《宋代蓝田四吕及其著述研究》,北京:人民出版社2012年版,第20页。

于吕,今蔡州新蔡即其地也。"①受封于蔡州的吕国,在今河南境内。唐代柳宗元为越州刺史吕延之作墓志,说:"吕氏世居河东,至延之始大"②,此河东即河南之地。清代自称为河南吕氏后裔职蓝田县事的吕懋勋,在其所撰《重修四献祠碑》中说:"吾吕氏在宋初有三院之号:一曰河东长兴侍郎院,乃文穆公、文靖公派。至建炎初,扈从南渡,实吾祖所自出也。二曰幽州天福侍郎院,乃正惠公派也。三曰汲郡显德侍郎院,即四先生派也。"③这里所说的河东、幽州、汲郡,南宋吕祖谦考证说:"吕氏系出神农,受氏虞夏之间,更商、周、秦、汉、魏晋,下逮隋唐,或封或绝。五代之际,始号其族为'三院'。言河南者,本后唐户部侍郎梦奇;言幽州者,本晋兵部侍郎琦;言汲郡者,本周户部侍郎咸休。"④三院吕氏后来名人辈出,河东吕氏出有北宋名相吕蒙正、吕夷简、吕公著,南宋则有文学家吕本中,以及理学大家浙东金华学派的创始人吕祖谦;宋太宗时名相吕端则出自幽州一派,而蓝田四吕则出自汲郡一派。这里的"三院"河南吕梦奇、幽州吕琦、汲郡吕咸休,是主要生活在五代、北宋之际的吕氏三支。对于汲郡这一支,据清代吕治平纂修的《吕氏家谱》(国家图书馆藏清康熙三十二年家刻本)所附的唐宋河东吕氏世系图,我们可以列出一个从唐吕延之到宋吕大临辈的传承线路:

吕延之——吕渭——吕俭——吕宽——吕贞——吕珣——吕咸休——吕鹄——吕通——吕赟——吕大忠、吕大防、吕大钧、吕大受、吕大临、吕大观。

陕西省考古研究院2006年12月开始,到2009年12月田野考古工作基本结束,抢救性发掘了蓝田五里头北宋吕氏家族墓地,根据出土的墓志记载,排列出了吕氏家族相关时间段的谱系。

---

① 郑樵:《通志》卷二六,《文渊阁四库全书》影印本。
② 柳宗元:《吕侍御恭墓志》,《柳宗元集》卷十,中华书局1979年版,第256页。
③ 吕懋勋等修,袁廷俊等撰:《蓝田县志》,《中国方志丛书》本,第975页。
④ 吕祖谦:《东莱公家传》,《东莱集》卷十四,《文渊阁四库全书》影印本。

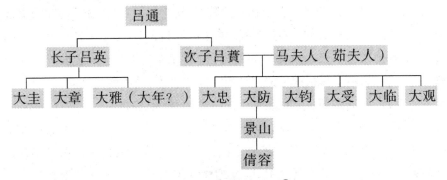

蓝田吕氏家族谱系图①

结合吕治平家谱与考古资料,我们能够确定蓝田四贤六兄弟的排序:吕大忠、吕大防、吕大钧、吕大受、吕大临、吕大观。

吕治平所修纂家谱,人称"自温、恭、俭三支以下无一代牵合者"②。据李如冰女士考证,是谱确实较严谨,考之其他文献记载,也多相合。③ 我们可以依据此一谱系,对蓝田吕氏兄弟所称的汲郡吕氏有一个比较准确的简单了解。"三院"之汲郡吕咸休生活于五代、北宋的社会动荡期,其子吕鹄已经被后来给吕大钧作墓表的范育提及。范育说:"皇考鹄,赠司封员外郎。"④在同一篇墓表中,范育说:"王考通,太常博士,赠兵部侍郎。"又有:"由兵部葬京兆之蓝田,故子孙为其县人焉。"也就是从这里开始,汲郡吕氏开始成为蓝田吕氏。史载:"吕博士通墓,在县北五里。宋吕贲,先汲郡人,任比部郎中。父通,太常博士。贲过蓝田,爱其山川风景,遂葬通于蓝田,因家焉。"⑤

吕大临的父亲吕贲是一个夺取过功名的知识分子,按照范育《吕和叔墓表》载:"考贲,比部郎中,赠左谏议大夫。初,谏议学游未仕,教子六人,后五

---

① 陕西省考古研究院:《陕西蓝田县五里头北宋吕氏家族墓地》,《考古》2010年第8期,第52页。
② 吕鏊:《海昌吕氏旧谱序略》,《吕氏家谱》,吕治平纂修,国家图书馆藏清康熙三十二年家刻本。
③ 李如冰:《宋代蓝田四吕及其著述研究》,北京:人民出版社2012年版,第18页。
④ 吕祖谦:《宋文鉴》卷一百四十五,北京:中华书局1992年版,第2028页。
⑤ 《陕西通志》卷七十《陵墓》,《文渊阁四库全书》影印本。

人相继登科,知名当世,其季贤而早死。缙绅士大夫传其家声,以为美谈。"而陈师道《后山谈丛》卷六则说:"华阴吕君举进士,聘里中女,未行,既中第,妇家言曰:'吾女故无疾,既聘而后盲,敢辞。'吕君曰:'既聘而后盲,君不为欺,又何辞!'遂娶之。生五男子,皆中进士第,其一人丞相汲公是也。"①这都表明吕蕡登进士第,做过比部郎中,有美德。除此之外,吕蕡还有外任的经历。雍正年间的《福建通志》卷三十二有:"吕蕡,蓝田人,嘉祐间(1056—1063)知泰宁县,治尚静简,不事烦苛。"②且"后知巴西县致仕"③。

吕蕡有六个儿子,此六子的次序,我们经考古发现已经排定,也就是吕大忠、吕大防、吕大钧、吕大受、吕大临、吕大观。李如冰女士认为,《金石萃编》卷一百二十八载熙宁四年(1071)五月五日吕蕡题名:"□郡吕蕡自京师□长安过谒□□男大忠、大钧、大临、大观侍。"④这里面没有出现吕大防,是因为他知临江军;没有出现吕大受,是因为他就是范育所说的"贤而早死"的那位。⑤笔者认为这一判断,是正确的。只是,五子登科中的另一位是吕大受,还是吕大观,今天所见资料也不能够确认。

吕蕡的教育应该是成功的,有子六人而五子登科,且又有四人成为大家,而《宋史》为之立传,这就是吕大忠、吕大防、吕大钧和吕大临,被世人尊称为"吕氏四贤"。大忠、大钧、大临都曾师从关学开山张载,又有"蓝田三吕"之说。北宋一朝,堪与苏洵(1006—1066)、苏轼(1037—1101)、苏辙(1039—1112)"三苏"比肩的,唯有蓝田"四贤"或"三吕"。而以"蓝田四贤"在当时的地位、人品、事功以及学术成就而言,又不在"三苏"之下。

吕大忠(1020—1100?),字进伯,一作晋伯。虽然生卒年目前所见史料无明载,而在吕氏家墓考古资料没有完全公开之前,我们权且以现在最可接受的资料为准。仁宗皇祐五年(1053)进士及第后,先后为华阴尉、晋城令。熙宁四年(1071)五月罢提举义勇,而签书定国军判官;十二月,为陕西转运司勾当公事。在此期间,他创建了西安碑林。熙宁五年(1072)七月,权检详枢密

---

① 陈师道:《后山丛谈》,上海:上海古籍出版社1989年版,第65页。
② 《福建通志》卷三十二,《文渊阁四库全书》影印本。
③ 《河南通志》卷五十八,《文渊阁四库全书》影印本。
④ 国家图书馆善本金石组:《宋代石刻文献全编》,北京:北京图书馆出版社2003年版,第123页。
⑤ 李如冰:《宋代蓝田四吕及其著述研究》,北京:人民出版社2012年版,第26页。

院兵房文字。熙宁六年(1073)十二月去权字,为检详枢密院兵房文字。熙宁七年(1074),父吕蕡病故,在守父丧期间夺制复西上阁门副使、知代州,以与辽使谈判。熙宁八年(1075)三月,朝廷罢其商量地界,回乡守丧。熙宁九年(1076)八月,终丧,回朝复职,仍权枢密院检详文字。元丰元年(1078),由检详吏房文字、秘书丞改河北转运判官。元丰三年(1080),徙提点淮西刑狱。元丰四年(1081)因上赈灾言,而任河北转运判官。元丰八年(1085)八月,迁为工部郎中。哲宗元祐元年(1086)正月,为陕西转运副使;二月兼同制治解盐使,管理盐政;八月,移淮南发运;十月,为陕西转运使兼同制治解盐使。元祐三年(1088)四月,知陕州。元祐五年(1090)六月,为直龙图阁、知秦州。元祐八年(1093)六月,直龙图阁、知秦州任满,加宝文阁待制再任。绍圣二年(1095)九月,自秦凤路改帅泾原。绍圣三年(1096)七月,加宝文阁直学士、知秦州,后徙知同州。绍圣四年(1097)十月,因自请以宝文阁待制致仕。"元符末年(1100),以宝文阁直学士卒"。

吕大忠长期居官,有着非常现实的理政视野,尤其熟悉边事。具体而言,(1)反对朝廷轻易求安、一味屈从、随意割地的处事理念,他曾进言神宗说:"彼遣使相来,即与代北之地,若有一使曰魏王英弼者来求关南之地则如何?"①(2)反对轻举妄动、挑起边衅的做法,而主张可以暂且相安。他曾说:"臣尝游塞上,熟知戎情,如朝廷敦信誓,帅臣严节制,将佐不敢贪功务获,则永无边患。"②(3)重视养兵给社会带来的巨大压力,他说:"养兵猥众,国用日屈,汉之屯田,唐之府兵,善法也。弓箭手近于屯田,义勇近于府兵,择用一焉,兵屯可省矣。"③作为一个长期守边塞要地、有着处理外敌经验的官僚,吕大忠在北宋一朝新、旧两党主政时都受到重用。而且,其所提出的一些处理外敌对策也得到了皇帝的采纳。

吕大忠不仅自己修身好学,至老不辍,也以此影响着周边的人。在他知秦州时,州判是状元马涓。一开始马涓常以"状元"自称,吕大忠见状后对马涓说:"状元之者,及第未除官之称也,既为判官则不可,今科举之学既无用,修身为己之学,不可不勉。"这是劝解马涓不能沽名钓誉,而应该脚踏实地,成

---

① 《续资治通鉴长编》卷二百六十一,第十九册,第6361页。
② 《续资治通鉴长编》卷二百二十八,第十六册,第5550页。
③ 《吕大防兄大忠弟大钧大临》,《列传》第九十九,《宋史》卷三百四十,《二十四史》(简体字本)第49册,第8669页。

儒家所倡导的"为己"之学。马涓折服于吕大忠的言行，因此拜他为师。吕大忠不仅劝导别人修养身心，他自己也能够切身践履儒家道德，尊重学人。当时二程的门人谢良佐也在秦州任学官，吕大忠亲自带马涓去拜会，并认真听谢良佐讲说《论语》经义，不敢稍有懈怠轻慢之情。因为，他认为"圣人之言在焉，吾不敢不肃"。尤为可贵的是，吕大忠虽然与张载年相仿，却虚心向学投在张载门下，践行张载所倡导的"经世致用""躬行礼教为本"等宗旨。张载去世后，吕大忠又东投年纪比自己小许多的洛阳二程门下。《关学编》载，吕大忠"为人质直，不妄语，动有法度。从程正公学，正公称曰：'吕进伯可爱，老而好学，理会直是到底'"①。

吕大防(1027—1097)，字微仲，曾与范纯仁共相，《宋史》有其列传。宋仁宗皇祐元年(1049)，以甲科进士及第，并调冯翊县主簿、永寿令。嘉祐六年(1061)，为青城令。嘉祐八年(1063)三月，改太常博士。治平二年(1065)六月，被英宗钦点为监察御史里行。治平三年(1066)正月，因"濮议"黜出知休宁县。治平四年(1067)，由休宁县改为淄州通判。熙宁元年(1068)，知泗州，权河北转运副使。熙宁三年(1070)五月，召直舍人院；九月，为陕西路宣抚判官；后又兼河东宣抚判官，受命知制诰。熙宁四年(1071)，因边事贬知临江军。熙宁五年(1072)，知华州。熙宁七年(1074)六月父蕡去世，回家守丧。熙宁九年(1076)，服丧期满，为龙图阁待制、知秦州。元丰五年(1082)，升龙图阁直学士，知成都府。元丰八年(1085)初，回朝为翰林学士，以翰林学士权发遣开封府；十二月，迁为吏部尚书。元祐元年(1086)闰二月，迁为中大夫、尚书右丞；十一月，守中书侍郎。元祐三年(1088)四月，为大中大夫、守尚书左仆射兼门下侍郎，与范纯仁并相。绍圣元年(1094)二月，被免相事；七月，右正议大夫行秘书监，分司南京，郢州居住。绍圣四年(1097)二月，责授舒州团练副使，循州安置；四月，卒于虔州贬途中。

吕大防历仕北宋仁宗、神宗、英宗、哲宗朝，为官颇有民望。在任上，关心黎民疾苦，助民生活。任冯翊主簿、永寿县令时，力排众议，以自己的独立判断将远处之涧水引至县城，解决了县城无井缺水的问题，百姓感其恩称"吕公泉"。迁著作佐郎、任青城知县时，一改利用"圭田粟入以大斗而出以公斗"克剥百姓的输租之法，解决了百姓"虽病而不敢诉"的不合理制度。吕大防作

---

① 《进伯吕先生》，《关学编(附续编)》卷一，第8页。

为忠廉的士大夫,敢于向皇帝陈述自己的主见。他针对北宋一朝面临的现实问题,提出了自己"三说九宜"的治国方略。三说,也就是治本、缓末与纳言。具体而言,"养民、教士、重谷,治本之宜三也;治边、治兵,缓末之宜二也;广受言之路,宽侵官之罚,恕诽谤之罪,容异同之论,此纳言之宜四也"①。他这里是将养民、教士、重谷三者作为国家之本,而认当时的治边、治兵为末,即先内后外的理国方针。他又要求朝廷有用人之量,能够并善于听取不同的意见。在现实的边患问题上,他又能够做到积极应对,不迂腐。为青城知县时,由于青城与西夏相接,吕大防"据要置逻,密为之防,禁山之樵采,以严障蔽",确实有军事斗争头脑,所以当时镇守四川的韩绛称吕大防有王佐之才。

吕大防在长期的廷对中,善于"援经质史,以验时事"。他引古代不同帝王以劝时君,譬如说:"'畏天之威,于时保之',先王所以兴也;'我生不有命在天',后王所以坏也。《书》云:'惟先格王,正厥事。'愿仰承天威,俯酌时变,为社稷至计。"又撰编先王足以劝诫之事名《仁祖圣学》,以导君王。这是以儒家论调,劝君王以德心仁政治民。《宋史》评价吕大防为相,"大防朴厚蠢直,不植党朋,与范纯仁并位,同心戮力,以相王室。立朝挺拔,进退百官,不可干以私,不市恩嫁怨,以邀声誉,凡八年,始终如一"②。在一个新旧党争日益激烈,后帝矛盾日益明朗化的时代,吕大防力求做到能够维系政局的稳定与朝廷的安宁。

晁公武(1104—1183)《郡斋读书志》记有,吕大防拜相以后,常分其薪俸的一半用来录书,所以藏书甚富。在翰林院时,书写文书典雅华丽,时人称他在元绛之上。《郡斋读书志·蓝田吕氏遗著提要》记有吕大防编《周易古经》二卷,书中自序说:"彖、象所以解经,始各为一书。王弼专治彖、象以为注,乃分于卦爻之下,学者于是始不见完经,而文辞次第贯穿之意,亦阙然不属,因按古文而正之。"表明吕大防反对王弼的注《易》思路,要求恢复古《易》。清朱彝尊(1629—1709)《经义考》录各家评说,引南宋易学家胡一桂之说:"古《易》之乱,肇自费直,继以郑玄,而成于王弼。古《易》之复,始自元丰汲郡吕微仲,嵩山晁以道继之,最后东莱先生又为之更定,实与微仲本暗合,而东莱

---

① 《吕大防兄大忠弟大钧大临》,《列传》第九十九,《宋史》卷三百四十,《二十四史》(简体字本)第49册,第8666页。
② 《吕大防兄大忠弟大钧大临》,《列传》第九十九,《宋史》卷三百四十,《二十四史》(简体字本)第49册,第8668页。

不及微仲尝编此,盖偶未之见也。"肯定了吕大防在易学思想史中的地位。

吕大钧(1031—1082),字和叔,学者称其为京兆先生。嘉祐二年(1057),中进士乙科,约在此时执弟子礼问学张载。曾任秦州右司理参军,监延州折博务,改光禄寺丞,后知耀州三原县,绵州巴西县。熙宁三年(1070)十月,被韩绛召为宣抚司书写机宜文字。熙宁四年(1071),知福州侯官县。熙宁七年(1074),于家守父吕蕡丧。熙宁九年(1076),守父丧期满不复有仕禄意,一意家居讲学,并开始推行《吕氏乡约》。元丰三年(1080),在诸王宫教授任上,有《上神宗答诏论彗星上三说九宜》文;起为教授不久,为凤翔府宣义郎。元丰四年(1081),为鄜延路转运司从事。元丰五年(1082),因疾卒于延州官舍。

吕大钧主要致力于孔孟之学的研习,所以多次举荐都不就。他一心向学,不耻求问。吕大钧与张载为同科进士,"及闻先生(张载)学,于是心悦诚服,宾宾然执弟子礼,扣请无倦,久而益亲,自是学者靡然知所向矣"。正由于他拜张载为师,随之带动了关中其他学者向张载求学。关中学者范育认为,张载虽然能够"闻而知""不明于世者千五百年的大学之教",但一直等到吕大钧主动请学于张载之后,才让关中学者信服。可见,吕大钧在张载关学留传的过程中起到了极其重大的作用,也因此使张载名闻于当时学术界,最终形成了"关学之盛,不下洛学"的局面。

在张载的弟子中,吕大钧可谓最能真正践履张载关学主旨的一人。他能够一遵张载所授,以礼为本,而又认为必须恢复封建、井田,甚至其力行工夫虽张载亦叹不如。范育推重吕大钧,说他:"纯厚易直,强明正亮,所行不二于心,所知不二于行。其学以孔子下学上达之心立其志,以孟子集义之功养其德,以颜子克己复礼之用厉其行。其要归于诚明不息,不为众人沮之而疑,小辨夺之而屈,势利劫之而回,知力穷之而止。其自任以圣贤之重如此。"

张载曾说,"秦俗之化,亦先自和叔有力焉",肯定了吕大钧的导风移俗之功。当然,吕大钧不仅仅身体力行张载的礼义教化思想,而且对于张载的理学思想也深有体会。他作有《天下一家赋》《中国为一人赋》,以发挥张载《西铭》中的"民胞物与"精神。二程评价吕大钧,说他"任道担当,其风力甚劲"。这就从知道与担道的知行两个角度,来赞扬吕大钧。

吕大受、吕大观的生卒年及其事迹,由于史籍不及,以及蓝田吕氏家墓考古资料仍未公开,所以今天只能阙如。

三 生平简述

吕大临(1040—1093),字与叔,人称芸阁先生、蓝田先生、吕蓝田。关于吕大临的生卒年代,历来没有一个统一的说法。① 由于《宋史》《续资治通鉴长编》《宋元学案》等史书记载不详,更由于作为学术权威朱熹的参与,导致对此一问题的认识更是错综复杂。

笔者曾经根据《伊洛渊源录蓝田吕氏兄弟》收有的一篇《祭文》与现在所知的吕大临三个兄长的生卒年做过推断,认为吕大临生于1040年。《祭文》说:

> 呜呼！吾十有四年而子始生。其幼也,吾抚之;其长也,吾诲之。以至官学之成,莫不见其始,终于其亡也。得无恸乎！得无恸乎！子之学,博及群书,妙达义理,如不出诸口。子之行,以圣贤为法,其临政事,爱民利物,若无能者。(笔者据其后"四者",以及"子之学""子之行""子之文章"的行文风格,疑此处前有缺文。)子之文章,几及古人,薄而不为。四者皆有以过人,而其命乃不偶于世。登科者二十年而始改一官,居文学之职者七年而逝,兹可哀也已！兹可痛也已！子之妇翁张天祺尝谓人曰:"吾得颜回为婿矣。"其为人所重如此。子于穷达死生之际,固已了然于胸中矣,然吾独不知子之亡也,将与物为伍邪？将与天为徒邪？将无所通而不可邪？是未可知也。子之才皆可以知,此固不待吾之喋喋也。今独以丧事为告,子之柩以方暑之始,将卜辰归祔于先茔,乃择明日迁于西郊之僧舍以待时焉。嗣子省山实为丧祭之主,将行一奠,终天永诀！哀哉！②

笔者认为读此《祭文》可知:①这是吕大临兄长所作;②吕大临死时,其人仍在世,亲见弟故,痛不欲生;③吕大临出生时,其人已经14岁。另外,现在

---

① 《宋史》说吕卒于元祐年间(1046—1093)。朱熹一说吕卒于1097年以前,一说吕卒于1092年前。《宋元学案》说吕卒时,年47岁,则吕大临生于北宋仁宗庆历六年(1046),卒于北宋哲宗元祐七年(1092)。现代学者也不能够达成一致,比如侯外庐等主编的《宋明理学史》认为吕大临约生于庆历二年(1042),约卒于元丰五年(1090)。姜国柱在《张载的哲学思想》一书中认为吕大临生于1042年,卒于1092年。

② 《伊洛渊源录:蓝田吕氏兄弟·祭文》,引自《蓝田吕氏遗著辑校》附录一,第617页。

有关吕大临出生年代,或1040,或1042,或1046。吕大临大哥吕大忠生于1020年,则吕大临出生时他已经20岁以上,故排除。三哥吕大钧卒于1082年,而据现有资料,吕大临最早卒于1086年,显然他不能看到弟故,则吕大钧不是作《祭文》者。如此看来,只剩下二哥吕大防(1027—1097),他卒于吕大临逝(据现有资料,吕大临最晚卒于1093年)后的1097年。既然吕大防生于1027年,14岁时弟"始生",则吕大临生于1040年无疑。

笔者所作的推断,当时应该算是依据已有的史料得出的不得已的最可接受的结论。今天看来,有些新的史料可进一步证实这一结论,有些则不一定支持这一结论。可为证实的资料是,查吕大忠生平事迹,1092(或1093、1094)年在秦州任上,不在京师;而吕大防则以相事居官京师,可以亲见弟故。而不足支持的资料是,史料对吕大忠的生卒也无明晰的记载,而蓝田吕氏家墓墓志铭我们仍未能一睹。(据说,吕氏家墓未出土吕大临墓志,但有了兄弟其他几人的就可以判断他的生卒。)所以,吕大忠生于1020年也是存疑之说。

李如冰女士基于自己良好的文献考据功底与所据相关史料,得出的结论今天看来比笔者做出的更加可靠与可信。她认为吕大临生于1040年,而卒于1093年。李如冰提供的新史料有:(1)与吕大临同在秘书省任职的秦观曾有悼吕大临的挽诗,即《吕与叔挽章四首》。诗中秦观对吕大临的辞世表达了深深的伤感:

举举西州士,来为邦国华。艺文尤尔雅,经术自名家。正有高山仰,俄成逝水嗟。贤人各有数,不独岁龙蛇。

数日音容隔,人琴遂已虚。门生应有谥,国史可无书?旧室悬蛛网,遗编走蠹鱼。定无封禅草,平日笑相如。

追惟献岁发春间,和我新诗忆故山。今日始知诗是谶,魂兮应已度函关。

风流云散了无余,天禄空存旧直庐。小吏独来开锁钥,案头尘满校残书。①

这里所说的吕大临和秦观新诗,指的是秦观元祐八年(1093)的《元日立春》。而且,从秦观挽诗看,吕大临应卒于和《元日立春》诗后不久。李如冰肯定了《淮海集笺注》笺注者徐培均先生所认定的,"《吕与叔挽词》亦不迟于

---

① 《吕与叔挽章四首》,《淮海集笺注》卷四十,第1306—1310页。

五月"。(2)与吕大临亦有交往的苏轼有《吕与叔学士挽词》。李如冰认为,《苏轼年谱》的编者孔凡礼先生将此诗系于元祐八年(1093)三月,而又认定吕大临卒于元祐七年(1092)的说法不对。她的理由是,苏轼写挽词的时间离吕大临辞世相隔八九个月不合常理,而且,苏轼元祐七年(1092)与绍圣元年(1094)夏季都不在京城,只有元祐八年(1093)夏季在京城。她据此认定,吕大临卒于元祐八年(1093)无疑。① 应该肯定,李如冰根据秦观、苏轼相关史料做出的分析是合情合理的,有更多的可信性。另外,李如冰也对写《祭文》者是吕大防做了分析,从而与笔者一样倾向于认定吕大临生于宋仁宗康定元年(1040)。

不过,笔者仍有一疑问:也就是元祐七年(1092)范祖禹荐吕大临充讲官不及用而卒,而吕大临卒于元祐八年(1093),在"荐"与"卒"的如此长时间里,为什么吕大临不赴任?是病了不能,还是其他原因?或者,吕大临还真是卒于元祐七年(1092),所以"未及用而卒"?

但是《考古》2010年第8期发表的陕西省考古研究院《陕西蓝田县五里头北宋吕氏家族墓地》的论文提到:墓葬中有吕氏"大"字辈堂长兄吕大圭赠与吕大临的石敦一对,石敦腹壁上錾刻有吕大临职官及字号的相关铭文。其文曰:

嗟乎吾弟任重而道远者夫宋左奉议郎秘书省正字吕君与叔石敦元祐八年癸酉十一月辛巳从兄大圭铭

假如吕大圭是在吕大临在世时,赠送他一对刻有铭文的石敦,那么根据此石敦的铭文可知:吕大临元祐八年十一月辛巳(经换算,此日为公元1093年11月28日)还在世。如此看来,李如冰的结论也是不准确的。我们联系前面所引吕大防《祭文》所说:"今独以丧事为告,子之柩以方暑之始将卜辰归祔于先茔,乃择明日迁于西郊之僧舍,以待时焉。"而假使又认可吕大临和的是秦观某一《元日立春》(或元祐八年〔1093〕,或元祐九年,也就是绍圣元年〔1094〕)或其他年的诗,则吕大临就不会逝于元祐八年(1093)十一月辛巳后的冬日,只能是元祐九年(也即绍圣元年)(1094)或以后某一年的元日立春之后了。而且,吕大临还有一个官职就是左奉议郎秘书省正字。这里关键

---

① 李如冰:《宋代蓝田四吕及其著述研究》,北京:人民出版社2012年版,第72—74页。

的一条是:墓葬中出土的石敦,是吕大圭在吕大临生时还是逝后所赠。假使是逝后所赠,按祭文,吕大临是在方暑之始归祔先茔,即合葬于祖墓,而铭文则撰于冬日。墓已封,石敦如何会出现在吕大临墓中?假使是生前所赠,则吕大临绝不会逝于元祐八年,只能是其后了。笔者百思不得其解,只能存疑留待时日考证。①

今天看来,我们虽然处在一个理性的时代,却仍有迷信权威的情结。朱熹确实是一个了不起的学术大家,值得我们尊重与学习;但是作为一个人,他也有自己的知识与精力的不足。朱熹出生时相距吕大临去世不过30多年,他竟然也不能够准确地给出吕大临的生卒年代,这确实是难以想象的。历史上的许多有关吕大临的生卒年说法,其实都是陈陈相因地照搬朱熹的推断。我们当然不可非议先贤,但是必须有自己的独立判断。

考清吕大临的出生年月,对于判定吕大临的人生经历、学术历程与思想定位,具有极其重要的意义。

吕大防评价自己弟弟吕大临,说他:"登科二十年而始改一官,居文学之职者七年而逝",毕生"修身好学,行如古人"②。根据现有能够一见的资料,笔者对吕大临一生做了一个粗略的罗列,尤其寄希望于有更多的、多专业的学者依据自己所发现的资料来丰富吕大临的生平。

北宋康定元年庚辰(1040),1岁。生于蓝田吕氏望族,父比部郎中吕蕡,兄大忠、大防、大钧、大受。(后,有弟吕大观。)

康定二年辛巳(1041),2岁。

庆历元年辛巳(1041),2岁。

庆历二年壬午(1042),3岁。

庆历三年癸未(1043),4岁。

庆历四年甲申(1044),5岁。

庆历五年乙酉(1045),6岁。

庆历六年丙戌(1046),7岁。

庆历七年丁亥(1047),8岁。

庆历八年戊子(1048),9岁。

---

① 曹树明博士在《蓝田吕氏集》中,对石敦铭文有精到分析,可备参考。
② 《伊洛渊源录:蓝田吕氏兄弟·祭文》,引自《蓝田吕氏遗著辑校》附录一,第617页。

皇祐元年己丑(1049),10岁。是年,仲兄吕大防以甲科进士及第。

皇祐二年庚寅(1050),11岁。

皇祐三年辛卯(1051),12岁。

皇祐四年壬辰(1052),13岁。

皇祐五年癸巳(1053),14岁。是年,长兄吕大忠进士及第。

皇祐六年甲午(1054),15岁。

至和元年甲午(1054),15岁。

至和二年乙未(1055),16岁。

至和三年丙申(1056),17岁。

嘉祐元年丙申(1056),17岁。

嘉祐二年丁酉(1057),18岁。是年,三兄吕大钧与张载一道,同登进士第,成为同年友,"一言而契,往执弟子礼问焉"。

嘉祐三年戊戌(1058),19岁。

嘉祐四年己亥(1059),20岁。

嘉祐五年庚子(1060),21岁。

嘉祐六年辛丑(1061),22岁。是年,登进士科。(依《陕西通志》〔文渊阁四库全书本卷三十〕、《蓝田县志》〔中国方志丛书本〕)

嘉祐七年壬寅(1062),23岁。

嘉祐八年癸卯(1063),24岁。

治平元年甲辰(1064),25岁。是年,告别高都(今山西晋城)诸友向西游学。据吕大临自己书信所说,他曾在高都居住一段时间,交友冠卿、仲文、退仲、正夫、明叔五人,并引为挚友。(依吕大临:《别高都诸友序》所记:"予来高都,从此五人游,得此五人益,而亦窃自怪,求友于天下,而不意五人者皆聚于此也。……今我又自舍二友而西游。……行有日矣,敢以告。治平元年闰月五日序。"参见《全宋文》卷二三八五)

治平二年乙巳(1065),26岁。

治平三年丙午(1066),27岁。是年正月,自河阳省兄吕大防。时大防因濮王称考事上谏被贬,吕大临二月作有《仲兄赴官休宁序》。(依吕大临:《仲兄赴官休宁序》所记:"治平三年春正月辛巳,来自河阳,省兄长。……二月庚寅,饯于陈留,谨书以送。"参见《全宋文》卷二三八五)另据李如冰的考证,吕大临有一位夫人是陈安仁长女,而陈安仁河阳人;有一位姐或妹也嫁于河阳张姓。李如冰据此处"来自河阳",疑吕大临是在河阳省姐或妹然后去往兄大防处。① 笔者有另一猜测:我们说吕大临在伴学张载后方娶其侄女为妻,这已经是吕大临31岁之后的事了。如此大龄,是不是有违常理?假使如此,则会不会是吕大临去自己第一任陈氏夫人家省亲呢?因为蓝田吕氏家墓相关资料没有公开,我们在此仅备一疑。

治平四年丁未(1067),28岁。

熙宁元年戊申(1068),29岁。是年,初问学于张载。(依吕大临:《上横渠先生书一》所记"拜违而来,夙夜悚惧。属盘桓盘雍,华旦初始,还敝邑逾月之久,不获上问,当在矜照。"参见《全宋文》卷二三八五)

熙宁二年己酉(1069),30岁。此岁以前,曾有《老子注》,肯定老子以"有""无"说玄的道体体认。

熙宁三年庚戌(1070),31岁。是年,伴学张载,与张载讨论"天道性命之微"大旨。(依《横渠先生行状》。又依吕大临:《上横渠先生书三》,参见《全宋文》卷二三八五)当时,张载移疾归居横渠镇,因服膺于张载的学说和为人,大临如其两位兄长一样对张载"遂执师子礼",共同求学张门。由于蓝田吕氏兄弟几人中,吕大忠、吕大防此时已经官居高位,而且兄弟几人也都高登科第,他们或亲身师事、或思想契合,以自己的声望与实力给张载创立关学以巨大的政治与经济支持,推动了张载学说在关中地区的发展。也大概在此后的不多年,吕大临成了张载弟张戬(1030—1076)的女婿,使这种师门关系亲上加亲。在师从张载期间,大临接受了张载的气化思想,对古代典籍(如《易经》《礼记》等)进行系统研究并做了注解,并大致形成了自己新儒学思想的致思趋向,也就是思想架构。

熙宁四年辛亥(1071),32岁。是年,与兄大忠、大钧,弟大观在长安陪侍父吕蕡。(依《金石萃编》卷一百二十八载,熙宁四年〔1071〕五月五日吕蕡题名:"□郡吕蕡自京师□长安过谒□□男大忠、大钧、大临、大观侍。"参见《宋代石刻文献全编》)疑此年前,另一兄吕大受已经辞世。

熙宁五年壬子(1072),33岁。

熙宁六年癸丑(1073),34岁。

熙宁七年甲寅(1074),35岁。是年六月,父吕蕡去世,与兄大忠、大防、

---

① 李如冰:《宋代蓝田四吕著述研究》,北京:人民出版社2012年版,第82页。

大钧守制于家。(不知有无弟吕大观,史料不见。)是年,吕氏兄弟可能趁吕蕡丧事重新选址家族墓地于今天所见之地。

熙宁八年乙卯(1075),36岁。守制于家。

熙宁九年丙辰(1076),37岁。守制于家。三月,岳父张戬卒,前往吊哭,见张载。(依《上横渠先生书二》,参见《全宋文》卷二三八五)

熙宁十年丁巳(1077),38岁。是年,张载从朝廷再次移疾西归,行至临潼馆舍,不幸因病而卒。几年之后,吕大临撰两个版本的《横渠先生行状》。

元丰元年戊午(1078),39岁。

元丰二年己未(1079),40岁。是年,因程颢知扶沟县事,面见二程问学(依《二程集》载"元丰己未吕与叔东见二先生语",可知师徒讨论问题颇为重要)。因张载去世,一批关中学者于此前后几年相继师事二程,包括大忠、大钧、大临、苏昞等人。

元丰三年庚申(1080),41岁。是年,在邠州观察推官任上。(依宋赵彦卫撰《云麓漫钞》卷八《长安图》条:"元丰三年五月五日,龙图阁待制知永兴军府事汲郡吕公大防,命户曹刘景阳按视、邠州推官吕大临检定。"吕大临有一首写给刘景阳的诗,即《送刘户曹》:"学如元凯方成癖,文似相如始类俳。独立孔门无一事,只输颜氏得心斋。"另外,吕大防在吕大临死后的《哀词》中有:"登科二十年而始改一官。"吕大临是在嘉祐六年辛丑(1061),22岁时,登进士科。1080年距1061年,刚好20年)

此年,程颐讲学关中,吕大临从游,西行至关中雍、华间,"关西学者相从者六、七人"。吕大临同程颐讨论了"有体而无用"的问题,程颐特作《雍行录》(也就是《遗金闲志》)。

元丰四年辛酉(1081),42岁。是年,在凤翔府尹属佐职上(或说:监凤翔司竹监①)。(依《全宋文》卷二三八七载《凤翔府尹厅题名记》所记:"元丰四年〔1081〕,天子命朝议大夫公来守于岐,既逾年矣,政成事暇,公召其属佐吕某而谕之曰:'……'……元丰五年〔1082〕春,具官汲郡吕某记。")

元丰五年壬戌(1082),43岁。是年,在凤翔府尹属佐职上。此年,三兄吕大钧卒。

元丰六年癸亥(1083),44岁。

---

① 《吕与叔挽章四首》,《淮海集笺注》卷四十,第1307页。

元丰七年甲子（1084），45岁。

元丰八年乙丑（1085），46岁。是年，程颢病卒，大临作有《哀词》。

元祐元年丙寅（1086），47岁。是年，上《论选举六事奏》，从立士规、更学制、立试法、立辟法、立举法、立考法六个方面论改革选举之弊。是年三月，程颐"以布衣被召"，为崇政殿说书。

元祐二年丁卯（1087），48岁。是年二月，王岩叟上书，说："臣风闻文彦博特荐四人，乞朝廷不次擢用。其间杨国宝、吕大临二人，是见任执政之亲，士大夫口语籍籍，以为不平。"（参见《续资治通鉴长编》卷三九六）三月，以门荫由文彦博荐为太学博士、秘书省正字，始居"文学之职"（参见《续资治通鉴长编》卷三九六条："太学博士吕大临、太常博士杨国宝并令中书省记姓名。皆以文彦博荐也。"）至此年八月，也就是程颐罢崇政殿说书、管勾西京国子监之前，师徒两人一方面通过会面，一方面通过书信来往，互相讨论一些后来成为理学家共同关注的问题，如"中和""已发未发"等。

吕大临在太学博士任上曾为太学诸生讲授《中庸》，他非常推崇《中庸》一书，认为"《中庸》之书，圣门学者尽心以知性，躬行以尽性，始卒不越乎此书。孔子传之曾子，曾子传之子思，子思述所授之言，以著于篇，故此书之论，皆圣人之绪言，入德之大要也"①。也因为太学博士故，就读于太学的永嘉元丰九先生中的沈躬行、周行己等成为吕大临的弟子。后沈躬行、周行己赴洛阳师事程颐，与吕大临一道成为洛学门人。

元祐三年戊辰（1088），49岁。

元祐四年己巳（1089），50岁。是年十二月，右宣德郎、宗正寺主簿任上。（据吕大临为张载大姐所撰《宋故清河县君张氏夫人墓志铭》署名："右宣德郎、宗正寺主簿汲郡吕大临撰。"）

元祐五年庚午（1090），51岁。是年，秦观除太学博士，两人交往互有诗作相和。

元祐六年辛未（1091），52岁。七月，左宣德郎任上迁秘书省正字。（据《续资治通鉴长编》卷四六二条："己卯，左宣德郎吕大临、秘书省校对黄本书籍秦观并为正字。大临，大防弟也。"）

元祐七年壬申（1092），53岁。是年，完成《考古图》七卷。（依吕大临：

---

① 《礼记解·中庸第三十一》，《蓝田吕氏遗著辑校》，第270页。

《考古图后记》云:"元祐七年二月,汲郡吕大临记。"参见《全宋文》卷二三八六)此十卷《考古图》记有自御府(主藏禁中图书秘记的官署)之外凡三十六家所藏古器物,并且画图录之。是年,范祖禹以吕大临"修身好学,行如古人"荐其为讲官,不及用。

元祐八年癸酉(1093),54岁(或元祐九年,绍圣元年〔1094〕,55岁)。是年,职左奉议郎秘书省正字。是年元日,和秦观诗;后三月,卒,享年五十四。吕大临卒,仲兄吕大防作《祭文》,痛哀弟故。吕大防评价大临:"子之学,博及群书,妙达义理,如不出诸口;子之行,以圣贤为法;其临政事,爱民利物,若无能者;子之文章,几及古人,薄而不为。四者皆有以过人,而其命乃不偶于世,登科者二十年而始改一官,居文学之职者七年而逝,兹可哀也已!兹可痛也已!"①

十一月,堂长兄吕大圭赠有石敦一对。

综上,我们可以看到吕大临短短54岁(或55岁)的一生,除了少数几个闲职外,大部分时间主要从事于学术研究与教学。他天生资美,张载曾说"吕范过人远矣,吕与叔资美"。二程认为他深潜缜密,"和叔任道担当,其风力甚劲,然深潜缜密,有所不逮于与叔"。朱熹则认为"与叔高于诸公""大段有筋骨"。另外,仕宦家庭的良好背景、吕氏兄弟相互切磋且为杰出学者的学术条件,张载、二程的言传身教,同世并有交往的诸如苏轼、司马光这样一批一流思想家所营造的思想争鸣空气,诸多因素共同造就了吕大临在学术上的成就。

吕大临一生留下了数量可观的著作,而且涉及面较广,有著有述,有诗有文,且有具重要考古意义的文物史籍考订与整理。他是我国历史上重要的金石学家,著有开拓意义的、奠定了后世考古学与古文字学基础的《考古图》《考古图释文》,表现了"博及群书""能文章"的关学学者之所长。正因为吕大临具有先天的资质,加之他勤奋好学,所以他的早逝,让许多人觉得非常可惜。朱熹云:"吕与叔惜乎寿不永!如天假以年,必所见又别。"②苏轼在《吕与叔学士挽词》云:"言中谋猷行中经,关西人物数清英。欲过叔度留终日,未识鲁山空此生。论议凋零三益友,功名分付二难兄。老来尚有忧时叹,此涕

---

① 吕大防:《祭文》,《蓝田吕氏遗著辑校》,第617页。
② 《朱子语类》卷一百一,第七册,第2560页。

无从何处倾。"①在吕大临死后两年,其师程颐"因阅故编"《雍行录》,乃至"思与叔之不幸早死,为之泣下"②。

四　著作概览

吕大临一生"学通六经,尤遂于礼"③。但他的著作,今天能见到的已经很少,我们只能通过史书有所了解。晁公武《郡斋读书志》录吕大临著作有《易章句》十卷、《书传》十三卷、《芸阁礼记解》四卷、《编礼》三卷、《论语解》十卷、《考古图》十卷、《老子注》二卷、《玉溪集》二十五卷、《玉溪别集》十卷。由于历史原因,至清朱彝尊作《经义考》时,吕大临著作则为《书传》十三卷、《中庸解》一卷、《中庸后解》一卷、《孟子讲义》十四卷。而《朱子语类》称:"吕与叔《中庸》义,典实好看,又有《春秋》《周易解》。"《伊洛渊源录》则记载大临有"《易》《诗》《礼》《中庸》说、《文集》等行世。"很显然,经过长期的历史流变,不论是吕大临本人,还是蓝田吕氏兄弟其他人的著作都已经无法完整看到其原貌了。④

李如冰女士经过文献考释,认为吕大临的著作除了《考古图》《考古图释文》《中庸解》外,其他的到今天全部失佚,这包括《吕氏易章句》一卷、《书传》十三卷、《诗传》卷数不详、《芸阁礼记解》十六卷、《编礼》三卷、《吕与叔论语解》十卷、《孟子讲义》十四卷、《大学解》一卷、《中庸解》一卷、《吕氏老子注》二卷、《西铭解》卷数不详、《考古图》十卷、《玉溪集》二十五卷、《玉溪别集》十卷。⑤

---

① 施元之:《施注苏诗》卷三十三,转引自《蓝田吕氏遗著辑校》,第4页。
② 《河南程氏文集》卷第八《雍行录》,《二程集》,第587页。
③ 《吕大防吕大忠弟大钧大临列传》,《列传》第九十九,《宋史》卷三百四十,《二十四史》(简体字体)第49册,第8671页。另见《与叔吕先生》,《关学编(附续编)》卷一,第11页。
④ 徐远和在《洛学源流》一书中认为:吕大临的著作,主要有《易章句》一卷,《大易图象易传》若干卷,《孟子讲义》十四卷,《老子注》二卷,《西铭集解》一卷,《玉溪集》二十五卷,《玉溪别集》十卷,俱佚。《芸阁礼记解》十卷,《大学解》一卷,《中庸解》一卷,《考古图》十卷。此外,所记二程粹语称为《东见录》,收入《二程遗书》。(参见徐远和:《洛学源流》,济南:齐鲁出版社1987年版,第237页)
⑤ 李如冰:《宋代蓝田四吕及其著述研究》,北京:人民出版社2012年版,第129—138页。

为了能够较完整地了解吕氏兄弟在宋明理学史上的贡献,陈俊民教授"断断续续几乎花去了五年的时光,收集了至今可以见到的三吕的全部理学著作,经过一番辑校整理"①,编定成了《蓝田吕氏遗著辑校》一书。另外,由曾枣庄主编的《全宋文》则收集了吕大临著作32篇,其中一些反映了吕大临的政治见解、社会交往与学术思想。而且,有些著作还提供了吕大临与张载家族交往的第一手资料,有着突出的史料价值。而傅璇琮主编的《全宋诗》,则收有吕大临诗11首。现有可见的,还有《陕西碑石精华》一书中所收的吕大临为张载姐姐所撰的《宋故清河县君张氏夫人墓志铭》一篇,以及李如冰女士从朱熹《楚辞集注》中辑出的《拟招》一篇,她的《宋代蓝田四吕及其著述研究》一书所附的吕大临《诗传》《西铭解》两篇辑佚文。

当然,更加可喜的是与本书为同一套丛书的由陕西师范大学曹树明博士,经过艰辛而卓绝的努力辑校而成的《蓝田吕氏集》的出版。这本书尽最大可能几乎搜集、辑校了今天能够看到的所有四吕作品,它必将为蓝田四吕的研究提供极大的方便,有着鲜明的学术意义。

就目前已经出版的收录吕氏著作最多的,还是陈俊民教授的《蓝田吕氏遗著辑校》一书。该书收录的主要是吕大临的著作,它包括《易章句》《礼记解》《论语解》《孟子解》《中庸解》《论中书》《东见录》《蓝田仪礼说》《蓝田礼记说》《蓝田语要》,以及文集佚存所收《哀词》《横渠先生行状》《克己铭》《考古图后记》《中庸后解序》五篇文章,《北郊》《送刘户曹》《春静》三篇诗等。这部著作中的《易章句》《礼记解》《论语解》《孟子解》由于是陈俊民教授从别人文集中辑校而来,所以并不能够完整而准确地反映出吕大临著作的原貌,此种情况,也就为判定吕大临思想的先后次序造成了麻烦。即便如此,它也为我们在今天的现实情况下提供了研究所需的最可信的资料。

《易章句》,通过分析其中义理,我们可以断定这是吕大临早年受学于张载时期的著作。陈俊民教授经过辑佚整理,形成了"可见其概"的《易章句》。此本"理数兼陈,重释义理,简洁易晓,不涉玄虚,虽间引经史,亦不过数言"②。卦各有解,爻各有注。上下经解共339条,另有《系辞》上下与《说卦》

---

① 陈俊民:《关于蓝田吕氏遗著的辑校及其〈易章句〉之思想》,《蓝田吕氏遗著辑校》,第2页。
② 陈俊民:《关于蓝田吕氏遗著的辑校及其〈易章句〉之思想》,《蓝田吕氏遗著辑校》,第14页。

篇 29 条。《易章句》在吕大临的著作中占有极为重要的地位,它是吕大临对于张载气化学说以及张载易说"原儒"思路的继承。南宋时朱熹门人度正(1166—1235)说:"今观《易章句》,其间亦有与横渠异而与伊川同者,然皆其一卦一爻之间小有差异,而非其大义所在;其大义所在,大抵同耳。"①

《礼记解》或称《芸阁礼记解》,虽然有学者因其中《中庸第三十一》篇被朱熹认定为吕大临洛学时期才完成的作品,因而判断整个《礼记解》都是洛学时期才完成的,但笔者坚持认为这是吕大临早年师从张载时期的著作。今经陈俊民教授辑校的《礼记解》中可能掺有吕大临后期的思想,但这可能是版本流传之误,也有可能是辑校之误,其主要思想以及《芸阁礼记解》原著,都是关学时期已经形成的。不论是张载,还是吕大临兄弟几人在内的关中学者,无不重视古礼的恢复。张载教人便从礼处说起,"学者有问,多告以知礼成性变化气质之道"②。而由吕大钧主要撰稿,吕氏兄弟共同参与讨论的《吕氏乡约》《乡仪》在熙宁九年(1076)十二月,就已经完成了。这表明重视古礼,是吕氏兄弟的共识。他们或者注《礼记》,或者将古礼的精神现实化。因此我们有理由相信,吕大临绝无必要非等到洛学二程教诲之后,才有注解《礼记》的冲动与行为。在吕大临所作的《横渠先生行状》中,陈述了他就张载对于冠婚丧祭郊庙之礼的重视。

今所见《礼记解》在《蓝田吕氏遗著辑校》中占有极大的分量。陈俊民教授共辑出 381 则,计有《曲礼上下》《檀弓上下》《王制》《曾子问》《郊特牲》《内则》《丧服小记》《大传》《乐记》《杂记上下》《丧大记》《祭法》《孔子闲居》《中庸》《表记》《缁衣》《服问》《间传》《深衣》《投壶》《儒行》《大学》《冠义》《昏义》《乡饮酒》《射义》《燕义》《聘义》《丧服四制》。虽然这已经不是吕大临的原著,但也几乎包含了吕大临对《礼记》所有诸篇的解说。仅从辑出的《礼记解》中,我们便能看出吕大临理学思想的诸多内容。由于《礼记》是有关儒家对于主体内在心性与外在规范的系统阐述,吕大临在注释过程中必然会从多方面对之加以展开。可以说,《礼记解》中"几乎包含了吕大临所有最重要的理学思想资料"③。

---

① 度正:《跋吕与叔易章句》,《蓝田吕氏遗著辑校》附录二,第 626 页。
② 《吕大临:横渠先生行状》,《张载集》附录,第 383 页。
③ 陈俊民:《关于蓝田吕氏遗著辑校及其〈易章句〉之思想》,《蓝田吕氏遗著辑校》,第 17 页。

理学家在对先秦儒学这一共同的思想资源加以利用时,虽然表现出不同的思维理路,但重视思孟学派对于心性的发挥,却是他们共同的致思趋向。张载说:"知太虚即气,则无无"①,认为太虚(气)是万物的本原,但他又非常重视对于性的讨论。他说:"穷理尽性,然后至于命;尽人物之性,然后耳顺;与天地参,无意、必、固、我,然后范围天地之化,从心而不踰矩;老而安死,然后不梦周公。"②他将人性分为"气质之性"与"天地之性",并且认为:"大其心则能体天下之物,物有未体,则心为有外。世人之心,止于闻见之狭。圣人尽性,不以见闻牿其心,其视天下无一物非我。"③作为洛学的开创者,二程更是重视对于理的讨论。程颐说:"天下善恶皆天理。"④将天下一切皆归为天理之流行,要存天理灭人欲。不论是气派、心派、理派还是性派,都以心性义理作为自己论述的核心话题,以建构自己的哲学体系。吕大临作为张载的得意门生与二程高足,受到关、洛二学的共同影响,无论在前期还是后期,都表现出了理学的同一致思趋向。所以,我们说吕大临以理说礼思想在《礼记解》中得到了充分展开。

《论语解》和《孟子解》,陈俊民教授认为是吕大临的前期著作。但由于在他辑校出来的文本中,有两处同二程有关,其一是在《论语解·颜渊第十二》中有"克己铭"的全文。冯从吾在《关学编·与叔吕先生》中说:"纯公(程颢)语之以'识仁',先生默识深契豁如也,作《克己铭》以见意。"⑤另一处是《孟子解·离娄章句下》中有关"赤子之心"的解说。解说分别来自于《论中书》与《河南程氏遗书卷十八》。笔者倾向于《论语解》《孟子解》是吕大临前期著述,但不能够确定是否为受学张载后之著述。至于两条解说,则可能是吕大临师从受学于二程后,由于二程强调心性修养,极为注重《论语》和《孟子》,使他对前期《论语解》和《孟子解》中有关心性方面的问题做了进一步的补充和说明。在《论语解》和《孟子解》中,吕大临重点讨论了与人性相关的理学问题。

《论中书》,是吕大临洛学阶段与程颐进行的一次重要学术讨论的记载。

---

① 《正蒙·太和》,《张载集》,第8页。
② 《正蒙·三十篇》,《张载集》,第40页。
③ 《正蒙·大心篇》,《张载集》,第24页。
④ 《河南程氏遗书》卷二上,《二程集》,第14页。
⑤ 《与叔吕先生》,《关学编(附续编)》卷一,第11页。

其中,两人讨论了已发、未发等心性问题。大临认为,心有形上形下之分,中则贯穿形上形下;小程则认为,心为未发之心,已发则为情,未发为性,心就是性。吕大临以中说道,也就是说性;小程则以性说道。对于"赤子之心"的理解,二人也有明显的不同。"赤子之心"本是孟子的说法,在张载的著作中也有特殊的内涵。这里实际上也可以看出吕大临与张载、二程思想的不同。在《张载集》中,"赤子之心"出现有两处:"'顺帝之则',此不失赤子之心也,冥然无所思虑,顺天而已。赤子之心,人皆不可知也,惟以一静言之。"①"气之苍苍,目之所止也;日月星辰,象之著也;当以心求天之虚。大人不失其赤子之心,赤子之心今不可知也,以其虚也。"②"赤子之心"在张载,是不可知的存在。吕大临则用"赤子之心"表述心未发之时的纯一无伪,并以中形容道。而小程则认为"赤子之心"是已发的状态,发而未远乎中。对于心有无已发、未发两种状态,小程在此有一个重要变化,即与吕大临进行讨论前后有明显的不同。这种对心的不同理解,在以后的理学发展中有重要意义。

《中庸解》,是吕大临后期所为。因为《中庸解》原收在《河南程氏经说》卷八中,因而有人认此书为程颐所作。而清人吴廷栋在《重校二程全书凡例》中称:"然《经义考》引郑绍宗之言,谓《孟子解》乃后人纂集遗书、外书而成;《中庸解》出吕大临,朱子辨析甚晰。"③其所说朱子的辨析,在《朱子语类》中有如下记载:

> 问:"《明道行状》谓未及著书,而今有了翁所跋中庸,何如?"曰:"了翁初得此书,亦疑行状所未尝载,后乃谓非明道不能为此。了翁之侄几叟,龟山之婿也。"翁移书曰:"近得一异书,吾侄不可不见。"几叟至,次日,翁冠带出此书。几叟心知其书非是,未敢言。翁问曰:"何疑?"曰:"以某闻之龟山,乃与叔初年本也。"翁始觉,遂不复出。近日陆子静力主以为真明道之书。某云:"却不要与某争。某所闻甚的,自有源流,非强说也。"兼了翁所举知仁勇之类,却是道得著;至子静所举,没意味也。④

朱熹认为,有关此书为吕大临早年之书的情况,得自杨时之婿几叟亲耳

---

① 《正蒙·诗书》,《张载集》,第255—256页。
② 《张子语录》中,《张载集》,第326页。
③ 《重校二程全书凡例》,《二程集》,第2页。
④ 《朱子语类》卷九十七,第七册,第2494—2495页。

从杨时处所闻,当无差错。另外,朱子在《中庸解后序》中又有新的说法:

> 明道不及为书,今世所传陈忠肃公之所序者,乃蓝田吕氏所著之别本也。伊川虽尝自言"《中庸》今已成书",然亦不传于学者;或以问于和靖尹氏,则曰先生自以不满其意而火之矣。二夫子于此既皆无书,故今所传,特出于门人记平居问答之辞。而门人之说行于世者,唯吕氏(大临)、游氏(酢)、杨氏(时)、侯氏(师圣)为有成书。若横渠先生,若谢氏(良佐)、尹氏(焞),则亦或记其语之及此者耳。①

既然程颐自己将书烧掉,没有留下相关的书稿,而又有证据表明此书是吕大临的著作,那么,此书是吕大临作品当属无疑。

在朱熹之前,胡宏对于《中庸解》也有相类似的说法。在《题吕与叔中庸解》中,他记到:"有张焘者携所藏明道先生《中庸解》以示之(侯仲良师圣——二程弟子),师圣笑曰:'何传之误!此吕与叔晚年所为也。'焘亦笑曰:'焘得之江涛家,其子弟云然。'"②而且他还继续说明:"按河南夫子,侯氏之甥,而师圣又夫子犹子夫也。师圣少孤,养于夫子家,至于成立,两夫子之属纩,皆在其左右。其从夫子最久,而悉知夫子文章为最详"③;并且,"其为人,守道义,重然诺,言不妄,可信。"④由于侯氏从学二程时间最长,而且又是由二程养育成人,许多事当是亲身经历,况且为人又可信,他的这一判定应该是让人信服的。另外,胡宏兄弟曾拜侯仲良为师,并且他们围绕《中庸》讨论了有关心性学说。所谓"议论圣学,必以《中庸》为至"⑤。《中庸》的心性学说对胡宏性学的形成起了重要的作用,也就是说,胡宏对《中庸》是深有体会的。同样的《中庸解》,胡宏十年后在胡安国弟子向沈处见到。他自己经过反复的考订本篇,并且将之与张载的著作进行对比,发现类似于张载的《正蒙》:"某反覆究观词气,大类横渠《正蒙》书,而与叔乃横渠门人之肖者。征往日师圣之言,信以今日已之所见,此书与叔所著无可疑明甚。"⑥在这种征之当事人

---

① 《中庸集解序》,《朱熹集》卷七十五,《朱熹集》第七册,第3956页。
② 《题吕与叔中庸解》,《胡宏集》,第189页。
③ 《题吕与叔中庸解》,《胡宏集》,第189页。
④ 《题吕与叔中庸解》,《胡宏集》,第189页。
⑤ 《题吕与叔中庸解》,《胡宏集》,第189页。
⑥ 《题吕与叔中庸解》,《胡宏集》,第189页。

与考订文章本身的基础上,胡宏的观点无疑具有极其重要的可信性。庞万里先生经过考辨也认为,《中庸解》当属吕大临所作,而非程颐的著作。另中国人民大学哲学院向世陵教授认为,胡宏对于《中庸解》为吕大临所作的记载与甄别在学术史上是有意义的,显然他认定此书为吕大临所作。①

但还有一个问题:朱熹说《中庸解》是吕大临早年作品,而胡宏从侯师圣处得闻是吕大临晚年作品,到底是早年还是晚年? 我们前面提到吕大临在太学博士任上,为太学诸生讲《中庸》。此《中庸解》现放置于《礼记解》中,是作为《礼记》中的一篇来处理的,我们称为前《中庸解》。按照我们前面分析,此《中庸解》与《礼记解》一道是吕大临关学时期的作品,而讲学太学已经投在程颐门下是洛学时期。查单独本《中庸解》与前《中庸解》不论在篇幅上,还是在文字表述上都有不同。显然,单独本《中庸解》是吕大临在前《中庸解》(即《礼记解·中庸第三十一》)基础上重新编辑的本子。单独本《中庸解》较《礼记解·中庸第三十一》而言,其不同大致有:①篇幅内容大大减少。②对于章节而言,有将前《中庸解》二章并一章的;有将一章分成几个部分,且一部分并入前一章,而将余下部分单独成章的;有一章漏掉不解的。③对于内容而言,一般是相对减少;同时有作文字细微调整的;有在前解基础之上加解的;有完全重新作解的;也有照搬前解的。

晁公武《郡斋读书志》说:"与叔师事程正叔,礼学甚精博,《中庸》《大学》尤所致意也。"后来的马端临《文献通考》与朱彝尊《经义考》中也引晁公武此说。晁公武又说,吕大临"解《中庸》《大学》等篇行于世。"而朱彝尊《经义考》还记有《吕氏大临大学解》一卷。仔细推敲,吕大临似乎并没有像《中庸》一样,再单独注《大学》。《大学》更可能是吕大临在注《礼记》时,作为其中的一篇来处理的。晁公武说吕大临尤所致意《中庸》《大学》,《中庸》自不用说,但《大学》可能仅仅还是多所"致意"而已。晁公武说吕大临"师事程正叔,礼学甚精博,《中庸》《大学》尤所致意",似乎是指吕大临师事程颐兄弟后,礼学才甚精博。这显然与吕大临实际的为学经历不相符,所以我们也有理由相信他其他的判断也不尽准确。而朱彝尊《经义考》中所说《吕氏大临大学解》,极可能是后来朱熹突出"四书学"之后,有人将吕大临《大学解》从《礼记解》

---

① 向世陵:《善恶之上:胡宏性学理学》,北京:中国广播电视出版社2000年版,第12页。

中抽出以单独成篇行世。

另外,现在所看到的吕大临著作还有《东见录》,这是由他本人记录并整理的有关自己与二程兄弟谈话答问的内容。《蓝田语要》,这是吕大临记录的大程的语要,在研究程颢的哲学思想时具有重要的地位。《考古图》十卷,是吕大临搜集当时诸家所藏的三代、秦、汉尊彝鼎敦之属,绘之于幅,而辩论形制的文字。还有,《郡斋读书志蓝田吕氏遗著提要》有吕大临撰《吕氏老子注》二卷。今天虽然不可见,但《提要》认为:"其意以老氏之学,合'有''无'谓之玄,以为道之所由出,盖至于命矣。其言道体,非独智之见,孰能臻此? 求之终篇,胶于圣人者盖寡,但不当以圣知仁义为可绝弃尔。"[1]吕大临这里说老子能够体道,而且是智见。他还认为老子之书不合于圣贤的不多,关键在于不应当绝弃圣知仁义,这就有泛滥道家的思想倾向。吕大临师从张载、二程时,张载51岁,程颢48岁,程颐47岁,他们批判佛老的思想都已经成熟。因此,笔者断定《老子注》是他前期的思想,也就是还没有学于张载时的思想,毕竟吕大临进入张门已经31岁了。

五 四吕家学

根据前面所作的资料考释,我们倾向于认定吕大临生于宋仁宗康定元年(1040),确定熙宁三年(1070)师事张载,肯定元丰二年(1079)投师二程。因此,我们认为吕大临一生的学术求索进程可以分为三个时期:即31岁以前的自我求索"吕学"期;31岁至40岁间的师从张载"关学"期;40岁后的师从二程"洛学"期。而且,通观吕大临一生,我们发现他从来都不是一个视野狭窄的学术人物,即使是在问学理学大家张载、二程门下进行天道性命的精深思考之际,他还保持着博学的面向与兴趣。

吕大临三个时期的学术追求,显然有其致思的侧重点。尤其在张载、二程门下,受到老师的精心指点,更加表现出了深潜缜密的思维特质,也形成了自己"关学干城"与"程门四先生"的美誉。但不可否认的是,任何学术成就的取得总是长期积累的结果,没有31岁之前的知识准备与家风熏陶,没有时

---

[1] 晁公武:《郡斋读书志蓝田吕氏遗著提要》,转引自《蓝田吕氏遗著辑校》,第629页。

代的造就与思想的交流,吕大临关、洛二期的理学致思也是不可能形成的。吕大临博学的学术面向、尤邃于礼的学术品质,与精深邃密的致思特色,是吕大临所处关中独有的经世重礼氛围、蓝田吕氏兄弟良好的求道家风,以及自己苦心孤诣的求索努力形成的。而且,这些因素共同造成的吕大临学术内涵应该就一直伴随着他以后的人生历程。虽然与关、洛二期在学术阶段上有别,但在思想承继上不能不相连的吕大临"吕学"时期的学术内涵体现在两个方面:一是吕氏兄弟共同的、良好的学术追求,二是吕大临在这一家族下形成的自己学术个性。

毋庸置疑,蓝田吕氏文化家族的形成是北宋时代背景下的产物,也是关中地区文化风貌作用下的结果。就一个个体而言,吕蕡作为一个登科不早仕运一般的官僚,却成就了一门四贤的蓝田吕氏家族,这确实是一个了不起的教育成就。而且,六子之中五子登科,个个不同,表现出了大家族氛围下的尊重个性的良好家风。仅就"蓝田四贤"而言,除了吕大忠、吕大防遵循传统社会之学而优则仕的从政路径,吕大钧、吕大临其实都保持了自己的兴趣所在。我们知道,纵使吕大防极力劝说吕大钧在守父丧结束之后出来从政,但吕大钧仍然坚持自己从事乡约乡仪的实践。

作为都是官僚的吕氏兄弟,其中还有权倾当世的为相者,他们虽然一方面积极参与社会事务与履行官僚职责,却都保有求学问道的学术兴趣,并有相关方面的著述。吕大忠作为兄长,一直起着表率作用。作为一个长期处理边事的官僚,吕大忠的著作有《前汉论》三十卷,《辋川集》五卷、奏议十卷,但都散佚,今不可见。晁公武说吕大忠:"博及群书,为文尚理致,有益于用。章奏皆亲为之。"[①]吕大防的著作有《周易古经》二卷、《吕氏家祭礼》一卷(与吕大临合撰)、《神宗实录》(《神宗朱墨史》)二百卷、《政目》《长安图记》一卷、《西铭解》《吕汲公文录》二十卷、《文录掇遗》一卷、《杜诗年谱》一卷、《韩吏部文公集年谱》一卷,除了《杜》《韩》两书,其他也都散佚。吕大钧著作有《蓝田吕氏祭说》一卷、《诚德集》(不知卷),都遗失,只有《吕氏乡约》一卷、《乡仪》一卷存世。而吕大临的著述更加丰富,涉及的领域更加广泛。从吕氏四兄弟的著述名目,以及传存于世的有关史料,我们可以总结出吕氏兄弟的家

---

① 晁公武著、孙猛校证:《郡斋读书志校证》,上海:上海古籍出版社2005年版,第1010页。

学特色：

好学博学，重视文化的学习与知识的积累，是作为知识分子群体的吕氏兄弟共同的特点。吕氏兄弟都有强烈的求道好学之特点，这突出表现在他们对待张载、二程学术的尊重上。正是因为好学，吕大忠、吕大钧甘于以长师少。二程兄弟评价吕大忠说："吕进伯可爱，老而好学"；正是尊道，吕大忠才能够听小于自己的谢良佐讲说《论语》经义，不敢稍有懈怠轻慢之情。因为，他认为"圣人之言在焉，吾不敢不肃"。这种好学、尊道的优秀品质，为他赢得了"博及群书，为文尚理致"的声名。吕大防虽然没有师事张载，却与之思想相契，而且从政治上提携张载。难能可贵的是，在拜相后置薪一半购书。吕大钧虽与张载同年进士第，"一言有契，往执弟子礼问焉。"①《宋元学案》载吕大钧："先生少时，赡学洽闻，无所不该。"②而人们评价吕大临，也说他"通六经"。兄长吕大防则称誉他："子之学，博及群书。"

吕氏兄弟的学问涉及非常广泛，就今天的学术视野来看，有理学、史学、文学、易学、碑石学、地理学、天文学、历法学、古礼学、考古学、金石学，等等。而且，他们在自己所涉足的领域都有突出的文化史贡献。比如，吕大忠、吕大钧创设西安碑林，成为中国古代碑林之始。吕大防的《长安图》以其全面准确地反映古代长安城的地理位置、建筑布局，有益于我们更好地理解史书中所记载的有关历史事实或用来考证与古代长安有关的历史事件的发生地。③ 其《韩》《杜》诗集及年谱的编写，一方面保存了韩、杜的诗歌原貌，另一方面则开创了中国年谱体例的先河，功绩不可谓不大。《周易古经》更是厘清了古易的经、传原貌，为后世研易家提供了开创局面的先导之功。他熙宁三年（1070）裁定的望日之争，更表现出了自己天文历法方面的造诣。至于吕大钧的一再辞官，更是他一意读书求道的反映。而他能够制订并推行《吕氏乡约》，显然能够反映他对于古礼的关注、熟悉与研究。吕大防的《长安图》与吕大临的《考古图》一样，无疑都反映了他们高超的地理知识、绘图技能与审美情趣。我们相信，成书于元祐七年（1092）的吕大临《考古图》，能够绘出众多的古代器物及其所反映出来的历史知识、绘图技巧与识别古文字能力，一

---

① 范育：《吕和叔墓表》，《宋文鉴》吕祖谦编，齐治平点校，北京：中华书局1992年版，第2028页。
② 《吕范诸儒学案》，《宋元学案》卷三十一，《黄宗羲全集》第四册，第373页。
③ 李如冰：《宋代蓝田四吕及其著述研究》，北京：人民出版社2012年版，第173页。

定是经历了长期的锻炼与实践。宋赵彦卫记载:"元丰三年(1080)正月五日,龙图阁待制知永兴军府事汲郡吕公大防,命户曹刘景阳按视、邠州观察推官吕大临检定。其法以隋都城大明宫并以二寸折一里,城外取容,不用折法。大率以旧图及韦述《西京记》为本,参以诸书及遗迹。考定太极、大明、兴庆三宫用折地法,不能尽容诸殿,又为别图。"①作为检查审定的吕大临,必然对于绘图的相关理念、技法有所熟悉与掌握才有可能充当此任。

吕氏五人进士及第而有良好的知识面向,这也表现在他们的文学创作上。因吕氏兄弟留存传世的诗篇都不多,笔者在此分别录其一首,且都能代表与其人身份相应的心迹,以睹其概:

送程给事知越州(大忠):飞诏平明走玉珂,夕郎持节越山阿。西风旗鼓催行色,南国尊鲈助醉歌。邻寇未销谋可尔,部氓犹困政如何。番禺今得长城利,推此求功曲突多。②

幸太学倡和(大防):清晓金舆出建章,祠宫转杖指虞庠。三千逢掖裾如雪,十万勾陈锦作行。再拜新仪瞻鲁圣,一篇古训赞周王。崇儒盛世无云补,扈跸空惭集论堂。③

曾点(大钧):函丈从容问且酬,展才无不至诸侯。可怜曾点推鸣瑟,独对春风咏不休。④

送刘户曹(大临):学如元凯方成癖,文似相如始类俳。独立孔门无一事,唯传颜氏得心斋。⑤

经世致用,关注现实的社会与国家的安危,也是吕氏兄弟突出的共同风格。不论是参与现实政务的官僚,还是精思义理、涵养心性的学人,吕氏兄弟无不表现出对自己所生存时代、民族、国家与百姓的现实关注。他们既不是饱食终日的食民禄者,也不是脱离社会真的袖手空谈心性的道学家。立足于爱民利物的天下意识,他们通过自己实际的言行举止来了解真实的社会,从而能够提出解决实际问题的对策与举措。而且,许多情况下他们表现出来的公而忘私的人格品质,更是引起了世人的认同与赞许。

---

① 赵彦卫:《云麓漫钞》卷八,北京:中华书局1998年版,第140页。
② 傅璇琮等编:《全宋诗》,北京:北京大学出版社1995年版,第7346页。
③ 傅璇琮等编:《全宋诗》,北京:北京大学出版社1995年版,第7394页。
④ 傅璇琮等编:《全宋诗》,北京:北京大学出版社1995年版,第8004页。
⑤ 《送刘户曹》,《蓝田吕氏遗著辑校》,第600页。

吕大忠从为晋城令时起,就表现出了"刚毅质直,为治有声"①的从政能力。其后,随着政绩的积累,朝廷越发对其委以重任,尤其在涉及国家安危的边事处理问题上更是倚重于他。正如我们前面对其生平所作的简介,吕大忠多次以实际行动证明了自己胸怀天下的报国意识与熟悉敌我双方情势的清醒头脑。针对西夏与大宋的形势,他说:"西夏每有大举,动经累月,盖人人自备其费。若诸路则悉从官给,号令一出,无敢后者。只以饥饱、劳逸、难易校之,已能屈敌,奈何惴惴然惟恐其来?乃是帅臣习而不察,未尝为朝廷深计。"②他自己提出了有针对性的上、中、下御敌三策,可谓分析至当。而吕大防长期从政甚至高居相位,基于自己的学识、政干表现出了更多、更明显的社会影响力。比如在"濮议"事件中,他告诫宋英宗应该"以社稷为计,以天下人心为念,以四圣亲政之始,皆有以得天下之心为法"③,表现了不以皇帝一私而从天下至公的角度考虑问题的理念。司马光也称他:"忠亮刚正,忧公忘家。"④仅从其为相期间的时人评论,我们也能看出其在险恶的政治斗争、新旧两党党争环境中,努力维持政局稳定、社会安宁的从政理念与社会关怀。"大防为相,用人各尽其能,不事边功而天下臻于富庶。"又说:"汲郡吕公在元祐为相八年,四夷无事,中国晏然,年谷丰登,家给人足,可谓有功社稷矣。"⑤虽然这里有溢美之嫌,但是确实能够看出世人对其人格、政事的推崇。吕大钧从政兴趣不高,但他并非不关注现实。执意改变乡村社会,成为他研习古礼从而制订并推行《吕氏乡约》的原动力。而且,他自己也有着高度的自信,认为讲修先王之法并不是基于单纯的怀古之情,因为"如有用我者,举而措之而已"⑥。也就是希望实践之。吕大临作为一名杰出的理学家,既在自己的理学精思中表现出大气本一、天下一理的一本精神,也在自己的从政实践中提出了有针对性的政治见解。比如,针对当时的选举弊端,他有《论选举六事奏》,提出:

<blockquote>古之长育人才者,以士众多为乐;今之主选举者,以多为患。古</blockquote>

---

① 《山西通志》卷九十六,《文渊阁四库全书》影印本。
② 《续资治通鉴长编》卷四百六十六,第三十一册,第 11130 页。
③ 《上英宗乞如两制礼官所议》,《全宋文》卷一五七〇,第七二册,第 163 页。
④ 《续资治通鉴长编》卷二百七,第十五册,第 5038 页。
⑤ 王称:《东都事略》卷八九,《文渊阁四库全书》影印本。
⑥ 范育:《吕和叔墓表》,《宋文鉴》,吕祖谦编,齐治平点校,北京:中华书局 1992 年版,第 2028 页。

以礼聘士,常恐士之不至;今以法待士,常恐士之竞进。古今岂有异哉,盖未之思尔。夫为国之要,不过得人以治其事,如为治必欲得人,惟恐人才之不足,而何患于多。如治事皆任其责,惟恐士之不至,不忧其竞进也。今取人而用,不问其可任何事;任人以事,不问其才之所堪。故入流之路不胜其多,然为官择士则常患乏才;待次之吏历岁不调,然考其职事则常患不治。是所谓名实不称,本末交戾。如此而欲得人而事治,未之有也。今欲立士规以养德厉行,更学制以量才进艺,定试法以区别能否,修辟法以兴能备用,严举法以核实得人,制考法以责任考功,庶几可以渐复古矣。①

我们前面论述过北宋一朝重视文官,尤其重视科举取士。但是,随着时间的推移,在政策实施过程中也逐渐积累了大量的弊端。吕大临在古今对比中,指出了问题实质所在。而他提出的立学规、更学制、定试法、修辟法、严举法、制考法,不仅仅是一空头的说教,其实他有具体的论述,能够做到有的放矢。

重礼力行,不仅精研古礼中固有的人文内涵,而且能够适于时代以付诸实施,成为吕氏兄弟另一突出的特点。虽然包括张载在内的关中学人都非常重视礼,但是吕氏兄弟则表现出了真正的力行精神。重礼而力行,才是吕氏兄弟之所以为"吕学"的关键。

史载吕大防"与大忠及弟大临同居,相切磋论道考礼,冠昏丧祭一本于古,关中言礼学者推吕氏"②。就研习古礼而言,吕氏兄弟表现出了极大的热情。他们是实践家,首先是理论家。文献记载,吕大防、吕大临合著有《吕氏家礼》一卷,吕大临独著有《礼记解》十六卷与《编礼》三卷,晁公武说吕大临《编礼》:"以士丧礼为本,取三礼附之。自始死至祥练各以类分,其施于后学甚悉。尚恨所编者五礼中特凶礼而已。"③吕大临自己说礼:"礼之行也,不在乎他,在长幼之分而已,性之德也。"④又说:"先王制礼,其本出于君臣、父子、

---

① 《吕大防兄大忠弟大钧大临》,《列传第九十九》,《宋史》卷三百四十,《二十四史》(简体字本)第 49 册,第 8671 页。又见《论选举六事奏》,《全宋文》卷二三八五,第一一〇册,第 143—144 页,文字略有出入。
② 《吕大防兄大忠弟大钧大临》,《列传第九十九》,《宋史》卷三百四十,《二十四史》(简体字本)第 49 册,第 8668 页。
③ 晁公武:《郡斋读书志》卷二经部礼类,衢本。
④ 《礼记解·乡饮酒义第四十五》,《蓝田吕氏遗著辑校》,第 395 页。

尊卑、长幼之间,其详见于仪章、度数、周旋、曲折之际,皆义理之所当然。"①吕大临是吕氏兄弟之中,从理论上来论说古礼的最深刻者,人称其学"尤邃于礼"实非虚言。假如说吕大临从理论上论证了"礼之所尊,尊其义也"②,那么吕大钧就从制度上实施了礼的"性之德"精神。吕大钧是张载学说最为积极的倡导者与实践者,对于张载思想,他能够"设其义,陈其数,倡而行之,将以抗横流,继绝学,毅然不恤人之非间己也"③。他尤其对以张载为代表的关学"礼以为教"的精神,有着深切的理解与切实的履行。他制定了中国历史上第一部成文的乡约——《吕氏乡约》,并颁行实施之,虽遭非议仍一意前往。这一乡约的推行带来的结果,就是关中风俗为之一变。

吕氏兄弟重礼也不仅仅施之他人,他们自己就是坚定的身体力行者。真正做到了家风严谨,一遵礼仪。吕蕡熙宁七年(1074)卒,吕氏兄弟居父丧,衰、麻、敛、奠、祭之事一本于古礼,凡流俗委巷浮屠烦鄙不经之事一概不用。吕大钧去世时,夫人种氏治夫丧也遵循这一礼仪。南宋史学家王明清(1127—1202)在《挥麈录》中,录有吕大忠见时为相的弟吕大防,吕大防让出正寝作为接待兄长的住所,以尽敬长之情。也就是说,即使是平日家居,吕氏兄弟也恪守着家法。史载:

> 吕汲公家法甚严,进伯,汲公兄也。汲公夫人每见进伯,必拜于庭下。汲公既相,进伯往见之。夫人令两获扶,下阶而拜。进伯不乐,曰:"宰相夫人尊重,不必拜。"汲公甚惧,遽令两获勿扶夫人。④

当然,我们上面指出的吕氏兄弟的学风特点,并不一定都是吕大临求学张载、二程之前的。而且,随着吕氏兄弟后来多人受业于张载、二程,他们兄弟几人必然受到张载、二程思想的影响,吕氏家学更向理学形态转化。但是,作为扎根于重礼、求实、向学、力行、刚毅精神的关中文化土壤中的吕氏家风,显然深深地打下了这一优秀区域文化的烙印。他们后来的人生历程所体现出来的精神气质、人格魅力与学术风度,一定意义上只不过是从更宽广的生活面向、更具体的人生历练、更自觉的理性认识与更丰富的学术层面上,来展

---

① 《礼记解·冠义第四十三》,《蓝田吕氏遗著辑校》,第382页。
② 《礼记解·冠义第四十三》,《蓝田吕氏遗著辑校》,第382页。
③ 范育:《吕和叔墓表》,《宋文鉴》,吕祖谦编、齐治平点校,北京:中华书局1992年版,第2028页。
④ 吕本中:《东莱吕紫微师友杂志》,《丛书集成初编》本。

示关学的文化核心精神与北宋的时代思潮特色。所以,我们笼而统之地将这一吕氏家学作为吕大临自我求索期的重要生命土壤,它影响了吕大临"吕学"时期学术特色的形成。这些学术特色,有些是吕氏兄弟共有的,有些是吕大临独有的;有些是"吕学"期才有的,有些是延及"关学""洛学"二期的。

人们评价吕大临,说他:"修身好学,行如古人";"博及群书,能文章";"不为空言以拂世骇俗";"曲礼三千目,躬行四十年"。显然,吕大临这些方面的优秀品质都有他人生一以贯之的性格特点。笔者在这里要重点分析他在自我求索"吕学"期就已经养成的另外几个特点:

(1)独立自主的求道问学精神。虽然吕大钧是在嘉祐二年(1057)赴进士试时师事张载的,这时吕大临已经18岁,但他没有跟随兄长直接求学于张载;一直等到熙宁三年(1070),他31岁时才伴学张载,与张载讨论"天道性命之微"大旨问题。我们后面将会引到吕大临求学二程之前写给程颢的信,叙述了与程颢在京城交往之事,又说自己见张载之后,"乃知圣学虽微,道在有德"①,不敢自弃。从18岁到31岁,其中嘉祐六年(1061)中进士第。而且,他应该有一段出外游学的经历。在这一段较长的人生求索期,他没有贸然拜师已经世所传名的张载、程颢、程颐。吕大临显然有着自己独立的学术追求、理论思考与兴趣所在。这是一个有着独立思考精神的理性学者,是一个坚持问道求学的士人。

(2)深邃缜密的形上思考兴趣。到吕大临生活的时期(1040—1093),宋代学人已经扭转了汉唐不破经疏的思想传统。经学大师刘敞、欧阳修的疑经倡导之功已经产生了根本性的思想转变,伴之而起的是重义理之学的"宋学"思潮,寻求心性义理是那个时代的学人共识与兴趣。只不过基于思维方式与学术价值评判、社会政治理念的不同,一批人走向了借释老之思辨更深入地研究形上心性之路,但他们都是以传承孔孟之"道"为志向的。吕大临在一篇《与友人书》中,说:

> 某往者辄不自量,学为文章,既而若有所发。中道自悔,视前所为,殊为羞恶,乃一切弃去。又不自量,将以鄙滞不明之质,执残编断简,欲逆求圣人之意于数千百年之上。其为力虽勤,而不知其果有得之欤?非欤?然鄙心以为圣人虽亡,而义理固在。果知义理之

---

① 《与程伯淳书》,《全宋文》卷二三八五,第一一〇册,第157页。

所在,则虽数百千年之上,犹今日也。譬诸观水,苟知性之趣下,则虽江河淮渎之别,细大曲直之殊,以此理求之,无往而不得其性也。某近以此说求《论语》,因妄为之解。不敢自异于先儒,欲少发圣人之微意。但精粗得失,自知不明。首篇虽已具藁,未敢自谓其然,辄取质于左右。苟不叛道,愿教示之,庶几得卒所学,幸甚。不宣。①

吕大临注解《论语》的目的,按其说是"欲发圣人之微意",也就是孔子之"道"。这里有两点值得注意:①前面我们提到的吕大临在未投师程颢门下前写给程颢的信中,已经明确有"执事伯仲与横渠始倡此道"②,按其写信的一般词意,假如《与友人书》写于张载关学、二程洛学期,也应该记有老师的教诲与传道之功。②仔细研读吕大临《论语解》中注"子畏于匡"条,他说:

道有兴有废,文有得有丧,道出乎天,非圣人不兴,无圣人则废而已。故孔子以道之废兴付诸命,以文之得丧任诸己。及秦灭学焚书,礼坏乐崩,数千百年莫之能复,殆天之丧斯文也,然道未尝丧,苟有作者,斯文其复兴乎?③

孔子的这种大道担当、文化传承的精神,一直是儒家学者极力推崇、学习、实践的内涵。能够接续孔孟之道,成为宋明理学家的至上追求。后来的吕大临明确地认为张载、程颢接上这一道统,有功于前圣,也有功于后学。但在这里,吕大临没有提到张载、程颢、程颐的名字。基于以上两点理由,笔者将倾向认定吕大临的《论语解》初注完成于求学张载以前,也就是"吕学"期的思想成果,但后来应该有所增删。

《与友人书》里吕大临自述了自己始为文章,中弃之,今又注《论语》的学术过程。他还坚信自己的《论语解》可以揭示"孔子之道",只不过有精粗得失之疵。这里体现出来的独立自主、求道问学精神是非常明显的。我们知道吕大临曾有《老子注》二卷,虽不可见,但据晁公武《郡斋读书志蓝田吕氏遗著提要》说:

其意以老氏之学,合"有""无"谓之玄,以为道之所由出,盖至于命矣。其言道体,非独智之见,孰能臻此?求之终篇,缪(先谦案,

---

① 《与友人书》,《全宋文》卷二三八五,第一一〇册,第155—156页。
② 《与程伯淳书》,《全宋文》卷二三八五,第一一〇册,第157页。
③ 《论语解》,《蓝田吕氏遗著辑校》,第448页。

《后志》《通考》"膠")于圣人者盖寡,但不当以圣知仁义为可绝弃尔。①

吕大临对于道体(道)有着浓厚的形上思考追求,也有着魏晋以来"谈玄论虚""合有混无"的思辨兴趣。他承认老子道体是智见,显然是认可这一合"有""无"论玄的思维模式对于形上思考的意义。联系《与友人书》所提,《老子注》应该属于他始初所作的文章。当他作《论语解》时,吕大临坚持了儒家的仁义道德立场。但是,这一追求"道之所由出"的"道体"精神最后演变为"中者所由出"的《论中书》论辩。吕大临终以"中为道体"的逻辑总结,完成了其深邃缜密的形上思考。

(3) 以中为本的平和学术心态。吕大临不是一个狂热的卫道士,他是一个理性的学者。作为振兴儒学的理学家,他既有儒家立场又有开明的学术视野。他师从程颢、程颐,但又与苏轼为代表的"蜀学"人物保持了良好的交谊。在对待异端态度上,也表现了少有的宽容。他说:

> 庄生之言,非不善也,卒不可以治天下国家,此言之饰也;五霸假仁义而行,非不美也,而后世无传焉,此行之饰也。②

> 吕与叔后来亦看佛书,朋友以书责之,吕云:"某只是要看他道理如何。"其文集上杂记亦多不纯。想后来见二程了,却好。③

吕大临是以追求学术之道的精神来研读、评价释老之学的,有其固有的学术分析架构。与前面深邃缜密的形上思考相适应,吕大临吕学期的致思特色伴随其一生,从而成就了其丰富的人生。笔者认为,吕大临吕学期就已经养成的优秀学术品质,既是他终生坚持的博大知识面向的原因,也是他先问学张载成为"关学干城",后又受学程颢、程颐终为"程门四先生"的原因。而且,一定意义上也是吕大临由关而洛"深契"二程精神的逻辑内因。

---

① 晁公武:《郡斋读书志蓝田吕氏遗著提要》,转引自《蓝田吕氏遗著辑校》,第629页。
② 《蓝田礼记说》,《蓝田吕氏遗著辑校》,第551页。
③ 《朱子语类》卷一百一,第七册,第2561页。

第二章 理气之思：生皆有气与实有是理

宋明理学(性理学、义理学)作为一种绵延中国古代社会几百年的社会思潮,既是特定时代的历史选择,也是学术文化发展的必然演绎。但历史的选择、学术文化的发展,总归需要通过人的主观努力才有可能实现。不过作为一种社会思潮的理学,它仅仅是中国宋元明清时期整个社会文化中的一个组成部分;作为一种学术知识的理学,它也仅仅是中国有宋以来士人庞大知识体系中的一个组成部分。文化的多元、思想的争鸣,造就了士人宽阔而丰富的知识修养。以此为前提,士人们在文化、思想、学术的穷研精思中,寻找"天地人之理,治乱兴衰之原"。在这一知识群体中,抱有以中国固有儒家学术复兴来重构社会秩序、价值理想、人伦规范与人生信仰的士大夫们,逐渐成为知识分子的主流。这样一批知识分子,通过自己或政治、或学术的身份极力展现自己独有的政治理念、学术追求、思维路径与价值观念。而历史最终表明,以周敦颐、张载、二程兄弟为代表的"性理之学"最成功地承担了社会重建的历史责任。理学以其"成功地回应了当时社会各个方面的挑战,并化解了各个层面的冲突"①的学术特质,成为北宋以后中国古代社会最重要的主流思想。

而"博及群书"的吕大临,则在这一历史进程中,以自己好学精思的学术努力,先后问学于张载、二程,成为理学思潮中的重要一员。

一 理学课题

唐末藩镇割据、黄巢起义以及五代十国的长期混战,造成的社会动乱、秩序破坏以致伦常衰败、理想失落、道德沦丧、精神迷茫的局面延及北宋初年。而另一方面,唐代的寺院经济的发展,促使佛教空前繁荣;同时中国的本土道教在吸收佛教思想之后,在宇宙化生等诸多问题上也得到了完善。这两种思

---

① 张立文:《宋明理学研究》,北京:人民出版社2002年版,第1页。

想在理论上都较儒家学说更为精致,对世人更有吸引力。社会的无序与学术的失范,令吕大临感慨万千:

> 今大道未明,人趋异学,不入于庄,则入于释。疑圣人之未尽善,轻理义为不足学,人伦不明,万物憔悴。①

自东汉以降,作为国家统治思想的儒家学说,无论在理论构架上,还是在理论的致思深度上,都远不及释、道二教。汉儒治经,偏重注解、名物训诂;唐儒则承汉儒,依经作注。不仅以"疑经"为背道,而且以"破注"为非法,严重束缚了思想,扼杀了人的自由创造。当时的情形,正如吕大临所言:

> 呜呼! 去圣远矣,斯文丧矣。先王之流风善政,泯没而不可见;明师贤弟子传授之学,断绝而不得闻。以章句训诂为能穷遗经,以仪章度数为能尽儒术;使圣人之道玩于腐儒讽诵之余,隐于百姓日用之末;反求诸己,则阒然无得;施之于天下,则若不可行;异端争衡,犹不与此。②

也就是说,儒家学者自己所造成的负面影响,较其他学说对其自身的冲击更为可怕。异教思想的冲击与自身问题所造成的困境,深深刺激了有使命感的儒者。一批学人以勇于担当的精神,对先秦儒家学说重新加以解释,力图从理论本身阐发儒学所具有的微言大义。

对先秦儒家的"古文"复兴,实际上在"前不见古人,后不见来者"的唐初已开始酝酿。韩愈(768—824)明确指出:"君子居其位,则思死其官;未得位,则思修其辞,以明其道。我将以明道也。"③他要以先秦孔孟的仁义之道,来攻击佛、老异端邪说,以便在学术思想和意识形态领域,为所谓的孔孟"道统"争取唯我独尊的垄断地位。韩愈借助《大学》,来阐释自己"正心诚意"的治国理念,并与佛老相抗衡。李翱(774—836)则借助《中庸》,进一步发掘与论证儒家伦理。他提出了"复性"的观点,认为"人之为圣人者,性也;人之所以惑于其性者,情也"④。又说:"性者,天之命也。圣人得之而不惑者也。"⑤韩愈、李翱对《大学》和《中庸》的重视,开启了宋明心性义理之学的先声。宋初

---

① 《与叔吕先生》,《关学编(附续编)》卷一,第12页。
② 《文集佚存·哀词》,《蓝田吕氏遗著辑校》,第585页。
③ 《争臣论》,《杂著·书》,《韩昌黎集》第十四卷,第四册,第26页。
④ 《复性书上》,《李文公集》卷第二,第8页。
⑤ 《复性书上》,《李文公集》卷第二,第8页。

三先生胡瑗(993—1059)、石介(1005—1045)、孙复(992—1057)继承和发扬了这一传统。石介说:"夫尧、舜、禹、汤、文王、武王、周、孔之道,万世常行不可易之道也。"①三先生上与韩愈、李翱的"道统"说相衔接,下启宋代道学的先河。

宋明理学作为中国思想史上重要的学术思潮,在其自身的演变发展过程中,经历了开创、奠基、集大成、解构和总结五个阶段。② 理学真正的开山人物是周敦颐(1017—1073)。他援佛道入儒,为理学家出入佛道开辟了新路。他提出了一系列为理学家不断解释的新的核心话题或哲学范畴,建构了"立人极"的道德标准,阐述了圣人之道的至善内涵和修养工夫等重大问题,从而成为"道学宗主"。③ 濂学的开山地位,具有"但开风气不为师"的学术转向特征,即传统儒学从汉唐经学向宋明理学的转化。从周敦颐开始,一批儒者重点探讨心性、天道、义理等精深哲学问题,破除了汉唐经学的注疏章句传统,开始了性理之学即理学的逻辑建构。周敦颐通过《易》《庸》的结合,为儒家的理想人格提供了一套宇宙化生与人格修养相统一的认证。④

理学形成于北宋时期。作为对其后中国社会各个方面都起着重要作用和深刻影响的学术思潮,理学同中国思想史上所谓的子学、神学、玄学、朴学、新学相比,有其基本内涵和鲜明特征。为理学家所自觉认同的儒家道德精神,主要体现在南宋朱熹和吕祖谦共同编辑的《近思录》中。他们在书中概括出来的 14 个问题,可以归结为以道体为核心,以穷理为精髓,以居敬、明诚为存善工夫,以齐家、治国、平天下为实质,以成圣为目标。⑤

理学的真正奠基者是张载和二程。作为奠基阶段关、洛二学的代表人物,张载和二程分别以"气"与"理"描述世界本原,从而形成了宋明理学中的气本论与理本论。⑥ 但二者在有关理学共同关注的理气性情知行问题,道体

---

① 《怪说下》,《徂徕石先生文集》卷五,第 63 页。
② 张立文:《宋明理学研究》,北京:人民出版社 2002 年版,第 23 页。
③ 张立文:《宋明理学研究》,北京:人民出版社 2002 年版,第 23—24 页。
④ 丁为祥:《虚气相即——张载哲学体系及其定位》,北京:人民出版社 2000 年版,第 207 页。
⑤ 张立文:《宋明理学研究》,北京:人民出版社 2002 年版,第 14 页。
⑥ 学界又认为,其实程颢与程颐学术理路并不相同,程颢开启了以后陆九渊为代表的心学一派,程颐开启了朱熹为代表的理学一派。本著作除非要具体分析程颢、程颐某些问题上的不同,一般笼统而称之二程理学。

形上学与伦理学的融合,以及从形上学高度批判、吸收佛道二教等诸多方面都具有一致性,体现了共同建构理学共同话语和致思架构的和合特征。理学发展到南宋时期,终于经朱熹而有一个大的总结。朱熹以其"致广大、尽精微"的理论体系,吸收了张载、二程的气理思想于一炉,形成了理学发展史上的思想高峰。虽然朱熹从程门弟子受道,但作为客体理派①的最大代表,他的确也继承了气学和性学的思想因素,理在气中,而性亦是理。他虽然批评张载、胡宏的学说,但既不反对气化,也不反对性本。②

北宋时期的学术争鸣,其实最鲜明地表现在濂、关、洛、新、蜀五大学派。但就对于心性义理的形上探索言,理论水平最高者当集中在关、洛二系。张载的离世,造成其弟子纷纷东赴洛阳问学二程。关学、洛学一时间竟只能表现为洛学的独大与关学的萧条。不过,思想史的真实面貌是二程既在与张载的争辩中,又在承接张载弟子的实际中,批评、吸收、修正、改铸了关学,从而得以形成洛学的规模与思想传统。朱熹后来以私淑程颐的姿态完成理学的总结,其实是在继承、批判关、洛二学思想的基础上实现的。当然,由于关、洛二学既同又异的思想内涵,它也就从正反两方面定下了理学的规模与指向。从这个角度看,关洛二系的融合,也就成为理学形态、规模与发展走向的决定者;而关、洛二系不同学旨与学风的激荡,也包含着理学形态与走向的秘密。③

关学、洛学的兴起,既需要良好的文化氛围,也需要一套能够进行理论演绎的范畴体系、话语系统。实现了传统儒学真正完成的成熟形态的宋明理学,"有一个完整的范畴系统,这个系统集中地表现了儒家传统思维的基本特征"④。大致说来,可以归结为理气、心性、知行、天人四类范畴体系。理学也

---

① 张立文先生在宋明理学的学派划分问题上,提出了以理作为标准,将宋明理学分为主体理、客体理与绝对理三派。他认为无论是道学、心学,还是气学,都讲理与、心与理的关系,程朱讲理在气先,陆王讲心即理,张、王、戴等讲理在气中,理者气之理。而称程朱为绝对理派、陆王为主体理派,张、王、颜、戴为客体理派。(参见张立文:《自序》,《宋明理学逻辑结构的演化》,台北:台北万卷楼图书有限公司1993年版,第3—4页)

② 向世陵:《善恶之上:胡宏性学理学》,北京:中国广播电视出版社2000年版,第3页。

③ 丁为祥:《虚气相即——张载哲学体系及其定位》,北京:人民出版社2000年版,第201—202页。

④ 蒙培元:《理学范畴系统》,北京:人民出版社1989年版,第1页。

可以称为"性理之学",它的本质包含在心性理气的逻辑结构之中。① 理学家在论述自己的形上之思时,都自觉不自觉地对这些问题、范畴展开分析与解答。当然,这些成为理学家思考问题、讨论疑惑、辩难不已的话语、范畴,也有一个历史的阶段性内涵。而且,即使处于同一个时代的哲人们,也并不都一致地使用这些话语、范畴;即使使用,也并不都在同一内涵上达成一致。

张载、二程及其弟子、门人们,正是在自觉不自觉地形上讨论中,奠定了其后宋明理学思潮发展的话语、范畴系统,成为理学的真正奠基者。

作为理学话语、范畴系统的重要方面,理气问题主要解决的是宇宙论和本体论(这里的本体,实际上指的是万物万事之形上依据与最终本原)的相关内容。从中国哲学是天人之学的性质来说,理气问题的相关内容,实际上也就是"天"的研究。天的内涵有两个方面,"理"与"气"在北宋以前的中国传统文化中本身也经历了一个漫长的历史过程。这些历史的思想积淀,成为张载、二程为代表的北宋学者进行理论阐释共同继承的思想资源。

春秋时期,人们已经开始以朴素的、直观的"气"来说明自然与社会现象,逐渐从天命主宰一切的神学时代解放出来。在此进程中,先秦道家比儒、法、墨诸家有更多的探讨。老子说:"道生一(混沌为一之元气),一生二(天地阴阳之气),二生三(阴气、阳气、冲气或中虚之气)。"②道是世界最初的本原和根据,阴阳二气生成了世界的万物。或者说,道是宇宙万物的终极根源,气则是构成万物始基的物质材料。庄子就认为,气是一种弥漫于宇宙的普遍存在。③ 这一思想后来为成书于秦汉之际的《易传》所吸收,《系辞》有:"故易有太极,是生两仪,两仪生四象,四象生八卦。"④太极是世界万物最后的本原。《序卦》认为,"盈天地之间者皆万物"。《系辞》又认为:"形而上者谓之道,形而下者谓之器"。这是从形态特征上将整个世界描述为具有感性特征的"器"和超越感性的"道"的两极结构。⑤

此后的思想史家,承先秦余绪,无不将"道""气"作为论述世界本原与万

---

① 向世陵:《善恶之上:胡宏性学理学》,北京:中国广播电视出版社2000年版,第2页。
② 《老子》第四十二章,转引自葛荣晋:《中国哲学范畴通论》,北京:首都师范大学出版社2001年版,第16页。括号内的注释是作者加的。
③ 葛荣晋:《中国哲学范畴通论》,北京:首都师范大学出版社2001年版,第16页。
④ 《易·系辞上》。
⑤ 崔大华:《儒学引论》,北京:人民出版社2001年版,第83页。

物构成的两个方面。譬如,《吕氏春秋》认为:"道也者,至精也,不可为形,不可为名,强为之,谓之太一。"①《淮南子》指出:"道者,一立而万物生矣。是故一之理,施四海;一之解,际天地。"②汉董仲舒以"元气"思想促成了两汉之际谶纬神学元气一元论的形成,王充则提出了元气自然论的思想。魏晋因受佛教的冲击,在空色有无的思辨过程中,形成了特殊的"在儒而非儒,非道而有道"的玄学理论形态。这一理论形态,在宇宙论上用天道无为的自然观代替了汉代天人感应的有机自然观。在形上本体层面,将道家思想中最基本、也是最高的范畴"道"的本体性进一步丰富、深化。"道者,无之称也,无不通也,无不由也。况之曰,道寂然无体,不可为象。"③"万物万形,其归一也。何由致一? 由于无也。由无乃一,一可谓无?"④"道"是"无"也是"一"。唐代是佛教大盛的时代,从"无"到"玄"到"空",佛教完成了中国化的转变,中国学人的思辨水平也因之而提高、丰富。

北宋的周敦颐、张载、二程等,不再仅仅从自然之天与虚无之天来讨论抽象的形上问题,他们借助具有理性特色的"理"与"气"等相关范畴,讨论宇宙自然界的发生和发展,探讨"天地万物之原"等有关世界本原、根源之类所谓"形上学"问题。联系到宋儒复兴儒学与批判佛老的任务,理学家在理气的论证中,也表达了一种不同于唐代以韩愈、李翱、柳宗元为代表的,基于伦理道德层面对释老的肤浅批判。理学也正是在对"理""气"的进一步论证中,实现了对两汉与魏晋的超越,实现了对佛老的思辨批判,也成就了新儒学之所以为"新"的逻辑演变。"气学派以'气'为世界本原,以'理'为'气'所具有的属性或样态;理学派以'理'为世界本原,以'气'为'理'的作用或物质表现;心学派把'理气'统一在'心'中,以其本体而言谓之'理',以其作用而言谓之'气',但要说明'心',却又离不开理气"⑤。

北宋时期的学人们,以超越传统经学的思维理路、以疑经变古的特色来实现儒学的复兴。"义理"经学,成为北宋经学研究的重点方式。理学能实现

---

① 《春秋·大乐》,《吕氏春秋译注》上,第107页。又有标点为"道也者,至精也,不可为形,不可为名,强为之谓之太一。"(参见《吕氏春秋校释》,第256页。)
② 《淮南子·原道训》,《淮南鸿烈集解》,第30页。
③ 《论语注疏解经第七·述而》,《论语注疏》,第85页。
④ 《老子注·四十二章》,《王弼集校释》(上),第117页。
⑤ 蒙培元:《理学范畴系统》,北京:人民出版社1989年版,第2—3页。

从传统经学向心性义理之学的转变与超越,这一过程在理论上主要的契机或因素是"理"之形上本体内涵的形成与充实。"理"不再仅仅是被后世推崇为经典的先秦儒家传记中"理"的内涵——"条理",即一类事物呈现于人的认知中的那种共同性、秩序性(一般地可分为物理和事理两类)。从自然界的"条理",到人间君臣、父子、夫妇、兄弟、友朋的"义理",再到通天地人之理的"天理",宋明理学家们最终实现了人道与天道的贯通。

二 理义为理

"天理"的最终树立,既是一个学者们不断辩论的思想推进过程,也是一个从最初的社会"义理""理义"论证再到贯通天人的"天理""理"的逻辑论证过程。因为,确立何者是世界的最终本原,终究是要为人间的伦理纲常服务的。但是,在没有找到最适合的世界本原来支撑人间伦理的形上基础之前,论证人间纲常伦理的合理性就成为思想家们的最现实的选择。而这一点,对于面对五代以来的伦理失丧、佛老之理横行之际的北宋学者来说更为重要。

范文澜先生说:

> 宋朝统治者监于五代的大混乱,尤其君臣一伦完全破坏,想巩固自己的政权,需要建立严格的儒家纲常伦理,对经学极端奖励。所以宋人道学尽管高谈心性哲理,着重点只在"伦常"上面。①

还没有确定"天理"的地位唯一性之前,吕大临正是从论证人间伦理的合理性开始的。翻阅吕大临著作,我们发现他主要在《易章句》中重点论述"理义",在《礼记解·儒行篇》中多次提到"义理",在其他地方出现就很少,甚至没有。这让我们有理由相信,关学时期的吕大临更重视对于现实之伦理规范的强调与论证,有其阶段性的学术特色。

作为传统社会伦理的遵循者、守卫者,吕大临从多个方面论述了"理义"的内涵、意义、依据与作用。宗法社会下的传统中国社会,是一个建立在伦理道德规范基础上的形态。西汉以来的儒家学者论证了以"三纲五常"为核心

---

① 范文澜:《中国经学史的演变》,《范文澜历史论文选集》,北京:中国社会科学出版社1979年版,第287页。

的一整套伦理规范,从而强化了对于君臣、父子、夫妇为基础的伦理遵循。宋明新儒家学者的努力,是希望为这一套伦理制度构建更加具有说服力的形上本原。因而,确定并论述、实践儒家伦理,总是具有更多现实的意义。作为儒家道统的自觉持守者,吕大临强调了包含伦常规范的理义就是人之所以为人的依据,是区别并贵于万物的内在尺度。他说:

> 人之血气、嗜欲、视听、食息,与禽兽者异者几希,特禽兽之言,与人异耳,然猩猩、鹦鹉抑或能之。是则所以贵于万物者,盖有理义存焉。①

儒家自古就有天地之间人为贵的观点,但贵在何处,却有不同的说法。先秦时的荀子就说过:"水火有气而无生,草木有生而无知,禽兽有知而无义,人有气、有生、有知,亦且有义,故最为天下贵也。"②他是将义,作为区分人与万物的标志。吕大临也认为,人与动物在血气、嗜欲、视听、食息这些方面其实差别不大;即使在会说话这一点上,禽兽也会,只不过与人不一样就是了;但动物中的猩猩、鹦鹉,似乎也能如人一样说话。那么,区别人与动物,或者说人贵于万物的是什么呢?是理义。

但是,这里是有疑问的:第一,是不是作为一个人,就天然地具有理义呢?或者说,理义是不是人天生俱来的禀赋?第二,吕大临这里所说的"理义",它的内涵又是什么?按照吕大临的论述,他是承认人天生就有天赋的"理义"的。因为,圣人正是基于人人皆具的相同的理义,才制定了礼。吕大临认为理义是圣人制礼的依据,是三纲五常伦理规范合理性的依据。他说:

> 圣人因理义之同然,而制为之礼,然后父子有亲,君臣有义,夫妇有别,人道所以立,而与天地参也。纵欲恣叔,灭天理而穷人欲,将与马牛犬彘之无辨,是果于自弃,而不欲齿于人类者乎?③

有了礼,父子才有亲,君臣才有义,夫妇才有别,人道才所以立,而能与天地参。反之,假如一个人不遵循天赋的人之为人的理义,灭天理而穷人欲,将导致人与马牛犬彘不可分,即人与动物相同,以致人不称其为人了。吕大临的论述思路是:理义——礼——三纲,这其实是将"理义"作为确定社会伦理之所以然的根据。并且,我们看得很清楚,吕大临认为"父子有亲,君臣有义,

---

① 《礼记解·曲礼上第一》,《蓝田吕氏遗著辑校》,第192页。
② 《荀子·王制篇第九》,《荀子集解》,第164页。
③ 《礼记解·曲礼上第一》,《蓝田吕氏遗著辑校》,第192页。

夫妇有别"为核心的社会伦理,就是现实人道的内涵与本质。或者说,不仅仅是一个遵循理义、礼的问题,其实,是否能够做到父子有亲、君臣有义,夫妇有别,本身就是判定一个人是否为人的根据,这鲜明地表现了维护儒家坚持的社会伦常,正是吕大临思想论述的重点。

当吕大临以理义与礼作为人之所以为人的依据以及重视圣贤教化之功时,他似乎是回归了荀子的思想观点。不过在荀子看来,礼是用来化性起伪的,也就是改变天赋的恶性的;而吕大临遵循的则是后来接受的张载天地之性与气质之性两分人性论,走的是另外的形上依据,但其本质还是基于人性均善的基础。吕大临有:"人性均善,其以同然理义而已。然不能无浅深厚薄,此所谓相近习而成性,则善恶殊途。"①吕大临又说:

> 咸,以无心感也。咸之所感不一,故咸之义又为感。天与地相感,故万物化生;圣人与人心相感,故天下和平。理义者,人心之所同然,感无不应,应无不同,好色好货,亲亲长长,以斯心加诸彼,未有不和不平者也。天地万物形气虽殊,同生乎一理,观于所感,则其情亦未尝不一也。泽居下而山居高,然山能出云而致雨者,山内虚而泽气通也。土灰候气可以知也,故君子居物之上,物情交感者,亦以虚受也。②

这是说理义是人与人之间进行情感交流,履行职责的基础;是社会安宁、人际和谐的基础。因为"理义"是每个人都具有的,所以每个人也就能够在"好色好货""亲亲长长"上达成一致的心理感受,也就是所谓的"感无不应,应无不同"。又说:"初九以刚为主于内,方动之始,不流于邪。理义者,人心之所同然,由是而往,无不得志。"③圣人也是人,圣人制定的礼的依据就不仅仅是一个基于庶人相同的理义,而是基于与众人一样天赋的理义。因此,圣人与人心相感,天下和平。

但是,圣人之事已经成为历史,只能是后世学习的榜样。现实的社会需要君子来治理、垂范与教化。君子治理天下、垂范社会、教化百姓,也是基于人心之所同然的理义。他说:

> 趋利避害,人之情也,虽君子亦然,特主于义而不苟也。义可得

---

① 《论语解》,《蓝田吕氏遗著辑校》,第463页。
② 《易章句·咸》,《蓝田吕氏遗著辑校》,第114—115页。
③ 《易章句·无妄》,《蓝田吕氏遗著辑校》,第105页。

则受,义不可得则不受,则得不得有义矣;义可免则免,义不可免则不免,则免不免有义矣。君子所趋,惟义而已,何利害之择哉?狠者,与人争者也,君子无所争,犯而不校而已,故不求胜也。分者,与人共者也。如劳逸忧乐,方与人共,而独求多焉,是自私也。道途不争险易之利,冬夏不争阴阳之和,故不求多也。多闻阙疑,孔子之所许也,疑而质之,自欺也。信以传信,疑以传疑,则寡尤矣。可疑而不疑,则道不信;可直而不直,则道不见。我且直之,又曰:"予岂好辨哉?予不得已也。"然则直者,直吾道而已,吾何与乎?故终日与人辩而不自有也。理义者,人心之所同然,君子之于天下,唯义理所在而已。①

吕大临的理义显然具有现实的意义,他认为君子与人一样都是有利害计较的存在,人情之欲天下概莫能外。但是君子在面对情欲利害时,或说面对天理人欲之争时,能够以义也就是理义作为应事处物的价值评判标准与行事原则。君子的理义原则内涵,就这里所说也就是不求胜、不求私,直道而行。而且,"理义"的存在既具有普遍的特点,也具有恒常的内涵,他说:"君子所立之方,理义有常,亦万世所莫能易。"②

既然理义是天下万古,圣人、君子、庶人都有的天赋禀性,那么为何还会出现现实的不美好、失人伦的现象?原因在于人人皆具的理义也仅仅是一种天赋的潜在的可能,它受到现实的影响与人情私意的干扰。吕大临说:

> 理义者,人心之所同然,屈而不信,私意害之也;理义者,天下之所共由,畔而去,无法以闲之也。私意害之,不钦莫大焉;无法以闲之,未有不流于不义也。直则信之而已,方则匡之而已,非有加损于其间,使知不丧其所有,不失其所行而已。③

这就是说,人心都先天具有的"所同然者"的理义,或者,儒家所倡导的仁、义、礼等伦理道德规范既是内在的道德伦理心理,也是外在的社会规则。就其内言,人人天赋共有;就其外言,是天下之人必须遵守的规则与信条。这里"理义"与"私意"对言、"理义"又与"法"对言,很明显,它既是内在的道德约束,又是外在的伦理规范。换句话说,"理义"既是人心与天下必须共同遵

---

① 《礼记解·曲礼上第一》,《蓝田吕氏遗著辑校》,第189页。
② 《易章句·恒》,《蓝田吕氏遗著辑校》,第116页。
③ 《易章句·坤》,《蓝田吕氏遗著辑校》,第66页。

循的最高准则,又是人心与天下最后的终极的价值追求。他说:

> 同人者,乐与天下共也。同乎人者难以柔合,应之不以正,则物所不与;济之不以健,则为物所迁,二者皆不可与天下共也。故"柔得位,得中而应乎乾曰同人"。"同人于野亨",应以正,则无所不合理义,人心之所同然者也。"利涉大川",济以健也。"君子正"者,理义之心也,斯心也,天下之所同然,故"能通天下之志"。①

> 类族辨物,大同而小异也。必有小异,然后有大同,如不容其异,必比同之,则势有所不行,此墨氏尚同所以不合乎圣人也。惟天与火,虽同乎阳,然其体、用固有异也。同人之时志乎大,则与天下共之;应以正,则合乎理义,然后其道可以大同矣!②

吕大临不仅将理义作人间伦理道德规范的理解,他已经将其上升为天地万物、人道与天道共有的道理。因为只有这样的理义,才有可能"通天下之志"而"其道大同"。既然如此,他就不仅仅需要从人道入手,更要将人道与天道统一起来,这就突出了现实"理义"的形上基础。

宋明新儒学的一个重要使命,就是要在形上的层面为人间的伦理寻找坚实的基础,也就是实现人道、天道的合一。他们既借助了佛老的思维方式,吸纳了佛老心性深邃的内涵;又在此基础上充实了儒家的伦理精神,从而实现了对于佛老的超越,最终完成了中国传统文化、传统思想的一次新生。吕大临说:

> 不明人伦,则性命之旨无所措;不本性命,则理义之文无所出。孔子之言"性与天道",合天人,兼本末,妙道精义常存乎父子、君臣、夫妇、朋友之间,不远乎交际酬酢洒扫应对之末。非如异端之学,绝伦离类,造乎难行难知之域。③

人伦,是形而下者;性命,是形而上者。人伦,是性命的践履处;性命,是人伦理义的本原处。虽然这里用的是传统儒家孔子的话语,即"性与天道",但其实已经有了新儒家的特色。"一天人,兼本末",形上形下的合一,完成了思维模式的构建。吕大临正是在坚持儒家父子、君臣、夫妇、朋友这些日用常行的伦理纲常中,来区别正统与异端的。这一通贯天道人道的观点,在《论中

---

① 《易章句·同人》,《蓝田吕氏遗著辑校》,第83页。
② 《易章句·同人》,《蓝田吕氏遗著辑校》,第84页。
③ 《蓝田语要》,《蓝田吕氏遗著辑校》,第561页。

书》中达到极致。他说:"'率性之谓道'者,循性而行,无往而非理义也。以此心应万事之变,亦无往而非理义也。"①循天命之性,应万事之变,皆合于理义,也就达到了从心所欲不逾矩了。

吕大临有时又讲"义理",认为一个真正的儒家学者,应该能够从"义理"中获得自我确认的自信、刚毅的内在力量。吕大临说:"儒者之行,一出于义理,皆吾性分之所当为,非以自多求胜于天下也。"②他还说:"儒者之立,立于义理而已,刚毅而不可夺,以义理存焉。"③假如说人"所以贵于万物者,盖有理义存焉"的"理义"还是人间的伦理道德规范内涵,那么,这里的"义理"就将包含有现实社会的人伦规范道德内涵的"理义"上升为一种理论化、抽象化、形上化的精神内涵。有"义理"修养的儒者,是能够践行"理义"并进行思想阐释的学者,是智、仁、勇统一的主体存在。

儒家所推崇的儒者外在举止行为,是内在理义的彰显。这种内在的义理形之于外,就成为儒者行为不夺于外的高度自信:

> 儒者之自信,有义理存焉。人有知不知,吾所恃者,尚论古之人而有合也;时有遇不遇,吾所守者,不丧乎本心也;志有行不行,吾所存者,不敢忘天下也。三者,义理之所在,故儒者信之,至于穷不悔,达不变,自信之笃者也。④

儒者在基于自守内在义理的基础上,不论别人知道不知道自己,只要能够与古人相契合;不论自己的主张能不能够与时相遇,只要坚守自己的合乎义理的本心;也不论自己的志向能不能够得到实施,而自己存守以天下为己任的胸怀,就可以做到处于困穷之境而不后悔,处于闻达之时而不改自己高尚的情操。义理是儒者得以立于天下的终极的本体与根源,这是一种对于自己价值追求的高度的道德理性精神。这里所说的"理",很显然具有判断是非善恶标准的浓重道德内涵,这是理学哲学的一个非常重要的特点。"理"是人心之所同然的观念,也是对先秦儒家思想的继承。孟子就曾说过:"心之所同然者何也?谓理也,义也。圣人先得我心之所同然耳。故理义之悦我心,犹

---

① 《论中书》,《蓝田吕氏遗著辑校》,第496页。
② 《礼记解·儒行第四十一》,《蓝田吕氏遗著辑校》,第360页。
③ 《礼记解·儒行第四十一》,《蓝田吕氏遗著辑校》,第364页。
④ 《礼记解·儒行第四十一》,《蓝田吕氏遗著辑校》,第365页。

刍豢之悦我口。"①这说明了理义是人心先天所具有的仁、义、礼、智等道德观念。荀子也说:"礼也者,理之不可易者也。"②理也就是礼之理。

儒者坚守的义理,其实就是儒家一直宣称的先圣一脉相承的"道"。孔孟之理义也就是孔孟之道,历千载而有丧失的危险,尤其是经过唐末五代的社会动荡后,这一圣人理义遭受了颠覆性的打击。要想重建社会真正的"理义"即人伦规范道德制度,必须能够恢复、理解、传承孔孟之"义理"。儒家学者重建失范的社会,塑造合理的价值,必须接续孔孟曾经一度中断的"斯文"。如何真正把握孔孟之道其中的内涵,成为宋明新儒家学者首要的问题。吕大临说:

> 某尝谓世之学者,名为文章,未始不欲立言者,将以为后世法也。使其言中于义理,则先圣人固已道之,学者将习读发明之不暇,又何其私有其说而自欺也?使其言不中于义理,则虽中人且不屑取之,况欲齿于先王之言,而为法于后世哉?盖道始于尧而备于孔子,孔子之后,无以加矣,可加非道也。孟子之徒知义理无出于孔子,故未尝立言。然而反复论辩不止者,直欲终身尽心于孔子之道而已。故其大则欲发明圣人之微意,使吾道有所传授而不可息。其次则排斥异说,与吾道为之御侮而不可胜。唯有所传授,故道益行;唯为之御侮,故道益明。世之学者有功于道,不及孟子之徒远甚,而立言乃欲过之,余见其自绝于道也。③

吕大临认为儒家道统经过先王尧之道,到孔子之道,再到孟子等的论辩不息,形成了一个前后相承的传承脉络。我们这里可以看到,吕大临此时仍未孔孟并称,也没有再续孔孟以后的儒家道统谱系。他认为,孟子之徒虽然知道孔子已经将大道义理说得很完备了,但是犹自论辩不止的原因在于:一是发明孔子之道的义理微意,从而使学有传授;二是排斥杨墨等异说,以维护孔子之道的正统。因为"唯有所传授,故道益行;唯为之御侮,故道益明。"他肯定了孟子之徒的传道、御道之功,也否定了后来学者的立言为文之必要,因为再没有人能够比得上孟子之徒。我们在前面曾经从吕大临《与友人书》中知道吕大临先为文、中弃之,今又作《论语解》的思想过程。显然,师从张载、

---

① 《孟子·告子章句上》。
② 《荀子·乐论篇第二十》,《荀子集解》,第382页。
③ 《与友人书》,《全宋文》卷二三八五,第一一〇册,第155页。

二程之前的吕大临已经有了传授、御侮孔子之道的学术自觉。而且，随着时间的推移、人生的丰富与张、程的教诲，他自己与张载、程颢、程颐一道共同为儒家既有的"义理"的复兴、传统"理义"的重建付出了艰辛的努力。这既表现于"躬行四十年"的实践中，也体现在万物一理的理论穷究中。

三 万物一理

其实，人道的理义表现的是人间的伦理规范。新儒家学者论证人间理义的合理性，必然要强调这一理义的规范性、条理性与必然性的内涵。如何真正实现从人间之理、人道之理，上升为形上之理、天道之理，也就是人间伦理道德规范"理义"的形上性、本原性，则是成功完成这一论述的难点。但不论天理、人理，总归是人们对于现实自然的一种观察、分析、总结，是在此基础上的提炼与抽象。

吕大临认识到理的条理、道理、规律与必然的一面，他说："虎之文修大而有理，豹之文密茂而成斑，盖大人与天地合其德，其文炳然如火之照而易辨也；君子学以聚之，其文蔚然，如草之畅茂而丛聚也。"①老虎的皮肤上的斑纹大而有条理，豹子则不同，因繁密而有斑纹。这里，"理"的含义实际上是"理"的原初内涵，即理是一种秩序、条理、规律或者规则："行不可过，过则穷，穷则灭，物之理也。"②事物生灭变化，确实有其内在的道理。因此，君子能够从中体会到这一条理、规律并制定、自觉遵守规则，从而使社会秩序井然。

此外，还有"讼之时，可以理胜，而不可多上"③；"能尽人之道，则事鬼之道备；知所以生之理，则死之理明"④。这里所说的"理"，指的就是生死的道理、规律。从这个意义上讲，理是势在必行的法则："以少女配长男，其配不敌，然理之所不得不行，如足跛偏任，不得已而行，故曰'跛能履'。"⑤理是每个事物都具有的，具有各各的不同。在《易章句》中，吕大临说：

---

① 《易章句·革·九五》，《蓝田吕氏遗著辑校》，第148页。
② 《易章句·无妄·上九》，《蓝田吕氏遗著辑校》，第106页。
③ 《易章句·讼》，《蓝田吕氏遗著辑校》，第72页。
④ 《论语解·先进第十一》，《蓝田吕氏遗著辑校》，第451页。
⑤ 《易章句·归妹》，《蓝田吕氏遗著辑校》，第157页。

坦然可见者，本也，本非健不立，故君子体乾以易知；顺而可行者，理也，理非顺不可，故君子体坤以简能。简如"简册"之"简"。顺而有理，所知者立天下之大本，虽有不知，不足憾也；所能者顺天下之众理，虽有不能，未足咎也。其知其能，体天地之简易而已。①

君子以体认天地之简易来顺随天地之众理，在顺随天地之众理的基础上，就可以进一步体认天地的大本与本原。这种事物的规律性不仅仅是一种条理、规则，它还体现为事物、现象的"所必然"，即一种客观的必然性。"辞受有义，得不得有命，皆理之所必然。有命有义，是有可得可受之理，故舜可以受尧之天下；无命无义，是无可得可受之理，故孔子不主弥子以受卫卿"②。"受"与"辞"都是由具有必然性的"义"与"命"所决定的。"命"与"义"的必然也即理的必然性，

"天地之大德曰生，方阳之消，虽理之必然，然非天地之本心，故至阳始生则反，行天地之本心，故谓之'复'。"③理是阴阳一消一息的客观必然，它左右着天地的往来变化，决定着阴阳二气的进退消长。在这里，阴阳二气的客观必然性——理，同天地的生生不已的大德有着暂时的矛盾，但又与天地的生生不已的特征相互补充、相互承接，共同构成了天地之间万物的生死消亡。或者说，天地就是借助这一具有客观必然之理的阴阳二气来实现自己的生生之意，以形成这一元亨利贞的宇宙生成变化的生生不已过程。理之必然性中就包含着天地的生意。

当明了这种理的必然性之后，我们就可以进行理论上的推导，而不会有所偏差："按殷、周已见之迹，知理执之必然，故可以推知百世。"④能够推知百世的自信，显然是建立在基于对理的客观必然性的认识基础上的。

我们在前面分析过吕大临不同时期的著作，显然，作于二程"洛学"时期以前的《论语解》《礼记解》《易章句》中，还没有体现出太多的以"理""天理"作为世界本原与形上根据的意味。"理义"与"义理"，还处于"理"所包含的新儒学丰富内涵的浅层层次；所以然之理，则是要将自然、万物之规律上升到普遍的、一般的从而可以贯之人伦日用之理的过渡层次。伦理规范、人伦日

---

① 《易章句·系辞上》，《蓝田吕氏遗著辑校》，第177页。
② 《孟子解·万章章句上》，《蓝田吕氏遗著辑校》，第476页。
③ 《易章句·复》，《蓝田吕氏遗著辑校》，第102页。
④ 《论语解·为政第二》，《蓝田吕氏遗著辑校》，第430页。

用中,应该包含着条理、规则、所以然之内涵。作为一名有志于恢复古礼,传承孔子之道,从而使人伦彰著、社会安宁的儒家学者,他需要社会能够像世界万事万物那样井然有序而一遵传统社会的宗法秩序。吕大临就称道程颢是一个"虽天下之理至众,知反之吾身而自足"①的君子,因为他知道虽然天下万物、万事的道理各各不同、纷繁复杂,但它必然具有条理、秩序、规则与所以然,只不过心学倾向的程颢要求返归自身,以求能够在自我内心之本原处把握它罢了。

完成宋仁宗所说的"儒者通天地人之理,明古今治乱之原",是时代课题与思想逻辑的必然。吕大临也说:"天地万物形气虽殊,同生乎一理,观于所感,则其情亦未尝不一也。"②也就是说,天地之间的万事万物,虽然在形状、禀气上不一样,但"同生乎一理"。假如这里仅仅说同生乎一个构成之理,那还是形而下的;只有生乎一理之本原、依据,才是形而上的道体。

吕大临认为"理"确实有形而上的内涵,因为理就是道体,是诚体。他说:"诚者,理之实然,致一而不易者也。天下万古,人心物理,皆所同然,有一无二,虽前圣后圣,若合符节,是乃所谓诚,诚即天道也。"③"诚者,理之实",意为"诚"是"理"的本质、实质。换句话说,"诚"就是"理","理"就是"诚"。既然诚就是天道,那么理也就必然是天道。天道是世界万事万物的本体、本原,理也就是世界的本原、本体了。作为世界本体的理,具有终极的本体论意味,吕大临也就是在这种意义上论述理与天道的一致性。

理与天道的关系还有另一层内涵:"'天下之动,贞夫一也。'故天下通一气,万物通一理,出于天道之自然,人谋不与焉。"④气、理的客观必然性同人的主体性相对待。万物万事的理与气是天道自然而然的一种特性。从逻辑上说,天道是气与理的在先者。理并不等同于天道,理是世界万事万物之最后的根据与本原;而天道,在吕大临的表述中更像是宇宙世界之本身。作为本体论意义上的理,是关于宇宙一切事物、一切存在的最终根源、根据的哲学观念。这种形上意义上的"理",它包含有以下三重内涵:

其一,依据性与本原性。理学本体的根源性内涵,或者说本体的这种"品

---

① 《蓝田语要》,《蓝田吕氏遗著辑校》,第556页。
② 《易章句·咸》,《蓝田吕氏遗著辑校》,第114页。
③ 《礼记解·中庸第三十一》,《蓝田吕氏遗著辑校》,第295页。
④ 《易章句·系辞下》,《蓝田吕氏遗著辑校》,第182页。

质",是指本体是宇宙间一切事物出现和存在的根源、内在根据。在逻辑上或者就宇宙生成的逻辑层面上说,这种内涵的"理"是先于一切事物而出现的。"北宋五子"对理、气、太极的描述和界说,所显现的一个最鲜明特征正是这样。这也是"五子"区别于王安石、"三苏"、司马光等学术不同的地方。二程在论证"理"("道")时说:"'一阴一阳之谓道',道非阴阳也,所以一阴一阳道也。"①又说:"理则天下只是一个理,故推至四海而准,须是质诸天地,考诸三王不易之理。故敬则只是敬此者也,仁是仁此者也,信是信此者也。又曰:'颠沛造次必于是。'又言'吾斯之未能信',只是道得如此,更难为名状。"②天地是自然,是物理;三王是古今,是人理。这样理就包含了物理与人理,理上升为最高的地位。

吕大临也说:"实有是理,乃有是物。有所从来,有以致之,物之始也;有所从亡,有以丧之,物之终也。皆无是理,虽有物象接于耳目,耳目犹不可信,谓之非物可也。"③理、物相对,也就是将形而下的"物"与形而上的"理"区别开来,并提升了理的地位。具体而言,理是万事万物的最终的本原和根据,理较之物在根源上在先,理就是万事万物的根源。甚至在某种意义上可以认为,假如没有理作为事物之最终的本原,则事物便是"非物",即没有意义的存在。这里理的形上地位,是毋庸置疑的。在洛学时期修订过的《中庸解》中,吕大临再次确认并突出了这一思想:

> 夫诚者,实而已矣。实有是理,故实有是物;实有是物,故实有是用;实有是用,故实有是心;实有是心,故实有是事。是皆原始要终而言也。箕不可以簸扬,则箕非箕矣。斗不可以挹酒浆,则斗非斗矣。种禾于此,则禾之实可收也。种麦于此,则麦之实可收也。如未尝种而望其收,虽莨稗且不可得,况禾麦乎?是所谓"诚者物之终始,不诚无物"也。④

理是宇宙事物生生的一种决定性、根源性因素,就逻辑先后而言,理起始

---

① 《河南程氏遗书》卷三,《二程集》,第 67 页。
② 《程氏河南遗书》卷二上,《二程集》,第 38 页。
③ 《礼记解·中庸第三十一》,《蓝田吕氏遗著辑校》,第 300 页。另见《中庸解》,《蓝田吕氏遗著辑校》,第 489 页。
④ 《中庸解》,《蓝田吕氏遗著辑校》,第 489—490 页。又见《礼记解·中庸第三十一》,《蓝田吕氏遗著辑校》,第 301 页。

于事物之先。这一论述同程颐的论述非常相似。程颐说过,"有理而后有象,有象而后有数"①,"有理则有气,有气则有数"②。理、象、数,理、气、数,是有逻辑先后之序的。不过吕大临是承接张载说的,张载说:"诚有是物,则有终有始;伪实不有,何终始之有! 故曰'不诚无物'。"③吕大临以"实"解"诚",显然是顺着张载的思路而走向洛学的。

其二,普遍性与来源性。理本体的普遍性,是指本体存在、运行于一切事物之中,一切事物的古今之中;理本体的来源性,是指天下一切事物都由一理所生。理存在于万物之中,万物又生于一理,宇宙是理本体涵盖、充盈、形成下的整体。张载说:"气有阴阳……其散无数……虽无数,其实一而已。"④又说:"万物虽多,其实一物。"⑤宋初的理学家,在这一问题上基本都持共同的观点。

不过吕大临在此张载天下一气的基础上增加了一理。他说:"'天下之动,贞夫一也',故天下通一气,万物通一理。"⑥他在继续论证这一思路时说:"天地万物形气虽殊,同生乎一理,观于所感,则其情亦未尝不一也。"⑦仔细分析,我们可以看到吕大临对于"万物"与"一理"关系的理解包含有两重内涵:即"万物通一理"与"万物生乎一理"。在此基础上,吕大临明确表述了万物一理的理学基本内涵。程颐也说:"一物之理即万物之理,一日之运即一岁之运,"⑧"所以谓万物一体者,皆有此理,只为从那里来"⑨。显然,张载关学时期吕大临"万物通一理""万物生乎一理"的思想表明,关学、洛学在"一理万殊"这一思路上是一致的。张载、二程与吕大临的新儒学,在这一基本问题上持有相同的观念。

人也是万物中一物,正由于同生一理,所以感则无不一,应则无不相同。

---

① 《河南程氏文集》卷九《答张闳中书》,《二程集》,第615页。
② 《河南程氏经说》卷一《易说》,《二程集》,第1030页。
③ 《正蒙·诚明》,《张载集》,第21页。
④ 《正蒙·乾称》,《张载集》,第66页。
⑤ 《正蒙·太和》,《张载集》,第10页。
⑥ 《易章句·系辞下》,《蓝田吕氏遗著辑校》,第182页。
⑦ 《易章句·咸·象》,《蓝田吕氏遗著辑校》,第114页。
⑧ 《河南程氏遗书》卷二上,《二程集》,第13页。
⑨ 《河南程氏遗书》卷二上,《二程集》,第33页。

"心之知思,足以尽天地万物之理"①,"远而古今,大而天下,同之是理,无毫厘之差"②。这同程颐在评价扬雄的"通天地人曰儒,通天地而不通人曰伎"③时所说的意思基本上一致:

　　此亦不知道之言。岂有通天地而不通人者哉? 如止云通天之文与地之理,虽不能此,何害于儒? 天地人只一道也。才通其一,则余皆通。如后人解易,言乾天道也,坤地道也,便是乱说。论其体,则天尊地卑;如论其道,岂有异哉?④

程颐在宇宙生成的理论层面上,认为万物虽然各有体质、性理之不同,人伦、天文与地理,即人与天、地是有区别的;但在本体的层面上,天地人是显示不出差别的,天道、地道、人道都是一理之流行。

在万物一理、物我一理的基础上,吕大临进一步从历时的、纵观的角度,对理的普遍性特征加以论证,提出了"古今一理"的命题主张。在对诚的解释中,吕大临说:"诚者,理之实然,致一而不易者也。天下万古,人心物理,皆所同然,有一无二,虽前圣后圣,若合符节,是乃所谓诚,诚即天道也。"⑤"诚一于理,无所闻杂,则天地人物,古今后世,融彻洞达,一体而已"⑥。在对诚的解释中,吕大临所认为理所具有的贯串、融通于古今后世、前圣后圣"万古同然"的那种性质,显然可以理解为是理作为形上本体的一种历时的总体性内涵,即"古今一理"。

在论述理的万物一理、物我一理、古今一理的意义之外,吕大临还认为"圣凡一理"。他说:"人受天地之中,其生也,具有天地之德,柔强昏明之质虽异,其心之所然者皆同。特蔽有浅深,故别而为昏明;禀有多寡,故分而为强柔;至于理之所同然,虽圣愚有所不异。"⑦基于此,才有"尽己之性,则天下之性皆然,故能尽人之性"⑧的推论。

我们可以说,在吕大临的思想中,理作为形上之本体普遍性的特质,具有

---

① 《孟子解·尽心章句上》,《蓝田吕氏遗著辑校》,第478页。
② 《中庸解》,《蓝田吕氏遗著辑校》,第484页。
③ 《君子》,《君子卷》第十二,《法言义疏十八》,第514页。
④ 《河南程氏遗书》卷十八,《二程集》,第183页。
⑤ 《礼记解·中庸第三十一》,《蓝田吕氏遗著辑校》,第295页。
⑥ 《礼记解·中庸第三十一》,《蓝田吕氏遗著辑校》,第300页。
⑦ 《礼记解·中庸第三十一》,《蓝田吕氏遗著辑校》,第298页。
⑧ 《礼记解·中庸第三十一》,《蓝田吕氏遗著辑校》,第298页。

一切的可能性,存在于一切可能的形态中。在万物、物我、古今、圣凡一理的体认基础上,才能说:"一人之身,而具有天地之道,远而古今,大而天下,同之是理,无毫厘之差。"①与此相关,程颐则说:"颜子短命之类,以一人言之,谓之不幸可也;以大目观之,天地之间无损益,无进退。譬如一家之事,有子五人焉,三人富贵而二人贫贱,以二人言之则不足,以父母一家言之则有余矣。"②这里以家为喻,说明天地间万物包括人都是一体的思想。吕大临在这一点上与程颐思想的契合性,是很明显的。

其三,形上性。理学中的本体是万物的根源,又存在于一切事物之中;因此本体不是任何一个具体事物,而是超越任何具体事物之上的某种存在:"天理之理,一而已。"在解释"致知在格物"时,吕大临说:

> "致知在格物",格之为言至也,致知,穷理也。穷理者,必穷万物之理,同至于一而已,所谓"格物"也。合内外之道,则天人物我为一;通昼夜之道,则生死幽明为一;达哀乐好恶之情,则人与鸟兽鱼鳖为一;求屈伸消长之变,则天地山川草木人物为一。孔子曰:"吾道一以贯之。"又曰:"天下同归而殊途,一致而百虑。"又曰:"天下之动,贞夫一者也。"故知天下通一气,万物通一理。③

天下万事万物都是由一理所贯通。在另外一处,他表述了同样的思想:"孟子曰:'道在迩而求诸远,事在易而求诸难。人人亲其亲、长其长而天下平。'盖所谓平者,合内外、通彼我而已。天下同归而殊途,一致而百虑,天下虽广,出于一理。"④天下万物万事,都出于一理。

四 生皆有气

在论述吕大临"理"作为本体的形上性意义时,必须联系其对于理与气的关系来加以展开。吕大临说过:"万物之生,莫不有气。"⑤也就是说,天地所生之万物都由气构成。理学家们在万物形成的来源这一问题上的不同,导致

---

① 《中庸解》,《蓝田吕氏遗著辑校》,第484页。
② 《河南程氏遗书》卷十一,《二程集》,第131页。
③ 《礼记解·大学第四十二》,《蓝田吕氏遗著辑校》,第373页。
④ 《礼记解·大学第四十二》,《蓝田吕氏遗著辑校》,第379—380页。
⑤ 《礼记解·中庸第三十一》,《蓝田吕氏遗著辑校》,第284页。

他们在人性问题上有不同的理解。万物之生"由气构成"立言,还是万物之生"有理保证"立言;构成为原,还是保证为原,这是新儒家学者纠纷不止的问题。由于在气的善恶性质上的不同看法,产生了理学内部的人性之差异。吕大临在对于气的论述上有以下四层含义。

(一) 人物一气,气有阴阳

天地万物都由一气构成,人也是其中的一员:"天生人物,流形虽异,同一气耳。人者,合一气以为体。"①世间万物形态各各不同,但在构成物物不同的形态之前,则是相同的气作为材料。人作为万物之长,也是同物物一样禀天受气。而这一气,分阴分阳,互消互长。

"山下有雷,所震未远,则慎其所发;阳气未盈,则节其所养。"②阴阳二气在不断地相消相长,惟时所变,往复无常。正是君子对于阴阳二气的消长有清醒的认识,所以君子能够根据"惟变所适"的原理加以取舍。阳刚阴柔,随其损益而变化:

> 阴阳消长,往反无常,惟其时而已。损益之气在上,下则以柔益刚,然刚阳有余,阴柔不足,则损刚益柔亦有时矣。由是观之,天地阴阳,屈伸消长,与时偕行,惟变所通,君子取之以损益者也。③

这一阴阳相互代替的过程,就是本一大气自身在进行因革变化:"革,变旧而新之也。阳极生阴,阴极生阳,气之所以革也。"④变化便是以新代旧,阴阳二气在这一变化之中并非一方永远占据主导地位,而是阴阳互为因果、互为转化的。而本一的大气之所以有阴阳之不同,原因在于:

> 大气本一,所以为阴阳者,阖辟而已。开斗二机,无时止息,则阴阳二气安得而离?阳极则阴生,阴胜则阳复,消长凌夺,无俄顷之间,此天道所以运行而不息。入于地道,则为刚柔;入于人道,则为仁义;才虽三而道则一,体虽两而用则一。

> 大气本一,所以为阴阳者,阖辟而已。气辟则温燠发生,阖则收敛肃杀俱。一体二用,不可以二物分之。分之二用物,则阖辟之机

---

① 《礼记解·缁衣第三十三》,《蓝田吕氏遗著辑校》,第349页。
② 《易章句·颐》,《蓝田吕氏遗著辑校》,第108页。
③ 《易章句·损》,《蓝田吕氏遗著辑校》,第132页。
④ 《易章句·革》,《蓝田吕氏遗著辑校》,第147页。

露则布,生生之用息矣!①

阴阳二气无时不动,也不会分离。之所以如此,源于本一的"大气"自身内有阖辟两种机巧。在这里,吕大临将天地运动的原因归之于事物的内部,而不是在外部寻找。正由于气的内部阖辟二机无时不息,所以阴阳二气也就从未停止你来我往的相生相胜。《易·系辞》说:"一阴一阳之谓道",意味阴与阳的主导地位是可以转化的。在一个阶段内,阴占主导地位;在另一个阶段内,则会是阳占主导地位。阴占优势时,也就是阳开始恢复的时候。阳胜阴的时候,也正是阴开始复苏的时候。阴阳二气的往来争夺从未有一刻的休息,这也是形成天道生生不已的根源与原因。阴阳不止,则天道不息:"气辟则温燠发生,阖则收敛肃杀俱。"这一气的内部的阖辟形之于外,便会有"收敛肃杀"与"温燠发生"两种不同的表现,如同春生而生机盎然、万物和薰;秋杀而万物凋零、一片肃穆。阴阳来复,动机不止。吕大临在解释《易》之复卦时说:

> 复,极而反其本也。自姤至剥,阴日长而阳日消,至于坤,则无阳而阴极矣!阴极则阳反,故彼长则此消,此盈则彼虚。消长盈虚,终则有始,循环无穷,理之必然者也。复,阳始生之卦也。天地之大德曰生,方阳之消,虽理之必然,然非天地之本心,故至阳始生则反,行天地之本心,故谓之"复"。……方阳之长,生生无穷,此天地之心也。②

阳生长而阴消息,阴阳的这一往复体现了天地生生无穷的本心。天道生生的阴阳二气之相争形之于地道,就是刚柔二性;人之于人道,就是仁义二德。天、地、人三才都有本一的道,而三才又都一体而二用。阴阳并非二物,它们是气这一体的二用:"一体二用,不可以二物分之。分之二用物,则阖辟之机露布,生生之用息矣。"③假如将阴阳看作两体,便会导致生生不已的天地归于消亡。

气还有五行之分。吕大临说:"五行之气,纷错于太虚之中,并行而不相悖也。然一物之感,无不具有五行之气,特多寡不常耳。"④五行之气相互纷错,而这种纷错是同时同地进行,并不因其一而影响其他。五行、阴阳,只是

---

① 《易章句·系辞上》,《蓝田吕氏遗著辑校》,第181—182页。
② 《易章句·复》,《蓝田吕氏遗著辑校》,第102—103页。
③ 《易章句·系辞上》,《蓝田吕氏遗著辑校》,第182页。
④ 《礼记解·中庸第三十一》,《蓝田吕氏遗著辑校》,第306页。

从不同层次来分析气的内涵。这里的"太虚"并非张载所理解的形上内涵的本体,却同程颐相一致,是五行之气纷错的场所。而且,"太虚"在吕大临现可见的著作中仅此一见。

(二)气禀成性

人与万物一道禀气以生,但在这一受气过程中,会有禀受之不同。吕大临说:"人受天地之中,其生也,具有天地之德,柔强昏明之质虽异,其心之所然者皆同。特蔽有浅深,故别而为昏明;禀有多寡,故分而为强柔;至于理之所同然,虽圣愚有所不异。"①气禀有多少之别,在理则无别。气同理一样,都是物物所受于天者。就万物受理与气二者而言,理虽一样,气在禀受过程中却有差异。

因为气是人从天地之所禀,而又因所禀不同,会导致主体在成性得仁的过程中、程度上存在不同。吕大临因此提出了养气成性的思想。养气是成性进而达到仁的境界的一个重要条件:"君子之学,必致养其气。养之功有缓有速,则气之守有远近,及其成性,则不系乎禀之盛衰。"②气有善恶之道德属性,或者说,气是构成人性的一个重要条件。这同朱熹"理"作为生物之本,"气"作为生物之具,而构成世界万物,并以理本气具论构成人性类似。

吕大临认为:"至于实理之极,则吾生之所固有者,不越乎是。吾生所有,既一于理,则理之所有,皆吾性也。"③气是任道守仁的条件,或者是成就人之得仁的辅助:"如颜子所禀之厚,所养之勤,苟未至于化,虽与'日月至焉'者有间然,至于三月之久,其气亦不能无衰,虽欲勉而不违,仁不可得也。非仁之有所不足守,盖气有不能任也。"④吕大临与张载一样,都认为人之性分天地与气质,气质之性受到气的影响与决定。对于张载所提出的太虚,二程一方面肯定关学以气"立标以明道"的作用,另一方面又反对指太虚为气的说法。程颐说:"又语及太虚,曰:'亦无太虚'。遂指虚曰:'皆是理,安得谓之虚?天下无实于理者。'"⑤二程认为理是无形而实有之物、之存在:"'形而上

---

① 《礼记解·中庸第三十一》,《蓝田吕氏遗著辑校》,第298页。
② 《论语解·雍也第六》,《蓝田吕氏遗著辑校》,第438页。
③ 《礼记解·中庸第三十一》,《蓝田吕氏遗著辑校》,第298页。
④ 《论语解·雍也第六》,《蓝田吕氏遗著辑校》,第439页。
⑤ 《河南程氏遗书》卷三,《二程集》,第66页。

者谓之道,形而下谓之器。'若如或者以清虚一大为天道,则乃以器言而非道也。"①张载所说的"太虚",也就是"清虚一大",是形而下的器,不能够称为形而上的道。程颢基于他的"理与心一",批评张载"太虚即气":"若如或者别立一天,谓人不可以包天,则有方矣,是二本也。"②张载的"太虚即气"就是别立一个天,这样天人就不是一体,而是天人二本。这与吕大临在《横渠先生行状》中说张载是"自得之者,穷神知化,一天人,立大本……"的说法正好相对。个中原因在于二者对于何谓"天人一本"中"本"的理论内涵,有着不同的把握而已。

张载、吕大临的思想似乎存在着一个看似不可调和的矛盾,即有形的气如何能够与无形的理共同支撑可言可思却不可见的性?显然,要将有形的具象的气与无形抽象的性、理统一,需要有一系列的中间环节来过渡来通达。张载、吕大临的养气以养心的思想,最终在吕大临受学二程时受到了他们共同的批评与开导。

(三)神盛为气

养气成性中的"气",指的是一种非本体、非实体的存在,它存在于人的心灵内部。吕大临说:"万物之生,莫不有气,气也者,神之盛也;莫不有魄,魄也者,鬼之盛也,故人亦鬼神之会尔。"③在此,气同魄相对待而存在,是形成人的一种基质。气也有与血相联而言的:"四十、五十,血气盈而将衰,好恶习而成性,善恶已定,几不可易。"④这表明在人的一生中,构成人的身体的血气对于人的善恶有着相关的作用,血气是随着年龄的增长而有提升的。当这一切达到充盈时,人的习性便不再有改变的可能。

吕大临有时也将志与气相对而言:"凡厥有生,均气同体……志以为帅,气为卒徒,奉辞于天,孰敢侮予?且战且徕,胜私窒欲,昔为寇仇,今则臣仆。"⑤"少则动,壮则好胜,老则收敛,皆气使然。唯君子以德胜气"⑥。在他

---

① 《河南程氏遗书》卷十一,《二程集》,第118页。
② 《河南程氏遗书》卷十一,《二程集》,第121页。
③ 《礼记解·中庸第三十一》,《蓝田吕氏遗著辑校》,第284页。
④ 《论语解·子罕第九》,《蓝田吕氏遗著辑校》,第449页。
⑤ 《文集佚存·克己铭》,《蓝田吕氏遗著辑校》,第590—591页。
⑥ 《论语解·季氏第十六》,《蓝田吕氏遗著辑校》,第462页。

看来,所有有生命的存在都是由气所构成,因而体一;气在人的生命历程中,应该由志来统率、控制。气与德是相对待而说的,必须发挥人的主体性与道德的理性以改变气对于主体的左右与支配。因为气是有缺陷的,它会导致人产生私欲。只有在志与德的引导之下,才使人有达到圣人境界的最终可能。

五　理气化生

吕大临讲理、讲气,其实二者还必须连到一块来讨论。我们讲张载、二程的新儒学思想时,也必须联系理、气来辨析。实际上,不论二程,抑或张载都讲理气,只不过二者在进行理论构架时,基于对本体的认知不同,而有气、理之别,因之而有对于理、气论述的重点不同。

在理学家中,张载是第一个从理气关系角度提出理的问题的:"天地之气,虽聚散、攻取百塗(途),然其为理也顺而不妄。"[1]"理"指的是不得已而然的必然性,也就是气的运动规律。气的聚散以及气散归太虚,虽然变化无穷,但是却有一定的不变的必然性。既然"盈天地之间者,法象而已"[2],"今盈天地之间者皆物也"[3],由气构成的万物是客观的存在,一切事物的产生、发展和灭亡就是气的聚散、往返、出入的合乎规律的表现,因而"理"作为这一规律,也就必然是客观的。他认为:"理不在人皆在物,人但物中之一物耳,如此观之方均。"[4]气是万物的本原,理则是气这一盈天地之间的存在的规律与必然。理不存在于人心之中,理存在于万物之中。理与气是不可分离的,具有内在的联系。

张载在气本体论的前提下讨论了气与理的关系,而作为理本的二程,则恰恰在这一理气的关系上与张载相反,他们认为,只有"理"才是世界的最终的本原与根据,而不是张载所言的气为本,从而与张载的气本体相对,有理本之论。二程理本论的确立,是"理"范畴的真正形成。他们认为,真正的本体存在是理而非气:"心所感通者,只是理也。……若言涉于形声之类,则是气

---

[1] 《正蒙·太和篇》,《张载集》,第7页。
[2] 《正蒙·太和篇》,《张载集》,第8页。
[3] 《张子语录》下,《张载集》,第333页。
[4] 《张子语录》上,《张载集》,第313页。

也。"①心所感通者,不是感性的物质存在,而是抽象思维加以把握的理性化的存在。他们认为,涉于形气者只能是感性的物质存在。二程对于气的论述并不多,但他们承认气化产生了万物,并提出了"气化"与"形化"的概念。很显然,他们吸收了张载的"气化"的思想,但是在理本论的前提下讲气化生成世界,以气作为生成万物的材料。

(一)理气不可分

不论是在张载关学时期,还是在二程洛学时期,吕大临都持理、气相即的观点。他在《易章句》中说:"故天下通一气,万物通一理,出于天道之自然,人谋不与焉。"②天下一气,万物一理,这是将气、理并立立言,对待来讲的。理、气既然都是天道的自然,理、气二者之间就有不可分离的关系。

天下一气,所以由气构成的万物包括有生之类,都是同体的,这一观点在洛学时期得到了发挥。他在《克己铭》中说,"凡厥有生,均气同体"。这里是说,天地万物的存在是由理与气共同形成的,"天下"都由一气构成其质,"万物"都由一理通贯其中。既然二者是天下万物都不可缺少的,这无疑也就表明了理与气二者是相即相成、不可分离的。有理则有气,有气则有理。没有无气之理,也没有无理之气。

因为有一气之体,所以"我心所同然,即天理天德。孟子言同然者,恐人有私意蔽之。苟无私意,我心即天心"③。没有私意,则我心与人心同,我心就是天心,也就是我心即是天理天德。当然,这里还没有明确是气保证了天理天德在人心之同,还是天理天德依据本一之气来实现。

(二)理是本,气为质

"大气本一"似乎有万物之本的意味,但这还是从万物之现实的形象立言的。就万物存在的逻辑立言,吕大临更倾向于以理为先。他说:"夫诚者,实而已矣。实有是理,故实有是物。"④在实而不妄的诚的前提下,"理"较之"物"有逻辑上的在先性。又说:

---

① 《河南程氏遗书》卷二下,《二程集》,第56页。
② 《易章句·系辞下》,《蓝田吕氏遗著辑校》,第182页。
③ 《蓝田语要》,《蓝田吕氏遗著辑校》,第556页。
④ 《礼记解·中庸第三十一》,《蓝田吕氏遗著辑校》,第301页。

> 实有是理,乃有是物。有所从来,有以致之,物之始也;有所从亡,有以丧之,物之终也。皆无是理,虽有物象接于耳目,耳目犹不可信,谓之非物可也。①

这里讨论的实际上是"理"与"物"的关系,有两重含义。一是从物之来、致说物之始,从物之亡、丧说物之终;二是从耳目之感与"大心"体理来说物之存在。从第一重意思说,物之始、物之终都是由理来保证其"实有"与"实存"的;从第二重意思说,耳目虽可与物象相接,若无理作为依据与保证,则物无存在的意义。这就是说,理是物存在上的逻辑根据,理是物的存在的理由。很明显,吕大临在这里并非要否定人的感性所见的事事物物,而是要说明在万物存在的理由与根据上,理是物得以成立的前提。理性的抽象较之感性的耳目有存在论上的优先性,这与后来王阳明的思想多么相似。

> 先生(阳明)游南镇,一友指岩中花树问曰:"天下无心外之物,如此花树,在深山中自开自落,于我心亦何相关?"先生曰:"你未看此花时,此花与汝心同归于寂。你来看此花时,则此花颜色一时明白起来。便知此花不在你的心外。"②

王阳明以心作为万物存在的依据,这里的依据是以意义作为内涵的。明代中叶的王阳明终于将蕴含在前人思想中的逻辑结论,以自己的语言明晰地阐释出来,表达出来,完成了心学的建构。吕大临这里说的也很明确,理是万物的本原或者是根据;既然如此,那么作为构成万物的质料的气相对而言便不能是本原。在此,吕大临表现出了与张载有重大的不同,而有接近二程的倾向。假如《礼记解》完全是吕大临张载关学时期的著作,则表明吕大临在未炙二程之前就已经有类似思想。当然他的相关思想与其说是清晰的,毋宁说是模糊的。

(三) 理气天道

虽然理与气在吕大临的思想体系中有着重要的地位,理有时也就是万物的最后的根源,但在另一层面上,吕大临却又认为天道才是世界最终意义上的本原。在吕大临的现有文献中,"天道"这一术语多次出现并且都有超越理

---

① 《礼记解·中庸第三十一》,《蓝田吕氏遗著辑校》,第300页。
② 《传习录》下,《王阳明全集》卷三,第107—108页。

的本原地位的内涵。

在注解"成之者性"这一思想时,吕大临说:"'成之者性',指吾分而言,曾有不相似者乎?……开者达于天道,与圣人一。"①在儒家哲学中,圣人是人所能达到的最高人格境界,他可以与天地相通相知,并且可以与世界的本原达到相一,这一本原就是天道。在这里,吕大临又有天道才是最后本原的思想。

与圣人一,是就具体人格而言的;吕大临有时又从天人来说。在《孟子·梁惠王章句下》中,吕大临说:"畏天者,以人畏天,天人未合;乐天者,天人已合,天道在己。"②天人合一是儒家学者最为推崇的一种极高明的道德精神境界,也只有在这一境界下,人才可能做到与世界的本原达到统一,并可以将天道与自己融为一体。他在另一处说:

> 天道性命,自道观之则一,自物观之则异。自道观者,上达于不可名,下达至于物,皆天道也。③

能够达到道的境界或者说高度,人就可以摆脱人己有别,物我有别的阶段。吕大临这里分天下为不可名与具体万物之别,"不可名"与"物"是相对而言的。"不可名"的是形而上,"物"是形而下的,形而上与形而下,都是可以"天道"论之。这里的"天道"至上地位,是很明显的。正因为如此,所以吕大临说:"故天下通一气,万物通一理,出于天道之自然,人谋不与焉。"④与"人谋"相对的"天道",显然是客观的、必然的,也就是形而上的,而理、气通天下、通万物只不过是天道之自然,这表明理、气是从属于天道的。

天道性命是有宋新儒家学者共同的致思,"新学"王安石也说:"以天道事之,则宜远人,宜以自然,故于郊、于圜丘;以人道事之,则宜近人,宜以人为,故于国、于明堂。始而生之者,天道也;成而终之者,人道也。冬之日至,始而生之之时也;季秋之月,成而终之之时也。故以天道事之,则以冬之日至;以人道事之,则以季秋之月。远而尊者,天道也;迩而亲者,人道也。祖远而尊,故以天道事之,则配以祖;祢迩而亲,故以人道事之,则配以祢。郊天,

---

① 《易章句·系辞上》,《蓝田吕氏遗著辑校》,第178页。
② 《孟子解·梁惠王章句下》,《蓝田吕氏遗著辑校》,第469页。
③ 《孟子解·尽心章句上》,《蓝田吕氏遗著辑校》,第478—479页。
④ 《易章句·系辞下》,《蓝田吕氏遗著辑校》,第182页。

祀之大者也,遍于天之群神,故曰以配天;明堂则弗遍也,故曰以配上帝而已。"①这是从天道与人道对立来说,突出了天道的自然。

但是吕大临虽然肯定天道之自然,却又并提气与理,这就与王安石的"新学"拉开了距离。宋明理学家的概念体系有时并不清晰,对于同一事物,他们更多地是从不同角度来阐述其丰富的内涵。吕大临的理,是从事物的规律、本原言的;气,是从万物构成的质料言的;而天道,则是从事物质料、规律存在状态的自然而然的一种特性言的。理、气、天道共同构成对于世界、对于万物万事的理解。

(四)理依气化

"天下通一气,万物通一理",还是从静的角度看气、理的关系。理、气之间假如仅仅是逻辑上的本体与质料关系,则理气就都是死的、不动的,这不符合儒家生生不已的精神。新儒家学者需要为形而上的本体,寻找可以落实到现实的途径、表现与作用。

吕大临说:"理之所不得已者,是为化,气机开阖是已。"②万物化生是理所具有的必然的趋势,而引起这一生生不息的变化的原因在于阴阳五行之气内部的开阖两种机缘。理有不得已的属性"化",也就是本体需要与生生不息的世界相贯通。这样,理、气就共同构成与化生了天地之间万物生生不已的过程。新儒学不仅是本体论,它还是过程论。

> 大气本一,所以为阴阳者,阖辟而已。开斗二机,无时止息,则阴阳二气安得而离?阳极则阴生,阴胜则阳复,消长凌夺,无俄顷之间,此天道所以运行而不息。入于地道,则为刚柔;入于人道,则为仁义;才虽三而道则一,体虽两而用则一。

> 大气本一,所以为阴阳者,阖辟而已。气辟则温燠发生,阖则收敛肃杀伹。一体二用,不可以二物分之。分之二用物,则阖辟之机露则布,生生之用息矣!③

天、地、人三才构成了宇宙的架构,而运行其间的则是同一个天道,天道也就是世界的本体、万物万事的终极的根据与原因。而天、地、人三才又一分

---

① 《论议·郊宗议》,《王安石集》卷六十二。
② 《礼记解·中庸第三十一》,《蓝田吕氏遗著辑校》,第307页。
③ 《易章句·系辞上》,《蓝田吕氏遗著辑校》,第181—182页。

为二地形成了二体,这里的体不是本体之体,指的是两两对立的性质:天道则阴阳,地道则刚柔,人道则仁义。我们说,吕大临这里的天道也就是新儒学的天理。天理流行发育于彻天、彻地、彻人之间,无时止息。开阖二机不停,则天地人这一世界之整体也就永远地运动下去。天地万物一气一理、一体一用地生成一生化不已、变动不已的动态的气化过程。这一生生不息的宇宙变化流行是自然的、客观的,非人所可左右的,但又因为天道与人道是通二为一的,主体的人是可以通过体认人道而通及天道的。吕大临认为:

> 圣人成德,固万物皆备,应于物而无穷矣。然其所以为圣,则停蓄充盛,与天地同流,而无间者也。至大如天,至深如渊,时而出之,如四时之运用,万物之生育。①

圣人可以通过自己的德行应于物,使自己不受物物之累,却又能够在高度的主体彰扬中,与天地一道参与生生不已的化生过程。《易》曰"天地之大德曰生",圣人是可以与天地并行化育而没有滞碍的。与时偕行,"至大如天,至深如渊"。

吕大临同张载、二程一样,对于理气问题并没有做出系统的、明确的论证,而且有些表述较之张载、二程更含糊。理、气之间的关系与内涵,在朱熹那里才得到了系统地阐释与发挥。朱熹综合了二程与张载的学说,把"理""气"结合起来,变成宇宙论的基本范畴,完成了宇宙论的范畴体系。② 在朱熹的范畴体系中,核心范畴是"理"。"理"是其哲学的出发点和归宿,但它必须有赖于"气"而造作,依"气"而安顿、挂搭;"物",是"理"的体现和表象,是"理"借"气"而化生的产物。③ 朱熹说:

> 自下推上去,五行只是二气,二气又只是一理。自上推而下来,只是此一个理,万物分之以为体。万物之中又各具一理。所谓"乾道变化,各正性命",然总又只是一个理。④

在具体论述理气关系时,他首先认为,理本气末,理先气后。"以本体言之,则有是理,然后有是气"⑤。"然理形而上者,气形而下者。自形而上下

---

① 《礼记解·中庸第三十一》,《蓝田吕氏遗著辑校》,第306页。
② 蒙培元:《理学范畴系统》,北京:人民出版社1989年版,第16页。
③ 张立文:《宋明理学研究》,北京:人民出版社2002年版,第360页。
④ 《朱子语录》卷九十四,第六册,第2374页。
⑤ 《孟子或问》卷三,《四书或问》,《朱子全书》第六册,第934页。

言,岂无先后!"①这就明确了理是万物万事的本原、本体,气是理之派生。形而上的"理"与形而下的"气",是生与被生的关系。其次,他指出理与气是相依而不相杂,相分而不相离的。"太极理也,动静气也。气行则理亦行,二者常相依而未尝相离也"②。"理不可见,因阴阳而后知。理搭在阴阳上,如人跨马相似"③。在这里,朱子非常清楚地表述了理与气的相依不相离的关系。另一处,他对于这一关系说得更为明确:"天下未有无理之气,亦未有无气之理。"④不过,他又认为:"气之所聚,理即在焉,然理终为主。"⑤朱熹这里的阐释,明确而清晰。"不离",便可不分"理""气"先后;"不杂",便可从逻辑上推其本原,分为"理"先"气"后。从禀赋或气禀而言,可以是气先理后。朱熹的分析,各个层面和问题都已涉及。他"对这些问题尽可能地做了追根究底的探索,并做出相应的回答。尽管这些回答并不完善,但他在吐纳儒、释、道三教理论思维中,建构了形而上体系,在当时达到了最高水平"⑥。他也以此,回答了张载、吕大临理、气不可调和的矛盾。

较之朱熹的理、气论,吕大临、张载、二程都可谓是不成熟的、零散的;较之张载的气本理弱、二程的理本气弱,吕大临更是含混的。张载以"太虚即气",而突出气本;二程"皆是理,安得谓之虚",突出了理本;吕大临"天下通一气,万物通一理",无所谓体用。但是,吕大临、张载受到程颐批评的理、气思想之间矛盾以及此一思想资源,无疑给朱熹提供了思考的前提与借鉴。吕大临由"天下一气"到"实有是理"的思想过渡,提供了从张载气本论、二程理本论向朱熹集大成的逻辑过渡(有人也因此称朱熹是理气二本论)。就理论的严密性而言,由于语言的歧义性与语境的多样性,以及语义的丰富性,中国传统哲人们在进行自己的理论创发时,并非都能有严密的思想表述。我们在依据理、气何者为本这一点上,划分吕大临的理论归属时必须考虑这一点。他思想的多义性、含糊性,体现了新儒学开创期的特点,张载也不例外。他虽然以气(太虚)为世界的本原,但也说"合虚与气,有性之名"⑦,把性说成是太

---

① 《朱子语类》卷一,第一册,第3页。
② 《朱子语类》卷九十四,第六册,第2376页。
③ 《朱子语类》卷九十四,第六册,第2374页。
④ 《朱子语类》卷一,第一册,第2页。
⑤ 《答王子合》,《朱熹集》第四册,卷四十九,第2366页。
⑥ 张立文:《宋明理学研究》,北京:人民出版社2002年版,第368页。
⑦ 《正蒙·太和》,《张载集》,第9页。

虚之气的本质属性。据此他提出"性者万物之一源"①，又把性说成是万物的最高本体。

宋明理学家希望在本体层面，为儒家所倡导的仁、义、礼、智伦理思想寻求终极的意义与本原。前儒仅在道德发生、形成等层面上进行回答，宋儒将这一回答追溯到形上层面。新儒学学者们，既需要把道德的根源追溯到"理"即本体，"万事、万物皆出于理"，也就是伦理道德由"理"而发；更需要论证在现实之中伦理道德本身就是"理"，就是本体，比如"为君尽君道，为臣尽臣道，过此则无理"②。这就是说，道德根源、道德践履之间无有差异、间隔，无有距离。他们说体用一元，一理万殊，知行合一，形上形下为一。于是，新儒学的道德根源形上本体论证的理论意义得以彰显出来，儒家的伦理道德获得了他们自认为合理性、永恒性的认定。新儒学之新，也就在这里体现出来。

理气问题，是理学家们做出这一论证的第一步。"诚实无伪，笃实无虚"基础上的伦理之善，确实需要理、气之实有，才不至于沦落为以空、虚为基础的佛、老的抛弃人伦物理。吕大临的"诚者，理之实也"，表明他确是新儒学中一员。于是，意义不在能不能提出明晰的理气内涵，而在于他讨论这些问题时所体现出来的明确的新儒学意识。而他又说，"吾生所有，既一于理，则理之所有，皆吾性也"③，道德伦理的形上本体与道德伦理的自觉自愿在这里也合二为一，于是从道德本体到道德主体，再到道德践履实现了统一。心性问题，也就在理气问题之后需要做出论证。

---

① 《正蒙·诚明》，《张载集》，第21页。
② 《河南程氏遗书》卷五卷，《二程集》，第77页。
③ 《礼记解·中庸第三十一》，《蓝田吕氏遗著辑校》，第298页。

第三章 心性之辩:赤子之心与习以成性

新儒学在北宋当时更多地被称为"道学",或者"道德性命"之学。讲"道德性命",不仅仅是正统道学家的言谈,就是倡导改革专说理财事功的王安石也讲,这是中国传统学术重点转移的标志。一个时代的学术思想,总有其独特的学术品格。学者说,经学盛于两汉,故《史记》、前后《汉书》均立儒林传;理学盛于两宋,故《宋史》于儒林传之外,又特立道学传。经学所以又称"汉学",理学所以又称"宋学",也是因此。理学即"性理学",因为它的研究对象是心性义理,故有此名。孔门后学,本有"传道""传经"两派。理学诸儒以传道自命,认为孔、曾、思、孟道统之传,至宋复续,故又有"道学"之名。总之,汉儒宋儒虽皆宗孔子,崇经籍,但前者重在书本,重在章句训诂,是客观的,是偏于道问学的;后者重在心性,重在义理修养,是主观的是重在尊德性的。由经学一变而为理学,是由外而之内,由客观的记诵笺注之"博"而反之主观的存养省察之"约"。而学风之转变,则由外来佛教之禅学予以重大的启示;虽谓理学为儒学与禅学结合后所诞生,亦无不可。① 我们今天讲理、气、心之别,总有西方学术本体论的意味。当然,新儒学学者们也确实通过理、气、心的本体论证,实现了"道德性命"或者"性理学"的超越佛道心性之学,从而实现了对于儒、道、释的融合而创造出新儒学(宋明理学)。

一 心性彰显

元人修《宋史》立道学传,突出了宋儒讲心性义理的特色。心性问题,因释老的刺激一变而成为北宋学人不能不论的学理,也成为他们最为高明的学问。宋儒立论,总从善恶言,也总从形上一路与形下一路统合立言,这成为他们区别于释老的自觉与自信。

牟宗三先生说,宋、明儒讲学之中点与重点唯是落在道德的本心与道德

---

① 蒋伯潜、蒋祖怡:《诸子与理学》,上海:世界书局1947年版,第188页。

创造之性能(道德实践所以可能之先天根据)上。① 也就是,人之善、恶总要寻找到现实的落脚处,这是"心"的意义所在;人之善、恶也必须依据天经地义的本原,这是"性"的意义所在。正因为如此,宋、明新儒学又称为"心性义理"之学。道德实践的先天根据,不仅仅要落实到心性,还必须彰显其中必然的道理,这当然需要做出合理、可能与可行的解释。只不过到底是"心"生发人之善、恶,还是"性"定衡人之善、恶,显然基于不同的思想判定,而有不同的理解,于是有"心体"与"性体"之辩论。"心体"与"性体"纵有别,但也必须能够使伦理道德真正有其不得不然的先天的、必至的、本原的理据,这就有了"心即理"与"性即理"的论辩。对于心、性的内涵、功能与意义,随着理论思维水平的提高,讨论在逐步加深;而又基于特定的历史现实,心、性的某些方面得到更深入、精微的展开。宋明新儒学(理学),也就在这一逻辑与历史的双重推动下得以发挥其思想史、文化史、社会史的功能。

有关道德本心、道德实践的心性问题,其实就是要解决什么是人性,什么是人的本质等问题。或者说,就是要解决什么是人的问题。纵观历史,其实人性问题是中国传统文化中重要的思想主题之一,人性论也是中国文人学士最愿意下工夫的一门学问,历史悠久、源远流长。早在春秋战国时代,传统人性论便形成了第一个高峰。思想家们提出并创建了性善和性恶两种理论模式,这就为以后整个传统人性论的延续和发展奠定了一套最为根本的思维方式。②

但是,在汉唐期间,心性问题却并不是儒家学者一家所热衷的课题。儒家学者一般在这一问题上与其说是高深的,不如说是浅薄的。即使是高谈越名教任自然、以无与有为自己谈论主题的玄学家们,在这一问题上也是不成熟的。面对佛教这一高谈心性的思辨学问,新儒家学者们必须在人性论问题上有自己独立的论证与发挥。人性问题也集中表现为理学对于"心性"问题,或者说,对于心性等范畴的相关论述。虽然明代后期出现了"空谈心性"的流弊,但是,"欲自觉地作道德实践,心性不能不谈。念兹在兹而讲习之,不能说是空谈。空谈者自是空谈,不能因此而影响此学之本质"③。

唐君毅先生也曾说:"(新儒学)性理之理,是人生行为之内在的当然之

---

① 牟宗三:《心体与性体》上,上海:上海古籍出版社1999年版,第3—4页。
② 王文亮:《中国圣人论》,北京:中国社会科学出版社1994年版,第27页。
③ 牟宗三:《心性与性体》上,上海:上海古籍出版社1999年版,第4页。

理,而有形而上之意义并通于天理者。"①理学家虽然在理论上构建宇宙论或本体论,他们谈理说气,其目的还是要为现实的人生行为寻找依据,他们还是要回归到现实的人。"人"才是理学的整个理论体系与理论论证的核心之所在。理学家要在新的理论高度与新的思维视点上对儒家一直关注的"人是什么"这一问题进行艰苦的论证和阐释。新儒学之"儒",表明宋明理学家并没有脱离传统儒家的学术追求。纵然他们谈性论心而被斥为禅学,其实他们的"人"仍然是人伦日用中的人,是有参天化育与天地并立的人。因此,人的本质、本性以及人的价值等一系列问题仍是理学的中心课题。而作为新儒学之"新"的理学,正是要通过"形而上"学的论证,来重建儒家关于人的思辨哲学。理学之所以称为"道德性命"之学或者说"心性"之学,也正是因为它是以心性问题作为其研究的理论核心。理学心性论比之于前此儒家的人性学说,在于它不是从人本身出发来说明人,它已经不再仅仅是一个单纯的伦理问题。它要从宇宙论来说明人性论,从宇宙本体说明人的存在,把人提升到宇宙本体的高度,从而确立人的本质、地位和价值。它认为,自然界赋予了人以内在的潜在能力,即所谓本体存在,通过自我实现,便可以达到主体的人与宇宙自然界的无限性的统一。理学宇宙论与本体论也只有落实到这一理论层面,才能够说其达到了理学的真正致归。

在天下、万物为一(或理或气)的本原(宇宙论与本体论)上,如前面我们所提到的,新儒学中正统道学(理学)内部在理学形成之初就出现了张载的气本与二程的理本(我们且在此处将程颢、程颐混而论之)之别,但在心性这一问题上,理学家则殊途同归。在性的问题上,张载提出了为朱熹所推崇的两分其层面的"天地之性"与"气质之性"。这一学说的形成与张载的气本论思想是相联系在一起的。张载要从"太虚即气"的观点出发,以对人的本质、本性做出解释。天地之性显然来源于宇宙本体,得之于太虚的"通极于无"或"通极于道"之性;而气质之性,则是气化生人生物而后所成之性。就天地之性而言,天地万物都具有这一本性:"性者万物之一源,非有我之得私也。"②虽然在天地之性上,人与动物有着一致性,但人毕竟与动物是不同的,人与人之间也是有不同的。这一不同,就是气质之性上之差异。张载认为,气质之

---

① 唐君毅:《中国哲学原论·导论篇》,北京:中国社会科学出版社2005年版,第3页。

② 《正蒙·诚明》,《张载集》,第21页。

性是后天形成的,它是可以加以改变的,因此,他又提出了变化气质的学说:"为学大益,在自求变化气质,不尔,皆为人之弊,卒无所发明,不得见圣人之奥。"①

二程兄弟在心性问题上吸收了张载的天地之性与气质之性的思想,在程氏遗书中,二程说:"论性,不论气,不备;论气,不论性,不明。"②但二程在性之问题上也有着不同之处,程颐不承认性有恶这一说法,认为性只是理,只是善。他对性和气、形上与形下做了逻辑上的严格区分。他不否认性不能离开气,气也离不开性,但是二者之间的界限却不可混淆。严格地说,程颐只承认形而上的天地之性或天命之性,并不承认有气质之性。③ 当然,程颢、程颐虽然将天下万物一归于"理""天理",但在有关心性问题上是有区别的。葛瑞汉从西方人的角度说:"对于宋代哲学家来说,与心相关的最重要问题是如何把它与性联系起来。他们对这一问题的解答无法取得一致。新儒家所探讨的所有难题中,在我们看来,这似乎显得最为牵强。虽然我们自己也倾向于把心作为体内一个非实体之物,但我们不会想到假定有一个不同于 nature(天生的)的东西的 nature(性)。"④他还说:"二程兄弟认为,他们是理的两个不同侧面。当需要强调道德之理与生俱来,此命天授,不管是否喜欢它是我们自身的一部分,这时理称为性(nature)。当需要强调理控制着身体,这时理又称为心(mind)。"⑤二程兄弟,在这一心性问题上的区别表现在"有我"与"无我"之上。

心性问题彰显出来,是新儒家学者要将"天理"落实到道德践履的重要一步。它既是正统道学家不能回避的话题,也是他们标榜自己学术思想之所以为正统的所在,更是让他们受到党争异己者与事功学派攻击的重要方面。吕大临在这一问题上,表现出了明晰的学术前后期的不同,尤其是张载关学时期与二程洛学时期更为明显。而且,由于二程兄弟两人在此问题上也没有表现出一致性,他们又对吕大临这一高足分别有指导,这使吕大临对此一问题

---

① 《经学理窟·义理》,《张载集》,第274页。
② 《河南程氏遗书》卷六,《二程集》,第81页。
③ 蒙培元:《理学范畴系统》,北京:人民出版社1989年版,第235页。
④ 葛瑞汉著,程德祥等译:《中国的两位哲学家:二程兄弟的新儒学》,郑州:大象出版社2000年版,第112页。
⑤ 葛瑞汉著,程德祥等译:《中国的两位哲学家:二程兄弟的新儒学》,郑州:大象出版社2000年版,第113页。

的认知也就带有多重理解。更在此一心性问题上,吕大临表现出了独立深邃的形上抽象能力,是其"吕学"期就已形成的深邃缜密形上思考兴趣的逻辑提升。

二 本　心

在中国哲学史上,心的含义经历了长期的演变发展。先秦时期,心大致有三种内涵:一是道德之心,以孟子为代表,指人的情感心理升华而形成的道德意识,是道德理性范畴。二是理智之心,以荀子为代表,指认识事物的能力,是认知理性范畴。三是虚灵明觉之心。在中国心性史上,佛学第一次把心上升到本体的高度,提出了"心体"说。它将主体精神说成是超越的、普遍的绝对存在,"心体"就是性,也即成佛的根据。而佛学这一思想对于理学有着直接的影响。

如果说形而上的,不可捉摸的,无可形象的"太虚""天理"已经让新儒学家们费尽周折,难以定论;那么,附之人身,发之情志的心、心体也并没有让理学家达成一个共识。理学家们殚精竭虑地要辨析清楚心体与性体之别,要将道德伦理的形上本体落实、扎根于人之内心之中;于是,心也就从似可体会、近可玩味的一团生机上升到本体、扩展到性情、表现为存发的多重内涵。吕大临在心性论上,有非常丰富的思想,表现在多个方面。

(一)人心同有一个理义

我们前面分析了吕大临认为作为伦理道德的"理义",是一客观、必然的存在,具有普遍的、至上的内涵。但是仅仅论证人间"理义"的合理性、必然性、普遍性、形上性,并不必然表明"理义"的现实性、实践性与自觉性。因为"理义""理"的崇高性,也会因之而具有外在性、强制性而不被真实化地作用于人伦日用。儒家一贯认为,只有自觉、自愿的道德伦理心理才是保证"理义"真正为人所接受的前提与基础。

"民免而无耻"与"有耻且格"的不同结局,需要儒家学者在人心之中寻找道德伦理的天赋来源、动力与自信。作为自觉的儒家道统传承者,吕大临也遵循这一思路。假如说吕大临通过"理义"的超越性内涵论证了人间伦理的存在合理性,那么他需要将"理义"与"人心"另外一个层面揭示出来。唯有存在于每一个人心中的理义都有其同一性,理义才真正成为这个世界的现实必须遵循的规范与制度。

这里的人心,是指道德所出所由的人之本然之心。吕大临从多方面来论述了这一心之本然与理义的关系。应该说,早期的吕大临更多地是从伦理道德的角度来赋予人心的内涵。他认为人心,每一个体之心,都内在地包含有社会的道德规范即前面所说的"理义"。"'同人于野亨',应以正,则无所不合理义,人心之所同然者也"①。心同理义,所以应于理义而正。

理义这一规范社会、调适人与人之间关系的行为准则,由外在而内在,由强制而自觉,每个人都具有相同的理义之心。吕大临说:"'君子正'者,理义之心也,斯心也,天下之所同然,故'能通天下之志'。"②君子是道德理义的先知先觉者,他能够对众人都有的理义之心加以提炼,并以之对百姓进行教诲与治理:"初九以刚为主于内,方动之始,不流于邪。理义者,人心之所同然,由是而往,无不得志。"③

"圣人与人心相感,故天下和平。"④与理义无间的圣人,更能够以无思无勉、常久而不息的诚的本然状态感之天下,诚即中、即庸,而人与人之间也就必然出现和谐融洽的太平:"理义者,人心之所同然,感无不应,应无不同,好色好货,亲亲长长,以斯心加诸彼,未有不和不平者也。"⑤圣人以人心皆有的"好色好货""亲亲长长"的同然之心而施之天下,天下共致和平。

> 理义者,人心之所同然,屈而不信,私意害之也;理义者,天下之共由,畔而去之,无法以闲之也。私意害之,不钦莫大焉;无法以闲之,未有不流于不义也。直则信之而已,方则匡之而已,非有加损于其间,使知不丧其所有,不失其所行而已。⑥

也正是因为人心是包含道德理义的同然之心,因此当私意扰乱理义之时,人们便可以对人心直道而信,用一定的道德规范进行约束与教化。在教化过程中,可以通过内与外两种方法或途径进行:"德礼者,所以治内;刑政

---

① 《易章句·同人》,《蓝田吕氏遗著辑校》,第83页。
② 《易章句·同人》,《蓝田吕氏遗著辑校》,第83页。
③ 《易章句·无妄》,《蓝田吕氏遗著辑校》,第105页。
④ 《易章句·咸》,《蓝田吕氏遗著辑校》,第114页。
⑤ 《易章句·咸》,《蓝田吕氏遗著辑校》,第114页。
⑥ 《易章句·坤》,《蓝田吕氏遗著辑校》,第66页。

者,所以治外。"①假如说前一句的心,还是强调人人都有含"理义"的共同心这一面,是"同然之心";那么,后一句说的心就是人之"本然之心"。

德以治内,刑以治外,这是儒家一贯的理想的治理国家的手段。手段是以本然之心为前提的,本然之心与非心相对。"治内者,先格人之非心,使之可以为君子,则政足以不烦,刑足以不用也"②。对于人的内在的心性之调理是外在的政刑的前提,甚至于内在的德治可以代替外在的刑政之严酷与强制。吕大临指出:

> 乃若一切任治外之法,则民将失其本心,不知有德礼之美,冒犯不义,无恶不作,虽有格者,畏罪而已。德礼者,先王之所以治内,而刑政所以治外。治内之教行,则人皆可以为君子,虽有刑政,非先务也;治外之法行,则不知为善之美,虽有本心,无从发也。故政刑之用,能使懦者畏,不能使强者革,此之谓失其本心。③

反之,任以外在的刑政来对待人的过错而不先行对民进行道德教化,则必然导致人的内在本性的丧失与本心的功能弱化。很清楚,吕大临这里就从"同然之心""本然之心",而进至"本心",其实,"本心"就是"本然之心""同然之心"。

(二) 我心即天心

人之同然之心、本然之心、本心,更多地是从人与人、人与社会、人之善心与非心而言的,这只是问题的一个方面。更重要的还在于,心在一定意义上就是天心,就是万物之心。吕大临说,

> 我心所然,即天理天德。孟子言同然者,恐人有私意蔽之,苟无私意,我心即天心。④

因为内涵于人心之中的理义是放之四海、置之天下而皆准的道德规范,理学家认为,理义不仅仅是存在于社会人伦之中,它也应该是包罗于宇宙之中,理义即天理天德。人道与天道、人德与天德是相同的,因而人心也就是天心。这是从人与天道自然的关系上考虑,当人与天下万物进行对比时,实际

---

① 《论语解·为政第二》,《蓝田吕氏遗著辑校》,第 427 页。
② 《论语解·为政第二》,《蓝田吕氏遗著辑校》,第 427 页。
③ 《论语解·为政第二》,《蓝田吕氏遗著辑校》,第 427—428 页。
④ 《孟子解·告子章句上》,《蓝田吕氏遗著辑校》,第 478 页。

上,人心也就是万物之心了。吕大临说:

> 人皆有不忍人之心,忍之则憯怛而不安,盖实伤吾心。非譬之也,然后知天下皆吾体,生物之心皆吾心,彼伤则我伤,谋虑所及,非勉强所能。彼忍人者,蔽固极深,与物隔绝,故其心灵梏于一身,而不达于外尔。①

人与物都是一气所发,都是一理贯通,但人心,作为人之本心、天心(但就实际而言,只能是圣人之心)较之非人之本心、私意之心区别在于:人心不为物所隔,心灵不为自己的形体所梏,因而可以通达于物我之际、内外之际,物体即我体,则物心即我心、我心即物心。建立在此基础之上的人心必然是不忍人之心,是天下一体之心,生物之心。反之,则蔽于所禀所习而与物隔绝,将体天下一物的心灵梏于一身之小心,而自甘沦落。

显然,作为天心的人心是形而上的,绝对的,本体意义上的心。人心即天心,人心也即天理天德。天理天德就因此而落实到人心之中,成为人能够践履、完善天道至善的价值主体。人心即天心,完成了人与天的贯通。

(三) 人心至灵

吕大临认为,"心"除了是本体意义上的本然之心外,还是一至灵至性的存在。他说:

> 道之在我,犹饮食居处之不可去,可去皆外物也。诚以为己,故不欺其心。人心至灵,一萌于思,善与不善,莫不知之。他人虽明,有所不与也。故慎其独者,知为己而已。②

天理天德,也就是天道虽然已经落实到人心之中,但是假如没有一个主动、能制的主体来承担、发动与导疏这一本然之理义,则道德伦理还是一个应然的可能,并不能够走向真正、现实的道德行为。这就需要一个能够主宰的心来发动。吕大临说,天道正如饮食居处一般,是人之内在的存在,与人为一,但它需要至灵的人心来展示出来。而人心之所以能够如此,就在于它有至灵的特征,一动思虑,便能够知善与不善。当然,至灵而萌于思虑,必须不欺自心,诚以为己,所以这里预设有一个前提,就是慎独。

---

① 《孟子解·公孙丑章句上》,《蓝田吕氏遗著辑校》,第471页。
② 《中庸解》,《蓝田吕氏遗著辑校》,第481页。

对于人心至灵的说法,周敦颐就曾说过:"惟人也,得其秀而最灵。"①陆九渊则说:"人心至灵,此理至明,人皆有此心,心皆具是理。"②本心灵觉而物理疏明,两者交相辉映,使宇宙万物皆具吾心,吾心义理充塞宇宙。心思虑的时候,是以内在的本然的心来对善恶进行评判的,这里的心是具有道德判断标准意义的。这种对于心的至灵的重视,表明了理学家重视人的理性,是人类理性自觉进一步提高的表现。吕大临在这里是从心的认知理性与道德理性两个方面来论述的,心是体与用的统一(虽然他并没有明确地进行说明)。心体是包含理义,彻天彻地、通人通物的天、地、人之所同者,但就人之具有知觉这一功能来说,人心较之天心、物心又有不同。在这里,"心"包含有两个层次:性与知觉。知觉是心之本体的作用,性通过知觉而呈现出来。性也就是人心所共有的理义,所共有的天德天知:"人受天地之中,其生也,具有天地之德,柔强昏明之质虽异,其心之所同者皆然。"③人是天地之中所生的一点良知良心,天德是天赋予人内在的人性,在天曰道,在人曰性。性即理义,理义即心。

就与心本体相对的知觉之心而言,人心易于梏于一己之形体,不能够合内外、齐天人,必须扩心之大者。吕大临说:

"尽其心者",大其心也。心之知思,足以尽天地万物之理,然而不及者,不大其心也。大其心与天地合,则可知思之所及,乃吾性也。性即天道,故知性则知天。④

只有大其心,或谓尽其心才可以达到与天地合的境界,与天地合,心就可以尽思虑于人心的本体——性。性是天之授予人者,人性与天道在一理之上是一致的。不是心外别有一性,而是先验地具有人之所以为人之性。在这个问题上,张载也有同样的看法,他说:"天无心,心都在人之心。一人私见固不足尽,至于众人之心同一则却是义理,总之则却是天。"⑤这种说法同吕大临一致,都是认为人人之心同有此性。这里的"性"具有客观普遍性,故谓之"天"。

---

① 《太极图说》,《周敦颐集》卷一,第7页。
② 《杂说》,《陆九渊集》卷二十二,第273页。
③ 《中庸解》,《蓝田吕氏遗著辑校》,第488页。
④ 《孟子解·尽心章句上》,《蓝田吕氏遗著辑校》,第478页。
⑤ 《经学理窟·诗书》,《张载集》,第256页。

天地虽然具有生物之心,如吕大临所说:"天地之大德曰生,方阳之消,虽理之必然,然非天地之本心,故至阳始生则反,行天地之本心,故谓之'复'。"①然而,天地之心必须由人心来发挥、阐扬,外在道德的规范需要变成人之内在的天性,才能发挥自律作用。作为知觉与本体的心,是理义(也就是性)的承担者、主宰者,离心无所谓性。性成了主体自身内在的道德原则,不再是外在的强制的约束力量;是自觉的意识,而不再是被动接受的某种行为规范。就心作为知觉这一内涵而言,心又有"闻见之知"与"心知"两种不同的意义。在解说"颜子守中庸而期月"时,吕大临说:"陷阱之可避,中庸之可守,人莫不知之,鲜能蹈之,乌在其为知也与?惟颜子择中庸而守之,此所以为颜子也。众人之不能期月守,闻见之知,非心知也。颜子服膺而弗失,心知而已,此所以与众人异。"②对于陷阱与中庸而言,众人都知道如何去避免和持守,但是颜子较之他人能够期月守中庸,原因在于他不同于众人的"闻见之知",与众人之异在于他是"心知"。

人心至灵,灵在心有"闻见之知",这是知真知假,知天知地之知;心有"心知",则是知善知恶,知天理天德之知。人心灵至,实现了人对于践履的条件准备。

(四)本心

心至灵,还是侧重从心是知觉之心角度来立论的。人心包含理义,知明知暗,知善知恶,至灵不昧,更重要的还在于它是一个静则寂然无动,感而遂通天下之心。这一心,在吕大临认为就是本心。天地有本心,人也有本心,究竟天地之心即人之本心。如何定义本心,其实并不容易。宋明理学家们从多个角度、层次,来表述、辨析这一本心。

就本心之发与未发及其善与不善言,本心是性之纯然状态,是情之未发的本然。吕大临说:"情之未发,乃其本心。"③在这里,吕大临是将性与情对举来论述心(本心)的存在的。性是心未发的本然,情是心已发的结果或者状态。未发之心,是心的体,它既然是知善与不善的存在,便必然具有作为准则的意义。他说:

---

① 《易章句·复》,《蓝田吕氏遗著辑校》,第102页。
② 《中庸解》,《蓝田吕氏遗著辑校》,第482—483页。
③ 《中庸解》,《蓝田吕氏遗著辑校》,第481页。

  本心元无过与不及,所谓"物皆然,心为甚",所取准则以为中者,本心而已。由是而出,无有不合,故谓之和。非中不立,非和不行。所出所由,未尝离此大本根也。达道,众所出入之道。极吾中以尽天地之中,极吾和以尽天地之和,天地以此立,化育亦以此行。①

  本心是无过无不及的"中",心之所以能够成为准则,原因正在于此。心是"中"与"和"得以出与由的大本根,而以心之未发的"中"与心之已发的"和"尽极天下,则可以赞天地之化育,立天地之本心。人心即天心,天心由人心得以成其生生不已的本意。在这里,吕大临是将人之情排除在人的本心之外的,性才是人心之所在。或者说,情由心(本心)出。

  当然,他这里指的是本心,是纯一无二的人心,而不是指现实的人心。人心是一包含多方面内涵、多层次意义的存在,就其至善言,是本心、纯一无伪之心。在吕大临与程颐论"中"这一问题时,吕大临反对程颐将心看作仅为已发的表述。很显然,他一方面认为心有已发的状态,另一方面,心还有未发的状态。即使在心之未发阶段,心也是具备多重内涵的存在:心之至善的性与对性的纯善的保有的意志之心。理学家,包括原始儒家的一部分人认为,要使主体持有理义而不丧失天之予人的天命,除了在情已发时须做到非礼莫视、听、言、动之外,还必须在情之未发时,念念不忘存有心之本然之善性。本心有性、情之别,已、未发之阶段,它还有着极其精微的特征,吕大临说:

  本心之微,非声色臭味之可得,此不可得而致力焉。惟循本以趣之,是乃入德之要。推末流之大小,则至于本源之浅深,其知远之近与!以见闻之广,动作之利,推所从来,莫非心之所出,其知风之自与!心之精微,至隐至妙,无声无臭,然其理明达暴著,若悬日月,其知微之显与!②

  吕大临从知远之近、知风之自、知微之显三个方面,来说本心之精微的内涵。本心不是由感性的声音颜色嗅觉与味觉可以得知的,也就是闻见之知不能够从中探得心之精妙,唯一的途径是"循本以趣之"。循本,也就是由末流至于本源,由见闻、动作之从来,由隐妙静淡至理明显达。人的广博的见闻、利索的动作,从其出处而言,都是由本心而来。至隐至妙的、无声无臭的本

---

① 《中庸解》,《蓝田吕氏遗著辑校》,第481页。
② 《中庸解》,《蓝田吕氏遗著辑校》,第493页。

心,它其中包含的理义与准则却如同日月悬在天空中一样地显达！也正是由于本心具有这种精微的特性,因而它所包含的君子之道是我心所固有的。而它形成的局面便是每天都在习用着它却没有察觉,每天都在使用着它却不能够知道,并非自己失去了它,自己即使不知道它,或者说,不可耳闻目见到它,但这些实际上都存在于我们精微的本心之中。君子的学习,其实就是内求其本心所具有的精微之理罢了。吕大临说:

> 君子之道,深厚悠远而有本,故淡而不厌,简而文,温而理,本我心之所固有也。习矣而不察,日用而不知,非失之也,不自知其在我尔。故君子之学,将以求其本心。①

本心作为吕大临新儒学思想的重要意义,还在于他认为本心是人的行为的标准与定衡。他说:

> 情之未发,乃其本心。本心元无过与不及,所谓"物皆然,心为甚",所取准则以为中者,本心而已。由是而出,无有不合,故谓之和。②

吕大临本心的思想,在心学派陆九渊那里得到了发挥。有学者认为"本心"的观念应当是陆学的,也是理解陆学的最重要的观念。③ 其实,陆九渊与吕大临的本心思想都源于孟子的良知良能说。孟子说:"人之所不学而能者,其良能也;所不虑而知者,其良知也。孩提之童,无不知爱其亲者;及其长也,无不知敬其兄也。"④孟子认为人具有先天的仁义即亲亲、敬长,这一生来就有的仁义就是良知良能,也就是"本心"。"本心"的提法,在《孟子》中仅出现一次,孟子在论及生死义利问题时说:

> 乡为身死而不受,今为宫室之美为之;乡为身死而不受,今为妻妾之奉为之;乡为身死而不受,今为所识穷乏者得我而为之,是亦不可以已乎？此之谓失其本心。⑤

孟子这里的本心,也就是人心本来的状态,是含有四端的人心,本心一定意义上可以说是良心,也是赤子之心。孟子认为人们在现实的生活中,放失

---

① 《中庸解》,《蓝田吕氏遗著辑校》,第493页。
② 《中庸解》,《蓝田吕氏遗著辑校》,第481页。
③ 陈来:《宋明理学》,沈阳:辽宁教育出版社1991年版,第190页。
④ 《孟子·尽心章句上》。
⑤ 《孟子·告子章句上》。

了其本心,因此他非常重视"求放心"的思想。在吕大临、陆九渊这里,他们对于本心做了进一步的发挥。两人都认为,本心是人生来就有的具理义的人心之本来状态,本心也都具有发而中节的成效、判定善恶的功能。他们都在一定程度上承认本心自足天理天德,人心无须外求;而人之所以不能够尽其善者,是由于人在后天的实际中,因情而扰、因气而蔽;后天的品性的提升可以通过向内的求索,即通过本心的内求来加以实现。

当然,吕大临同陆九渊在本心的观念上也有着诸多的不同。表之于现实人性的成善上,陆九渊倡导一种正心格物的修养工夫。孟子并没有直接将良心说成本心,而在陆九渊这里,孟子的良心就已经是等同于本心了。他说:

> 孟子曰:所不虑而知者,其良知也;所不学而能者,其良能也。此天之所与我者,我固有之,非由外铄我也,故曰:"万物皆备于我矣,反身而诚,乐莫大焉。"此吾之本心也。①

很明显,陆九渊认为孟子的良心就是本心,本心就是不虑而知、不学而能的"良心"。本心是天赋予人的,是人心内部固有的。正因为如此,天下万物之理就已经先天地具足于人心之中。他又进一步论述道:

> 仁义者,人之本心也。孟子曰:"存乎人者,岂无仁义之心哉?"又曰:"我固有之,非由外铄我也。"愚不肖者不及焉,则蔽于物欲而失其本心。贤者智者过之,则蔽于意见而失其本心。②

本心就是仁义之心,而吕大临也说:"理义者,人心之所同然",人心就是理义之心。陆九渊从其心学的立场出发,将孟子的四端思想明确地解释为本心。从孟子到陆九渊,本心都是指一种先验的道德意识,它强调道德意识是每个人心的本来状态,并且它存在于任何时代任何人身上,是一永恒的、普遍的存在。③ 这一道德意识是无须思考、现成具有的人心之所然,是天赋并至善的。在吕大临看来,本心思想也有这种内涵,而且这种本心是任何人都有,发之天地则为"天地之本心",见之社会治理则为"民之本心"。"天地之本心",就是所谓"复";发"民之本心",是治政理国以德礼者的根本。所以他说:

> 德礼者,先王之所以治内,而刑政所以治外。治内之教行,则人皆可以为君子,虽有政刑,非先务也;治外之法行,则不知为善之美,

---

① 《与曾宅之》,《陆九渊集》卷一,第5页。
② 《与赵监》,《陆九渊集》卷一,第9页。
③ 陈来:《宋明理学》,沈阳:辽宁教育出版社1991年版,第192页。

虽有本心,无从发也。故政刑之用,能使懦者畏,不能使强者革,此之谓失其本心。①

陆九渊认为,人都有理义之心,人之所以"放心",并不是指人的本心已经失去,只是蒙蔽的结果。放失只是功能的丧失,它并非心体的丧失。而要使放失之心恢复,也须格物。格物在程朱理学指的是对外在事物的穷理至极,以求事物之中的天理(既有物理,也有性理);但在陆九渊这里,格物并非程朱所说的求所以然的工夫,也就是读书穷理的工夫,格物就是格心,是先立乎其大者的修身正心,是尽自己心中之皆备之理,其实质就是要养护、保存自己的本心,发明本心。所以,格物在程颐、朱熹那里是向外的;在陆九渊这里,则是向内的。

吕大临的"本心"思想受到了程颐的影响。一方面,他认为本心自有理义,因而必须向内用功,发明自己心中之内含,不可将本心之固有的善性丧失;另一方面,又提倡向外格物求知。他说:

> 故君子贵乎反本。君子之道,深厚悠远而有本……非失之也,不自知其在我尔。故君子之学,将以求其本心。②

君子最为重视的是反乎其身所有的本心,心中自有学习修养的本根、本源。本心是德之本,是见闻、动作之所出,这就是至诚反本。这同程颐"敬以直内"的思想是相一致的,人必须在内心深处做到不自欺,才有成己之本心至善的可能。另一层意思是,本心是情未发前的中正无偏的状态,物物都有天理、物物皆具天命在人身上的分有之理。人应该能够体会到这一层内涵,并通过穷理尽性实现之。

> 大学者,大人之学也,穷理尽性而已。性者,合内外之道,以天地万物为一体者也。人伦、物理,皆吾分之所固有;居仁、由义,皆吾事之所必然。物虽殊类,所以体之则一;事虽多变,所以用之则一。知此,然后谓之明,明则穷理者也;至此,然后谓之诚,诚则尽性者也。③

诚是心之诚,明是心之明;诚就能尽性,明就能穷理。本心之反本,与穷理之格物实现了内外一,天地一。居仁、由义都成为自己必然践履的本心所

---

① 《论语解·为政第二》,《蓝田吕氏遗著辑校》,第428页。
② 《中庸解》,《蓝田吕氏遗著辑校》,第493页。
③ 《礼记解·大学第四十二》,《蓝田吕氏遗著辑校》,第371页。

发,儒家学者认为,这一践履不过就是人伦日用之中的君君臣臣父父子子罢了。

三　赤子之心

吕大临讲心,尤其特立独行地讲"赤子之心"。"赤子之心",源于孟子对于大人之心的论述。孟子说:"大人者,言不必信,行不必果,惟义所在。大人者,不失其赤子之心者也。"①在孟子,"赤子之心"是用来述说"大人"具有"赤子之心"的某种状态。而在吕大临,"赤子之心"或是"良心",或是"喜怒哀乐之未发",或就是"中"。他在不同的地方都借用"赤子之心"来表述自己的思想,内涵丰富,而且导致了与程颐之间的争辩。

(一)赤子之心即中、本心与良心

在《易章句·蒙》中,吕大临说:"六五居蒙之时,在上居中,大人不失赤子之心者也。"②这是从大人"在上居中"的状态这一含义,来说"赤子之心"的。

《易章句·系辞上》中,在论述"所以中"时,他引用了《孟子》的语录,他说:

> 人莫不知理义之当然,无过无不及之谓中,未及乎所以中也。喜怒哀乐未发之前,反求吾心,果便为乎？易大传曰:"寂然不动,感而遂通天下之故。"子绝四:毋意、毋必、毋固、毋我。孟子曰:"大人者,不失赤子之心。"此言何谓也？回也其庶乎,屡空,然后可以见乎中。而空非中也,必有事焉。喜怒哀乐未发,无私,以小智挠乎其间,乃所谓空;由空然后见乎中,实则不见也。③

吕大临这里引用孟子"大人者,不失赤子之心",是为了论述"所以中"。吕大临此处承《易大传》"寂然不动,感而遂通",也就是"寂为感体,感为寂用,妙应万物。非寂则不周,虚寂而方无机则难感。寂然之中,无机常动;应感之际,本原常静。洪钟在簴,叩与不叩,鸣未尝已;宝鉴在手,照与不照,明

---

① 《孟子·离娄章句下》。
② 《易章句·蒙》,《蓝田吕氏遗著辑校》,第70页。
③ 《易章句·系辞上》,《蓝田吕氏遗著辑校》,第181页。

未尝息"①,列举孔子、孟子相关论述来讲"喜怒哀乐未发之前"的"吾心",此心即蕴含"所以中"的内涵。于"喜怒哀乐未发之前"求"所以中",是后来新儒学家们重要的辩论话题,意义深远。虽然吕大临此处没有讲"喜怒哀乐未发之前"就等同于"赤子之心",但就他将《易大传》、孔子、孟子相关论述并列来看,洛学期《论中书》中相关思想在此处已有呈现。我们从逻辑得出,这里的"赤子之心"也就类似于"寂然不动,感而遂通",类似于"毋意、毋必、毋固、毋我",也就是他所要证明的"喜怒哀乐未发"之前的心的状态,即无私意,无己见的本然之心。它不是空,因为空还是"必有事焉",是有"小智挠乎其间"的。吕大临认为,人在喜怒哀乐未发之前,反求吾心,反求的其实就是"赤子之心"。如此,方知"所以中",知"理义之当然",知"无过无不及"的中。应该说,吕大临《易章句》中的"赤子之心"已经有了他自己的阐释内涵。

按照我们前面所说,现在所见的吕大临关学时期的《孟子解》中加入了洛学时期与程颐的《论中书》中的内容。也就是《孟子解》中,他注孟子"大人者,言不必信,行不必果,惟义所在。大人者,不失赤子之心",用的是《论中书》中的解。

> 大临云:喜怒哀乐之未发,则赤子之心。当其未发,此心至虚,无所偏倚,故谓之中。以此心应万物之变,无所往而非中矣。先生曰:"喜怒哀乐未发之谓中。"赤子之心,发而未远乎中,若便谓之中,是不识大本也。
>
> 问:"《杂说》中以赤子之心为已发,是否?"曰:"已发而去道未远也。"曰:"大人不失赤子之心,若何?"曰:"取其纯一,近道也。"曰:"赤子之心与圣人之心,若何?"曰:"圣人之心如明镜,如止水。"②

其实这两段,第一句可以在《论中书》中找到,而第二句找不到。第二句仅仅是程颐的思想,不过也可看出吕大临的疑问。我们在后面,还要做更多分析。

又陈俊民教授依《周易系辞精义校注》,认为吕大临《易章句·系辞上》中的一段引自吕大临的《中庸解》。而据我们前面所说,《中庸解》是吕大临

---

① 《易章句·系辞上》,《蓝田吕氏遗著辑校》,第180页。
② 《孟子解·离娄章句下》,《蓝田吕氏遗著辑校》,第475页。

后期著作,代表他后期思想。而实际上,《中庸解》中并无这一段。它引自吕大临的《礼记解·中庸第三十一》,代表的是他张载关学时期的思想。《礼记解·中庸第三十一》中还有一段论"赤子之心",他说:

> 大经,天理也,所谓庸也。大本,天心也,所谓中也。化育,天用也,所谓化也。反而求之,理之所固有而不可易者,是为庸,亲亲,长长,贵贵,尊贤是已,谓其所固有之义,广充于天下,则经纶至矣;理之所自出而不可易者,是为中,赤子之心是已,尊其所自出而不丧,则其立至矣;理之所不得已者,是为化,气机开阖是已,穷理尽性,同其所不得已之机,则知之至矣。①

这里的"赤子之心"的内涵很清晰,就是"理之所自出而不可易"的"中",也就是"大本",是"天心"。

《礼记解·大学第四十二》中,吕大临又说:

> 大人者,不失其赤子之心。赤子之心,良心也。天之所以降衷,民之所以受天地之中也,寂然不动,虚明纯一,与天地相似,与神明为一。《传》曰"喜怒哀乐之未发谓之中",其谓此欤!此心自正,不待人正而后正,而贤者能勿丧,不为物欲之所迁动。如衡之平,不加以物;如鉴之明,不蔽以垢,乃所谓正也。唯先立乎大者,则小者不能夺。如使忿懥恐惧、好恶忧患一夺其良心,则视听食息从而失守,欲区区修身以正其外,难矣!②

"赤子之心"在这里指的是"良心",它是人受之天地所降之中,具有"寂然不动,虚明纯一,与天地相似,与神明为一"的特征。这一"赤子之心"也就是"喜怒哀乐之未发"的"中",这一"赤子之心"具有不待人正而自正的品质:它如权衡一样公平,而又不加任何一物;它如镜子一样光明,而又没有任何污垢遮蔽。

(二)"论中书"与赤子之心

洛学时期,吕大临与程颐就这一"赤子之心"问题展开了具有重要新儒学

---

① 《礼记解·中庸第三十一》,《蓝田吕氏遗著辑校》,第307页。
② 《礼记解·大学第四十二》,《蓝田吕氏遗著辑校》,第377页。

思想史意义的讨论,主要反映在二人书信来往的《论中书》中。① 因为有关"赤子之心"思想内涵理解的不同,加深了对于"天下之大本"的"中"的讨论与理解,开启了对于心的"已发未发"、心之体用的新儒学思想话题。他启发了后来宋明理学家们对于心性问题的思考,推动了新儒学思想的深入演绎,一定意义上也成就了新儒学得以成为心性之学的学术特色。尤其表现在朱熹中和新、旧二学的形成与演变上,成为朱熹思想前后二期的重要标志。而朱熹新、旧中和两说的思考,又成为心学集大成者王阳明构建自己致良知学说的重要契机。

大临云:喜怒哀乐之未发,则赤子之心。当其未发,此心至虚,无所偏倚,故谓之中。以此心应万物之变,无往而非中矣。孟子曰:"权然后知轻重,度然后知长短,物皆然,心为甚。"此心度物,所以甚于权衡之审者,正以至虚无所偏倚故也。有一物存乎其间,则轻重长短皆失其中矣,又安得如权如度乎? 故大人不失其赤子之心,乃所谓允执其中也。大临始者有见如此,便指此心名为中,故前言中者道之所由出也。今细思之,乃命名未当尔。此心之狀,可以言中,未可便指此心名之曰中。所谓以中形道,正此意也。"率性之谓道"者,循性而行,无往而非理义也。以此心应万事之变,亦无往而非理义也。皆非指道体而言也。若论道体,又安可言由中而出乎?

先生曰:"喜怒哀乐未发谓之中。"赤子之心,发而未远乎中,若便谓之中,是不识大本也。

大临云:圣人智周万物,赤子全未有知,其心固有不同矣。然推孟子所云,岂非止取纯一无伪,可与圣人同乎? 非谓无毫发之异也。大临前日所云,亦取诸此而已。此义,大临昔者既闻先生君子之教,反求诸己,若有所自得,参之前言往行,将无所不合。由是而之焉,似得其所安,以是自信不疑,拳拳服膺,不敢失坠。今承教,乃云已失大本,茫然不知所向。窃恐辞命不明,言不逮意,致高明或未深喻,辄露所见,求益左右。卒为赐教,指其迷谬,幸甚。

圣人之学,以中为大本。虽尧、舜相授以天下,亦云"允执其

---

① 陈俊民认为,吕大临与程颐的这次讨论,显示了关、洛二学之不同,即"一个依'经'解'经',一个依'理'通'经'。"(参见陈俊民:《张载哲学思想及关学学派》,北京:人民出版社1986年版,第14页)

中"。中者,无过不及之谓也。何所准则而知过不及乎?求之此心而已。此心之动,出入无时,何从而守之乎?求之于喜怒哀乐未发之际而已。当是时也,此心即赤子之心(纯一无伪),即天地之心(神明不测),即孔子之绝四(四者有一物存乎其间,则不得其中),即孟子所谓"物皆然,心为甚"(心无偏倚,则至明至平,其察物甚于权度之审),即《易》所谓"寂然不动,感而遂通天下之故"。此心所发,纯是义理,与天下之所同然,安得不和?大临前日敢指赤子之心为中者,其说如此。

来教云:"赤子之心可谓之和,不可谓之中。"大临思之,所谓和者,指已发而言之。今言赤子之心,乃论其未发之际(一有窃谓字),纯一无伪,无所偏倚,可以言中。若谓已发,恐不可言心。

来教云:"所谓循性而行,无往而非理义,言虽无病,而圣人气味殊少。"大临反而思之,方觉辞气迫窘,无沈浸浓厚之风,此则浅陋之罪,敢不承教?大临更不敢拜书先生左右,恐烦枉答,只令义山持此请教。蒙塞未达,不免再三浼渎,惟望乘闲口谕义山,传诲一二,幸甚!幸甚!

先生曰:所云非谓无毫发之异,是有异也。有异者得为大本乎?推此一言,余皆可见。

大临云:大临以赤子之心为未发,先生以赤子之心为已发。所谓大本之实,则先生与大临之言,未有异也。但解赤子之心一句不同尔。大临初谓赤子之心,止取纯一无伪,与圣人同(一有处字)。恐孟子之义亦然,更不曲折。一一较其同异,故指以为言,固未尝以已发不同处为大本也。先生谓凡言心者,皆指已发而言。然则未发之前,谓之无心可乎?窃谓未发之前,心体昭昭具在,已发乃心之用也。此所深疑未喻,又恐传言者失指,切望指教。

先生曰:所论意,虽以已发者为未发;反(一作及)求诸言,却是认已发者为说。词之未莹,乃是择之未精尔。凡言心者,指已发而言,此固未当。心一也,有指体而言者(寂然不动是也),有指用而言者(感而遂通天下之故是也),惟观其所见如何耳。大抵论愈精微,言愈易差。所谓传言者失指,及反覆观之,虽曰有差,亦不失大意。又如前论"中即性也",已是分而为二,不若谓之性中(性中语未甚莹)。以谓圣人气味殊少,亦不须言圣人。第二书所答去者,极分明矣。①

我们仔细分析吕大临与程颐的这一大段话,大致涉及以下几个问题:(1)赤子之心与中的关系;(2)赤子之心的内涵;(3)中的内涵;(4)中与道的关系;(5)中与喜怒哀乐未发、已发;(6)心与喜怒哀乐未发、已发;(7)圣人之心与赤子之心;(8)心之体、用;(9)大本与中、赤子之心;(10)大本之体、用。

首先,"赤子之心"。吕大临认为,"赤子之心",是"喜怒哀乐之未发",是"至虚,无所偏倚"的"中",是"应万物之变,无所往而非中"的"心";程颐认为,"赤子之心"是"喜怒哀乐之已发",是"和",是"已发而去道不远"。(见前《论语解》中的师徒二人对话)

其次,心,或者说"圣人之心"。吕大临认为,应该是"纯一无伪,无所偏倚,可以言中",此心不可认作已发,而只能是未发;又因为"赤子之心"是"全未有知,纯一无伪",所以在此一点上,"圣人之心"与"赤子之心"同,因之可以认"赤子之心"为"中",为未发,为心之体。程颐则认为,"圣人之心"确是"纯一无伪,无所偏倚,可以言中",但是已发;既然"圣人之心"与"赤子之心"有异,则不可认"赤子之心"为未发,为"中"。

关于"赤子之心"的内涵,吕大临最集中的表述体现在上面这一段:"圣人之学,以中为大本。虽尧、舜相授以天下,亦云'允执其中'。中者,无过不及之谓也。何所准则而知过不及乎?求之此心而已。此心之动,出入无时,何从而守之乎?求之于喜怒哀乐未发之际而已。当是时也,此心即赤子之心(纯一无伪),即天地之心(神明不测),即孔子之绝四(四者有一物存乎其间,则不得其中),即孟子所谓'物皆然,心为甚'(心无偏倚,则至明至平,其察物甚于权度之审),即《易》所谓'寂然不动,感而遂通天下之故'。此心所发,纯是义理,与天下之所同然,安得不和?大临前日敢指赤子之心为中者,其说如此。"这一段话所包含的"赤子之心"的内涵有:(1)心是知晓中,也就是无过不及的准则;(2)要守住动则"出入无时"的心,只能在"喜怒哀乐未发之际",而"喜怒哀乐未发"的心,就是"赤子之心";(3)"喜怒哀乐未发"的心,即赤子之心,也就是天地之心;(4)赤子之心,或说天地之心具有神明不测,不臆测、不武断、不固执、不自以为是,中正公平,与"寂然不动,感而遂通"的内涵;

---

① 《论中书》,《蓝田吕氏遗著辑校》,第496—498页。

(5) 赤子之心含有天下万物共有的义理(天理),因此顺此心所发,就是"和"。

我们能够看出,这里的"赤子之心"内涵是吕大临对于自己以前关于这一问题思考的总结,体现了他一贯的新儒学精神品格。而且,这一思考是以先秦儒家思想作为资源的。他所引用的有《书》《易》,孔子、孟子,而贯穿其中的学术理路则是新儒学的"心性"思维。

当然,在程颐的严密追问之下,吕大临的思想是有转变的。他改变了认此心(即"赤子之心")可以"言中",而不可指"此心名之曰中",也就是"赤子之心就是中"。这是吕大临在走入程门之后,一个重要的思想转变,是《论中书》与《易章句》《论语解》《礼记解》思想不同的地方。

后来的理学家们对于这一"赤子之心"问题,仍有着浓厚的兴趣。像明中期的罗汝芳(1515—1588)就在"赤子之心"的基础上形成了自己的讲学宗旨。他说:

> 天初生我,只是个赤子。赤子之心,浑然天理,细看其知不必虑,能不必学,果然与莫之为而为、莫之致而至的体段浑然打得对同过。然则圣人之为圣人,只是把自己不虑不学的见在,对同莫为莫致的源头,久久便自然成个不思不勉而从容中道的圣人也。①

罗汝芳的"赤子之心"具有"浑然天理"的品性,是人生来就有的。它不虑而知,不学而能,能够与"莫之为而为,莫之致而至"的圣人气象相贯通。进一步,他就认为"赤子之心"可以由不虑而知、不学而能进至"无所不知,无所不能"。"赤子之心"是无须扩充,也没有必要对之有所作用的。他说:

> 诸君知红紫之皆春,则知赤子之皆知能矣。盖天之春见于草木之间,而人之性见于视听之际。今试抱赤子而弄之,人从左呼,则目即盼左,人从右呼,则目即盼右。其耳盖无时无处而不听,其目盖无时无处而不盼,其听其盼,盖无时无处而不转展,则岂非无时无处而无所不知能也哉?②

在孟子那里,大人不失的"赤子之心"还是一种可能,一种萌芽;在吕大临这里,"赤子之心"是未发的"纯一无伪"的心灵状态,是昭昭本心,是无恶唯善的性体;在罗汝芳就成了"无所不知、无所不能的知觉作用,是当下意识之

---

① 《泰州学案三》,《明儒学案》卷三十四,《黄宗羲全集》第八册,第6页。
② 《泰州学案三》,《明儒学案》卷三十四,《黄宗羲全集》第八册,第44页。

中的性体"①。

再次，大本。吕大临认为自己与程颐都以心之未发为大本，实际上，这里是有不同的。这一不同，表现在他们区分心之体用与未发已发的理解上。

(三) 心之体用、未发已发

程颐曾认为，凡言心，指的都是已发；而吕大临则认为，喜怒哀乐未发之前，虽无情之存在，但是心还是存在的，因为心何时不动，何时不在？"心体昭昭具在"。看样子，吕大临还是认为喜怒哀乐未发为心之体，而喜怒哀乐已发则是心之用，他后面接着就说"已发乃心之用也"。蒙培元教授认为，程颐是宋明理学第一个说心有体用的哲学家。就这里的资料而言，吕大临更应该是才对。

受到吕大临精微思索的影响(《论中书》中程颐说"论愈精微，言愈易差")，程颐的思想发生了转变。我们来看他的说法："心一也，有指体而言者(寂然不动是也)。有指用而言者(感而遂通天下之故是也)，惟观其所见如何耳。"他改变了人心都是已发的观点，说："凡言心者，指已发而言，此固未当。"他肯定了吕大临心有体有用的观点，认为心之体是"寂然不动"，心之用则是"感而遂通"。当然，这里程颐没有明确说明，心之体是未发，心之用是已发；也没有说未发、已发是否有时间上或逻辑的先后；他虽然说心只有一个，有体、有用，但是仅仅说"观其所见如何"，并不能说明心体、用之间的明确关系。也就是说，程颐虽然在这里提出了心之体用问题，但对于心之体用的具体内容并没有做出明确说明。②

程颐肯定了吕大临分心为体用的思想，却又批评了吕大临，说他虽然想说明未发的心之体，其实他赋予的内涵却是已发的心之用。用我们今天的话说，程颐批评的是吕大临从经验的层面来论说心之体。这里的关键是，如何理解"赤子之心"。吕大临对于"赤子之心"的理解，我们上面已经做过分析，它具有天地之心的内涵，是"寂然不动"而又能"感而遂通"，是纯一无伪的存在。程颐坚持认为，"赤子之心"就是已发，已发之心表明心的知觉已经发动，这就不具有清晰的形上之体的内涵。儒家学说认为天地之心"寂然不动，感

---

① 陈来：《宋明理学》，沈阳：辽宁教育出版社1991年版，第385页。
② 张岱年：《中国古典哲学概念范畴要论》，北京：中国社会科学出版社1989年版，第191页。

而遂通",这里的"寂然不动"与"感而遂通"的内涵如何,二者所代表的心的状态如何,以及处于这两种状态下的心又会如何,这也是一个形上的问题。其实,"寂然不动"并不是说心死静在那里,没有活动,而是指心的本体存在的状词,也就是冲漠无朕的意思;"感而遂通"是指心与外物接触而发生的情感活动,其中也包括认识活动。人心是否有一个绝对的"寂然不动"的时候?这在现实上是不可能的,只能作逻辑上的分析。人心总是要活动的,总要同外物相接触。当程颐说"凡言心者,皆指已发",指的就是这个意思。

虽然程颐在与吕大临的问答中改变了自己的观点,认同心有体用的思想,但他这里的思维特点却是一贯的。也就是不可将形上、形下,未发、已发,动、静作一看,而是有着区别的存在。当将中理解为体,和为中体的表现时,体和用就是同时存在;当认为中是喜怒哀乐之未发,和虽是喜怒哀乐已发皆中节,而且未发、已发有先后之区别时,则中体与和用也是在时间上分开的。吕大临认为,静与动,未发与已发,一贯下来,完全是一致的,岂有二乎!程颐则认为,论其所同,不容有二名,别而言之亦不可混为一事。由于体用、动静都是指心而言,故不容更有二;但一个是体,一个是用,体用自殊,安得不为二乎?因此,吕大临后来又说,若谓性与道,大本与达道,可混而为一,即未安。这就坚持了体用动静之分。① 当然,这一体用、存发问题涉及高度抽象的形上之思,在后来的理学家中也有着不同的理解。

在如何求得中道这一心体问题上,吕大临与程颐也是有区别的。吕大临认为,中道当求之于"喜怒哀乐未发之前"。程颐则认为,求心之"未发"与求"喜怒哀乐未发"之前是不同的,后者只能是一种情感的心理状态,二者相混会使人认为,未发也就是一种心理状态,这显然是不能够表达心之体的形上之内涵的。因此,他反对吕大临求之于喜怒哀乐未发之前的说法。他指出,思于喜怒哀乐之前求之的思本身就是一种思,而思就是已发的一种心理状态。实际上,程颐反对吕大临的"赤子之心",就是要反对他以未发、已发作发动之"发"的心理活动之理解。既然心一也,体用即一、体用不二,体与用就应该是相即不离的逻辑关系,是本体与现象的关系。程颐虽然强调了动静、形上形下之分,但又坚持了"体用不二"的思想,这一思想在《论中书》中当然还是模糊的,不成系统的,不过这里的意思还是很清楚的。不同于吕大临在喜

---

① 蒙培元:《理学范畴系统》,北京:人民出版社1989年版,第268—269页。

怒哀乐未发之前求心之体(中)的说法,程颐认为,未发之心体只能在已发的和处求得,体通过用而得以表现与展开,用是体可以被发现之所在。"大本"不可通过思于喜怒哀乐未发之前时而有所得,必须由已发而得以发现。程颐这一思想后来更加明晰,他反对于心之静时体认大本(道体、心体、性体)的说法,认为只能在动中求静,而不是相反。程颐说:

> 善观者不如此却于喜怒哀乐已发之际观之。……既有知觉,却是动也,怎生言静?人说"复其见天地之心",皆以谓至静能见天地之心,非也。①

也就是说,只能在动上求静,于已发处求未发。他将思、知觉与已发相关联,思是动而非静,要求"中",显然就必须运用思与知觉,这就是已发。虽然要求于喜怒哀乐未发之前,实际上是求于已发的思与知觉之状态下。因此程颐说:"自古儒者皆言静见天地之心,唯某言动而见天地之心。"②体不离用,则形而上的无形体的"寂然不动"之体,是不可能离"感而遂通"之用而于静处求得的。不过,程颐一方面反对吕大临所提出的在喜怒哀乐未发之前求未发之中,另一方面却又主张存养于喜怒哀乐未发之时。学生问:"吕学士(吕大临)言'当求于喜怒哀乐未发之前。'信斯言也,恐无著摸,如之何而可?"他说:"看此语如何地下。若言存养于喜怒哀乐未发之时,则可;若言求中于喜怒哀乐未发之前,则不可。"③形而上者之性不能直接去求,但可以在形而下者之中体验、涵养而知其为大本,这是程颐论未发已发的重要思想方法。④

吕大临与程颐所进行的这一有关心之体用与已发未发的讨论,后来为朱熹所吸收。朱熹将未发与已发阐发为性与情的关系,未发是性(体),已发是情(用),心统性情,性体情用。而关于求于喜怒哀乐未发之前的修养方法,更为理学后学广泛讨论。

四 人性善恶

新儒学一个重要的努力方向,是试图为传统儒家所持守的人性善思想提

---

① 《河南程氏遗书》卷十八,《二程集》,第201页。
② 《河南程氏遗书》卷十八,《二程集》,第201页。
③ 《河南程氏遗书》卷十八,《二程集》,第200页。
④ 蒙培元:《理学范畴系统》,北京:人民出版社1989年版,第269页。

供更加坚实的论证。理学家们需要在新的理论层面,为现实生活中的善恶如影随形的存在做出新的解释。在这一点上,他们确实有了与前人不一样的地方,提供了新的视角,有了更有力的论证。

性善思想的具体化、现实化,就是传统社会所坚持的仁义礼智忠孝廉耻等德目。从孔孟直到程朱陆王,儒家哲学都一致认为,仁义礼智等道德是人的最重要的需要,因而是最高的价值。① 他们认为,这种价值既是从"天命",又是从"人性"中来的。一方面,理学家们都以天命、天理作为人性善的价值根源,比如张载就认为纯善本于"天地之性",天地之性"于人无不善"②。朱熹则说:"天之生此人,无不与之以仁义礼智之理,亦何尝有不善?"③"性是实理,仁义礼智皆具"④。另一方面,儒家有孟子人性善与荀子人性恶之别,也就是分别从人类区别于动物的社会性本质与以自然生理本能来界定人性,这一传统思想给理学家们提供了理论阐释的资源。理学家们还试图从二者的联系上来解决道德伦理问题。

天命与性有着必然联系的思想,先秦时的《中庸》"天命之谓性,率性之谓道",以及《易传》的"穷理尽性以至于命"早已做了阐述。天命是外在的客观必然,人性则是内在的主观应然。二者关系内涵丰富:一方面,天命与人性在本原上就是一致的;另一方面,天理在天为命,在人为性。不过,理学家对于这二者的两种层面并没有达成完全一致的意见。有认为二者上下贯通、彻天彻地、通天通人,一以贯之。有认为二者在某种意义上虽可做如此之理解,但天命并非就可认作是人性。虽然性是人之禀于天者,但不同人所禀之性的内涵如何,又有着不同的理解,这就必然有不同的为人、做人、成人的工夫与境界。

理学家们之所以重视人性论问题,是因为"人性论实质上是理学本体论的延续,它也是理学修养论的发端。它实际上也充当着哲学向伦理学过渡的不可缺少的中心环节"⑤。有关人性课题的讨论,使理学家们关注了心与性、

---

① 赵馥洁:《中国传统哲学价值论》,上海:复旦大学出版社1988年版,第71页。
② 《正蒙·诚明》,《张载集》,第22页。
③ 《玉山讲义》,《朱子集》第七册3895—3900页。
④ 《朱子语类》卷五,第一册,第83页。
⑤ 潘富恩、徐永庆:《程颢程颐理学思想研究》,北京:中国社会科学出版社1989年版,第331页。

性与情、性与理(天理或天道)、性与命、性善性恶,以及其他相关的问题或命题。理学家在前人的基础上有自己的独特见解,他们不再简单地将人性归属为性善或性恶,而是从形上本体的高度来加以论述。他们较之孟子认为仁义礼智是心之四端的说法更进一步,认为这种伦理道德就在人心之中,也就从孟子的类亲情角度进到了万物一体的天理角度。

先秦时期,孔子和孟子从人的生命存在的个体与个体、个人与群体、个人与社会的关系中,发现了当时社会中最普遍、最常见的人的族类情感。这种族类情感是人的内在的深层意识:"孩提之童,无不知爱其亲者;及其长也,无不知敬其兄也。亲亲,仁也;敬长,义也。无他,达之天下也。"①这种深层意识被人人所认同和接受,便升华为"人皆有之"的道德情感。正是这种"人皆有之"的仁爱之情,是人之所以为人的本质体现。人在与禽兽的比较中,而不是与天的比较中,才意识到人的自身的价值,即"人为贵",并给族类亲情、人我关系做了规范,使族类群体的生存能达到和谐。先秦儒家在天命消退、人意萌芽之时,即人在天命阴影下刚刚把目光折回人间而提出的最贴近人身的亲情中,发现了人生命价值和意义,由此产生了"仁"的思潮,体现了时代精神。② 沿着先秦儒学所开出的思路,新儒学旨在探讨人在天地间的地位、作用和意义,人我、人与社会的规范,人格、人性和人的幸福。③ 理学家们对前人人性思想的成果进行了总结,从而再次确认人性之善是人心生来具有的。

由张载开端,宋儒从理与气两个方面、两个角度对人性问题进行思考。他们认为人性之善,源于理在人身上之显现;而现实人之有恶,则来源于人所禀之气。理学家们对于这一善恶问题的解决不是仅仅从哪一方面进行论证,他们从人之生的两个方面,对这一中国人性史上持续已久的理论难题提出新的观察视野。

从气本论出发,张载认为万物皆由气所聚合而成,因气有清浊之分,所以有万异的万物。人得气之清者,物得气之浊者。人也因为得气之差异而有区别:圣人是得气最清的,一般人则是得清浊两种气,恶人是得气之浊者。既然

---

① 《孟子·尽心章句上》。
② 张立文:《戴震对于对象性理论前提的批判》,新加坡《学丛》1990年第二期,第190—191页。
③ 张立文:《戴震对于对象性理论前提的批判》,新加坡《学丛》1990年第二期,第194页。

万物皆本于一气,因而,从本质上说,人的本性与天地之性是一致的。人的天地之性即人的本性,应该是善的,他说:"性于人无不善。"①张载这一天地之性显然从本体的高度对孟子的性善思想给出了新的论证。仅仅提供人性善的论证,并不能够解决社会中个体恶的现实。如何在性善与性恶这一人性难题上有所突破,是理学家最为重要的贡献。张载在解决人何以有恶的问题上提出了"气质之性"或"攻取之性"。他说:"口腹于饮食,鼻舌于臭味,皆攻取之性也。"②"形而后有气质之性,善反之,则天地之性存焉,故气质之性,君子有弗性者焉。"③每一个具体的生命个体,因其生理条件、身体特点的不同而形成的气质之性虽然出自天地之性,却障蔽了天地之性的正常发展,因而它必然因人而异。就圣人言,二者完全一致且至善至美,一般人则较之圣人相对有差,至于恶人的天地之性与气质之性则是完全对立的。不过,张载坚持气质之性可以转化,他认为"如气质恶者学即能移"④。也就是说,人们只要进行学习,也就是"善反之"就能够纠正自己的气质之性,也就是"为学大益,在自能变化气质"⑤。"天地之性"与"气质之性"的理论无疑有二元人性论的倾向,但它确实从更高的层面解释了人性的善恶问题。朱子称赞道:"极有功于圣门,有补于后学。"⑥

毋庸置疑,张载"天地之性"与"气质之性"的说法对吕大临深有启发。不过,必须注意的是,吕大临在使用"性"这一概念时,并没有做出明晰的界定。吕大临的"性",有时指的是理在人身上之表现,或者说,就是人之本然之性,纯善之性,理义之性。有时性又表示纯善之性在人生之后所表现的现实的人性,而这一人性是有善有恶的。

(一) 善恶之类

吕大临对历史上有关人性的问题进行了总结与评介。这一总结是在《孟子·告子章句》的基础上提出来的。在《孟子》的这一章中,孟子的学生公都

---

① 《正蒙·诚明》,《张载集》,第 22 页。
② 《正蒙·诚明》,《张载集》,第 22 页。
③ 《正蒙·诚明》,《张载集》,第 23 页。
④ 《经学理窟·气质》,《张载集》,第 266 页。
⑤ 《经学理窟·义理》,《张载集》,第 274 页。
⑥ 《朱子语类》卷四,第一册,第 70 页。

子问孟子关于人性的善恶问题:

> 公都子曰:"告子曰:'性无善无不善也。'或曰:'性可以为善,可以为不善;是故文武兴,则民好善;幽厉兴,则民好暴。'或曰:'有性善,有性不善;是故以尧为君而有象;以瞽瞍为父而有舜;以纣为兄之子且以为君,而有微子启、王子比干。'今曰:'性善',然彼皆非与?"①

在这里,公都子提出了四种有关人性的主张,吕大临也正是基于这一讨论而进行论述的。他说:

> 世之言性,以似是之惑而反乱其真,或以善恶不出于性,则曰"性无善";或以习成为性,则曰"性可以为善,可以为不善";或以气禀厚薄为性,则曰"有性善,有性不善",三者皆自其流而观之,盖世人未尝知性也。②

公都子向孟子举出的这几种人性观点,是历史上最为重要的人性论方面的观点。自先秦以来,也一直是哲学家所持有的最基本的观点,他们在这一问题上的讨论,也大都在这一范围内展开。吕大临基于自己的理解,对其进行了注释。在他看来,这几种人性观点都是从人性的流来观察问题的,它们并不能够真正地得出人性的合理见解,都是以似是而非的观念去考察人的本性问题,结果只能是适得其反。吕大临对这几种观点进行了辨析:

首先,善恶不出于人性,则性无所谓善与恶之问题。既然善恶不出于性,很显然说性是善是恶,就是毫无根据的。也就是说,人性同人之善恶没有必然的联系。同孟子性善论进行辩论的告子(告不害)便是这种观点。告子认为,先天生来的本能才是人性,而后天学习养成的习性为非性。他说:"生之谓性",又说"食色,性也"。食色是人人生来都具有的本能,所以是"性"。人为善,必须靠后天的人为教导与积累,而即使是作恶,也是后天的外因诱发而形成的,这二者都不是人生来就有的,因而不是人"性"。告子虽然把人天生的资质称为性,但是他并没有将"仁义"与"性"混同起来。他说:"性犹杞柳也,义犹杯棬;以人性为仁义,犹以杞柳为杯棬。""性"如同"杞柳","仁义"则如同"杯棬";因为"杞柳"不同于"杯棬",所以人"性"也就不同于"仁义"。

---

① 《孟子·告子章句上》。
② 《孟子解·告子章句上》,《蓝田吕氏遗著辑校》,第477页。

这是将人的自然属性与人的社会属性加以区别开来的一种解释,虽然这一解释有明显的不足。

其次,"性可以为善,可以为不善"。吕大临在这里是以"习成为俗"来加以标志的。这种观点认为,在人性中天生就有善性与恶性,但这一人心中的善性与恶性可以经由后天的修为或由外在的诱因而加以改变。正如公都子所说,生当有善的文王之世,则天下之人都好善;而生当极恶的幽王、厉王之世,天下之人受这人主的影响而有暴性。这一人性中有善有恶与前者所说的不同在于,前者所指人心中无善恶之存在,善恶必经后天才得以形成或产生。这一观点,似乎是王充在《论衡·本性》篇中提到的世硕的性有善有恶论的观点。王充说:

> 周人世硕以为人性有善有恶,举人之善性,养而致之则善长;恶性,养而致之则恶长。如此,则情性各有阴阳,善恶在所养焉。故世子作《养性书》一篇。宓子贱、漆雕开、公孙尼子之徒,亦论性情,与世子相出入,皆言性有善有恶。①

我们从王充所辑录的内容看出,世硕与宓子贱、漆雕开、公孙尼子等人都是认为人性是有善有恶的。在先秦之后、吕大临之前的汉代扬雄以及与吕大临同时代的司马光,都有这种人性善恶混同的观点。扬雄在《法言·修身》中说:"人之性也善恶混。修其善则为善人,修其恶则为恶人。气也者,所以适善恶之马好与!"②扬雄不同意荀子性恶论,也不同意孟子性善论,认为性兼有善恶两种成分。这种观点认为,人生来就具有"善"与"恶"两种不同的自然属性。这如同气有阴阳之分一样,阳气表现为善,相对而言,阴气则表现为恶。正因为人性中天生就有善与恶的存在,因而当人在后天的外在的习俗环境影响下,便会有性善与不善之别。

再次,性兼善不善。也就是说,人性中"有性善,有性不善"。这似乎同第二种相似,不过这里的性之善与不善源于禀气之厚薄。性与气有着内在的联系,人禀气于天,由于禀气厚薄之不同而产生了人性之不同。这里似乎不是说某一人性之中有善有不善,而是指有的人禀气之厚,因而他的性是善的;有的人则由于禀气薄,他的性是不善的。不能说某一人禀于天者,有生善的气,

---

① 王充,《本性篇》,《论衡注释》第一册,北京大学历史系《论衡》注释小组注释,北京:中华书局1979年版,第190页。
② 《修身卷第三》,《法言义疏》,第85页。

也有生恶的气。这与第二种观点不同之处在于,它将人性问题具体化为每一个个体的存在。"有性善,有性不善"可解为有的人性善,有的人性是不善的。朱熹在《孟子集注》中认为,韩愈是持这种观点的:"韩子性有三品之说盖如此。"①

吕大临是从解孟子与公都子的性之善恶问题的对话中,列举出了三种有关人性的观点,但他没有举出孟子的性善论与荀子的性恶论这两种重要的人性观点。很明显,吕大临绝不可能同意性恶论的看法,对于第二与第三观点,他还进行了进一步地分析。他说:

> 地有肥硗,犹禀厚者恶有不能移,禀薄者善亦不易以进,非人十己百,未足以若人,故尧君而有象,瞽父而有舜,非性也。雨露之养,人事之不济,犹习之变化;雨露之滋,播种以时,犹习善者也;不滋不时,犹习恶者。习善则成善,习恶则成恶,性本相近而习相远,故文王兴而好善,幽厉兴而好暴,亦非性也。②

吕大临认为,第三种观念所说的并非是人性,他举地之有肥与硗两种质地来加以说明。不论是肥沃的土地,还是贫瘠的土地,都是具有土地的质地的,这如同人,每一个人也都具有人的共同本性,即孟子所说的善,只不过有的人禀得多一些,有的人禀得少一些。或者说,有的人善多一些,有的人善要少一些,但他们还是都有善这一人性的。也正因为禀善多,因而他便不会让恶改移他的善性;因为禀善少,因而善也就不能够轻易地进入人心之中。对于禀善少的人来说,必须要以人十分努力自己则百倍的努力来改变这种状况,而这不是人的习惯就可以加以改变的。不能够说象、瞽天生就是恶人,他们是属于禀善极少这一类人罢了。因而,吕大临反对这种认为人性有的人天生是恶的,有的人天生是善的说法。

对于第二种观点,吕大临认为,它同样不属于人性的内容。他明确指出,这是属于人的习惯而已。吕大临以所有的土地都有质地作为出发点,但这不能够决定一个人是善还是恶,它还有赖于人后天的生活习性。例如土地,必赖雨露与人的播种的工夫。当这一年雨露充沛,而且又按时令季节进行了播种,则庄稼的收成自然丰收,这就如同人的后天习善一样,本有善质,又经后

---

① 《孟子集注》,《四书章句集注》,第 328 页。
② 《孟子解·告子章句上》,《蓝田吕氏遗著辑校》,第 478 页。

天的努力,自是积善而成善;而假使这一年雨水不足,人们又没有按季节时令进行播种,则庄稼的收成自然是不好的,如同人后天不去进行好的修养锻炼,只能是有善而成恶了。吕大临认为,人的本性其实是相近的,只不过由于后天的习性的不同造成了人的不同。

在分析以上三种观点后,吕大临对孟子的性善论进行了论证。当然对于孟子的性善论,他是否就一定是完全同意的呢?这需要做具体的分析。在举出上面三种人性的观点后,吕大临紧接着说:

> 天之道虚而诚,所以命于人者,亦虚而诚。故谓之性虚而不诚,则荒唐而无征;诚而不虚,则多蔽于物而流于恶。性者虽若未可以善恶名,犹循其本以求之,皆可以为善,而不可以为不善,是则虚而诚者,善之所由出,此孟子所以言性善也。①

他认为,对于人性内涵的判定,既不可"虚而不诚",也不可"诚而不虚"。前者会出现言语荒唐而没有事实作为证据,如认为人性是善的;后者会出现因以人性遮蔽于物欲的一面,而认为人性是恶的可能。吕大临认为,人性一方面是不可以善或恶来加以标志的,另一方面,他又认为我们循着人心中包含的本然加以行动,则人人都是善的,而决不应该是恶的。并且,他认为人性应该是"虚而诚"的,是善所出所由之所在。他觉得,这才是孟子所以说人性是善的根据。

在《孟子·告子章句》中,孟子回答公都子说:

> 乃若其情,则可以为善矣,乃所谓善也。若夫为不善,非才之罪也。恻隐之心,人皆有之;羞恶之心,人皆有之;恭敬之心,人皆有之;是非之心,人皆有之。恻隐之心,仁也;羞恶之心,义也;恭敬之心,礼也;是非之心,智也。仁义礼智,非由外铄我也,我固有之也,弗思耳矣。故曰:"求则得之,舍则失之。"或相倍蓰而无算者,不能尽其才者也。诗曰:"天生蒸民,有物有则。民之秉夷,好是懿德。"孔子曰:"为此诗者,其知道乎!故有物必有则,民之秉夷也,故好是懿德。"②

我们知道,孟子提出了性善说,认为按人们本来的性情是都能够成为善

---

① 《孟子解·告子章句上》,《蓝田吕氏遗著辑校》,第477页。

② 《孟子·告子章句上》。

的,能够成为善是他的人性善的原意。在这里,他提出了人心有"四端"的说法。仁义礼智这"四端",是人与生俱来的,和人的四体一样,是人人都具有的。人心有恻隐、羞恶、辞让(恭敬)与是非之心这"四端",扩充之后就表现为人性之善,所以说人性是善的。当然,善端只是善的萌芽、开端、基础,它并非就是善的形成、完成与定型。善端是人与禽兽的本质区别,有则是人,无则是禽兽,善是属于人性的。但是有的人不去进行培养、扩充心中的这一善端,便变成恶的。有的人干坏事,不做善事,并不能责怪他的本性(才)不好。所以,孟子非常重视培养人心中善端,他要求人们要时时注意守护并善于扩充心中的善端。存在这一善端并对其自觉地进行扩充是尽心、知性、知天,并事天、成圣的可能与条件。孟子认为,仁义礼智的善端是人生而固有的,是人一生下来就必然存在于人心之中,而不是由外界强加于人心的,"非外铄我也"。所以他说,只要去求索就不难获得,一旦放弃就不免要失去这一善端。而且他认为,人发展自己的善端,是发展到外面去,而不是从外界把人性所不固有的善加到人性之上。人行善的行为虽然表现在外面,行善的结果不是在人性上加善,而是给外面的人物以善。① 心有与生俱来的善端,但经发展这些善端,就必须存心、养性。存心即是存养这一善端;养性则是培养这一善端,使其不断发展与完善。

比之孟子的本意,我们可以看到,吕大临也正是持孟子性善之端的说法,而并非就认为人性本身就是善的,它需要人自觉地、主动地去实行与践履。他所说的人性善,只可说是人性"本"善。这一"本"字,指的是人性之中包含着成就性善的萌芽与端绪。

(二)性之善恶

吕大临认为人性"本"善,指的是人之受天之理、之性是善的。程颐就说过:"性出于天,……性则无不善。"②人这一现实的主体有命且有性,命是天所赋予人的,性则是人受于天而具于人的。儒家认为,人就是命与性的内在的统一,是命的外在性、必然性与性的内在性、自主性的统一。儒家一方面认为人性是来源于天的,但又强调人性本身的内在的自觉与自主。《中庸》说:

---

① 姜国柱、朱葵菊:《中国历史上的人性论》,北京:中国社会科学出版社1989年版,第18页。
② 《河南程氏遗书》卷十九,《二程集》,第252页。

"天命之谓性,率性之谓道,修道之谓教。"吕大临认为,性与天道其实是一致的,性在本质上就是天道:"性与天道一也,天道降而在人,故谓之性。性者,生生之所固有也。"①性只不过是天道在人身上的称谓。天道至诚至善,则性应该也是至诚至善的存在。天道在吕大临看来,也就是"中",他在《中庸解》中指出:

  盖中者,天道也、天德也,降而在人,人禀而受之,是之谓性。《书》曰:"惟皇上帝,降衷于下民。"《传》曰:"民受天地之中以生。"此人性所以必善,故曰"天命之谓性"。性与天道,本无有异,但人虽受天地之中以生,而梏于蕞然之形体,常有私意小知,挠乎其间,故与天地不相似,所发遂至于出入不齐,而不中节,如使所得于天者不丧,则何患不中节乎?故良心所发,莫非道也。在我者,恻隐、羞恶、辞让、是非,皆道也;在彼者,君臣、父子、夫妇、昆弟、朋友之交,亦道也。在物之分,则有彼我之殊;在性之分,则合乎内外,一体而已;是皆人心所同然,乃吾性之所固有。随喜怒哀乐之所发,则爱必有等差,敬必有节文;所感重者,其应也亦重;所感轻者,其应也亦轻。自斩至缌,丧服异等,而九族之情无所憾;自王公至皂隶,仪章异制,而上下之分莫敢争,非出于性之所有,安能致是乎?故曰"率性之谓道"。循性而行,无物挠之,虽无不中节,然人禀于天者,不能无厚薄昏明,则应于物者,亦不能无小过小不及,故……②

在这里,吕大临表述了这样的一些思想:

首先,人性必善。这一必然源于两个方面,一是上天将衷降给了下民,这是天授之说;二是民是天地之不偏不倚的中生于人世之间者,这是人受之说。在这两个方面的结合之下,人之本于天的性在自己禀受之时,也就必然禀了天的天道、天德,也就是"中"。吕大临认为天道是至诚、至善的。他说:"诚者,理之实,致一而不可易者也。大而天下,远而万古,求之人情,参之物理,理之所同然者,有一无二,虽前圣后圣,若合符节,理本如是,非人私之所能为,此之谓诚,诚即天道也。天道自然,何勉何思,莫非性命之理而已。故诚者,天之道,性之者也。"③天道即诚,诚则不分时间空间都具有至一无伪的品

---

① 《礼记解·中庸第三十一》,《蓝田吕氏遗著辑校》,第271页。
② 《礼记解·中庸第三十一》,《蓝田吕氏遗著辑校》,第271—272页。
③ 《孟子解·离娄章句上》,《蓝田吕氏遗著辑校》,第473页。

性,它是超越性、普遍性、永恒性与客观实在性的统一。而且,人性与这一天道是相通相一的。吕大临说:"圣人之于天道有性焉,则性与天道一也。"①天道至善,则人性也为至善之存在,是至诚无伪的中道。

其次,天人有异。人虽然受天地之中,但并非就一定是不偏不倚的中之本然状态。造成这一局面的原因在于,人除了禀天之"中"(性)外,还禀气而形成了自己的形体:"天下通一气,万物通一理。"②由于有形体之存在,人总会受到自己的私意小智的干扰,所以与天地的无所偏倚不相类,当其已发时,必然是不中不节。私意小知使人性之中的天道、天德、中得以遮蔽或丧失。

再次,良心所发,彼我皆道。"良心"也就是吕大临所说的"赤子之心""本心",是不偏不倚的中道之心。人心之中自有仁义礼智的恻隐、羞恶、辞让、是非之四种善端,而外在的君臣、父子、夫妇、昆弟、朋友这五伦也是天理在社会上的展开,都是天理之流行。他还说:"仁义道德,皆其性所固有。"③"仁义,德也;礼,德之法也;真哀、真德、真信,则德取悦于性矣。"④在这里,吕大临将儒家要求的道德规范安置于人心、人性之中,使这一本来是外在的约束与强制变成内在的自觉与自愿。道德伦理不再是冷冰冰的教条,而是人内在的必须加以开发与发掘的生生之资。这种努力所带来的结果,是为儒家以仁义为内涵的道德性命学说提供了内在的基础与终极的根据。这也就从理论上维护了儒家这一传统理论的必然性、至上性与合理性。

接着,性无内外,人心同然。如果从物的角度来看,物物之间自有差异,但从性这一角度来看,则彼我、内外都是一体而已,都具有本一的天性。人人心中都有这一内外之道,心中也都具有这一天道、天理。吕大临说:"天道性命,自道观之则一,自物观之则异。自道观者,上达至于不可名,下达至于物,皆天道也。"⑤

最后,厚薄昏明,人禀于天。虽然人人都从天命禀受了共同的本性、天道、天理,但却有厚薄昏明之别,因而表之于外,也必有不中不节之行为。

---

① 《孟子解·尽心章句上》,《蓝田吕氏遗著辑校》,第479页。
② 《易章句·系辞下》,《蓝田吕氏遗著辑校》,第182页。
③ 《礼记解·曲礼上第一》,《蓝田吕氏遗著辑校》,第191页。
④ 《孟子解·尽心章句下》,《蓝田吕氏遗著辑校》,第480页。
⑤ 《孟子解·尽心章句上》,《蓝田吕氏遗著辑校》,第478—479页。

(三)性之差异

吕大临虽然认为人性本善,但在现实的社会中,甚至是在人与物之间,是有不同的表现的。在人与人之间,有善有不善之别;在人与物之间,有人性与物性之别。当然,人、己、物之间也是有相同之处的。同与不同都是禀受于天,禀理(性),而有同;禀气,而有别。他说:"性之所固有,合内外而无间者也。夫天大无外,造化发育,皆在其间,自无内外之别。人有是形,而为形所梏,故有内外生焉。"① 性是人、己、物所共同从天所受,本无内外之别,但人、己、物又都受一己形体所束缚,而有内外之别的存在,所以不能不在性之表现上有不同于禀于天的本性。因而,同,则有尽己、尽人、尽物之可能;不同,则有现实中善与恶之解释。正是在对于人性、己性、物性的比较、对比之中,吕大临对于性之善恶问题做出了自己的论证。性之差异,实际上是指现实人性的不同。

他的这种观点,其实两分性之层面:一方面,人人都从天命禀得不偏不倚之中道,也即性;另一方面,人与人之间还是有区别的。从更广阔的层面上,吕大临也认为,不仅是人禀受了天地之性,万物也同人一样,禀受了天地之性与气。虽然吕大临没有如同张载、二程那样有明确的"天地之性"与"气质之性"的说法,但可以肯定他同张载、二程一样都认为人人都从天地之中,禀受了至诚至善的善性,这一善性,也就是"天命之谓性"的"性";也都认为这一善在现实的人类社会中却表现出了不同的人格特征。有人做善事,也有人做恶事。张载认为气之存在形成了人的形体,有了气之聚集,也就必然有气质之善恶的出现。吕大临没有明确地使用"气质之性"这一概念,他用了"气质"这一术语。或者说,吕大临也是从天命之性与气质之性这两个方面来论述人性以及物性的。吕大临在解《中庸》中"唯天下至诚,为能尽其性"一段时说:

> 至于实理之极,则吾生之所固有者,不越乎是。吾生所有,既一于理,则理之所有,皆吾性也。人受天地之中,其生也,具有天地之德,柔强昏明之质虽异,其心之所同者皆然。特蔽有浅深,故别而为昏明;禀有多寡,故分而为强柔;至于理之所同然,虽圣愚有所不异。

---

① 《中庸解》,《蓝田吕氏遗著辑校》,第490页。

尽己之性，则天下之性皆然，故能尽人之性。蔽有浅深，故为昏明；蔽有开塞，故为人物。禀有多寡，故为强柔；禀有偏正，故为人物。故物之性与人异者几希，惟塞而不开，故知不若人之明；偏而不正，故才不若人之美。然人有近物之性者，物有近人之性者，亦系如此。于人之性，开塞偏正，无所不尽，则物之性，未有不能尽也。己也，人也，物也，莫不尽其性，则天地之化几矣。故行其无事，顺以养之而已，是所谓赞天地之化育。天地之化育，犹有所不及，必人赞之而后备，则天地非人不立，故人与天地并立为三才，此之谓天地参。①

他这一段话里有关天地万物之性的思想，还是很丰富的。

首先，人性与物性。这里实际上包含着两个方面的内容：一是，人性与物性相类。吕大临认为，人与万物一样，都从天地之一理禀受共同之性，即天地之德。人与物由于"蔽之开塞"与"禀之偏正"，而有人与物之差异。物之性与人之性是没有多少区别的，如他所说"物之性与人异者几希"。由于物在禀受过程中，塞于所蔽，所以物便没有人所具有的知觉，也没有人所有的明智。另一方面，物禀受之偏，而使其没有人所具有的才质。一蔽一禀是人与物之所以有别的原因与根源。因此，吕大临认为，人性同物性之间存在着可以相通的桥梁。人有接近于物的性，物也有接近于人的性。二是，尽人之性，就可以尽物之性。如上所述，由于人性与物性只有蔽与禀之差，物蔽而人开，物偏而人正，物性近于人性，因而，只要做到将人性的"开塞偏正，无所不尽"，就一定可以尽物之性。

吕大临有关人性与物性相类的观点，同二程很是相似。二程曾说："告子云'生之谓性'则可。凡天地所生之物，须是谓之性。"②在性是天赋禀资或者说事物内在素质这一点上，吕大临与二程都同意告子的说法，这实际上是对孟子反对告子性之定义的再反对。告子在提出"生之谓性"这一命题时，并没有区分人之性与物之性、此物性与彼物性、己性与人性，而只是一般地讨论这一问题。孟子针对告子这一不分彼我、物人的观点反诘曰："犬之性犹牛之性，牛之性犹人性欤？"③告子这里实际上是承认牛、犬、人之性是相同的，这显然是不符合于常规的，事物之间总会是有差异的，这也不合于逻辑。因此，

---

① 《中庸解》，《蓝田吕氏遗著辑校》，第488页。
② 《河南程氏遗书》卷二上，《二程集》，第29页。
③ 《孟子·告子章句上》。

二程与吕大临在这里对告子这一逻辑上的漏洞加以修补。二程说：

> 皆谓之性则可，于中却须分别牛之性、马之性。……天降是于下，万物流形，各正性命者，是所谓性也。循其性而不失，是所谓道也。此亦通人物而言。循性者，马则为马之性，又不做牛底性；牛则为牛之性，又不为马底性。此所谓率性也。人在天地之间，与万物同流，天几时分别出是人是物？"修道之谓教"，此则专在人事，以失其本性，故修而求复之，则入于学。①

二程认为，说"生之谓性"，原因在于人同天地万物一道都是"天降是于下"；又由于"万物流形"，因而，它们的性自然也就不同，牛、马之性也就必然是不一致的。二程这里在两个方面说明了人性物性之同，也就是"生之谓性"之性，以及物物各各不同的"自性"。从道而言，都是一样；但从物而言，则又是不一样的。生之谓性如同告子之性，但这里的相同之性已经不是自然生理之性，而换成了孟子的性善论的内容。

吕大临显然有着同样的看法，他也认为人物都禀受天地之性，在这一点上，他无疑又是回到了告子的不分天地万物的观点上。万物都是禀天之气与理的，他说："天地通一气，万物通一理。"②在万物皆有气而成其形体这一点上，吕大临是等同于张载的。张载也正是从这一万物皆气的基础上，得出天地万物都有天地之性的结论，吕大临也得出了万物都有同样之性的结论。吕大临说：

> 天道性命，自道观之则一，自物观之则异。自道观者，上达至于不可名，下达至于物，皆天道也。"乾道变化，各正性命"，彼所谓性者，犹吾以职授之而已，或偏或正，惟其所受（人得之正，故可达天物；得之偏，故不得达）。③

不仅牛性不同于马性，而且万物之性都有不同之处。他说："自物观者，犬异于牛，牛异于人，皆谓之性。"④也就是从物物各自之角度看，犬、牛、人是各有自己之性的。在这一基础上，吕大临还说："尽物之性，则昆虫草木，与吾

---

① 《河南程氏遗书》卷二上，《二程集》，第29—30页。
② 《易章句·系辞下》，《蓝田吕氏遗著辑校》，第182页。
③ 《孟子解·尽心章句上》，《蓝田吕氏遗著辑校》，第478—479页。
④ 《孟子解·尽心章句上》，《蓝田吕氏遗著辑校》，第479页。

同生者也。"①这是在有所区别又有所同的基础上达成的。

其次,己性与人性。吕大临也从两个方面对此问题进行了讨论:一是,己性与人性相类。他认为,理是人人所固有的实理,既然所有人都有这一实理,则人人也都具有至善之性了。吕大临最为常用的一句话是:"理义者,人心之所同然也。"理义也就是天赋予人的天理、天道、中,天理流行,通天通地、前圣后圣都只此一理,人人也都必然有同样之性。这只是问题的一个方面,因为人性除了相同的一面外,由于禀气之不同,又有各各不同的一面。吕大临认为:"人性均善,其以同然理义而已。然不能无浅深厚薄,此所谓相近习而成性,则善恶殊途。"②人之性与己之性都是天生的善,这是由于天理在天地之间发育流行,在人在己都是禀其善之质而已;但在现实之中,却是有善有恶之别,这一善恶殊途,源于人己之禀气浅深厚薄之不同,以及日常生活中习性之影响。实际上,张载也有这一思想。在张载的哲学中,对于人性,他不仅认为有天地之性、气质之性,还有一攻取之性。"天地之性"即太虚湛一之性,"气质之性"是指气积聚为形质而后具有的属性。张载所说的"气质之性"与作为气之欲的"攻取之性"有所区别。③ 正因为人既有天地之性,又受到气质之性与攻取之性以及善恶的习惯的共同作用,每个人就不可能都会充分实现自己的本性之善。因此张载认为,必须以德胜气,以理制欲,以性统习,人才能做到"反本""成性",也就是他所说的"恶尽去则善因以成,故舍继善而曰'成之者性也'"。④吕大临则认为,习以成性,善恶不同,人性有差别。另一方面,尽己之性,就可尽人之性。吕大临说:"尽己之性,则天下之性皆然,故能尽人之性。"⑤人我本心都具有生来的理义之本然,人同此心,心同此理,尽己之性,则能够明晓天地之所赋予我者,也就是对于心中之理所含所有无不尽知尽晓,即能够对人之本心有完整的了解,因为人心同然。

再次,在分析人、物、己性有别有同的基础上,尽心、知性、知天。吕大临指出:"己也,人也,物也,莫不尽其性,则天地之化几矣。"⑥天地万物皆有至

---

① 《礼记解·中庸第三十一》,《蓝田吕氏遗著辑校》,第275页。
② 《论语解·阳货第十七》,《蓝田吕氏遗著辑校》,第463页。
③ 陈来:《宋明理学》,沈阳:辽宁教育出版社1991年版,第67页。
④ 《正蒙·诚明篇》,《张载集》,第23页。
⑤ 《中庸解》,《蓝田吕氏遗著辑校》,第488页。
⑥ 《中庸解》,《蓝田吕氏遗著辑校》,第488页。

性,只有尽人性、己性、物性,才能够通晓天地之化,并能够参赞天地之化育。仔细辨析,我们能看出吕大临在性的问题上确实表现出细致而精微的一面。

(四)性命合一

天命与人性虽然有着必然的联系,但二者之间的关系在儒家思想中也有着不同的内涵。从春秋时期的孔子开始,儒家哲学对于不能为人所左右的客观必然给予高度的关注。他们将这种人所不可控制的客观必然称为"命"或者"天命"。命或天命是一形之于外的必然性,是与人相对的外在之存在。而同天命相比,性便是内在于主体的存在。儒家希望能够通过性这一天命之在我者,将形之于外的客观存在通过这一理论的转化,由客观性而主体化。

理学家们"大其心"主体地位的高扬,其实质就是将命这一外在的必然,经这一由外向内的推移,化解其外在性,而表现出更多的主体自觉与自为性。于是,作为一种外在的强制与约束,命在理学家的理论架构中,为性所体现出来的主观的自为与自主所影响,这种影响一定程度上会消融命之为人所不可左右的异在内涵,而突出了人性的价值。化解性与命的冲突,其实也是要解决自我的精神家园与终极关怀问题。面对从先秦时期就已经形成的,作为外在的、客观的、超越的存在的命,人该如何安身立命?虽然先秦儒家认为,在命面前人并非是消极无为的存在,他们主张以一种理解、认同命的理性态度,将命作为主体人积极进取之后的一种超越的、客观的存在,但他们也不得不在最后承认"行法以俟命"[①],它体现了人在无法理解后的无奈。理学家要想在现实的人类社会中为主体的人寻找最后的立身之地,就不能不重新诠释命之超越性内涵,并从理论上处置好这一主体人所无法制约但又无法回避的异己的人生因素,这一命题也成为新儒学理论中最深刻的论题。

首先,消命为性(理)。理学家中,二程哲学最高的范畴是理。通过理的统一,程颐将心、性、命贯通起来。作为理在不同情境下的表现,心、性、命都不过是其在不同情况之下的一种形态。在天地万物一理的流行发端之中,命作为一外在的、异己的力量,当其落实到现实的人身上后,便成为活生生的人生命之内在的一个因素。客观的命的外在性削弱了,而主体性的内在品性加强了。虽然这一命之客观性与必然性仍然存在,但它因为与人的性相通,主

---

① 《孟子·尽心章句下》。

体的人就可以通过尽己之性而尽天之性并最终可以在一定程度上改变命之不可制约性特征。理学家这一由理而通贯命、性的思路确实为现实的人,在理论上争取了更多更深层次的主体地位。一方面,命的超越性为性所内在化了,另一方面,性的内在性也为命所超越化了。

其次,理气成命。张载与二程一样,都从理与气两个方面来对命加以阐述与展开。命是由理与气两个层面所共同构成的,其中气构成命之不可变的必然性,而理则成为命可渐次完善的方面。理学家认为,在理与气所构成的人的现实生活中,主体的人作为一自觉的个体,他必须并且能够在理与气二者之间进行一番修德进业的工夫,而由于理与气在人的修为中的地位之不同,而有不同的境界与表现。张载说:

> 德不胜气,性命于气;德胜其气,性命于德。穷理尽性,则性天德,命天理,气之不可变者,独死生修夭而已。故论死生则曰"有命",以言其气也;语富贵则曰"在天",以言其理也。①

作为理学的集大成者朱熹,在吸收张载之气与二程之理的基础上,也认为人的寿夭穷通是由于气禀之厚薄清浊的不同决定的,只不过这种气禀的形成并非是必然的,而是偶然的。他用气之观念肯定并解释了表现在人之生命过程中的命之必然性,但在其源头处又消解了这种必然性。②

再次,天命可易。既然理学家认为,命就在人之理(性)和气禀之中,也就在人自身之中,而对于人性之天理一面,主体的人可以通过道德实践来加以寻求与完善,那么理学家实际上将客观异在的命做了道德主体化的处理。理学家从人生的价值估量上,将人生大义的实现置于命之上以求在我者,他们提出"惟义无命"的命题。这要求现实的人,以一种自觉的、主动的对于人伦物理的道德遵循与实践,来面对命这一外在的、客观的、必然的、超越的存在。命在这一道德实践的过程中,是为主体人理性的方式所认知的。而这一理性的认知,也显示了理学家们自觉的人生态度和高度的理性尊严。理学家对于命有三种态度:安于义(不言命)、安于命(知命)及不知命(不安命),并因之而有上智(圣人)、中人、其下者三等精神境界。在一定意义上,我们可以说,在理学的理论观念中,如果命仍旧是作为一种客观必然的超越的实在被认

---

① 《正蒙·诚明篇》,《张载集》,第23页。
② 在命这一问题上,张载认为人有命与遇之不同,而程颐则认为一切都是命。

定、被阐说的话,那么,在理学的理性自觉的人生实践中,命却被悬置,被超越了。因为理学所高扬的理想的、圣人的人生实践是不言命而唯义是从,命不足道而唯安于义。①

新儒家学者高扬人性的自觉,他们认为通过人的主观的道德实践,可以在一定程度上改变人的命运。张载提出了"气质可移"的思想。他认为,人的气质可变,目的就是要求人通过自觉的道德修养,达到改变人所禀赋之气质本身的构成。而朱熹则认为,人之修德行义并不能改易已成之气禀,但可改善气禀所形成的品性、行为。理学家不仅仅是从理论上将命的客观性加以主体性的超越,实际上他们在自觉的道德实践中,就已经将必然的、异己的命消解在人生实践中,消解在人们的日常行为生活之中。

我们现在来看吕大临在这一问题上的观点。他说:

> 天道性命,自道观之则一,自物观之则异。自道观者,上达至于不可名,下达至于物,皆天道也。"乾道变化,各正性命",彼所谓性者,犹吾以职授之而已,或偏或正,惟其所受(人得之正,故可达天物;得之偏,故不得达);彼所谓命者,犹吾以令使之而已,死生寿夭,惟令是从。自物观者,犬异于牛,牛异于人,皆谓之性;不得于仁义礼智,与桎梏而死,皆谓之命,事天者如事君。性,天职也,不散不尽;命,天命也,不散不顺。尽性顺命为几矣,而犹未与天一。达天德者,物我幽明,不出吾体;屈伸聚散,莫非吾用;性命所禀,虽与物同,其达乃与天一。大德必受命,则命合于性(位禄名寿,皆吾性之所能致);天命之谓性,则性合于命(我受于天,亦天所命),性命一也。圣人之于天道有性焉,则性与天道一也。②

吕大临认为,从天道的角度来看问题,则性与命是一贯的。自道的角度来看,彻天彻地,上穷达于不可名状的事物,下至于每一具体的事物,都是天道,也就是天道的发育流行。天道的本性是变化流行不止的,每一个事物都从天道这一大化流行中,禀受各自的性与命。这里表现了吕大临作为理学家消命入理(道)的共同的特性,从天道一致的角度,他将儒家的命这一外在的客观必然统归于一理。所谓禀受性命,显然是从物物的角度来观察事物的。

---

① 崔大华:《儒学引论》,北京:人民出版社2001年版,第623页。
② 《孟子解·尽心章句上》,《蓝田吕氏遗著辑校》,第478—479页。

从这一角度看,则性是天道授予事物的,这既包括有生命的人与动物,也包括无生命的存在。从事物本身而言,便是各自禀受于天,有禀之偏者,有禀之正者。作为禀天性之正者的人,就可以穷达天物。

吕大临认为,命是天道所命令于物者,人的死生寿夭,都非事物本身所能把握,只能是顺命而行而生。性与命显然是有区别的,性是犬之异于牛者、牛之异于人者的属性,各各不同,也正因为牛、犬与人这些事物从天禀受之不同,所以他们在具体的气质之性上的表现也是不同的。相对于性而言,社会中有些人不具备仁义礼智,有些人身陷桎梏之中,这都是天命所致,非人力所能为,命是人所不可主宰的存在。吕大临举君主之权威状天之尊严,侍奉天命如同人间侍奉君主,只可按君主的旨意行事,而不可有自己的想法与自由。对于性与命这两种不同的存在,主体的人所采取的方法应是不同的,作为天职的性,必须如同孟子所说的扩充其以致极,才能够做到尽性;而天命,只有扩散之,才可以叫顺从天命。

但吕大临又认为,在这一问题上由于禀天性与天命之不同,因此产生了不同的成效或境界。这一过程,实际上就是尽性——顺命——达天德。只有圣人才可以达到最后的境界,也就是与天德为一,与天道为一。凡人只能够尽性、顺命,不能够与天为一,也就是与天道同体为一。这与程颢的"仁者与天地为一"的思想是一致的,与张载"大其心,则体天地万物"的思想也是相一致的。作为达致天德的圣人,物我幽明都是自己体之发用,天地之间万物的屈伸聚散,只不过是本体展开的作用罢了。圣人虽然与天地万物一样都从天地禀受性命,但只有他才能与天为一。从圣人的角度而言,他的与天为一的大德是从天禀受的天命,但这一天命是与天性相合的,圣人通过自己本性的扩充,是能够获得与自己相符的位禄名寿的。另一方面,圣人之性也是从天命禀受而来的,因而性是与天命相合的。天命与性相合,性又与天命相合,因此性与命是一致的。圣人能够以自己的性参与天道的流行发育,圣人之性与天道一贯。这里从另一角度说明了凡人是不具备与天道为一的境界的,就性与命而言,只能是顺命而尽性。当然,吕大临并没有排除凡人能够尽性以顺命的可能。

很显然,在包括吕大临在内的理学家的理论中,命带有明显的理性色彩与道德实践特征。命不再是作为一外在的神灵,也不是一强加在主体头上的不可不受者。它是由众多因素"偶然相值"而形成的显现在人的生存环境和生命过程中的某种客观必然性,一次不可逆性。① 理学家继承了先秦儒家所倡导的现实主义品格,他们是生活的实践者,而不是期望摆脱生活之累的玄学家;他们不做"无所用心"的人生"逍遥",而更强调现实的积极参与。同张载、二程一样,吕大临在说明命时引入了气的观念,以气与理共同界说命之内涵,并通过提出"变化气质"的观点来对命加以影响与作用,这就从理性的角度为传统的修身立命的人生态度提供了一个新的立论基础。

命,一方面是人的生存环境和生命过程中的一种必然性,一种"偶然相值"的一次不可逆性;另一方面,命的必然性就存在于人自身之中,存在于人生实践的自觉活动之中。理学家通过理论上天理贯通命、性的论证,实践上自觉地履"德"、行"义"、尽"人事",对中国传统思想中重要的理论难题加以新的解答与展开,充分表明了理学家的理性自觉与积极的人生态度。它也不仅仅是在理论上提供了一种新的解释思路,实际上,它为理学家,也为普通百姓(匹夫匹妇)在实践上指明了一条通过自身努力以改变自身命运的现实主义路向,其所产生的理论与实践上的意义是不言而喻的。

总之,吕大临的心性学说于张载、二程是有同亦有异,既有受到他们影响的一面,又有自己独立的见解,表现出了自己的学术独立性。而且,在一些问题上,他的思想还促进了程颐对于相关思想的思考与完善。

---

① 崔大华:《儒学引论》,北京:人民出版社2001年版,第628页。

第四章　成仁之惑：存心养气与克己归仁

在现实的人类生活中，就知与行二者的关系而言，行是起主导作用的。在一定程度上，中国哲学是一种极为重视人的实践活动的思想体系。儒家思想虽然极其重视人的道德理性的论证与推崇，但它最终要求主体在生活中能够时时践履这一道德价值。新儒家学者们殚精竭虑地进行学术思想的论证、阐述与发挥，理论体系的创发、建立与展开，是希望予道德伦理以天赋的地位，并认为这种道德价值本来并且应该是可以在社会中加以实现的。新儒学，也就是宋明理学的主要论证方向除了为这种天授与人禀的道德伦理提供终极的合理性证明，更重要的是为人性之善在现实中的偏离、缺失与归位寻找一种理论上的合理解释，并提供一种在实践中可以由恶至善的途径。当理学家们在理气观上论证理或气是组成天地万物的形式或质料，提出"天地通一气、万物通一理"，这实际就为心性论上人性之善恶的来源提供了形上的本体之证明；而当理学家们从本然之性的善与气质之性的善恶相混不定两个层面进行论证时，这就一方面解决了儒家学者长期坚持的人性之善的道德伦理在理论上与实践上的不同与差异，另一方面，也为道德伦理在现实的个体身上能够得以实现提供了天理与人性两方面的可能与必然。理学家们从未偏离儒家一贯的立场与努力，他们不是遁世超越的佛教徒，儒家一直在知与行两方面提倡入世的论证与践履。同道教徒相比，理学家们也不追求肉身的长生不老，他们正视生死问题，并从生死问题上体悟人生的价值与终极的目的。重视理论上的严密理性论证与实践上的自觉践履，是新儒家学者区别于佛教与原始儒家的重要特点。

理气问题是吕大临为自己的新儒学思想进行的形上本体证明，心性论是他对于人在现实生活中的道德实践进行的贯通人性与天理的理论论证，而知行问题则是他作为一个理学家为世人提供安身立命所做的形上努力。从一定意义上，我们可以说，知行问题是知识论、认识论，但这种知识论很显然是不同于西方哲学中主客对立意义上的纯粹知识论的。儒家的知行问题，尤其是理学家的知行问题，在理学的思想体系中，占有极其重要的地位与意义。

它不仅仅是一种认识论,也是理学家修养论、致知论的统一。知行问题,是理学家理气论与心性论在现实的最终实现。没有知行问题的解决,或者说,假如新儒学在知行问题上没有做出合理的阐释与践履,则理学作为中国哲学的高峰就是不完整的。理学家从不同的角度对这一问题进行思考与回答,表现出了新儒家学者们超越佛、老以及原始儒家的思想深度与高度。

正是对于知行问题的重视,新儒家学者将人性的善恶与天地理气的本原同人伦日用结合起来。这里的知行问题,不仅包含"致知、格物"的外在修炼,也应该有"正心、诚意"的内存操持;不仅是个体的慎独与自觉,也有社会群体的约束与自愿;不仅有静亦定动亦定的心之未发的昭昭工夫,也有存气养心的心之已发的实践。理学家的知行问题,是儒家学者对自己坚信的道德伦理价值自觉的实践,也是儒家学者"体道、乐天"追求得以实现的关键所在。理学家们在这一知行问题上,提出了"不诚无物"的至高境界、"大其心则能体天地万物"的精神内涵,以及"民胞物与"的理想追求。理学家们认为,在这一知行的过程中,能够恢复人性本然之善,也能够实现儒家所期望的大德敦化的圣人境界,并最终得以实现从内圣开出外王的理想社会。

理学家大都有着高度的自信与执着,他们对于自己所加以论证的理论有极为确切的认知(这一理性的自觉无疑表明中国思想界在那个时期所达到的思维水平),并有着自觉的道德修养的境界追求。虽然有着以后的空谈心性、伪道学的诋毁,但我们不能否认理学家们在提升民族精神境界上所做出的积极努力,以及在这一自觉的道德践履过程中,所表现出来的认知理性的倾向。

一 思虑之困

如同许多理学家一样,吕大临在心性论上坚持"人性本善",却也以"气质"来解释现实中的人性善恶并存。从善恶的角度来谈人性,其实就已经为新儒学预设了一个必须解决的难题:如何实现由凡入圣的人格转变?他们认为从凡夫俗子走向至圣的儒家君子,必须经过一番格致诚正的工夫。这一工夫,是宋明新儒家学者区别于先秦儒家的一个重要的特点。它也是宋明新儒学学者在吸收道家内丹与佛教禅修的基础上形成的,具有极其重要的现实意义。因为只有建立在可行的践履方法、存养工夫、致思途径基础之上的成圣工夫,才能够给人以达到目的的希望。

第四章 成仁之惑：存心养气与克己归仁

儒家的这一工夫既有外在的礼法约束,也有内在的静心定性。吕大临的成性成圣之工夫,既有知的一面,也有行的一面。就知的内涵言,它既有对于天下万物的认知与格致,也包含有对于内在心体的认知与体认。

人总是活在现实的生活之中,而人所面对的现实总是纷繁复杂的存在。在面对这一复杂的现实时,并非每个人都能够做到心如止水。程颐回答吕大临"圣人之心"与"赤子之心"的区别时说:"圣人之心如明镜,如止水。"① 如镜如止水之心,鉴物不留痕,应物而不累于物,确是一种高明的工夫,却也是一种常人不可企及的至高境界。理学家们在天理人欲的思想论辩与修齐治平的实践践履中,同样遇到常人所碰到的思虑纷扰问题。吕大临在这一问题上的诸多表述,正是这一现象的最好印证。

在《河南程氏遗书》中记有"昔吕与叔尝问为思虑纷扰"②。在另一处也记有类似的语言:"吕与叔尝言,患思虑多,不能驱除。"③ 这两条记录,反映了吕大临因与外界接触而在内心产生了诸多思虑,以及如何解决这些思虑从而进入一个理想境界的困惑。显然,这里已经设定了一个自己要达到的心理状态,也就是能在复杂的世界中,使本然之心处动而不乱,面物而不迁。这就要求主体排除外欲的干扰,更多地转入对于本然之心的体验与思索。至于什么是本然之心,却有不同的理解。吕大临这里更多的是因于心面对事理所产生的不纯一,或者就是不如"赤子之心"一般的"纯一无伪"。儒家认为,假如心体不纯,则主体必不能对外物做出正确的判断。这就要求主体在格物致知时,心体能够"寂然不动,虚明纯一,与天地相似,与神明为一"④。在体物之时,心体无偏无倚而中正。按照程颢的说法,也就是有"主"。唯有如此,才能尽心。尽心则能知性,知性才能最后实现知天的目的。

从这里我们还可以看出,吕大临对于心之理解是多层次的。前面已经提出,吕大临认为心之未发谓之中,心之已发则为和。心有已发与未发之分。未发有昭昭心体在,已发中节而为和,是为心之用。虽然程颐批评他以纷扰的已发"和"作未发的"体"来理解,也就是吕大临口中说心体,其实还是以经验层面的知觉之心做心体。

---

① 《孟子解·离娄章句下》,《蓝田吕氏遗著辑校》,第475页。
② 《河南程氏遗书》卷十八,《二程集》,第191页。
③ 《河南程氏遗书》卷一,《二程集》,第8页。
④ 《礼记解·大学第四十二》,《蓝田吕氏遗著辑校》,第377页。

"困于思虑纷扰"并非吕大临一个人的难题,与吕大临同时的司马光也有同样的思想。张载同程颢所讨论的定性问题,其实也是这一难题的表现。这表明解决心应万物所生之思虑问题,是当时学术界共同关注的课题。而且,我们可以在这一问题上看出吕大临由关学的思维理路向洛学的致思方向转变的心路历程。很显然,在吕大临早期的思想中,张载的关学对吕大临是有着极为重要的影响的。思虑纷扰问题也是张载所面临的一个现实的课题,而在解决这一问题上,张载的关学与程颢的洛学是有着区别的。张载在给程颢的信中提出"定性未能不动,犹累于外物",也就是说,在面对外物时,不能够达到物我(心)一体。正因为如此,张载主张在主体格物致知之时,要做到"大其心以体天下万物"。张载的"大其心"同程颢的"识仁",在最终的儒家境界上有着共同的作用——都能够使主体与天下之物达成物我不分的境界,即天人合一的境界。不过,二者虽然在目的上一致,而在具体的思维理路上是不一样的。一定意义上,这一关学张载与洛学程颢思想之不同,实际上也就是吕大临前后期思想之不同。我们在对张载与程颢的思想对比之中,将能够看出吕大临这一致思趋向的改变特征。①

　　张载与程颢,在如何达到尽性、知天问题上有明显的不同。张载更重视穷理以尽性,他说:"万物皆有理,若不知穷理,如梦过一生。"②而何谓理,他也更多地同程颐相一致,也就是认同理的客观性。只不过张载从他的气为形上本体出发,小程从理为形上本体出发。张载说:"若阴阳之气,则循环迭至,聚散相荡,升降相求,絪缊相揉,盖相兼相制,欲一之而不能,此其所以屈伸无方,运行不息,莫或使之,不曰性命之理,谓之何哉?"③他还从气之客观实在性来强调理的客观性,认为"理不在人皆在物"④。也就是说,理是客观地存在于事物之中的,而不是由人的主观意识所决定的。很显然,张载的气一元论思想以及他对于见闻之知的重视,决定了他在尽性这一问题上更多地是倾向于严格意义上的知识论路线。他说:"穷理亦当有渐,见物多,穷理多,从此

---

① 一定意义上,张载的思想就是吕大临关学时期的思想,程颢的思想则是吕大临经大程开导之后吕大临的思想。关学时期的吕大临重礼、博学、性有二分,洛学时期则受程颢影响,主张克己求心、体会天理于内心之中。
② 《张子语录》中,《张载集》,第321页。
③ 《正蒙·参两篇》,《张载集》,第12页。
④ 《张子语录》上,《张载集》,第313页。

就约,尽人之性,尽物之性。"①

吕大临同其师张载一样,在穷理以求尽性的理路上,与小程以及后来的朱熹是较为相近的,他们都认为,在认识事物的过程中,必须经过广泛的穷解事物之理的途径,才能够做到穷尽事物所包含的道理,也就是说,才能尽人物之性(既是宇宙万物之本性,也是人的本性)。在这个过程中,穷理是手段,尽性是目的,所以他们都强调先穷理而后尽性,从而主张由穷理而尽性的"自明诚"的道路。

从"天地之性"与"气质之性"并存的心性论出发,吕大临与张载都提出了"变化气质""胜其气习"的思想。主体的人在可能性上是可以由气质之性向天地之性回复的,即"善反其性",但这一转变过程,必须经过为学与修养的实践工夫。因此,他们非常明确地提出了学以致用与重礼的思想。张载认为,"为学大益,在自求变化气质"②,吕大临也说:"君子所贵乎学者,为能变化气质而已。"③人从天禀之气所带来的气质之性,同天地之性一样也是先天而来的,这一气质之性的改变要靠学者的穷理的学习。气质是先天的,习是后天的,二者都会妨碍尽性,所以人的为学不仅要穷理,还要克胜气习。张载认为:

> 德不胜气,性命于气;德胜其气,性命于德。穷理尽性,则性天德,命天理。气之不可变者,独死生修夭而已。④

所以张载要求进行严格的道德修养,即"言有教,动有法;昼有为,宵有得;息有养,瞬有存"⑤,而不可有片刻的疏忽与松懈。张载和吕大临都提出了"大心之知"的思想,吕大临说:"'尽其心者',大其心也。"⑥这一"大心之知"实际上包含着两重内涵:

其一,是要求主体在进行形上之思考时,必须以整个宇宙即天下万物万事作为自己观察的视角。这一天下意识已不仅仅是对于自己类群体的思考,它必须上升到更高的层次与更广的视野。他们认为唯有如此,才能够超越主

---

① 《横渠易说·说卦》,《张载集》,第235页。
② 《经学理窟·义理》,《张载集》,第274页。
③ 《礼记解·中庸第三十一》,第297页。
④ 《正蒙·诚明篇》,《张载集》,第23页。
⑤ 《正蒙·有德篇》,《张载集》,第44页。
⑥ 《孟子解·尽心章句上》中,《蓝田吕氏遗著辑校》,第478页。

体一己之私去体会无穷的天道之自然存在。在吕大临这里,"大气本一"的学说就不再仅仅是传统宇宙观中构成论的意义,它被吕大临赋予了更深的内涵与更超越的意味。而"太虚即气"的学说,也必然是张载进行理性思考之后的结论。张载与吕大临,就在这一对于天下的认知中,于另一层面表现出一种意境高远的人生境界。

其二,理性的认知在超越闻见之狭(闻见之知)的过程中,也必然要求主体具有胸怀天下、放眼宇宙的情感意识。主体的这种情感,源于其本身的理性认知。"大其心"的天下视野的开阔,一方面促使主体社会责任乃至宇宙担当意识的形成,一方面又使主体意识到自己只不过是大化流行、生生不已的宇宙中一个微小的部分。基于这种双层的感知,主体必然自觉地在内心深处形成一息息相通的天下意识,而人要在这一整体中得以具有价值的存在,就必须在自己的精神层面也即心灵深处培育并形成天下道德的心灵境界。这种境界的形成,是主体理性认知与情感认同的结果。张载与关学时期的吕大临这一"天人一"的理论架构,是"穷神知化"的理性思考与"体天下之物"的直觉感知的统一。其理论逻辑,必然是在认知层面高扬"大心之知"而轻视"闻见之知",以及超越层面的"民胞物与"精神境界的形成。

"大心之知"的理性认知促使了"民胞物与"的精神境界的形成,而"民胞物与"的精神境界又使"大心之知"的理性认知具有了更多的情感的支持,二者在相互影响中培育了主体天下一体的宇宙胸怀与天下抱负。在张载这里,儒家学者的一言一行都具有了最终的精神意味——为本无心的宇宙立心,也就是他所说的"为天地立心,为生民立命,为往圣继绝学,为万世开太平"①。主体的日常行为在这一精神境界中获得了更高的价值,这一高明超越的价值地位之提升是同主体的道德自觉相联系的。当有限的个体自觉到与大化流行的无限宇宙相一致,则个人的生与死、贫与富、贱与贵,都不过是主体以自己的生命践行宇宙的职责。活着就应对天地奉行孝道,死亡使人永远安宁;贫贱使人发愤进取,富贵则使人养生,人的有限的生命在这一天地之大业中彰显出了无限的价值,它印证了《易·系辞》所说的"盛德之谓大业"的君子情怀,它也提升了主体在宇宙大化面前的价值地位。

关学时期的吕大临与张载一样,都从气一元论基础出发来讨论主体人的

---

① 《近思录拾遗》,《张载集》,第376页。

现实存在与精神境界。这一思想在张载身上表现尤为突出,他在《西铭》中将穷神知化的理性思考与自己所提倡的人生态度和宇宙胸怀联系在一起。而吕大钧的《天下一家赋》,则是对这种宇宙胸怀的自我解读。显然,吕氏兄弟在张载门下受到的这种影响是非常明显的。程颢则与张载的理性精神不同,他更多强调了个人内在的感受体验。在处理万物与人的关系上,他更要求主体自觉地把自己与万物"感受"为一,而不仅仅是"看成"与万物为一体。程颢提倡"不须穷索"的直觉式体会,并以这种方法来对由关入洛的吕大临进行指导。程颢既不同于张载也不同于程颐,他的这种直觉体认是一种与内心深处的自觉体验相关涉的。大程认为,学者当以诚敬作为主体应物的首要条件,在这种诚敬的修养也即"识仁"的自觉之后,主体就能够体会到超越一切对立、不分内外、无有物我的大化宇宙。他非常强调周敦颐所启示的体孔颜乐处,认为要达到这一精神上的至乐境界,不能够从外在的主客对立认知中获得,只能是主体内在的心灵超越。超越了一切对立,主体就有了一种自觉的、较高的精神境界。

据《宋元学案·吕范诸儒学案》记载,吕大临"初学于横渠。横渠卒,乃东见二程先生。故深淳近道,而以防检穷索为学。明道语以识仁,且以不须防检、不须穷索开之"①。在解释颜子居陋巷而不改其乐时,他否认这种乐一定要在贫贱中才能获得,而坚持贫贱的环境更能显示出这种至高境界的人生意义和主体价值。受周敦颐的影响,程颢也特别提倡体大化之生意,要求主体以一种自然的心境去面对万事万物。而他认为自己所倡导的这种内心体验能够应于自然,而不是强制的服从天地所具有的道德规范。他在同张载的定性讨论中,反对张载提出的心累于外物干扰从而需要静心的方法。程颢认为主体内心的情感在经过自觉的体认之后,就可以消除各种杂念的影响。张载所提出的难以根绝外物干扰的困难在程颢这里,就不再成为一种问题。吕大临受大程的影响,而有《克己铭》之思想,即更多地是一种大己的内在自觉,而非外在的渐格过程。

总之,张载、关学时期的吕大临更强调"大其心"之后主体高度的理性与情感的自觉,而程颢则强调"有我"之心的直觉体认。用张载的说法,一为自明诚,一为自诚明。吕大临在关学时期,受到张载穷理尽性思想的影响是明

---

① 《吕范诸儒学案》,《宋元学案》卷三十一,《黄宗羲全集》第四册,第375页。

显的,他更多的是强调穷理、尽性、知天,以达到天人合一的境界,这与张载的思想相一致;但在投奔二程门下之后,他接受了大程的教导。从吕大临的相关著作中,我们可以看出一条从防检到识仁的思维致思趋向。

二 存养心性

(一) 养气成性

既然吕大临同张载一样,认为人性中因为人禀受气而有气质之性,因而不可避免有为恶之可能,那么如何才能实现去恶为善的目的? 吕大临认为,人是由气所构成的,要改变人的气质之性中的恶,就必须要养气。很显然,这里要养的气有所类同于孟子所讲的"善养吾浩然之气"的气,但却不尽相同,因为吕大临这里的气同理一样,都是构成人的质料。

在《论语解》中,吕大临在论述如何达到"仁"的境界时,他认为,对于"仁"这一至高的境界,不同的人有不同的表现与程度。他认为,人对于仁的把握可以分为三种层次:

> 仁之为德,皆容遍体,举者莫能胜,行者莫能至。唯圣人性之,然后能不息;贤者身之,可久而已;其下随其力为至之久近也。"三月不违",可久也,以身之而未能性之,故久则不能不懈。①

作为至高至善的"仁",它具有容纳一切的属性,从语言上无法将它说全,从实践上来说,又不可达到。正因为它具有这一完善的性质,就现实的人而言,能够达到仁的境界,实在是一不可企及的追求。吕大临认为,就现实中的人来说,圣人、贤者与一般人因为"性之""身之""力行"之不同,而有"不息""可久"与"或时"这三种守仁的差别。虽然,吕大临在这里将"仁"这一境界推至极高的地位,但他并没有否认一般人也可以达到"仁",也就是"尽性"的可能境域。而要达到尽性的目的,就必须养气。他说:

> 君子之学,必致养其气。养之功有缓有速,则气之守有远近,及其成性,则不系所禀之盛衰。如颜子之所养,苟未成性,其于仁也,至于三月,久之犹不能无违。非欲违之,气有不能守也,则"日月至

---

① 《论语解·雍也第六》,《蓝田吕氏遗著辑校》,第438页。

焉"者,从何如矣?若夫从心所欲,不踰矩,则其义将与天始终,无有岁月之限。故可久,则贤人之德;如圣人,则不可以"久"言。①

如何理解"颜渊三月不违仁"而又终究非仁?吕大临提出了自己的养气以成性的理论。成性是达到仁的必经途径,而要成性又必须通过养气的工夫。虽然人禀受天地之气有清有浊,养气的过程有缓有速之不同,因而守气的时间就有长有短之分,而人成性的条件则不受人禀受天地之气盛与衰的影响。这里,吕大临给圣人以外的凡人也提供了成性以至仁的可能,认为在成性以至仁的可能性面前,人人是平等的。吕大临进一步提出,成性与化天地是不同的。成性虽无禀气盛衰的影响,而化成天地则有所禀所养之不同。他说:

> 大而化之,则气与天地一,故其为德,自强不息,至于悠久、博厚、高明,莫之能已也。其次则未至于化,必系所禀所养之盛衰,故其为德或久或不久,执使之然,非致养之功不能移也。如颜子所禀之厚,所养之勤,苟未至于化,虽与"日月至焉"者有间然,至于三月之久,其气亦不能无衰,虽欲勉而不违,仁不可得也。非仁之有所不足守,盖气有不能任也。犹有力者,其力足以负百钧而日行百里,力既竭矣,虽欲加以一钧之重,一里之远,而力不胜矣。②

在指出"大而化之,气与天地一"之难能后,吕大临对一般人提出了养气以成性的工夫论。他认为:

> 故君子之学,必致养其气而成性,则不系所禀之盛衰,所谓"纵心所欲,不踰矩""不勉而中,不思而得"者,安得违仁者哉?可久,贤人之德,颜子其几矣。③

养气以成性,气是先天所禀受于天的,除了圣人可以与天同流而外,即使是贤人如颜子者,也必须养气。气是成性的条件,气又是限制人与天地一的因素。但无论如何,吕大临认为,人必须进行一番养气的工夫,才可以做到尽性以至仁的精神境界的追求。这里的气是不同于孟子所说的"善养吾浩然之气"的"气"。吕大临这里的气是人从天所禀所受的亦清亦浊、有善有恶的气。

---

① 《论语解·雍也第六》,《蓝田吕氏遗著辑校》,第438—439页。
② 《论语解·雍也第六》,《蓝田吕氏遗著辑校》,第439页。
③ 《论语解·雍也第六》,《蓝田吕氏遗著辑校》,第439页。

在养气以成性这一问题上,吕大临同二程是根本不同的。二程认为,养气是旁门左道,他们在如何成性这一问题上不主张养气这一说。二程说:

> 与叔所问,今日宜不在有疑。今尚差池者,盖为昔亦有杂学。故今日疑所进有相似处,则遂疑养气为有助。便休信此说。盖为前日思虑纷扰,今要虚静,故以为有助。前日思虑纷扰,又非义理,又非事故,如是则只是狂妄人耳。惩此以为病,故要得虚静。其极,欲得如槁木死灰,又却不是。盖人活物也,又安得为槁木死灰?既活,则须有动作,须有思虑。必欲为槁木死灰,除是死也。忠信所以进德者何也?闲邪则诚自存,诚存斯为忠信也。如何是闲邪?非礼而勿视听言动,邪斯闲矣。以此言之,又几时要身如枯木,心如死灰?又如绝四后,毕竟如何,又几时须如枯木死灰?敬以直内,则须君则是君,臣则是臣,凡事如此,大小大直截也。①

二程认为,吕大临之所以有养气可以有助于养心以成性的想法,是源于吕大临以前在关学阶段的杂学所致。关中学者昔有博杂的学问特点,但二程这里将吕大临的养气之错归于吕大临的博杂之学是牵强的。二程认为,吕大临因为患思虑纷扰,所以提倡虚静的工夫,而要做到虚静,就要养气以致之。但二程进一步认为,因思虑纷扰而生要虚静的想法,这一想法的极致是要做到心如"槁木死灰",显然是不正确的。他们认为,人除非是死了,才可能做到如槁木、如死灰。因此他们提出以"敬"来代替"静"。他们认为动亦敬、静亦敬,一敬字则可以做到不扰于外物之纷繁。他们继续谈论:

> 有言养气可以为养心之助。曰:"敬则只是敬,敬字上更添不得。譬之敬父矣,又岂须得道更将敬兄助之?又如今端坐附火,是敬于向火矣,又岂须道更将敬于水以助之?犹之有人曾到东京,又曾到西京,又曾到长安,若一处上心来,则他处不容参然在心,心里著两件物不得。"②

在另一处,二程甚至将养气之说等同于道教的胎息说和佛教的禅定说。二程认为养气这一说法,只可以用在医学上治病,有些许意义,假如将之等同于圣人的学道之说,则是不合一丝道理的。二程说:

---

① 《河南程氏遗书》卷二上,《二程集》,第26页。
② 《河南程氏遗书》卷二上,《二程集》,第27页。

> 胎息之说,谓之愈疾则可,谓之道,则与圣人之学不干事,圣人未尝说著。若言神住则气住,则是浮屠入定之法。①

即使是"谓养气犹是第二节事,亦须以心为主,其心欲慈惠安(一作虚)静,故于道为有助,亦不然"②。可见,二程认为,静对于求道是有帮助的说法也是不正确的。他们指出:

> 孟子说浩然之气,又不如此。今若言存心养气,只是专为此气,又所为者小。舍大务小,舍本趋末,又济甚事!今言有助于道者,只为奈何心不下,故要得寂湛而已,又不似释氏摄心之术。论学若如是,则大段杂也。亦不须得道,只闭目静坐为可以养心。"坐如尸,立如齐",只是要养其志,岂只待为养这些气来,又不如是也。③

也就是说,气与心相比,心是本,气是末;心是大,气是小,岂可舍大取小,舍本取末?假如论说学问以此为本,就是学问杂了。不可言养气,只可说养志。

"主敬"是二程所提出的一个重要思想,在新儒学发展史上具有极其重要的意义。同佛教与道家的"静"的工夫相比,二程的"敬"的思想有着明显的不同意味。静与敬,就一定的意义上说,它是佛教、道家与理学家对于境界培育所采取的不同办法。"敬"与"静",也就是"止"与"定"。

在理学家看来,佛家的"静"是体认无物、忘境的那种修持过程和精神状态。而儒家的"敬"则是专一地践履伦理道德规范的行为和心态。二程说"主一者谓之敬。一者谓之诚。主则有意在"④,也就是要时时以一敬重肃穆的心态来把握内心的思虑与体验。在一定的意义上,理学家是反对只讲静而不言敬的。二程认为:"不用静字,只用敬字。才说着静字,便是忘也。"⑤"定"是佛家形成和保持安静、稳定、能不为外境所扰动的宗教心理的修持方法。"止"则是使人、物、事各得其所,各止于或尽于其性分之内。⑥ 在此分析基础上,理学家也反对只讲定而要求言止,因为"定则忘物而无所为也。止则

---

① 《河南程氏遗书》卷二下,《二程集》,第49页。
② 《河南程氏遗书》卷二下,《二程集》,第49—50页。
③ 《河南程氏遗书》卷二下,《二程集》,第50页。
④ 《河南程氏遗书》卷二十四,《二程集》,第315页。
⑤ 《河南程氏遗书》卷十八,《二程集》,第189页。
⑥ 崔大华:《儒学引论》,北京:人民出版社2001年版,第442页。

物自付物,各得其所,而我无与也"①。他们认为:"释氏言定,异乎圣人之言止。夫于有美恶因而美恶之,美恶在物,我无心焉。苟曰吾之定,不预于物,然物未尝忘也。圣人曰止,随其止而止之,止其所也。"②

在理学发展史上,周敦颐具有类似佛教、道家的"主静"思想原则。但二程认为这一原则,很容易将儒家学者引导到佛教、道家的出世主义的道路上去,所以他们大力倡导主敬的方法。他们将主静与主敬进行对比,认为主静工夫在于屏知见、息思虑,而且其主要方法是静坐;至于主敬说,也不反对静坐。关键在于人在静坐时,到底应该持有怎样的心态——心中是有物呢,还是无物?要不要主宰?是操存,还是不操存?其实质是,静坐时心中是否应该有意念进行制导。二程的主敬说认为,人心在静坐时应该有物,要有所主宰,也应该操存;主静说则于此正好相反。理学史上,主敬与主静二说时有争论,前者批评后者为忘、为枯槁、为近禅;后者则批评前者为助长、为强把捉。孟子在讲到养气工夫时就曾说过:"心有事焉而勿正心,勿忘,勿助长。"③按照理学家的理解,仅仅养气,心无所事则忘;预期效验,则助长(拔苗助长之意)。两派工夫就是在这个意义上互相指责,形成对立的。④

就理学思想本身而言,"主静"与"主敬"二说之间是异中有同,同中有异。二者之同,在于无论"主静"说或者"主敬"说,都是为了去实现"存天理,灭人欲"的目标。而且"主静"与"主敬",就其最终的心理状态言,实际上都是偏于虚静的。二程说:"敬则自虚静,不可把虚静唤作敬。"⑤敬之中自有静之状态在。又说:"敬则虚静,而虚静非敬也。"⑥对于静、敬二者关系,《宋元学案》中记有:"问'周子主静,程子主敬,二说各原闻其大概。'先生曰:'屏思虑,绝纷扰,静也;正衣冠,尊瞻视,敬也。致静以虚,致敬以实。然此中皆有诚实工夫,岂摸形捉影而得?周子静,则礼先乐后;程子敬,则自然和乐。和乐、礼乐,非尔所及。但时时收敛,将身心摄入静、敬中,正心诚意,久之自有

---

① 《河南程氏粹言》卷一,《二程集》,第1172页。
② 《河南程氏粹言·论道》,《二程集》,第1178页。
③ 《孟子·公孙丑章句上》。
④ 参见祝瑞开:《宋明思想和中华文明》,上海:学林出版社1995年版,第141—142页。
⑤ 《河南程氏遗书》卷十五,《二程集》,第157页。
⑥ 《河南程氏粹言·论道篇》,《二程集》,第1179页。

进步处.'"①虚、实二者是就主体的心态而言的,虚是"主静"的心态,实则是"主敬"的心态。理学家除了提出了主"敬"主"静"之说,还有"穷理"之说:"问'伊川涵养须是主敬,进学则在致知。主敬、致知殆亦非两截事与?'先生曰:'主敬则心静,致知则理明。心静理明,知以涵养而益深沈。然敬非终日危坐,游心淡泊,必有事焉,神不外驰,而说心研虑,时时有新得也。'"②这里就主张敬、静与知统一。实际上,敬、静与知都是为了能够达到一种主体自觉的状态,即体主体内心理义之大体。"静"是一种无己,"敬"是达到这种状态的内心态度,而"穷理"则是能够实现这二者的一种手段。

就吕大临而言,他既倡程颢、程颐所开导的内心以敬体仁、守仁、不松弛,也有张载、程颐的穷理以知性、知仁的思想;而静则既是敬中应有之意,也是养气成性过程中所必然的工夫。

(二)克己归仁

如果说吕大临在关学时期以至在洛学的初期,还是坚持张载关学所提倡的变化气质,甚或养气以养心、养气成性以达到仁的最高境界,那么在洛学时期经过大程的开导,则吕大临便从一定程度上向大程的识仁、提倡直觉抑或倡导内心的体认转化了。

在同吕大临的辩论中,大程提出了一些极其重要的理学思想。这些思想在理学后期的学派分化、形成过程中起着非常明显的作用。《识仁篇》是《东见录》中大程对吕大临所说的一段极重要的语录,这一语录后来在理学家中引起了高度的重视。吕大临关学时期形成的"防检穷索"工夫在大程的开导下,逐渐得到了修正。吕大临对于大程的开导可谓领会精当,正如《关学编》所记载,大临"默识深契豁如也,作《克己铭》以见意"③。在《克己铭》中,吕大临说:

> 凡厥有生,均气同体。胡为不仁?我则有己。立己与物,私为町畦。胜心横生,扰扰不齐。大人存诚,心见帝则。初无吝骄,作我蟊贼。志以为帅,气为卒徒。奉辞于天,敦敢侮予?且战且徕,胜私

---

① 《沧州诸儒学案上》,《宋元学案》卷六十九,《黄宗羲全集》第五册,第735页。
② 《沧州诸儒学案上》,《宋元学案》(第三册)卷六十九,《黄宗羲全集》第五册,第734页。
③ 《与叔吕先生》,《关学编(附续编)》卷一,第11页。

窒欲。昔焉寇仇,今则臣仆。方其未克,窘我室庐,妇姑勃蹊,安取厥余。亦既克之,皇皇四达。洞然八荒,皆在我闼。孰曰天下,不归吾仁?痒痾疾痛,举切吾身。一日至之,莫非吾事。颜何人哉,晞之则是。①

在这一《克己铭》中,吕大临关于思虑纷扰的相关问题得到了另一解决的方法,这一方法显然更多地同于大程的对于人之直觉的理解。关于吕大临在这一点同于大程,《河南程氏遗书》上是有着明确记载的:"巽之(范育)凡相见须窒碍,盖有先定之意,和叔(一作与叔)②据理却合滞碍,而不然者,只是他至诚便相信心直笃信。"③大程在这里实际上指出了关学弟子在投奔洛学之后所必然会遇到的一个问题,即如何处理思想体系中早已形成的关学致思理路与洛学思想路径之差异;它在一定意义上反映了关学同洛学确实有不同的地方。大程在这里说得很清楚,吕大临与范育按照常理是应该一样,都会对相关的问题产生一定程度上的抵触,但吕大临却不存在这种情况,大程认为这是因为吕大临"至诚便相信心直笃信"。这里的"据理却合滞碍"之"理"到底包括哪些方面,是一个不易轻下结论的理论问题。它应该包括大程与张载在性之应物问题上所产生的诸多不同的思想,也就是"性"之"定"等相关的理论。

在《克己铭》中,吕大临提出了一些很有意义的思想。这些思想的形成当然不是吕大临在洛学时期一朝形成的,它有吕大临自我求索期、受学张载关学期一贯的致思痕迹。不过,这里所表现出的思想同大程确实具有不可否认的关联。我们可以对照大程的《识仁篇》加以分析。大程说:

> 学者须先识仁。仁者,浑然与物同体。义礼知信皆仁也。识得此理,以诚敬存之而已,不须防检,不须穷索。若心懈则有防,心苟不懈,何防之有?理有未得,故须穷索。存久自明,安待穷索?此道与物无对,大不足以名之,天地之用皆我之用。孟子言:"万物皆备于我",须反身而诚,乃为大乐。若反身未诚,则犹是二物有对,以己合彼,终未有之,又安得乐?《订顽》意思,乃备言此体。以此意存之,更有何事?"必有事焉而勿正,心勿忘,勿助长",未尝致纤毫之

---

① 《文集佚存·克己铭》,《蓝田吕氏遗著辑校》,第590—591页。
② 据多方考证,此处的和叔应就是与叔吕大临。
③ 《河南程氏遗书》卷二上,《二程集》,第27页。

力,此其存之道。若存得,便合有得。盖良知良能元不丧失,以昔日习心未除,却须存习此心,久则可夺旧习。此理至约,惟患不能守。既能体之而乐,亦不患不能守也。①

大程在这里提出了一个极其高明的仁之境界,这一仁的境界也就是天人合一的境界。天人合一的境界追求的是理学家共同的理想,这里,大程也是自觉地将自己的思想同张载《西铭》相等同的。② 实际上,大程、张载与大临在这一问题上没有什么不同之处。大程说:"仁者,浑然与物同体","此道与物无对,大不足以名之,天地之用皆我用"。张载在《西铭》中则说:

乾称父,坤称母;予兹藐焉,乃混然中处。故天地之塞,吾其体;天地之帅,吾其性。民吾同胞,物吾与也。大君者,吾父母宗子;其大臣,宗子之家相也。尊高年,所以长其长;慈孤弱,所以幼其幼。圣其合德,贤其秀也。凡天下疲癃残疾、惸独鳏寡,皆吾兄弟之颠连而无告者也。于时保之,子之翼也;乐且不忧,纯乎孝者也。违曰悖德,害仁曰贼;济恶者不才,其践形,唯肖者也。知化则善述其事,穷神则善继其志。不愧屋漏为无忝,存心养性为匪懈。恶旨酒,崇伯子之顾养;育英才,颍封人之赐类。不弛劳而底豫,舜其功也;无所逃而待烹,申生其恭也。体其受而归全者,参乎!勇于从而顺令者,伯奇也。富贵福泽,将厚吾之生也;贫贱忧戚,庸玉汝于成也。存,吾顺事;没,吾宁也。③

张载所提出的这一"民胞物与"的境界,哲学史上将之称为中国哲学上极高明的"天人合一"境界的经典表述。在这一境界中,张载认为天地之间的万事万物都是归于一的。他不仅提出人与人之间应该是一兄弟的关系,甚至认为人与物之间也应该是朋友式的关联。张载的《西铭》在理学乃至中国哲学史上的地位,我们在这里不做过多的评述,但它确实是理学家所共同认可并加以称道的达到了极高明的境界。大程与小程都是极力加以推崇的,所以大程说:"《订顽》意思,乃备言此体"。而作为张载的高足吕大临肯定也是心有

---

① 《东见录》,引自《蓝田吕氏遗著辑校》,第502—503页。
② 冯友兰先生认为,对于这种天人合一的境界,张载在《西铭》中是以形象的语言表达出来的,程颢则在《识仁篇》中以理论思维的形式表达出来。(参见冯友兰:《中国哲学史新编》下,北京:人民出版社1998年版,第127页)
③ 《正蒙·乾称篇》,《张载集》,第62—63页。

契合的。他说:"亦既克之,皇皇四达。洞然八荒,皆在我闼。孰曰天下,不归吾仁? 痒痾疾痛,举切吾身。"①

这里的关键在于,张载、吕大临与大程在如何达到"仁",也就是实现"天人合一"的形上之基础上是不同的。张载在《西铭》中首先就说:"乾称父,坤称母;予兹藐焉,乃混然中处。故天地之塞,吾其体;天地之帅,吾其性。"他从气一元论的角度来论述天人的关系,正因为天地万物、人己物我都是一气所成,因此民吾同胞、物吾与。而吕大临在《克己铭》中,首句就言"凡厥有生,均气同体"。我们这里是可以明显看出,吕大临在气一元论上同张载思想的一致性。吕大临即使在洛学时期也没有完全偏离关学时期所形成的气一元论的思想,这一点必须指出。至于大程则是从"学者须先识仁"始,"识"就是体会到,其内涵极为丰富。关于大程与张载在这一问题上的同与不同,我们前面已经做过分析,不再做过多的展开,下面我们将就吕大临与大程对于仁之相关问题做一细致的分析。

《识仁篇》是大程对吕大临的思虑纷扰所作的有针对性的论述,这一短短的语录中包含有以下的思想:(1)仁之境界的内涵是与物同体;(2)守仁的方法或途径是以诚敬存之、心不可懈;(3)什么是诚,存之之道是什么? 他引孟子的话说:"必有事焉而勿正,心勿忘,勿助长",未尝致纤毫之力。反之,则不诚便造成二物有对,以己合彼,终未有之。(4)出现不仁的原因在于昔日习心未除,因此,必须存习此心,久则可夺旧习。这里的主要思想是,程颢认为学者首先必须要从内心深处体认到义礼知信都是仁的内容,而仁的境界就是与天地万物浑然一体,己物之间不是二而一的关系,其本身就是一。程颢在这里是反对"对"的思想的,也反对以己之意来合物己之间的不同。

程颢极力要求学者必须有诚敬的工夫,假如心中不诚,心不自作主张,便会造成人心中本有的良知良能不明,为习心所除。假如做到了诚、敬,不松懈,就会达到仁的境界,即"若夫至仁,则天地为一身,而天地万物之间,品物万形为四肢百体。夫人岂有视四肢百体而不爱者哉?"②"仁者,以天地万物为一体,莫非己也。认得为己,何所不至? 若不有诸己,自不与己相干。"③正

---

① 《文集佚存·克己铭》,《蓝田吕氏遗著辑校》,第591页。
② 《河南程氏遗书》卷四,《二程集》,第74页。
③ 《河南程氏遗书》卷二上,《二程集》,第15页。又见《东见录》,《蓝田吕氏遗著辑校》,第501页。

因为大程更多地是从内心的一种直接的体验出发来论述仁的境界,所以,他认为吕大临的防检与穷索工夫都是不必要的。在这一境界中,物我彼己之间没有分隔,也没有对立,万物莫宁就是自己的四肢百体,主体在这一体验中就会像爱惜自己的身体一样去对待外物的存在。也是在这一体验中,学者会感受到一种至乐的情感或审美享受,是谓"大乐"。而能够产生大乐的内心体验,学者也就一定会守住心中的诚敬之状态。

大程这种"识仁""诚存""守仁"的工夫在吕大临的《克己铭》中是有所体现的。程颢认为之所以有不仁的出现,在于学者将物我、己彼相对,也就是有己的存在。再看大临,"胡为不仁?我则有己。立己与物,私为町畦"①。吕大临在此也认为,正是因为主体的自我在心中有己与物相对待的观念,在彼我之间私自划上了一条间隔,因而才有仁之不存的现实。他在这里对于自己以前内心所具有的思虑纷扰有了理论上的反省,认为之所以产生思虑纷扰,源于"胜心横生,扰扰不齐"。也就是说,由于内心有一己,这一己又有胜物的私心,才造成了内心思虑不齐的纷纷扰扰之存在。而要改变这一状态,就必须做到"胜私窒欲"。他在这里认为主体内心存在志与气两个层次,正是由于气之存在,才造成了私欲之扰扰。要使私欲不"窘我室庐",就必须使志统率气,他认为志与气的关系是臣与仆的关系。联系小程所说的一段话,我们可以看到大临在这里所受到的影响。程颐说:

> 吕与叔尝言,患思虑多,不能驱除。(程颐)曰:"此正如破屋中御寇,东面一人来未逐得,西面又一人至矣,左右前后,驱逐不暇。盖其四面空疏,盗固易入,无缘作得主定。又如虚器入水,水自然入。若以一器实之以水,置之水中,水何能入来?盖中有主则实,实则外患不能入,自然无事。"②

> 昔吕与叔尝问为思虑纷扰,某答以但为心无主,若主于敬,则自然不纷扰。譬如以一壶水投于水中,壶中既实,虽江湖之水,不能入矣。曰:"若思虑果出于正,亦无害否?"曰:"且如在宗庙则主敬,朝廷主庄,军旅主严,此是也;如发不以时,纷然无度,虽正亦邪。"③

无论大程还是小程,对于吕大临的患思虑多的问题,都做了自己的解释

---

① 《文集佚存·克己铭》,《蓝田吕氏遗著辑校》,第590页。
② 《河南程氏遗书》卷一,《二程集》,第8页。
③ 《河南程氏遗书》卷十八,《二程集》,第191页。

并提出了相关的办法。小程认为大临之所以产生这一问题,源于内心无主宰,也就是无"主",无主则不实,不实则虚以待外物之侵。要达到内心之实,程颐倡导必须心中有敬,敬则可以实,实则外物不侵,外物不侵,则可以无思虑纷扰之苦。这一敬也就是二程所讲的非静空如死寂。二程在这里明确倡导一种主体自觉的主宰精神,人要做到自作主宰,才可以不被外物所引诱,也就是儒家所向往的应于物而不累于物的高明境界。

吕大临受到二程的指导,在这一问题上是有明确的认识的。《克己铭》中,他提出"志以为帅,气为卒徒。奉辞于天,孰敢侮予?"这里就明确地认识到,主体必须在内心有一志作为心体的统帅,以志御气。大程教导吕大临以识仁为宗旨,也就是从内心深处体会到仁者与天地万物为一体的境界,将天地万物都视作自己的四肢百体;而吕大临则是从主体内心深处的克己之私来讨论这一问题。公与私在这里对举,私在另一处吕大临认为就是私意。在《易章句》中,他说:

> 理义者,人心之所同然,屈而不信,私意害之也;理义者,天下之所共由,畔而去之,无法以闲之也。私意害之,不钦莫大焉;无法以闲之,未有不流于不义也。直则信之而已,方则匡之而已,非有加损于其间,使知不丧其所有,不失其所行而已。二者,克己复礼者也。克己复礼,则天下莫非吾体,此其所以大也。心诚求之,虽不中,不远矣,此所以"不习无不利"也。①

私是私意,克是克私意。克尽私意,则能够复礼,以至能够体天下之大公,而至于天下莫非吾体,也就是说,天下都是自己的一体之所在,这实际上就是仁的境界了。

"识仁"与"克己"二者有同有异。识得仁,则天地之物尽为己物,这是从心体之源头上说;克己则内心廓然大公,这是从心体动而生情来说。一强调心之包容无私,一则谓私生之后的克欲反公。一曰"识",一则"克"。二者虽有相通之处,但二者之异是存在的。

三　知以反性

对于大程批评吕大临的"防检"工夫,假如说在《克己铭》中,吕大临受到

---

① 《易章句·坤》,《蓝田吕氏遗著辑校》,第66页。

程颢的识仁境界的显著影响,并对自己以前关学时期形成的养气以养心的思想有所改变,那么这一"穷索"工夫却是他一贯坚持的。在这一点上,吕大临更多与张载、小程相契合了。

穷索实际上就是知理的工夫,儒家认为要做到尽性、知天与天相合一,则必须首先做一番知理的工作,也就是格物致知的工夫。前面已述,理学家们重视对于天地万物的了解与认识,不是从纯粹的知识论的角度去理解的,他们将格物致知作为主体达到穷事物之理以致天地之理的手段。知识论是工夫论的一个方面,或者说,知识论是从属于工夫论的,知识是主体修养的一个必要的内容。儒家一贯认为,一个有修养的人,不仅是道德上的君子,他也应该是知识上的博学之士。从知识与道德二者关系而言,知识的增多是为道德的提升做准备的。一个没有知识的人,也必然不会是一个有道德的人。君子应该是"仁且智"即智与德的统一。

(一)学以解蔽

儒家虽然肯定人具有高于万物的内在价值,却又认为,并非所有的人一出生之后就一定是"人"。因为人虽然具有成为人的先天的素质,但这一素质是作为一种潜在的能力存在的,它必须经过后天环境的影响、礼义的熏陶和教育的启发以及自我的自作主宰工夫,才有可能转化为现实或接近理想的人格。所以,儒家从孔子开创学派以来,就把教育作为十分重要的问题。儒家学者认为,人若无教,就无异于动物,因而他们把教育作为人的发展的一个前提条件。提倡重视学习的儒家,与提出绝圣弃智的道家有着态度上的不同。儒家学者认为,一个人道德品质的高低,同他所掌握知识的多少是成正比例的,因此,"学"是儒家通向理想人格的第一步。[①]

朱熹在《论语集注》之首说:"此为书之首篇,故所记多务本之意,乃入道之门、积德之基,学者之先务也。"[②]很明显,朱子这里所说的"道"与"德",就是人之所以为人的所以然,是实现理想人格之道。儒家学者的"入道"与"积德"是一个人最终的人生目的,而这一目标的实现必须借助于学者的学习与操持。学习是人之为人的条件和前提,儒家就在此程度上突出了"学"在人生

---

① 袁贵仁:《对人的哲学理解》,郑州:河南人民出版社1994年版,第158页。
② 《论语集注》,《四书章句集注》,第47页。

价值实现中的重要地位。

孔子虽然认为有不学而知、学而知之与愚不可学三种人,但他一贯强调学习在成人过程中的作用,而且明确指出自己是学而不厌的人。他的这一思想在孟子和荀子那里都得到了发挥。孟子曾引子贡的话说:"学不厌,智也;教不倦,仁也。仁且智,夫子既圣矣。"①也就是说,孟子虽然认为仁义礼智根于人心,但这些只是作为人所固有的善端存在,人必须学习。因此,在他所构想的理想人格中,除尧舜以外,自汤以后的圣人,都是经过了后天的学习才达到圣人境界的。而孔子作为圣人,也是通过学习才得以实现的。孔子由于做到了勇于学习与教诲别人不怕疲劳的统一,因而孔子是真正的仁与智的统一。而荀子更是强调"学"的重要性,他说:"吾尝终日而思矣,不如须臾之所学也。"②他甚至把"学"作为人与动物的分水岭,"故学数有终,若其义则不可须臾舍也。为之,人也;舍之,禽兽也"③。因此,荀子提倡人必须活到老学到老。

吕大临在学这一问题上,也认为儒家学者只有做一番学习格物的工夫,才能够达到儒家所倡导的理想境界,他强调了学在这一过程中的极其重要的作用。吕大临说:

> 反之者,求复乎性而未至,虽诚而犹杂之伪,虽行而未能无息,则善不可不思而择,德不可不勉而执,不如是,犹不足以至乎诚。故学问思辨,皆所以求之也;行,所以至之也。君子将以造其约,则不可不学;学而不能无疑,则不可不问;未至于精而通之,则不可不思。欲知是非邪正之别,本末先后之序,则不可不辨;欲至乎道,欲成乎德,则不可不行。④

吕大临认为,君子是性之者,而一般人只能是反之者。作为反之者的凡人,必须要做一番求之者的工夫,即"求复乎性"。而反之者的求复性必须通过"学问思辨"的努力才能最终实现。也就是学问思辨这些知的工夫是反之者的儒家学者复性的必经途径。这里就明确地规定了学问思辨的致知格物同复性的关系,强调了在化凡成圣的路上,学习的必要性。同张载一样,吕大

---

① 《孟子·公孙丑章句上》。
② 《荀子·劝学篇第一》,《荀子集解》,第4页。
③ 《荀子·劝学篇第一》,《荀子集解》,第11页。
④ 《礼记解·中庸第三十一》,《蓝田吕氏遗著辑校》,第296页。

临一般而言坚持的是"自明诚"的道路,而非程颢的"自诚明"的致思倾向。在这一复性以成圣做君子的目的之下,吕大临必然强调学习致知的重要性,即使是以德性为主的学习过程,也必然地内含着对人的认识重要性的强调。

吕大临同时认为,学习不一定就能致知,但是爱好学习却可以使人从愚昧之中走出。他说:"好学非知,然足以破愚。"①人的学习达到了致知格物的程度,则可以改变人的愚昧而至于明智的境地。又说:"学至于致知格物,则天下之理斯得,虽质之愚,而不明者寡矣。"②主体的学习是一个循序渐进的过程,只要主体坚持学习,不论自己天生的资质如何,都能达到知晓天下之理的最终状态。因此,吕大临特别强调学习的重要性,强调学习对于人复性的意义。他认为,事物的道理("性")是唯一的,但在具体的情况之下,又有诸多不同的表现形式。"性一也,流行之分,有刚柔、昏明者,非性也"③。这是说,表现形式并非事物的本性。

> 有三人焉,皆有目以别乎众色,一居乎密室,一居乎帷箔之下,一居乎广庭之中,三人所见昏明各异,岂目不同乎,随其所居,蔽有厚薄尔。④

由于主体处于不同的特殊环境之中,对于同一事物产生了不同的感受,但是这并非人的感觉("目")不同(吕大临是认同"人同此心,心同此理"的),而是环境造成人之目受到了障蔽。因此,吕大临认为学习是不同的人达到认识事物最终本性的途径。他说:

> 凡学者,所以解蔽去惑,故生知、学知、困知,及其知之一也,安得不贵于学乎?⑤

吕大临在这里还是将人划分为三类:生知、学知、困知,这具有明显的等级观念;不过,他认为只要通过学习,无论哪一种人都可以最终认识到事物的本质。学习的目的,就是解除蒙蔽在人们心中的不真的感受以及所产生的迷惑。学习是不同的人达到成性以成圣的共有的途径,这又在承认学习平等的前提下,否认了有生而知之、学而知之,以及困于学知的现实差异。同前面吕

---

① 《礼记解·中庸第三十一》,《蓝田吕氏遗著辑校》,第291页。
② 《礼记解·中庸第三十一》,《蓝田吕氏遗著辑校》,第297页。
③ 《礼记解·中庸第三十一》,《蓝田吕氏遗著辑校》,第291页。
④ 《礼记解·中庸第三十一》,《蓝田吕氏遗著辑校》,第291页。
⑤ 《礼记解·中庸第三十一》,《蓝田吕氏遗著辑校》,第291—292页。

大临所提出的变化气质比较,学习的过程实际上就是破愚明性以致成性的过程,是成人的必要条件。吕大临明确地说:"君子所贵乎学者,为能变化气质而已。"①每个人都可以通过自己的努力,来达到最终的目的。正是基于这一种认识,因此,任何人都没有必要对自己所生来的资质有所怀疑,因为任何人都有成圣的可能。他说:

> 虽有共行之道,必知之体之勉之,然后可行;虽知之体之勉之,不一于诚,则有时而息。求之有三,知之则一;行之有三,成功则一,所入之途,则不能不异;所至之域,则不可不同。故君子论其所至,则生知与困知、安行与勉行,未有异也。既未有异,是乃所以为中庸。若乃企生知安行之资为不可几及,轻困学勉行为不能有成,此道之所以不明不行,中庸之所以难久也。愚者自是而不求,自私者徇人欲而忘反,懦者甘为人下而不辞,有是三者,欲身之修未之有也。②

吕大临在这里认为,不同的人在进行修德成性的过程中,具体情况确有不同,但是他们最终所达到的境界应该是相同的,也就是"所入之途,不能不异",而"所至之域,则不可不同"。基于这一点,吕大临论述人们在最终成性的结局时,认为生知与困知、安行与勉行都会一样。他还认为,平常的人假如认为自己不具备生而知之与不费精力就可成就的人所具有的资质,因而自己永远赶不上;且轻视自己的困于学习从而要取得成功必须付出努力这一资质,并认为自己必然达不到最终的成功,这种想法是不对的。他在这里明确提出,人人都可以成性知仁,人人都可以如圣人一样通过自己的努力修身致知而最终有所成就。这种重视主体内在的自觉,并要求人们必须树立通过自我努力能够成圣成贤的自信心的思想,具有非常重要的意义。

(二)学约至一

既然学习的过程就是明性,就是复性,那么这种学习虽有知识论的内容,就必然主要是明晓事物之理(物理与性理的统一),以至天下万事万物之理的过程。吕大临说:

---

① 《礼记解·中庸第三十一》,《蓝田吕氏遗著辑校》,第297页。
② 《礼记解·中庸第三十一》,《蓝田吕氏遗著辑校》,第291页。

君子之学必致一,不致一则二三,二三则异端之言,交入而无间,卒不能以自立也。一者何?理义而已。①

这一明性致知的过程,不仅要明晓一事一物之理,而且要明晓事事物物所共有的道理——"一"。一就是理,"天下通一气,万物通一理"。

致知,穷理也。穷理者,必穷万物之理,同至于一而已,所谓"格物"也。合内外之道,则天人物我为一;通昼夜之道,则生死幽明为一;达哀乐好恶之情,则人与鸟兽鱼鳖为一;求屈伸消长之变,则天地山川草木人物为一。孔子曰:"吾道一以贯之。"又曰:"天下同归而殊途,一致而百虑。"又曰:"天下之动,贞夫一者也。"故知天下通一气,万物通一理。此一也,出于天道之自然,人谋不与焉。故《大学》之序,必先致知,致知之本,必知万物同出于一理,然后为至。②

万事万物都具有同一理,这一理是客观存在的,不以人的主观意志为转移的。因此,即使在不同的情况之下,虽然会产生不同的感受,但由于这一理是出于天道的自然,它就必然最终达到同一的共识。天人物我、生死幽明、鸟兽鱼鳖、山川草木人物,就其大而言之,都可统归于一理。

要达到这贯天贯地、贯人贯物的一之理,就必须做一番由博归约的学习工夫。他说:"学以聚之,聚不博则约不可得,博学而详说之,将以反说约也。为学之道,造约为功,约即诚也。不能至是,则多闻多见,徒足以饰口耳而已,语诚则未也。"③人之为学首先必须要博学广闻,学习的过程就是一个知识不断积累的过程。只有在积累了足够知识的基础之上,才能够不蔽于一己之小。但是人之博学又必须进而上升至至约的境地,才能不陷于众多纷繁之中,博与约是相辅相成的关系。吕大临说:

守约必先博学,穷大必先执中,致一必先合两,用权必先反经。学不博而求守约,则识蔽于小,故言入于诐;中未执而欲穷大,则心陷于大,故言放于淫;两未合而求致一,则守固而道离,故言附于邪;经未正而欲用权,则失守而道穷,故言流于遁。

蔽者见小而不见大,故其辞诐。如申、韩只见刑名,便谓可以治国,此目不见大道,如坐井观天,井蛙不可以语东海之乐。陷者务多

---

① 《礼记解·缁衣第三十三》,《蓝田吕氏遗著辑校》,第350页。
② 《礼记解·大学第四十二》,《蓝田吕氏遗著辑校》,第373页。
③ 《礼记解·中庸第三十一》,《蓝田吕氏遗著辑校》,第296页。

不务约,故其辞淫。如司马迁之类,汜滥杂驳,不知统要,盖陷在众多之中不能自出,如人陷入大水,杳无津涯,罔知所济。离者见左而不见右,如杨子为我,墨子兼爱,夷清惠和,皆只是一偏不能兼济,盖将道分离开,故其辞邪。穷者知所避而不知归,故其辞遁。如庄周、浮屠,务欲脱去形迹,殊无归著,故其言惟欲逃避所恶,而不知所向,如人逃难,不得其所,益以穷矣。①

吕大临遍举诸家,蔽者、陷者、离者、穷者,都因为他们有其一偏之失。也就是,见小不见大、务多不务约、见左不见右、知所避而不知归。如何处理博与约,也需要做统一观。因为只博不约,就可能陷于众多事物之中,而不能得出事物的本质规律;但是只求约而不广积,就会有只见事物一偏从而有片面的弊病。博约正如两一、大中、权经关系一样,这四对都必须加以结合,才能够不陷于一端之弊中。博学与守约、穷大与执中、致一与合两,以及用权与反经两两相对、相待而相成,彼此影响、彼此补充。

(三) 闻见之知与心知

我们知道张载虽然也提出了学习对于人之尽性的必要性,因而非常重视人的"见闻之知",但是张载又提出了"德性之知"以同"见闻之知"相对。张载认为德性之知不萌于见闻,这就一方面承认了人的感觉重要,一方面却又否认了人们认识事物之理时见闻之必要。

吕大临虽然没有德性之知之提法,但他提出了另外一个概念——"心知"。在讨论守"中庸"之不同时,吕大临说:

> 中庸之可守,人莫不知之,鲜能蹈之,恶在其为知也与?唯颜子之择中庸而能守之,此所以为颜子也。众人之不能期月守,闻见之知,非心知也。颜子服膺而弗失,心知而已,此所以与众人异。②

在这里,吕大临以"见闻之知"与"心知"作为颜子与众人之不同的依据。只有"闻见之知"的众人对于中庸这一极高明的境界不能够长久的持守,而颜子则能够做到期月之守。那么,到底何谓"闻见之知",何谓"心知",并不能够有一个明确的了解。我们可以联系下面的内容进行分析:

---

① 《孟子解·公孙丑章句上》,《蓝田吕氏遗著辑校》,第470页。
② 《礼记解·中庸第三十一》,《蓝田吕氏遗著辑校》,第277—278页。

第四章 成仁之惑：存心养气与克己归仁

> 择乎中庸，可守而不能久，知及而仁不能守之者也。知及之，仁不能守之，自谓之知，安在其为知也欤？虽得之，必失之。故君子之学，自明而诚，明则能择，诚则能守，能择知也，能守仁也，如颜子者，可谓能择而能守也。高明不可穷，博厚不可极，则中道不可识，故"仰之弥高，钻之弥坚；瞻之在前，忽焉在后"。察其志也，非见圣人之卓，不足谓之中，随其所至，尽其所得，据而守之，则拳拳服膺而不敢失。勉而进之，则既竭吾才而不敢缓，此所以恍惚前后，而不可为象，求见圣人之止，欲罢而不能也。一宫之中，则庭为之中矣；指宫而求之一国，则宫或非其中；指国而求之九州，则国或非其中。故极其大则中可求，止其中则大可有，此颜子之志乎！①

这一段话重在说明，能够守仁才是真正知。较一般的人而言，只有颜子才能够做到这一点。颜子不仅明而能择，并且诚而能守，是既明又诚、既知又仁。对比于前面一段，吕大临将"见闻之知"归于众人，将"心知"归于颜子，我们可以得出，"闻见之知"只是基于经验基础之上的一般人的常识认识，而"心知"则是能够从根本上把握"仁"这一"极高明而道中庸"的真正的知识。这里，我们不能够明确地判定吕大临"闻见之知"与"心知"的关系，也不能够清楚知道这二者的具体内涵。似乎，"闻见之知"只是一种处于感性阶段的感性知识，而"心知"则是能够进入仁之境界的理性之知。由于吕大临在这里语焉不详，我们不能就此指明"心知"可以脱离"闻见之知"而直接地认识到天地之理，并可以独立地成为一种认识方法。这还不同于张载所提出的"不萌于见闻的德性之知"。

吕大临这一"心知"同他在《孟子解》中对于尽其心所做的注释是有联系的，他说：

> "尽其心者"，大其心也。心之知思，足以尽天地万物之理，然而不及者，不大其心也。大其心与天地合，则可知思之所及，乃吾性也。性即天道，故知性则知天。②

吕大临认为，人们只有扩大自己内心，才可以达到尽心知性知天的目的。"大其心"，心则可知。既然在前面吕大临认为，"闻见之知"只是常人的一般

---

① 《礼记解·中庸第三十一》，《蓝田吕氏遗著辑校》，第278页。
② 《孟子解·尽心章句上》，《蓝田吕氏遗著辑校》，第478页。

的知识,它不能够使人知仁并守仁,那么,我们就有理由相信,这里"大其心"一定不等同于"闻见之知"所能达到的境界,它就只能是"心知"的应有之义。

吕大临并不否认"闻见之知"的重要性,但他认为"闻见之知"不能够使人尽性而知天。要做到这一点,就必须通过"心知"才能完成这一任务。"闻见之知"有待于上升到"心知"。他以子贡为例说明:"若子贡聚见闻之多,其心已实如货殖焉,所蓄有数,所应有期,虽曰富有,亦有时而穷,故'亿则屡中',而未皆中也。"[①]大临认为,即使如子贡多见多闻者,知识可谓富有而广博了,也并不能做到对事、物时时能够不过不及,也就是认识清楚事物的本质,并在精神上达到中的境界。"心知"是同行相联系的,一个人假如只知道中庸之可守,却做不到期月守,这实际上并非是真正的知仁、知中庸,只有既知而又能守仁的知才是真正的知仁、知中庸。

吕大临强调,人们进行认识的最终目的,并非纯粹的认知,而应是落实到现实的人伦日用之中。这实际上,就是强调在实践上笃实践行自己所认识的道德修养的重要性。这一思想,很有关学所倡导的力行践履的学风特点。人的认知的最终目的必须能够在现实生活中,给人以指导,并能够在一定程度上左右自己的行动。那种只说不行的理论,只能是一种空洞的说教。理学家们除了在理论上对自己所信奉的道德加以自觉的体认,他们也在行动上大力加以倡导,这是理学家实学学风的表现。理学家们也并非人们所想象的,全是空谈心性的道学家。

吕大临有时又认为,学习的实质并不仅仅是向外求理,它就是将自己心中所固有的本性显现出来。他说:

> 故君子贵乎反本。君子之道,深厚悠远而有本,故淡而不厌,简而文,温而理,本我心之所固有也。习矣而不察,日用而不知,非失之也,不自知其在我尔。故君子之学,将以求其本心。[②]

这是一种向内的工夫,而不仅仅是一种向外的格致物理。吕大临这一向内寻求的思想,是同他认为天地物我皆有同理的思想相一致的。这里似乎又不同于程颐、朱熹所倡导的格物致理,而与陆九渊的内省工夫相符合。

吕大临在太学博士任上,为太学诸生讲《中庸》,他谈到学者为学之序

---

① 《礼记解·中庸第三十一》,《蓝田吕氏遗著辑校》,第274页。
② 《中庸解》,《蓝田吕氏遗著辑校》,第493页。

时说:

> 《中庸》之书,学者所以进德之要,本末具备矣。既以浅陋之学为诸君道之,抑又有所以告诸君者,古者寋老而不乞言。寋者,仪刑其德而已,无所事于问也。其次,则有问有答,问答之间,然犹不愤则不启,不悱则不发。又其次,有讲有听,讲者不待问也,听者不至问也。学至于有讲有听,则师益勤而道益轻,学者之功益不进矣。又其次,讲而未必听。有讲而未必听,则无讲可也。然朝廷建学设官,职事有不得已者,此不肖今日为诸君强言之也。诸君果有听乎? 无听乎? 孔子曰:"古之学者为己,今之学者为人。"为己者,必存乎德行,而无意于功名;为人者,必存乎功名,而未及乎德行。若后世学者,有未及乎为人,而济其私欲者多矣。①

吕大临这里申明了《中庸》作为学者"进德之要"的地位,另一方面,也表明了他对这一思孟学派重要典籍的重视。他在这里还将学习者的求学从学与问的关系划分为四个等级:

其一,对于具有道德仪表的老人,遵循古礼而师法其德就够了,不去问教打扰他们也是出于尊重他们高龄之意。

其二,学生和教师有问有答,先是学生有所疑问,教师再根据学生的情况进行教育。他在这里引用了孔子的"不愤不启,不悱不发"的思想,强调了求学者的主动性与积极性在学习中的重要地位。很显然,吕大临重视对于学生的启发式教育。

其三,教者不待学生先行有所疑惑而提出问题,学生也只是被动地接受教者的讲解,不是主动地去思考教者所传授的内容,心中没有对相关问题的疑问。对于这一种情形,吕大临认为它必然造成的局面是,教者较之学者更为主动,因而传授的内容中所具有的大道是不易为人所接受的,学习的人将不会从中有所进益。

其四,老师只是一味地讲授,而学生却不去听,即只有教师的讲,而没有学生的接受知识。吕大临认为,这种学习方式,老师的作用是没有发挥出来的。

他还认为,孔子所说的学习的目的是"为己"这类人,他们学习只是为了

---

① 《中庸后解序》,《皇朝文鉴》卷第九十一,《蓝田吕氏遗著辑校》,第592页。

提高自己的德行,并非为了求取功名;而"为人"之人正好相反,他们学习的目的不是为了提高自己的德行,而是以学习作为谋求功名利禄的途径。吕大临这是以"德"与"名"作为阐释孔子为人为己的标准,具有新意,也明显地具有理学的重德色彩。吕大临在这里非常明确地告诫学生,学习当以提高德行以成己作为目标,而不应以求得一己之功名的私意作为自己的目的。他接着说:

> 今学圣人之道,而先以私欲害之,则语之而不入,道之而不行,如是则教者亦何望哉?圣人立教以示后世,未尝使学者如是也;朝廷建官设科,以取天下之士,亦未尝使学者如是也,学者亦何心舍此而趋彼哉?圣人之学,不使人过,不使人不及,喜怒哀乐未发之前以为之本,使学者择善而固执之,其学固有序矣。学者盖亦用心于此乎,则义礼必明,德行必修,师友必称,乡党必誉。仰而上古,可以不负圣人之传;付达于当今,可以不负朝廷之教养。世之有道君子,乐得而亲之;王公大人,乐闻而取之。与夫自轻其身,涉猎无本,徼幸一旦之利者,果何如哉?诸君有意乎今日之讲,犹有望焉;无意,则不肖今日自为詋詋无益,不几乎侮圣言者乎?诸君其亦念之哉!①

吕大临认为,学习就是学为人之道,也就是学习圣人所立之道。圣人所立之道,或说圣人立教之目的,也就是使人在学习过程中通过研读圣贤之书,从而得出其中所蕴含的道理。他认为学习是应该有次序的,首先必须在自己内心中保有自己所固有的善性。这一善性,吕大临认为就是喜怒哀乐未发之时的大本,也即中。

他进一步指出,学者是以道、还是以利作为自己的学习目的,这二者所产生的功效是不一样的。前者以求心中之善本为鹄的,它必然使义礼明、德行修、师友称、乡党誉,并能够在社会中普遍地得到承认;反之,以一己之私利为追求,就是轻视自己内心所固有的根本——善性,其结果只能得一时之小利,并不能够同前者相比较。吕大临在这里实际上表达了儒家所一贯倡导的以天下之道为人生追求的目标,实现了这一目标,也就是最大的利益,最大的功利。是以义为利,以长远之利为利。

总之,吕大临以学者追求成人成善作为学习的最终目的,他说:"明善者,

---

① 《中庸后解序》,《皇朝文鉴》卷第九十一,《蓝田吕氏遗著辑校》,第592—593页。

致知之所及也。及乎知至,则所谓善者,乃吾性所固有,非思勉之所能及也。"①这一求善、求理的过程,既要向外求得事事物物之理,也要向内揭示自己生而固有之"赤子之心"所体现的本然之理。

基于"天下通一气,万物通一理"与"人同此心,心同此理",吕大临认为每个人通过自己自觉的求学过程,都可以最终明晓事物之中所包含的本然之理。这一理既是物理,也是事理,还是伦理。学习在成人成圣的过程中,是不可或缺的重要条件。在这一学习的过程中,吕大临同大多数理学家一样,都必然地包含有对于知识的重视,但是正如前面所说的,儒家这里所提倡的知识具有片面性,它主要是指历史知识、道德知识、政治常识,重点是学习为人之道,而对于其他知识注意不够,这是时代的局限。

四 礼以成人

儒家在成人这一理论中,不仅仅要求学者在内心反求诸己、格物致知上穷理尽性,他们还要求学习者必须在自己的一言一行中都能够贯彻儒家所倡导的从善改恶的原则。儒家所提倡的工夫,不仅仅是语言上劝善迁恶,心体上主敬无扰,它更主张行为上的自作主宰。就学习而言,儒家本来就认为其中的一项重要内容是"礼"。"礼"在儒家的思想中,包含着丰富的内容,它是各种知识的汇总。儒家又非常重视传统与现实的结合,他们认为通过学礼,就能够使人获得历史知识与现实知识。而历史的"因"与现实的"革"的结合,就能够使人在更自觉与更理性的态度上继承儒家所一贯倡导的仁义礼智之道德规范。当然,新儒学学者们将古礼充实以新的内涵,即"天理";也将"天理"的实现付以古老的手段,即"礼",这二者是互为存在的。

(一)礼本于理

吕大临认为,儒家所倡导的礼义是同天理相符合的,礼是天理的必然流露。他说:

先王制礼,其本出于君臣、父子、尊卑、长幼之间,其详见于仪

---

① 《孟子解·离娄章句上》,《蓝田吕氏遗著辑校》,第473页。

章、度数、周旋、曲折之际,皆义理之所当然。故礼之所尊,尊其义也。①

这里认为礼是先王(圣人)所制定,具有圣人造天下的狭隘思想。但他认为,礼并不是圣人自己凭空设想出来的,礼是从君臣、父子、尊卑、长幼这些特定的人伦关系中总结与归纳出来的。同时,他认为社会的仪章、度数与人人之间的周旋、曲折的行为中,就包含有先王制礼的原则。这一原则,吕大临称之为"义","义"也就是理义,理义也就是礼之所以为礼的原因。他说:

人之血气、嗜欲、视听、食息,与禽兽异者几希,特禽兽之言,与人异耳,然猩猩、鹦鹉亦或能之。是则所以贵于万物者,盖有理义存焉,圣人因理义之同然,而制为之礼,然后父子有亲,君臣有义,男女有别,人道所以立,而与天地参也。②

人之所以异于禽兽者,以有别也;如其无别,则夫不夫,妇不妇矣。父子之亲,从何而正?父子不亲,则君臣之义从何而立?三者不正,求不为禽兽者,未之有也。盖人伦之本,始于夫妇,终于君臣,本正则末不治者,亦未之有也。③

天下之理义,无所不通,圣之谓也。无所不通,无所不敬,礼之所由制也。礼之行也,不在乎他,在长幼之分而已,性之德也。礼得于身之谓德,由学然后得于身,得于身则与先得人心之所同然者同之,故诚之而至诚,乃天之道,是亦圣人也。④

由此可见,吕大临一方面认为,圣人因为是无所不通、无所不敬的知理义者,所以他能够根据人人内心之同的理义来制定礼节并行之天下。人与禽兽之不同,关键一点正在于人能做到长幼有序,具体到人类社会,就是君臣有义、父子有亲、男女有别,而禽兽则虽然同人一样有血气、嗜欲、视听、食息,却没有长幼之别。所以,区别于禽兽之无别,圣人以先得于人心之同者,为社会制定礼义。

义理不仅仅是人类社会中必须遵从的规则,它也是天地之理,是道分为三在人道之上的表现。而人道就是天道。人道的礼也是本之于天,是由天所

---

① 《礼记解·冠义第四十三》,《蓝田吕氏遗著辑校》,第382页。
② 《礼记解·曲礼上第一》,《蓝田吕氏遗著辑校》,第192页。
③ 《礼记解·冠义第四十三》,《蓝田吕氏遗著辑校》,第389页。
④ 《礼记解·乡饮酒义第四十五》,《蓝田吕氏遗著辑校》,第395页。

生的。天道不仅仅是物理之乾坤,天道本身也是具有理义的。他说:

> 天道无私,莫非理义,君所以代天而治者,推天之理义,以治斯人而已。故曰:"天叙有典,天秩有礼,天命有德,天讨有罪",莫非天也。①

> 《书》曰:"天叙有典",体也,人伦之谓也;"天秩有礼",用也,冠、昏、丧、祭、射、乡、朝、聘之类也;二者皆本于天,此礼之所由生也。②

> 仁义礼知,人道具矣,人道具则天道具,其实一也。③

人道就是天道,二者都是理在不同层次的表现与展开。尽人道,就是尽天道。礼就不再是人类社会之独有的理义,而是贯天通地之一理。这一理,既有物理之必然,又有伦理之当然,它是事实与价值判断的统一,是实然与应然的合一。

既然礼内在的包含有理义于其间,因此,必须从理义之角度来对礼加以重视。这就要求,在现实的生活中,不以礼的外在的表现形式来左右自己,而应从礼的本质对礼有所认识。吕大临说:

> 礼之所尊,尊其义也。其文,则揖相习之;其义,则君子知之;修其文,达其义,然后可以化民成俗也。④

> 失其义,陈其数,祝史之事也。知其义,则虽先王未之有,可以义起也;不知其义,则陷于非礼之礼,非义之义,大人弗为也。⑤

> 礼之所尊,尊其义也。其文是也,其义非也,君子不行也;其义是也,其文非也,君子行也。⑥

> 礼不可无义,故明君臣之义,长幼之序焉。⑦

吕大临认为,礼有义与文、义与数之别。义是礼所内含的理义,文则是礼的形式。内容与形式相比,内容重于形式。当礼之义与文发生矛盾时,应该以义作为最后的行为判断标准。义不仅仅是礼的内容,义也是礼之所以为礼

---

① 《礼记解·表记第三十二》,《蓝田吕氏遗著辑校》,第333页。
② 《礼记解·丧服四制第四十九》,《蓝田吕氏遗著辑校》,第419页。
③ 《礼记解·丧服四制第四十九》,《蓝田吕氏遗著辑校》,第419页。
④ 《礼记解·乡饮酒义第四十五》,《蓝田吕氏遗著辑校》,第396页。
⑤ 《礼记解·冠义第四十三》,《蓝田吕氏遗著辑校》,第382页。
⑥ 《礼记解·曲礼上第一》,《蓝田吕氏遗著辑校》,第190页。
⑦ 《礼记解·射义第四十六》,《蓝田吕氏遗著辑校》,第399页。

的本质所在。

"义"在儒家思想中,实际上是一种仁爱的观念。儒家学者认为,"仁者爱人"是人之为人的所在。爱人的内在根源在于人心有一善的观念,善的观念也就是他们所说的"有义"(德性)。善作为一种属性、价值取向,是一种至高的道德意识,而这一善(德性)在儒家是当作人的本质来加以理解的。人懂得礼义,也就是能够用各种道德规范对自己自觉地进行约束,这就达到了高于动物的人性超越,实现了人之本质的外在化。

因此,理学家的礼义思想是同儒者所追求的仁者境界相贯通的。吕大临强调克己复礼归仁的重要性,认为克己是从人之内心深处对于不合于理义的杂念进行克制与压抑,复礼则是从外部对人的一言一行加以规范与引导,二者最终目的都是要培养一种仁者的风范。在传统儒家学者生活的时代,就这三者所含有的最主要内容来说,"仁""义""礼"三者都包含有政治、伦理道德规范的内容。"礼"和"义"相比,"义"的地位更根本,一定意义上,可以说"义"就是"礼"的指导思想,而"礼"则是"义"的原则的贯彻;"礼"是用来推行"义"的。"仁"是最高的精神境界、最完善的人格实现,是目的;"礼"可以看成是达到最高价值目标"仁"的手段,而"义"是标准。

吕大临在强调礼之义的重要性时,并没有否认礼之文的作用。他说:

> 盖君子之于天下,必无所不中节,然后成德,必力行而后有功。其四肢欲安佚也,苟恭敬之心不胜,则怠惰傲慢之气生;怠惰傲慢之气生,则动容周旋不能中乎节,体虽佚而心亦为之不安;于其所不安,则手足不知其所措,故放辟邪侈,踰分犯上,将无所不至,天下之乱自此始矣。圣人忧之,故常谨于繁文末节,以养人于无所事之时,使其习之而不惮烦,则不逊之行,亦无自而作,至于久而安之,则非法不行,无所往而非义矣。君子敬以直内,义以方外,敬义立而德不孤,则不疑其所行矣。故发而不中节者,常生乎不敬,所存乎内者敬,则所以形乎外者庄矣。内外交修,则发乎事者中矣。①

吕大临在此认为,圣人基于众人情有享乐之意,而在日常之繁文末节之际,以礼劝之从善。在内以敬、在外以义,通过内外敬义的共同作用,在不知不觉之中,通过细枝末节的无意识教育来引导人们从善去欲,从而做到不沉

---

① 《礼记解·射义第四十六》,《蓝田吕氏遗著辑校》,第400页。

溺于个人的安逸享乐而合于社会的规范:

> 先王制礼作乐,以养人起居动作,多为文章,以寓于声色臭味之间,无非所以示人者,薰沐渐渍,日迁于善,而不自知也。①

> 事豫则立,不豫则废,先王之制礼,以善养人于无事之际,多为升降之文,酬酢之节,宾主有司有不可胜行之忧,先王未之有改者,盖以养其德意,使之安于是而不惮也。故不安于偷惰,而安于行礼,不耻于相下,而耻于无礼,则忿争之心,暴慢之气,无所从而作,此天下之乱所以止于未萌也。天子以是养诸侯,诸侯以是养其士大夫,上下交相养,此兵所以不用,天下所以平也。②

> 礼主乎别,节文虽繁而不可乱也。因亲疏、长幼、贵贱之等差,以为屈伸隆杀之节文,明辨密察,然后尽乎制礼之意矣。③

圣人通过在众人闲暇之间的嬉戏贯以礼之义,在文繁饰非之中改变人们的好逸懒惰暴慢之恶习,从而达到教育众人学礼知理义的目的。这种平素的教育,最终还能达到天下太平、兵马不用的功效。

(二)礼义为人

吕大临认为,礼是人之所以为人的内在根据。他说:

> 知崇礼卑,崇效天,卑法地。故知礼者,人之天地也,未有天地不具,而能有物者也。此人之所以为人,必在乎礼义也。④

这里将知与礼二者看成人的天和地,天地是生物的先决条件,是物得以为物的根据;则礼是人之所以为人的根据。没有礼,也就无所谓人之存在。礼是人区别于其他生物的一个根本标志。就生物界而言,它们只遵从自然的客观规律,这种遵从是一种被动的适应与服从,没有自觉可言。人却能够通过自己有意识的活动,制定规则与礼节来对自己的活动进行调适,以促进社会的进步与和谐。礼就其实质而言,它是人将自己的行动自觉地适应于社会的规范,使人与人之间形成一种有序的关系。吕大临在评品三代之政的本末

---

① 《礼记解·射义第四十六》,《蓝田吕氏遗著辑校》,第402页。
② 《礼记解·聘义第四十八》,《蓝田吕氏遗著辑校》,第415页。
③ 《礼记解·乡饮酒义第四十五》,《蓝田吕氏遗著辑校》,第397页。
④ 《礼记解·冠义第四十三》,《蓝田吕氏遗著辑校》,第383页。

时说:"礼,人文也,人文之著,则上下有等,亲疏有辨。"①认为礼是人在生存中所形成的一种特有的规范,人文是同自然相对的,人文突出了人的创造性与自觉性特点,它能使社会主体在等级之间错落有致,主体可以在自己的角色中做到各行其是、各当其任,而在这一上下、亲疏的关系中,成就社会的有序与和谐。

在礼的这一人文社会过程中,实际上贯穿着理学家所倡导的仁义的原则与价值取向。程颐就认为,人的价值就在于具有仁义的道德意识。他说:"君子所以异于禽兽者,以有仁义之性也。"②儒家认为,礼作为人之所以为人的根据,其本质是我心所固有的理义之外在的表现。但是,这一外在的礼节是需要人经过长期的学习、操存与实践才可以最终成就人的目标的。作为重礼践行的吕大临对于这一点,极为重视。他说:"一饮食之间,可以化民成俗,则升降之文不为末节也。"③又说:"修其文,达其义,然后可以化民成俗也。"④理学家不仅仅注重主体对于礼之"义"(理义)的体验,他们也认为外在的礼之文具有化民成俗的重要作用。吕大临还认为:"礼得于身之谓德,由学然后得于身,得于身则与先得人心之所同然者同之,故诚之而至诚,乃天之道,是亦圣人也。"⑤这里强调了礼必经学才可以将本之于身的德性加以展开,学习、实践于一言一行之中,正是儒家所强调的操存践履的工夫。这一习礼的过程,实际上也就是人之真正成人的逐渐践习的过程。

成人不是一朝就可实现的,吕大临不认为人之为人仅仅通过顿悟的内在体验得以完成。他遵循了关学重实行的思路,主张:

> 礼始于冠者,童子所以成人也;本于昏者,有夫妇然后有父子,有父子然后有君臣也;重于丧祭者,人道之所终也;尊于朝聘者,所以明君臣之义也;和于乡射者,所以合人情之欢也。八者备,然后礼备,故曰礼之体也。⑥

冠、婚、丧祭、朝聘、乡射礼作为礼之大体,在于它们在人处于不同阶段、

---

① 《礼记解·表记第三十二》,《蓝田吕氏遗著辑校》,第 325 页。
② 《河南程氏遗书》卷二十五,《二程集》,第 323 页。
③ 《礼记解·乡饮酒义第四十五》,《蓝田吕氏遗著辑校》,第 395—396 页。
④ 《礼记解·乡饮酒义第四十五》,《蓝田吕氏遗著辑校》,第 396 页。
⑤ 《礼记解·乡饮酒义第四十五》,《蓝田吕氏遗著辑校》,第 395 页。
⑥ 《礼记解·昏义第四十四》,《蓝田吕氏遗著辑校》,第 389 页。

不同地点、不同场合之下给予人以理义的呈现。这里,我们可以看出吕大临具有可贵的重视人的情欲的思想,他不认为心体所发的情是唯恶无善的,而关键在于以礼制情、以礼导情。吕大临认为,只有将礼之义与礼之文结合起来,才可以实现儒家所提出的达到仁者之境界。吕大临说:

> 人生天地之间,其强足以凌弱,其众足以暴寡,然其群而不乱,或守死而不变者,畏礼而不敢犯也。人君居百姓之上,惟所令而莫之违者,恃礼以为治也。一人有礼,众思敬之,有不安乎;一人无礼,众思伐之,有不危乎,此所以系人之安危而不可不学者。富贵者,人之所共敬者也;贫贱者,人之所共慢者也;礼者自卑而尊人,虽负贩之至贱,犹不敢慢而必有所尊,况人之所共敬者乎?古之君子,不侮鳏寡,不畏强御,苟无礼以节于内,则外物之轻重,足以移其常心矣。故富贵者,知其所当敬,则不骄不淫;贫贱者,知其所自敬,则志不慑。①

人是在社会中得以成其为人的,所以儒家倡导积极的入世精神。而礼作为一种人文之饰,当其成为人人遵守的规则并深入人心之中,礼就成了社会得以存在的不可或缺的重要条件。富贵、贫贱,都可以在一礼之敬与畏的心理下得以不淫与不慑。张载也说过:"盖礼者滋养人德性,又使人有常业,守得定,又可学便可行,又可集得义。"②他强调了礼在培养人的德性方面所具有的意义,并且认为礼节可以使人无时不有可为、可守、可行的特点,这就避免了佛家所讲的一味冥思苦想之静坐工夫。

也正是在对礼的理性认知中,礼被吕大临提升到极高的地位。他说:"国之所以为国,人道立也;人之所以为人,礼义立也。"③这种意义下的礼,确乎关涉到人是否为人的问题。而礼作为一种理义的现实化,就体现了鲜明的人道精神。礼虽然来于天道,但其中涵盖的人道精神保证了国家的存在。

(三)礼正其外

吕大临强调学礼对于治理国家的重要性,他理顺其中的关系说:

> 敬至则礼重,礼重则人道立,此国之所以为国也,故曰"所以为

---

① 《礼记解·曲礼上第一》,《蓝田吕氏遗著辑校》,第193页。
② 《经学理窟·学大原上》,《张载集》,第279页。
③ 《礼记解·冠义第四十三》,《蓝田吕氏遗著辑校》,第384页。

国本也"。①

重视礼在治理国家中的作用,是儒家德治思想传统的继承。孔子就将礼提升到治理国家根本的地位,他主张"为国以礼"②。孔子思想的核心是"仁",他从仁的角度将人作为具有自觉性的主体身份突显出来。但是孔子并不一般的讨论人之为人,他要求主体必须在外在的行为中以礼成人,做到"非礼莫视,非礼莫听,非礼莫言,非礼莫动"③。孔子认为,从个体角度言,"礼"是成就个人人格的条件;从群体角度言,礼是维系社会和谐的根本原则。因此,孔子要求主体自觉地遵循"礼"的繁文缛节,践履"礼"的大道原则;要求主体在日常生活的一言一行之中,培养自我控制的能力,以最终在人格的完善之中成就"仁"的境界,并进而将这一成人的理想推及于天下。

在先秦儒家学派中,如果说思孟学派有将儒家的思想引向心性一途的倾向,那么荀子则从人性恶的理论前提出发,倡导了一种外在修为的路向。荀子理论的一个显著特点是隆礼重法。他认为:"礼者,人道之极也。"④"故人无礼则不生,事无礼则不成,国家无礼则不宁。"⑤把"礼"看作是人之所以为人的最根本的东西,将"礼"作为人学习的主要内容,认为"学也者,礼法也"⑥。从性恶论出发,荀子认为圣人与平民在本性上是相同的,圣人之所以高出凡人,就在于他们明于礼义。但礼义不是一个人生来就具备的,必须通过主体后天努力的学习才能够最终获得。

在理学家中,重视礼的莫过于张载所开创的关学。⑦ 吕大临在《横渠先生行状》中说张载教学者,以践履礼义达致人性之复归,以变化气质来改变气质之性的不足。吕大临还记载有张载对于一些礼节恢复的重视。张载认为,人虽然气质之性有恶,但通过学习与道德教育等修养,就能"变化气质",使至善的天地之性得到回复。在如何变化气质的方法上,他继承了孟子敬心、养气的理论,并且将敬心、养气与遵礼联系起来。他说:"变化气质。孟子曰:

---

① 《礼记解·冠义第四十三》,《蓝田吕氏遗著辑校》,第384页。
② 《论语·先进第十一》。
③ 《论语·颜渊第十二》。
④ 《荀子·礼论篇第十九》,《荀子集解》,第356页。
⑤ 《荀子·修身篇第二》,《荀子集解》,第23页。
⑥ 《荀子·修身篇第二》,《荀子集解》,第34页。
⑦ 洛学以礼为敬,以主敬穷理为宗,自然归于道德性命之学;而关学以礼为教,以躬行礼教为本,实多偏于经世治国之道。两者虽各有偏重,但均体现了宋明道学的真精神。

'居移气,养移体',况居天下之广居者乎!居仁由义,自然心和而体正。更要约时,但拂去旧日所为,使动作皆中礼,则气质自然全好。"①

在继承孟子学说与荀子思想的基础上,张载进一步提出"知礼成性"的修养途径。他认为人心自有一种直接体悟天地之性的认识功能,如果把这种自身具有的"德性之知"与"礼"结合,就能"成性",即"达于天道,与圣人为一",实现理想人格。张载甚至还认为"礼"是变化气质的根本,一切行动如果"皆中礼,则气质自然全好"。当然,张载"知礼成性"的修养方法也强调了在道德实践上主体的自觉性。他认为能否变化气质,领悟"天性""天理",达于至善,在很大程度上取决于主体的选择,"在己求之而无不得者也"②。

受张载及关中学风的影响,吕氏兄弟都非常关注社会礼仪,他们不仅在理论上给予了论证,而且将这一思想从实践上付诸现实。在中国历史中,他们率先在社会层面上制定了《吕氏乡约》这一民间的社会规范,作为处理邻里之间人与人交往的准则。这一民间的乡约、乡规,在中国传统社会中产生了深远的影响,甚至延续至今,具有极其重要的意义,我们将在下面做具体的分析。③

吕大临认为:"德以道其心,使知有理义存焉;礼以正其外,使知有所尊敬而已。"④道德是从内部开发人心本具的善性,使人知晓人生来就有理义存于未发之前;礼是从外面匡正人们的行为,使人人都有一个行动的标准,这一标准能使人有所尊敬、有所敬畏。作为礼仪之邦的传统中国,儒家学人倡导礼义的持守作为自己立世的准则及与人交往的指南。德与礼作为维系社会稳定的工具,二者是缺一不可的。一从人心之内加以防守,一从人心之外加以规范。吕大临说:

> 知有理义,知所尊敬,则知所以为善为不善,然后其心知止于是,而不欲畔而之他也。不善之名,虽愚不肖者耻之,欲使民心知所

---

① 《经学理窟·气质》,《张载集》,第265页。
② 《经学理窟·学大原上》,《张载集》,第280页。
③ 在以血缘为基础的宗法社会,具有社会影响力的不是单个的家庭,而是由具有血缘关系的一批家庭所构成的宗族。宗族通过一套制度与规则,对组织内的成员进行约束与管理。传统中国社会的管理与活动,其实是由中央政府与这一单元共同加以承担的。国家的法律与宗族的族规,在调整人与人之间的关系与维护社会的安定方面起着同样重要的作用。
④ 《礼记解·缁衣第三十三》,《蓝田吕氏遗著辑校》,第341页。

以为善不善,则畔而之他者,众人之所耻;众人之所耻,虽愚不肖者,亦将不欲为矣。此孔子所谓"有耻且格"。格者,正也。政者,所以禁民为非;刑者,所以惩民之为非。禁也者,非能使之知不善而不为,亦强制之而已;惩也者,非能使之知耻,使之知畏而已。故民非心悦而诚服,欲逃其上而不可得,此所以"有遁心",孔子所谓"免而无耻"者也。德礼所以正其本,本立则末不足治;政刑所以齐其末,苟无其本,则法不足以胜奸。我待之以爱,则彼必亲;我待之以信,则彼必不倍;我待之以恭,则彼必能逊。此人情之常然,况君民之间乎!故子爱恭信,亦以德示之而已;恭以涖之,亦以礼先之而已。《甫刑》曰:"苗民匪用命,制以刑,惟作五虐之刑曰法。"盖高辛氏之末,诸侯之国有三苗者,民不用上之命,君无德以教之,惟制以刑,作五虐之刑,惟杀戮及劓、刖、椓、黥也。民愈为恶德不可止,遂至于绝其世,《书》所谓:"民兴胥渐,泯泯棼棼,罔中于信,以覆诅盟。"又曰"皇帝哀矜庶戮之不辜,报虐以威,遏绝苗民,无世在下"是也。①

他认为,德礼是维系社会的最根本的方面。同政刑相比,德礼之教能够使人从内心深处知晓善与不善的区别,从而在人心中产生为不善而生的羞耻感。吕大临认为人知晓羞耻,就不会做出背叛社会的行为。即使是愚蠢的人也会因此放弃自己的不善行为。而政与刑都只能从表面上禁止或惩罚人们的行为,并不能从人心内部产生不为的想法。吕大临认为,德、礼是在人行为前对人加以约束,这种约束具有自觉自愿的性质;而政、刑是在行为之后加以干涉,即使是在行为之先,但二者并不能使人从思念起处约束自己行为的善与不善。他强调人之行动的自觉、自愿性,并能加以引导,而轻视外在异己力量的强制性与惩罚性。因此,他认为德、礼是本,而政、刑是末。

儒家重视对于人的主体自觉性与自愿性的培育,而不倡导外在异己力量的强制性,这是基于儒家人性善恶的理论前提的。儒家从孔子就十分重视人的意志的自由性,他们的理念是建立在对自己个性极度尊崇基础之上的。儒家学者认为,人们可以自由地选择与实践自己的行为,并对之承担责任。孔子提出"为仁由己"的思想,要求张扬自己固有的自主自足之心。荀子说得更明白:"心者,形之君也,而神明之主也,出令而无所受令。自禁也,自使也,自

---

① 《礼记解·缁衣第三十三》,《蓝田吕氏遗著辑校》,第341页。

夺也，自取也，自行也，自止也。故口可劫而使墨云，形可劫而使诎申，心不可劫而使易意，是之则受，非之则辞。故曰：心容其择也，无禁必自见。"①这段话的意思是，体现人的意志的"神明之主"——"心"，不仅是人的形体，也是人的精神的主管者，它具有自主性，是发布命令而非接受命令的存在。在主体进行自我决策的过程中，是限制还是使用，是放弃还是接受，是行动还是停止，完全由自己做主，它不因外力的逼迫而屈服，它自由选择，不受任何限制，必然而自主地表现出来。

孔子强调"为仁由己"，孟子说"仁，人心也"，"君子所性，仁义礼智根于心"②。将孔子的"仁"和心性联系起来，"心"便成了道德价值的源头。后来的儒家学者，都从这一思路出发来寻求道德的依据与本原。到了宋明新儒学这里，他们受到佛、老的刺激，更加重视从心性角度来探讨价值本原，从而构建了儒家的心性论思想。心性论在这里既是本体论，又是价值观。从心性的层面，他们肯定了人在宇宙中的地位与价值。认为具有"心同此理"的"心"是人所共有的，心不仅是思维，也是良知良能。人之所以异于动物，首先在于人能思考（德性的思考），人人都禀赋着认识自己的能力和思想的能力。在理学家这里，这种能力无疑是一种对于自己价值地位的思考能力，即一种不同于万物的价值自觉能力。程颐说："君子所以异于禽兽者，以有仁义之性也。"③仁义之性，即天赋道德原则，区别了人与有生之性的万物。这就在道德价值的自觉取向上，彰显了道德意义与价值追求在人之为人上的重要性。

吕大临在这一内在思路的指引下，认为基于人之羞耻之心基础之上的礼才是真正的治人正人之途径。礼有义与节之分，礼节是内在的理义在社会层面的外在化。吕大临认为，主体可以在反求诸己的内在工夫中，从内心深处理解、体认道德伦理观念，然后在外在的礼节之中加以自觉的实践，从而达到理想的人格境界，以实现自我的价值。理学家赋予了礼以新儒学的内涵，张载说："盖礼者理也，须是学穷理，礼则所以行其义，知理则能制礼，然则礼出于理之后。"④既然礼之中蕴含天地之理，则学习与践履礼义的过程，就是主体对天理的体认与认知的过程；而且，这也是对于自己所受于气的气质之性

---

① 《荀子·解蔽》，《荀子集解》，第397—398页。
② 《孟子·尽心章句上》。
③ 《河南程氏遗书》卷二十五，《二程集》，第323页。
④ 《张子语录》下，《张载集》，第326—327页。

加以改造的过程。

　　学礼、知礼,还须践礼。一个人仅仅具备关于"礼"的知识,还不等于人格的完成,只有在行动上自觉地去适应"礼"的规范,做到"知行合一",才能实现理想的人格。吕大临和张载都认为,通过学礼可以把外在变成人的内在,这样的守礼之举就具有了内在的道德自觉。吕大临认为,一方面,人通过学习和践履礼义的工夫,将外在的规范转化成内在的自觉;另一方面,则可以通过自己内在的"内省",将自己心中由气质之性而成的不合于礼义者同外在的规范加以比较,以反思自己心中"私意小知",也就是不合于理义者。这种反思,既是对自己的认识的反思,也是对自己行为的反思。

第五章　道学论衡：吕大临与关洛浙闽

　　张载、程颢、程颐的道学内涵，代表了那个时代社会发展进步所追求的思想精神。他们开创奠基的宋明理学作为一种学术思潮，影响了中国几百年的思想界、文化界与社会界。这其中的学术流变既有不同时代的主题转换，也有不同学派之间的思想论辩。从何者为世界的本原看，有理气心性之不同；从区域文化的学术特色看，则有濂洛关闽浙的各异。这些不同学派从不同的层面，展示了中国传统学人的智慧与创造，反映了对于世界的不同看法与思考。正是这些不同的思考以及学者之间的论辩，构成了一部内涵丰富而又主题鲜明、争辩不已而又演绎创新的宋明理学思想史。作为思想史的真正主人，也就是不同时代的宋明理学学人们，则正是在这一思想史的洪流中，成就了自己的学术价值与人生意义的。一个学者既是他生活世界的人，而有师法之传承、籍贯之定位；也是学术思想史中的人，而有问题回答之分析、人生阅历之不同。因此，我们认为学派归属并不是判定学者思想史地位的唯一的、全部的尺度，尤其对于那些经历多变、游历多地，而生活丰富的学人更是如此。当然，我们并不否认以学派来揭示思想史中人物地位的意义。

　　吕大临是张载、二程的及门高弟，关学、洛学又是宋明理学重要的学派，我们评价吕大临的理学思想史地位，显然无法跳过他在关学、洛学史中的评价，但这不是问题的全部。笔者认为，我们也可以通过闽学朱熹、浙学不同时期学者对吕大临的评价，来更全面地揭示他的学术创新之功。

　　但历来对于吕大临的关、洛学派之归属，从未达致一公认的结论。吕大临31岁以前已经好学精思，有着自己的道学思考。31岁至40岁受学于张载，并且同张载一样都生活于关中地区，共同受到关中刚毅风俗文化的影响，很明显地带有近似的特质。但在张载去世之后，他又投奔当时声名鹊起的二程，成为二程门下的得意门生。如何从学派的角度来判定他的学术思想定位，面临着新的难题：一是由于张载关学与二程洛学面临共同的时代课题，本身就有思想相通处;二是吕大临晚于程颢而又早于程颐辞世;①三是吕大临辞世较早,思想并未成熟,但他又得到程颐、朱熹的称赞,也就是说,他的思想可以做更深层的引申、阐释;四是吕大临本身也有着精深的理学思考,哪些是自己的,哪些是张载、二程的,哪些又是受他们影响、启发的,并不好轻易下判定;五是吕大临遗留下来可以一见的著作,已经不能明确分辨到底作于哪个时期;六是一段时间以来,我们甚至不能确切判定吕大临的出生时间,从而造成他的学术思想的分期面临困难;七是吕大临先关后洛的学术经历,造成他被思想史研究定位于非关即洛、非洛即关的两难之中。

一 吕大临与关学

虽然史书将吕大临作为重要的洛学人物加以叙述,但吕大临首先是关中蓝田人,而且首先是张载的高足。作为一个曾经伴学张载的弟子,吕大临对于张载思想以及自己与张载共同生活的关中地区文化有着不可割断的联系。吕大临不仅认同张载的思想,而且传承、发展并践行着张载的学术精神;而以他为代表的吕氏兄弟所形成的吕氏家学,则一方面推动了张载学术的传播,扩大了其影响力,另一方面,也与张载学术一道共同构成了广阔意义上的关中学术。

(一)吕大临与张载

吕大临与张载同为关中人,这种地域的相关性造成二人思想具有天然的亲近感。而且,吕大临对于张载的思想也确实表现出了高度的认同,即使后来他在二程门下。程颐就说吕大临:"守横渠学甚固,每横渠无说处皆相从,才有说了,便不肯回。"②

《全宋文》收有吕大临写给张载的三封书信,因为吕大临与张载交往的资

---

① 学派开创者身后的学术追随者,在学派思想史中的地位可以通过与开创者思想进行对比,就能够判定哪些是继承的,哪些是偏失的,哪些是背离的,哪些是创新的,哪些是不相干的。因为,开创者本人的思想已经成熟、固化,思想史研究就是在二者之间寻求演绎的逻辑。但是早于开创者而逝的追随者的思想,就面临着开创者本人思想还未完全成熟、完善、体系化的问题。

② 《河南程氏遗书》卷第十九,《二程集》,第265页。

料今日所见太少,所以此处全录:

  上横渠先生书一 某启:近得伏见门墙,累日侍坐,虽君子爱人无隐,赐教谆谆,然以不敏之资,祈进大学,恐不克奉承,以负师训。拜违而来,夙夜耸惧。属盘桓盘雍,华旦初始,还敝邑踰月之久,不获上问,当在矜照。

  上横渠先生书二 某稽颡再拜:前日往哭太博之殡,虽得见于次,以未终亲丧,弗克叙吊。至于敦匠执绋,又不与事,诚心痛恨,殆不胜言。拜违未及,奄朔日,不审与奠感恸,气力何似?某还舍执丧,苟生如昨,不愿念卹。每见先生哀发至隐,不独系于私爱。某虽不得切与闻焉,反求诸心,犹不能处,先生耆艾,岂易胜丧?去圣既没,道有所在。虽废兴有命,亦当天下同忧。敢祈节抑自重,以慰士望,不胜区区之愿。谨奉疏,不次。

  上横渠先生书三 某启:天道性命之微,承学亦久,尝以所闻,反求所自得,自谓无足疑者,方将勉学存养之道而已。屡蒙待问,致思以求,亦未之得。虽然弥坚,岂能遽违?大惧学不加勉,未见所疑。惟先生见爱之深,敢望略举问端,使之详对,则疑否可决,烦渎视听,怵惕之至。①

李如冰认为《上横渠先生书一》应该作于熙宁元年(1068),也就是吕大临初次问学张载可能就在这一年。她的理由是,该书中的"华旦初始",应指神宗皇帝1068年即位不久。笔者认为,这一解释不妥。因此,遵循《全宋文》编者的意图,认为这三篇书信是按吕大临拜师之后的先后顺序排列的。对于《上横渠先生书一》,笔者重新断句为:

  近得伏见门墙,累日侍坐,虽君子爱人无隐,赐教谆谆,然以不敏之资,祈进大学,恐不克奉承,以负师训。拜违而来,夙夜耸惧,属盘桓盘雍,华旦初始。还敝邑踰月之久,不获上问,当在矜照。②

这一段的大意是:近来得以拜伏老师门墙之下,连日陪侍在您的座边。

---

① 《上横渠先生书》,《全宋文》卷二三八五,第一一〇册,第153—154页。

② 在此,要感谢业师西北政法大学的赵馥洁教授与中国人民大学的张立文教授。因为实在难以理解"华旦初始"在此段的内涵,曾先后深夜电话请教两位先生,两位先生以高龄谆谆教诲,予以指导;启我愚蒙,发我心智。因此,我也能体会到900多年前吕大临的心情,当真是"夙夜耸惧,属盘桓盘雍"。

虽然老师您以君子之道毫无保留地谆谆教诲我，期望我达到体悟天地之道的高深境界。但是，学生我天资愚钝，恐怕难以承受老师的期望，有负老师的教诲。拜别老师以来，我日夜警惕恐惧，心情（学习体会）时而犹豫困惑时而和谐开朗，如美好的日子刚刚开始一般。回来已经一个月有余了，虽然不能得到老师的亲自教诲与垂问，但老师对我的关爱教育一直在激励着我。第二封信写于熙宁九年（1076）三月，吕大临岳父张戬逝日之后不久，此时吕氏兄弟几人正在家守父丧。第三封信，时间不明。

这三封信叙述了吕大临从最初师从张载，再到"承学亦久"的心路历程。它至少由吕大临本人之口最直接地反映了以下几个方面内容：（1）吕大临对张载的为学与为人表达出了极高的认同，认为张载是能够承担往圣所传之道的君子。（2）张载对吕大临谆谆教诲，祈之能够进"大学"的境界，寄予了很高的期盼。（3）师徒所讨论的学术问题的重点是，"天道性命之微"；而且，吕大临自认为能够对张载的心性思想深有体会而"无疑"。（4）吕大临认为，真正能够进入"大学"之道的工夫，是"存养"。

这种学术的认同与人格的追随，也体现在我们所述的吕大临相关思想的分析中。吕大临坚持并一定程度上发展了张载"大气本一""德性之知与闻见之知""天地之性与气质之性""知礼成性变化气质"等相关思想，这些方面的思想精神一直到他从学二程时，都没有放弃。而且，在张载门下的吕大临确实有明晰的"存养"工夫，这一思想成为已是二程弟子的吕大临与程颢进行学术讨论的重要方面。

当然，吕大临在洛学时期确实有自觉地认同程颢、程颐学术的倾向，我们在后面还要提到，其实这种认同在张载未逝之前就已经有了。这种学术倾向在他为张载所作的《横渠先生行状》中看得很清楚。在《横渠先生行状》初稿中，他说张载见到二程兄弟后，"尽弃其学而学焉"。后在二程的批评下，改为"见洛阳程伯淳、正叔昆弟于京师，共语道学之要，先生涣然自信曰：'吾道自足，何事旁求！'乃尽弃异学，淳如也。"①前面一条意思是张载学于二程，后面一条则是张载之学受到了二程思想的启发。无论如何，他认为二程之学有其优越性。当然，这是否表明吕大临已经完全否认张载学术思想，并自觉地抛弃张载对他的影响呢？笔者认为这是不可能的。因为，《横渠先生行状》中除

---

① 《吕大临:横渠先生行状》，《张载集》附录，第381—382页。

了这一点值得存疑外,他对于张载的学术成就与道德人格做了高度的评价。他说:

> 横渠至僻陋,有田数百亩以供岁计,约而能足,人不堪其忧,而先生处之益安。终日危坐一室,左右简编,俯而读,仰而思,有得则识之,或中夜起坐,取烛以书,其志道精思,未始须臾息,亦未尝须臾忘也。学者有问,多告以知礼成性变化气质之道,学必如圣人而后已,闻者莫不动心有进。又以为教之必能养之然后信,故虽贫不能自给,苟门人之无赀者,虽粝蔬亦共之。其自得之者,穷神化,一天人,立大本,斥异学,自孟子以来,未之有也。……先生气质刚毅,德盛貌严,然与人居,久而日亲。①

从这一段话中,我们可以看出吕大临对于张载的学术思想抱有深深的敬意。"穷神化,一天人,立大本,斥异学,自孟子以来,未之有也",这就将张载的学术同孟子相续起来,认为张载接上了孔孟的道统。既然二程批评吕大临不可认张载学于自己,则吕大临如此抬高张载,岂不有违二程兄弟的学术自许? 程颐说程颢:

> 周公没,圣人之道不行;孟轲死,圣人之学不传。道不行,百世无善治;学不传,千载无真儒。……先生生千四百年之后,得不传之学于遗经,志将以斯道觉斯民。②

二者相较,吕大临认为张载接上了孔孟道统的说法与程颐认为程颢接上的思想是有抵触的,以此我们可以断定吕大临并未抛弃对于张载学术思想的肯定,或说认同。吕大临《横渠先生行状》中所体现出来的张载苦心求道的学术场景,也证明吕大临在伴学张载时对于其师有着细心的观察与高度的敬仰。

(二)吕大临兄弟与张载关学

张载以其"危坐终日,穷索力行"的学术毅力,开创了以其思想为精神内涵的宋明新儒学学派,也就是一般意义上的关学,笔者将其称为张载关学。

这里的张载关学,指的是在张载的学术感召下,由众多或及门、或私淑弟

---

① 《吕大临:横渠先生行状》,《张载集》附录,第 383 页。
② 《明道先生墓表》,《河南程氏文集》卷十一,《二程集》,第 640 页。

子构成的,拥有共同的以张载学术思想为依归的学术派别。而这一以张载为领袖的学术派别的形成,显然有一个张载思想逐渐被人接受的过程。

作为一名生活于边境地区深受割据势力侵扰刺激的关中学人,张载曾经一度"喜谈兵",但在范仲淹"儒家自有名教,何事于兵"的教诲下,他以《中庸》《周易》为核心遍读儒、释、道百家之书,从而逐渐形成了自己以儒为主而兼容释老的学问体系。嘉祐初年(1056—1062)以到京城应试始,张载曾一度在开封讲学,并有"尝坐虎皮讲易京师,听从者甚众"①的盛况。嘉祐二年(1057)的进士及第,显然是张载学术影响扩大的一个重要因素。治平二年(1065),文彦博以故相判长安,聘张载至学宫,以教士子。治平四年(1067),张载又应京兆府尹王陶之聘于郡学讲学。熙宁元年(1068),张载又曾讲学武功绿野亭。到熙宁二年(1069),张载的学术影响力已经为人所重。因为这一年御史中丞吕公著向宋神宗推荐他说:"张载学有本原,四方之学者皆宗之,可以召对访问。"②神宗面见张载,对于张载所论非常满意,后任其为崇文院校书。不用说,这次皇帝的召对当更加扩大了张载学术的影响力。而且,程颢也认为张载"经术德义,久为士人师法"③。虽然后来张载因其弟监察御史张戬被贬一事所忧而辞职回到横渠镇,但张载学术的感召力已为世人共知了。

熙宁三年(1070)的张载,回到了横渠镇。他以"漫然清世一闲人"的心态,安然自得,整日与门人讲学并读书写书。也正是在此后的几年讲学过程中,张载收有较之以前更多的弟子。他不仅以《论语》《孟子》《中庸》《周易》教授弟子,而且亲率弟子实验自己恢复古礼与井田制思想,从而最终形成了具有突出特色的张载关中学派。张载关学的弟子可以考见的虽然不多,但也有一些有名的学者,比如范育、苏昞、游师雄、薛昌期、种师道、李复、吕大忠、吕大钧、吕大临,等等。

张载关学同二程洛学一样,都是宋明新儒学中具有自己独特理论特点的学派。作为理学的奠基,张载、二程面临着共同的课题:对儒家的理论进行一次新的阐发与改造,以适应时代的需要。他们立足于儒家既有的经典,借鉴

---

① 《周敦颐程颢程颐张载弟戬邵雍》,《道学一》,《列传》第一百八十六,《宋史》卷四百二十七,《二十四史》(简体字本)第49册,第9946页。
② 《吕大临横渠先生行状》,《张载集》,第382页。
③ 《乞留张载状》,《河南程氏文集》卷第一,《二程集》,第456页。

佛老的思想资源,对传统中固有的范畴、概念赋予了新的内涵,并运用新的理论体系来对儒家的伦理进行论证。张载以自己的学术精神,开一代之风气。但张载关学的形成,当需要他的门生与从学者共同推动,从而最终真正成为一个有影响力的学派。显然,不同的学生与从学者可以从不同方面来扩大张载关学的影响;不过,以吕大临为代表的蓝田吕氏兄弟的作用尤其独特。

吕大钧与张载同年中进士,却一意师从张载,成为吕氏兄弟中最早的张载门人。《宋元学案》有:"横渠倡道于关中,寂寥无有和者。先生以横渠为同年友,心悦而好之,遂执弟子礼,于是学者靡然知所趋向。横渠之教,以礼为先,先生条为乡约,关中风俗为之一变。"①一般研究者据此认为,吕大钧与张载所讨论的主要是三代之礼问题。其实,张载对吕大钧亦有其他的教诲。譬如范育《吕和叔墓表》有:"君(吕大钧)谓'始学必先行其所知而已,若天道性命之际,正惟躬行礼义,久则至焉。'先生以谓'学不造约,虽劳而艰于进德',且谓'君勉之当自悟。'"②这段对话,体现了吕大钧学术的特色。对于天道性命之际的理解,吕大钧更重视"躬行"的一面,而张载则纠之以"造约"。

范育在上文所引《吕和叔墓表》中尤其记载有:

> 盖大学之教,不明于世者,千五百年。先是扶风张先生子厚闻而知之,而学者未之信也。

《伊洛渊源录·宣义》述吕大钧行状说:

> 君为人质厚刚正,以圣门事业为己任,所知信而力可及,则身遂行之,不复疑畏。故识者方之季路,而君之所趋,盖亦未见其止也。盖大学之废绝久矣,自扶风张先生倡之,而后进蔽于俗尚,其才俊者急于进取,昏塞者难于领解,由是寂寥无有和者。君于先生为同年友,及闻先生学,于是心悦诚服,宾宾然执弟子礼,扣请无倦,久而益亲,自是学者靡然知所向矣。先生之学,大抵诚明为本,以礼乐为行,众人则姑诵其言,而未知其所以进于是焉。君即若蹈大路,朝夕从事,不啻饥渴之营饮食也。潜心玩理,望圣贤之致赴期可到,而日用躬行,必取先生之法度以为宗范。自身及家,自家及乡人,旁及亲戚朋友,皆纪其行而述其事。丁谦议忧,自始丧至于葬祭,一仿古仪

---

① 《吕范诸儒学案》,《宋元学案》卷三十一,《黄宗羲全集》第四册,第364页。
② 范育:《吕和叔墓表》,《宋文鉴》,吕祖谦编,齐治平点校,中华书局1992年版,第2028页。

所得为者,而居丧之节,钜细规矩于礼,虽昆弟共行之,而君特勉执之弥谨,由是僚友称其孝,世人信其诚。又推之祭祀、冠、昏、饮酒、相见、庆吊之事,皆不混习俗,粲然有文以相接,人咸安而爱之。盖君之所行,虽以礼为主,要欲以学立其守,而又乐为人语,故人皆由其教而说其义。自是,比比皆知礼为可行者。

君少时赡学洽闻,无所不该。一日闻先生说,迁其素志而前,日之学博而以约,即涣然冰释矣,故比他人功敏而得之尤多。爱讲明井田兵制,以谓治道必由是,悉撰成图籍,胸中了然,若可推行。又尝作《天下为一家》《中国为一人》二赋献,概可见其志矣。①

当张载的学术精神还不为人所接受时,正是吕大钧的虚心称师,而使世人知张载之可学;当世人讥张载三代之礼不可行时,吕大钧以其躬行践履,日用谨勉的态度,让世人知张载之说非空言蹈虚的理想;更不用说,吕大钧讲井田、说兵制。吕大钧这些"见之于世,施之可行"的举动,有力地验证并支持了张载学术的合理性。而且,吕大钧不仅能"诵张载之言",更能够"知张载所以进于是"的精神。他作有《天下为一家》《中国为一人》二赋,显然是对张载《西铭》精神的体会与阐释。我们来看吕大钧《天下一家赋》:

古之所谓天下为一家者,尽日月所照以度地,极舟车所至以画疆,以八荒之际为蕃卫,以九州之限为垣墙,列国则群子之舍,王畿则主人之堂。凡民之贤而不可远者,皆我之父兄保傅;愚而不可弃者,皆我之幼稚获臧。理其财,乃上所以养下之道;分责之事,乃下所以事上之常。浑浑然一尊百长,以斟酌其教令;万卑千幼,以奉承其纪纲。贸迁有无,而不知彼我之实;损益上下,而不辨公私之藏。大矣哉!外无异入,旁无四邻,无寇贼可御,无闾里可亲。一人之生,喜如似续之庆;一人之死,哀若功缌之伦;一人作非,不可不愧,亦我族之丑;一人失所,不可不闵,亦吾家之贫。尊贤下不肖,则父教之义;嘉善矜不能,则母鞠之仁;朝觐会同,则幼者之定省承禀;巡守聘问,则长者之教督抚存。

呜呼!周德既衰,斯道斯屈。析为十二,并为六七,势不相统,乱从而出。忘祖考之训,则劫夺其屡盟之时;轻骨肉之命,则战死于

---

① 《行状略》,《蓝田吕氏遗著辑校》,第614—615页。

争城之日。曲防遏籴以幸其灾,纵谍用间以乘其失,乖睽有甚于窥墙,斗狠不离于同室。迨至秦政,以强自吞,推所不爱,以残自昏,斧斤亲刃其九族,涂炭自骤其一门。兴阡陌而废井田,则委货财于盗贼之手;置郡县而罢封建,则托妇子于羁旅之屯。贫富不均,几臣仆其昆弟;苟简不省,皆土苴其子孙。

自汉以来,终亦不复,虽有王侯,而不得辄预其政;虽有守令,而不得久安其禄。譬之锦衣玉食,纵无所用之子;雕车良马,委不善御之仆。门庭虽存,亦何足以统制;闺门无法,则何缘而雍睦。豪强日横,而略无鞭朴之制;单弱日困,而不识褓褓之鞠,岂天理之固然,实人谋之不足。尝闻之,治乱有数,废兴有主,昔既有离,则今必有合,彼既可废,则我亦可举。惟盛德之难偶,故旷时而来睹,岂有待于吾君,将一还于治古。①

《西铭》所体现的"一理万殊"的理学原则与"民胞物与"的人文情怀,历来得到理学家,甚至是中国传统知识分子的推崇。吕大钧这里则是以"天下一家"的哲学精神与伦理原则,来议论天下之分合。认为古者天下一家,后世虽分非天理之当然,是人谋的不足。因此,他一遵张载恢复封建、井田思想。吕大钧既在哲学思想上,也在治国理念上深深服膺张载。

在吕大钧拜师张载的带动下,吕大忠以相仿之龄师从张载,吕大临也最终师事张载。全祖望说:"盖兄弟之既多且贵而皆贤者,吕氏也。"②吕氏兄弟作为文人、学者、官僚的家族群体,而能够师事张载,这中间体现出的对于张载学术的认同具有巨大的示范作用与象征意义。它在一个很现实的维度上,扩大了张载学术,或谓横渠关学的影响力。没有吕大钧开其端的吕氏兄弟师事张载,则张载关学的形成是否能够如洛学之盛,是值得怀疑的。就其实来说,吕大临为代表的吕氏兄弟接受张载的学说,并推行张载学说理念,宣传、传播、实践了张载学术也就是横渠关学,从而终使张载学术具有现实的活力。

(三)吕学与关学

冯从吾说张载"学古力行,笃志好礼,为关中士人宗师"③,北宋关中学术

---

① 《文集佚存·天下为一家赋》,《蓝田吕氏遗著辑校》,第593—594页。
② 《宋元学案》卷三十一,《吕范诸儒学案》,《黄宗羲全集》第四册,第363页。
③ 《横渠张先生》,《关学编(附续编)》卷一,第1页。

也正是因张载这一宗师的巨大声望与区域影响力,而有张载关学之称。但就现实的社会而言,我们难以想象一个区域的整个文化生态都被张载的思想所代替。张载讲学关中形成的学术影响,代表了关中学术的一个方面。我们相信,仅仅用一个人的思想来完全代替丰富的区域文化也是不全面、不准确的。笔者更倾向于认为,北宋关中区域文化学术是一个充满活力、自由论学、思想多元,而又以张载及张载关学为最具吸引力的学术思想生态。

关学是一个内涵丰富而层次多元的概念,当我们纠结于吕大临既师张载又师二程,从而难以断其是张载关学还是二程洛学时,我们不妨将其定位为关中学术的一员可能更加准确与清晰。作为关中学术中一员,吕大临及其吕氏兄弟几人好古向道,有承担孔孟未绝不传之"斯文"的精神。他们先是师从张载,后又师从二程,其目的不是逐虚名谋私利,而是出于吕氏兄弟良好家风形成的吕学优秀的学人品质。因此品质,吕氏三兄弟先师张载,因为他们认为张载就是传承古道的君子;张载逝后又师事二程,也是因为他们认为二程为传承大道的君子。他们不拘年龄、官阶、声望、师门的求学行径,代表的是一个时代的开明、理性、阔大的学术精神。他们既在求师过程中,成就了张载关学、二程洛学的学派局面,也成就了吕氏兄弟自己的"吕学"内涵。而吕学与张载关学一样,都是关中学术在宋初义理之学中得以形成的区域学术文化形态。吕学与张载关学以及其他关中学人的学术,共同构成了关中学术的丰富内涵与多面维度,也最终演绎出其后的关中学术不绝之学脉。

就吕大临兄弟的吕学与张载关学而言,它也不仅仅是一个单向度的学术思想传授与受学过程,实际上是一个相互认同、支持、交流与提升、丰富的过程。吕大忠、吕大钧、吕大临可能更多地是以门生弟子的心态理解、阐释、践行张载关学的思想,而吕大防则更在政治仕途上提升张载及其弟张戬的影响。吕氏兄弟在当时特定的变革年代,在一些政见上、学术上也都能够与张载达成一致。《全宋文》收有张载《与吕和叔书》一封,说:

> 保议说固甚便民近古,执政未必取用。此欲以方田为名,寨户为贵,保甲为法,庶今世见行,有不变今之顺,有渐用古之婉。即未知上意求新果否,庙堂待学者如何。今得进甫选之与议其间,顾非献计之时邪?向论方田大体,自附城三十里为差,小不减二三千步,则附郭居民在其间不疑矣。所谕城市良民,大家帅之固善,但可惜安窠,无功得之,及不幸屡弱不才者置诸其上,则百十之众,是谓弃

之。他年当差刺诸路义勇,只以家赀相制,幸无事,取其不挠可也;不幸驱之战阵,万万失措乖当。名分既定,则易之颠错,人情益纷纷。今日见谋,当为时议者力辩其弊,无蹈故事,乃良画耳。事初不得已,权以领之,徐校艺观能,以勇爵取之,然后补正,则为劝也大。夷吾变法,不欲矫时君耳目,不循王制,未免狂谋无法。又启此端,恐于时事非宜。可一用《周礼》文饬今制而用,不识谓之如何。但此二端之弊,不得使谋者前闻耳。①

张载、张戬兄弟对王安石的新法都有不同意见,张戬更是公开反对王安石变法,并与其发生激烈的冲突,最终被贬。张载这里表达了自己对于相关问题的看法,显然他所认为"有不变今之顺,有渐用古之婉"的保议说,是不会为执政的王安石所用的。而张载与吕大钧讨论此事,也在于吕大钧兄弟其实也不赞成王安石的新政,他们其实都希望一复三代之古制。

熙宁十年(1077)的张载已经居家有年,讲学声望日隆。吕大防奏对神宗,"载之始终,善发明圣人之遗旨,其论政治略可复古"②,荐其回京任职,表达了对于张载学术、政见的认同。其实在此之前,二人就有书信来往,讨论有关佛教问题。张载说:

> 浮屠明鬼,谓有识之死,受生循环,亦出庄说之流,遂厌苦求免,可谓知鬼乎?以人生为妄见,可谓知人乎?天人一物,辄生取舍,可谓知天乎?孔孟所谓天,彼所谓道者。惑者指"游魂为变"为轮回,未之思也。大学当先知天德,知天德则知圣人,知鬼神。今浮屠极论要归,必谓生死转流,非得道不免,谓之悟道可乎?悟则有义有命,均死生,一天人,惟知昼夜,道阴阳,体之不二。自其说炽传中国,儒者未容窥圣贤门墙,已为引取,沦胥其间,指为大道。乃其俗达之天下,致善恶知愚,男女臧获,人人著信。使英才间气,生则溺耳目恬习之事,长则师世儒崇尚之言,遂冥然被驱,因谓圣人可不修而至,大道可不学而知。故未识圣人心,已谓不必事其迹;未见君子志,已谓不必事其文。此人伦所以(亦)〔不〕察!庶物所以不明,治所以忽,德所以乱,异言满耳,上无礼以防其伪,下无学以稽其弊。

---

① 《与吕和叔书》,《全宋文》卷一二九九,第六十册,第46页。
② 《周敦颐程颢程颐张载弟戬邵雍》,《道学一》,《列传》第一百八十六,《宋史》卷四百二十七,《二十四史》(简体字本)第50册,第9947页。

自古诐、淫、邪、遁之词,翕然并兴,一出于佛氏之门者千五百年,向非独立不惧,精一自信,有大过人之才,何以正立其间,与之较是非,计得失!来简见发狂言,当为浩叹,所恨不如佛氏之著明也。

未尽,更冀开谕,倾俟。①

张载在此信中,以儒家固有的立场力斥佛教不知鬼、不知人、不知天、不悟道的本质。面对佛教溺人耳目,"善恶臧愚,男女臧获,人人著信"的社会风俗现实,他表示自己要以"独立不惧,精一自信,有大过人之才"的决心,"正立其间,与之较是非,计得失"。信末尾的谦词,则表明张载对于吕大防有着足够的敬意。

当然,由于同是关中人物,张载门生,而且政见相同,吕氏兄弟还尽力荐举关学人物。《全宋文》还收有吕大临著作一篇,即《代伯兄荐苏昞状》,文曰:

> 右,臣伏见京兆府处士苏昞,德性纯茂,强学笃志,行年四十,不求仕进。从故崇文校书张载之学,为门人之秀,秦之贤士大夫亦多称之。如蒙朝廷擢用,俾充学官之选,必能尽其素学,以副朝廷乐育之意。或不如所举,臣甘罔上不忠之罪。②

并注从《伊洛渊源录》卷九,正谊堂全书本;又见《永乐大典》卷二四〇四。而李如冰则认为,吕大忠曾经荐苏昞于朝,并引"德性纯茂,强学笃志,行年四十,不求仕进。从故崇文校书张载之学,为门人之秀,秦之贤士大夫亦多称之。如蒙朝廷擢用,俾充学官之选,必能尽其素学,以副朝廷乐育之意。或不如所举,臣甘罔上不忠之罪。"脚注此条引自宋李幼武《宋名臣言行录》外集卷六,《文渊阁四库全书》影印本。她又说:"在吕大忠的大力推荐下,苏昞自布衣召为博士。"脚注此条得自宋真德秀的《西山读书记》卷三十一,《文渊阁四库全书》影印本。③

《宋史》说苏昞:

> 苏昞字季明,武功人。始学于张载,而事二程卒业。元祐末,吕

---

① 《与吕微仲书》,《张载集》,第350—351页。
② 《代伯兄荐苏昞状》,《全宋文》卷二三八五,第一一〇册,第152页。
③ 李如冰:《宋代蓝田四吕及其著述研究》,北京:人民出版社2012年版,第91页。

大忠荐之，起布衣为太常博士。坐元符上书入邪籍，编管饶州，卒。①

此处元祐末，不知实指哪一年。是元祐七年（1092），是元祐八年（1093），还是元祐九年（1094）上半年？假如我们能够知道苏昞起为太常博士的时间，倒是可以对吕大临的卒年有一个更加确切的判断。可惜的是，这个投身二程前曾经的张载高足的相关资料也是鲜有闻之。

吕大忠荐举苏昞，以及熙宁四年（1071）在宋夏边界问题上与范育同辞行，既表明了共同的政治见解，也形成了同气相援的学术情谊。张载、吕大忠、吕大防、吕大钧、吕大临、苏昞、范育等一批关中学人，既在张载关学大旗下共同穷究大道之所以，也在同声相应的学术、政见交流中共同丰富了关中学术的内涵与活力。我们尤其要说的是，吕大临为代表的吕氏兄弟的吕学，本来就是区域意义上关学的一个组成部分，他与张载的学术共同构成了区域关学的有机整体。而吕大临的独特贡献在于，他能够以自己的视角来继承、演绎张载学术，并因自己太学博士的独特身份将关学传到浙学之中。而且，也正因为他后来师事二程，才有可能将自己充实了"涵泳义理、空谈心性"思想的一面，带入关中学术之中，从而增加了关学的思考内涵。

二 吕大临与洛学

《宋史》有："大临字与叔。学于程颐，与谢良佐、游酢、杨时在程门，号'四先生'。通六经，尤邃于礼。每欲掇习三代遗文旧制，令可行，不为空言以拂世骇俗。"②虽然吕大临"通六经，尤邃于礼"并非形成于二程门下，但吕大临确乎是"程门四先生"之一。因为他既与二程兄弟"谈心论性"，又在与二程兄弟请益谈话与自我思想演绎、实践中表现出与谢良佐、游酢、杨时不一样的学术特色，更在一定意义上传播着二程洛学的思想精神。而二程洛学，在这一批杰出门人与老师、门人与门人、门人与再传、三传、多传门人之间的不断学习、研讨、论辩与传承中，得到了极大的传播与发展，最终以私淑弟子朱熹的集大成成为宋明理学的中流砥柱与精神核心。

---

① 《道学二程氏门人》，《列传》第一百八十七，《宋史》卷四百二十八，《二十四史》（简体字本）第50册，第9952页。

② 《吕大防兄大忠弟大钧大临》，《列传》第九十九，《宋史》卷三百四十，《二十四史》（简体字本）第50册，第8671页。

(一)吕大临与程颢

与张载同时并起的二程兄弟,以"天理"为万事万物的终极本原与依据。吕大临学于二程兄弟,首先显然是因为张载的故去,而其对于程颢、程颐思想的自觉认同也是一个不争的事实。《全宋文》收有一篇《与程伯淳书》,书曰:

> 某启:昔在京尝得走见,今兹累年,忧病居家,久不治问。每闻动止,以慰瞻仰。比日时寒,伏惟奉亲养德,福禄宁止。某自闻横渠见诲,始有不敢自弃之心。乃知圣学虽微,道在有德。不能千里往见,有愧昔人,然求有余师,方惧不勉。但执事伯仲与横渠始倡此道,世俗讹讹,和者盖寡。虽自明之德,上达不已,而礼乐之文,尚有未进,学士大夫无所效法。道将兴欤,不应如是之晦,此有道者当任其责。尝侍横渠,每语及此,心实病之。盖欲一见执事,共图振起,不识执事以为然乎?未获侍坐,敢祈自爱以道。①

读此信可知:(1)吕大临应该在熙宁三年(1070)前与程颢在京城有过交往,而在此封信前两人就一直未再能谋面。(2)吕大临似乎在与程颢京城别后,就一直待在家养病并奉养双亲;而且心情不佳,有懈怠之心。(3)师事张载之后,奋发而起有为圣学求大道之念,树立了自己一心向学的自信。(4)他认为张载、二程兄弟一样,都是倡导道学的开创者、先导者。但世俗不古,张载、二程的首倡之功并不能够得到众人的响应。(5)吕大临在此封信中突出强调了二程、张载"始倡此道"之功,并认为,此"道学"人人都可自明而诚,但是还是有必要提供一个可以效仿的礼乐制度。(6)向程颢表达了自己侍坐的意愿,以图共同担当"道学"复兴的重任。

另外,李如冰说:"虽然吕大忠、吕大钧、吕大临等是在张载卒后才转投二程门下的,但在张载去世前,蓝田四吕就已经与二程有过一些交往了。而四吕之与二程相识则应该更早。"②这话是对的,但她谈到吕大临与二程交往时,只是从元丰二年(1079)程颢知扶沟县事吕大临面见说起。其实,上面这封书信表明,我们应该将他们的交往推向更前。

吕大临在张载逝后师事程颢、程颐,是不争的史实。但是现代新儒家的

---

① 《与程伯淳书》,《全宋文》卷二三八五,第一一〇册,第157—158页。
② 李如冰:《宋代蓝田四吕及其著述研究》,北京:人民出版社2012年版,第91页。

代表人物牟宗三先生却有不同的意见。他说:"与叔原为横渠门人。横渠卒,东赴洛阳见二程。此第二(指朱熹所编《程氏遗书》,笔者注)即东见二程时所记也(严格说,与叔不能算是二程门人)。"①又说:"吕与叔虽非二程之门人,然亦与李刘为同辈。其所记实以明道为主。其思理亦较契于明道,而不契于伊川。由其与伊川往复辩论'中'之问题即可知。而明道之《识仁篇》即对吕与叔之问而发者,而吕与叔'默识心契,豁如也。作《克己铭》以见意'。(参看《宋元学案》卷三十一《吕范诸儒学案》,述吕大临处)此人甚有劲力,朱子亦极赞佩之,而惜其早卒。"②牟先生提出一个有趣的观点,即吕大临曾经拜师二程,但也不算二程的门人。他这里的门人,显然是从对于老师的思想逻辑继承而言的。而且,他还认为吕大临虽然思想与程颢相契,也不能算是程颢的门人。

对程颢思想"默识心契,豁如也,作《克己铭》以见意"的吕大临,其《克己铭》与程颢《识仁篇》之间确实有着内在的思想关联。程颢《识仁篇》说:

> 学者须先识仁。仁者,浑然与物同体。义、礼、智、信皆仁也。识得此理,以诚敬存之而已,不须防检,不须穷索。若心懈则有防,心苟不懈,何防之有?理有未得,故须穷索。存久自明,安待穷索?此道与物无对,大不足以明之,天地之用皆我之用。孟子言"万物皆备于我",须反身而诚,乃为大乐。若反身未诚,则犹是二物有对,以己合彼,终未有之,又安得乐?《订顽》意思,乃备言此体。以此意存之,更有何事?"必有事焉而勿正,心勿忘,勿助长",未尝致纤毫之力,此其存之之道。若存得,便合有得。盖良知良能元不丧失,以昔日习心未除,却须存习此心,久则可夺旧习。此理至约,惟患不能守。既能体之而乐,亦不患不能守也。③

由于这个问题前面相关章节已有论述,我们将联系程颢重要的《定性书》,以及由吕大临所录《元丰己未吕与叔东见二先生语》其他相关内容一道来分析,以期能够看出程颢哲学的精神实质及与吕大临的思想逻辑关系。《定性书》中程颢说:

> 所谓定者,动亦定,静亦定,无将迎,无内外。苟以外物为外,牵

---

① 牟宗三:《心体与性体》中,上海:上海古籍出版社1999年版,第1页。
② 牟宗三:《心体与性体》中,上海:上海古籍出版社1999年版,第5页。
③ 《河南程氏遗书》卷第二上,《二程集》,第16—17页。

己而从之,是以己性为有内外也。且以性为随物于外,则当其在外时,何者为在内?是有意于绝外诱,而不知性之无内外也。既以内外为二本,则又乌可遽语定哉?夫天地之常,以其心普万物而无心;圣人之常,以其情顺万事而无情。故君子之学,莫若廓然而大公,物来而顺应。易曰:"贞吉悔亡。憧憧往来,朋从尔思。"苟规规于外诱之除,将见灭于东而生于西也。非惟日之不足,顾其端无穷,不可得而除也。人之情各有所蔽,故不能适道,大率患在于自私而用智。自私则不能以有为为应迹,用智则不能以明觉为自然。今以恶外物之心,而求照无物之地,是反鉴而索照也。易曰:"艮其背,不获其身,行其庭,不见其人。"孟氏亦曰:"所恶于智者,为其凿也。"与其非外而是内,不若内外之两忘也。两忘则澄然无事矣。无事则定,定则明,明则尚何应物之为累哉?①

《识仁篇》与《定性书》最清晰地体现了程颢"浑然与物同体"的思想,这一思想既是本体论、境界论,也是方法论、修身论。识仁,是要确立"天地万物为一体"的最高本体与终极存在。定性,是要确立"无将迎,无内外"的修养心态与工夫进路。而不论是定性还是识仁,最终都是要完成道德主体与存在本体的圆融无碍。程颢强调了内外、物我、己彼、动静的合一,突出了人的主体自觉的重要意义。因为唯有人心体到道物无对、物我一体,才能够真正实现知天乐天的最高境界;也唯有识得内外两忘、天人不二,才能够真正实现物来顺应,不为外物所累。

程颢回答张载、吕大临两人的思虑所扰,其实也正是重视力行精神的张载关学共同的困惑。他强调了心诚、理得的重要性,因为"若心懈,则有防;心苟不懈,何防之有?理有未得,故须穷索。存久自明,安待穷索?"他要求人要识理而以诚心存之,则无须吕大临所坚持的防检与穷索。他也尤其强调不可分内外、己物,也就是不可自私而用智,如此才能够不累于外物,因为内外、物我本来为一。吕大临记录的元丰己未(1079)《东见录》中,程颢还说:"医书言手足痿痹为不仁,此言最善名状。仁者,以天地万物为一体,莫非己也。认得为己,何所不至?若不有诸己,自不与己相干。如手足不仁,气已不贯,皆

---

① 《答横渠张子厚先生书》,《河南程氏文集》卷第二,《二程集》,第460—461页。

不属己。"①这是举人之一体而论仁之一体。而真正能够识得此理,他又要求栽培涵泳,以求自得。他说:

> 学者须敬守此心,不可急迫,当栽培深厚,涵泳于其间,然后可以自得。但急迫求之,只是私己,终不足以达道。②

> 学者识得仁体,实有诸己,只要义理栽培。如求经义,皆栽培之意。③

正是在程颢的开导教诲下,吕大临作《克己铭》。其精神实质,就是对于内外、己物的反思。克己,就是破除私心自用的隔膜,以实现万物一体的廓然大公境界。程颢要人识仁之后,以诚敬存之,存之既久,则理自明;吕大临《克己铭》深有所得说"大人存诚,心见帝则"。应该说,程颢对于吕大临的后期思想影响还是很深的,一定意义上二程洛学时期的吕大临受到最大影响的也是此一涵泳心性的"识仁"理路。虽然二程洛学时期吕大临的著述不多,但是这一向内求心识仁的思想倾向是真正程颢思想的继承。就克己复礼言,克己一定意义上重于复礼。因为"克己则私心去,自然能复礼,虽不学文,而礼意已得"④。二程也是认可吕大临这一克己思想的,去私心则一切自然而然,无须过多纠结于文、意之别。也正是有了程颢与吕大临、张载的识仁、定性、克己之论,才真正成就了宋明理学心学一派的发展。

(二)吕大临与程颐

牟宗三先生在谈到吕大临思想与程颢相契的同时,却又不认同吕大临与程颐思想的相契性。如他所说:吕大临"思理亦较契于明道,而不契于伊川。由其与伊川往复辩论'中'之问题即可知"⑤。吕大临与程颐在"中者道之所由出也"问题上,确实有过论辩。但我们认为,吕大临对于二程两人的思想,都有着深切的体会。程颢、程颐对于吕大临都有指点,只不过吕大临先可能与程颢交流较多些,而等到程颢元丰八年(1085)辞世,他与程颐的思想交流就明显多了起来。

---

① 《河南程氏遗书》卷第二上,《二程集》,第15页。
② 《河南程氏遗书》卷第二上,《二程集》,第14页。
③ 《河南程氏遗书》卷第二上,《二程集》,第15页。
④ 《河南程氏遗书》卷第二上,《二程集》,第18页。
⑤ 牟宗三:《心体与性体》中,上海:上海古籍出版社1999年版,第5页。

一个明显的例子是,如果说张载门下,吕大临对张载的"大气一本"思想在形上层面体认其为"本",则在洛学时期就深化了"理"为"本"的思想。《河南程氏粹言》中有这样一段记载:

  或谓"惟太虚为虚。"子曰:"无非理也,惟理为实。"或曰:"莫大于太虚。"曰:"有形则有小大,太虚何小大可言?"

  或问"诚者,专意之谓乎?"子曰:"诚者实理也。专意何足以尽之?"吕大临曰:"信哉!实有是理,故实有是物;实有是物,故实有是用;实有是用,故实有是心;实有是心,故实有是事。故曰:诚者实理也。"①

程颐认为太虚"无非理也,惟理为实","诚者实理",这突出了他"以理为本"的理学本体论思想。吕大临感叹道,"信哉!"然后,他做了发挥。这一段发挥,无疑表明吕大临在理与物的逻辑先后问题上,是承认理在物先的,因此有学者认为,吕大临已经在本体论上完全倒向了程氏的理本论,并且指出,吕大临背离了张载的气本论而趋向于洛学。②《河南程氏粹言》由杨时订定,可以肯定吕大临这一段话是在与二程对话时说的。但这一段话,在《礼记解·中庸第三十一》与《中庸解》中都有出现。假如我们已经断定《礼记解》是吕大临未入程门前的著作,则这一思想在关学时期就已经有了。而在洛学时期,只不过强化了这一理在物先的思想。

笔者认为,仅凭这一句话就断定吕大临完全倒向了程颐的理本论,是有失谨严的;但在程颐的思想影响之下,吕大临确实有了更多涵泳心性的学术内涵。程颢的《识仁篇》完成了吕大临以克一己之私来免除思虑纷扰的困惑,但是要真正实现不须防检,不须穷索就必须做到的"心不懈""理有得"谈何容易?程颐在程颢所提倡的诚敬中充实了新的内容。程颢的"敬"除了包括心灵的敬畏和行为的恭敬外,更包含着心灵的安乐和行为的自在。他的主敬既指个体心灵的恭敬状态,也指主体外在行为举止的整齐严肃。③ 在程颐看来,敬也就是"主一"。他说:

  学者先务,固在心志。有谓欲屏去闻见知思,则是"绝圣弃智"。

---

① 《河南程氏粹言·论道篇》,《二程集》,第1169—1170页。
② 葛荣晋:《中国实学文化导论》,北京:中共中央党校出版社2003年版,第64页。
③ 朱汉民:《宋明理学通论——一种文化学的诠释》,长沙:湖南教育出版社2000年版,第199页。

有欲屏去思虑,患其纷乱,则是须坐禅入定。如明鉴在此,万物毕照,是鉴之常,难为使之不照。人心不能不交感万物,亦难为使之不思虑。若欲免此,唯是心有主。如何为主?敬而已矣。有主则虚,虚谓邪不能入。无主则实,实谓物来夺之。今夫瓶罂,有水实内,则虽江海之浸,无所能入,安得不虚?无水于内,则停注之水,不可胜注,安得不实?大凡人心,不可二用,用于一事,则他事更不能入者,事为之主也。事为之主,尚无思虑纷扰之患,若主于敬,又焉有此患乎?所谓敬者,主一之谓敬。所谓一者,无适之谓一。且欲涵泳主一之义,一则无二三矣。言敬,无如圣人之言。易所谓"敬以直内,义以方外",须是直内,乃是主一之义。至于不敢欺、不敢慢、尚不愧于屋漏,皆是敬之事也。但存此涵养,久之自然天理明。①

程颐认为解决人闻见知思与心绪纷乱之苦,不是一概摒去,而应该做到心中有主。这一主,就是敬,也就是直内。他更直接地说:"如何一者,无他,只是整齐严肃,则心便一,一则自是无非僻之奸。此意但涵养久之,则天理自然明。"②在这一点上,吕大临确实更多认同的还是程颢的思想精神。无论是"独坐孔门无一事,惟传颜氏得心斋"的自期,还是"试于清夜深思省,剖破藩篱即大家"③的自勉,无不留有太多程颢而非程颐的思想影子。

不过,程颐严谨理性的学术精神还是影响了吕大临后期的形上追问,这尤其体现在《论中书》中。由于前面章节我们已经分析过《论中书》中程颐与吕大临相关重要思想的辩论,这里不再重复,只是就其他方面展开论述。吕大临可能没有完全接受程颐以中为体的批评,但是程颐所说"言虽无病,而圣人气味殊少",还是引起了吕大临反省。他说自己"觉辞气迫窘,无沈浸醲厚之风"。而且,为了能够真正理解形上之体的确切内涵,程颐在与吕大临的往来交流中具体而细微地区分了不同概念、不同经典话语的内涵。这一交流与讨论的过程,显然大大提升了吕大临的抽象思维能力,体现了程颐"格物穷理"的学术精神。

《论中书》中程颐认为吕大临指赤子之心为中,是不识大本。吕大临有:"此义,大临昔者既闻先生君子之教,反求诸己,若有所自得,参之往言前行,

---

① 《河南程氏遗书》卷第十五,《二程集》,第168—169页。
② 《河南程氏遗书》卷第十五,《二程集》,第150页。
③ 傅璇琮等编:《全宋诗》,南京:南京大学出版社1991年版,第11760页。

将无所不合。由是而之焉,似得其所安,以是自信不疑,拳拳服膺,不敢失坠。今承教,乃云已失大本,茫然不知所向。"①吕大临对于程颐批评自己不识大本感到茫然,是因为他对于自己能够领会程颐的思想是充满自信的。而实际上,程颐对此也表示了认同。程颐曾对自己元丰庚申(1080)西行关中有过回忆,他说:

> 元丰庚申岁,予行雍、华间,关西学者相从者六七人。予以千钱挂马鞍,比就舍则亡矣。仆夫曰:"非晨装而忘之,则涉水而坠之矣。"予不觉叹曰:"千钱可惜。"坐中二人应声曰:"千钱亡去,甚可惜也。"次一人曰:"千钱微物,何足为意?"后一人曰:"水中囊中,可以一视。人亡人得,又何叹乎?"予曰:"使人得之,乃非亡也。吾叹夫有用之物,若沉水中,则不复为用矣。"
>
> 至雍,以语与叔曰:"人之器识固不同。自上圣至于下愚,不知有几等。同行者数人尔,其不同如此也!"与叔曰:"夫数子者之言何如?"予曰:"最后者善。"与叔曰:"诚善矣。然观先生之言,则见其有体而无用也。"予因书而志之。
>
> 后十五年,因阅故编,偶见之,思与叔之不幸早死,为之泣下。②

《二程集》中该条记为"予因善志之"③,也就是认为吕大临分析正确。而且,程颐对于吕大临的认同也不仅此。

> 问:"作文害道者否?"曰:"害也。凡为文,不专意则不工,若专意则志局于此,又安能与天地同其大也? 书曰'玩物丧志',为文亦玩物也。吕与叔有诗云:'学如元凯方成癖,文似相如始类俳;独立孔门无一事,只输颜氏得心斋。'此诗甚好。古之学者,惟务养情性,其佗则不学。今为文者,专务章句,悦人耳目。既务悦人,非俳优而何?"④

程颐既肯定了吕大临为文养情性的目的,也没有否定他学习颜渊"得心斋"的希望。他为吕大临之不幸早死而泣下,显然对这一高足有着深厚的情感。

---

① 《与吕大临论中书》,《河南程氏文集》卷第九,《二程集》,第607页。
② 《雍行录》,《蓝田吕氏遗著辑校》,第617—618页。
③ 《河南程氏粹言》卷第二,《二程集》,第1269页。
④ 《河南程氏遗书》卷第十八,《二程集》,第239页。

(三)吕大临与谢良佐、游酢、杨时

吕大临与谢良佐(1050—1103)、游酢(1053—1123)、杨时(1053—1135)并称"程门四先生",他们的学术思想、道德人格与处事方式,代表了二程洛学的不同方面,是最能理解洛学精神的典型。一定意义上说,正是因为他们四个人的求学问师,才真正奠定了二程洛学之为学派的精神内涵。朱熹在四人之中,最取吕大临。《朱子语类》有:

> 蔡云:"上蔡老氏之学多,龟山佛氏之说多,游氏只杂佛,吕与叔高于诸公。"曰:"然。这大段有筋骨,惜其早死!若不早死,也须理会得到。"①

> 游杨谢诸公当时已与其师不相似,却似别立一家。谢氏发明得较精彩,然多不稳贴。和靖语却实,然意短,不似谢氏发越。龟山语录与自作文又不相似,其文大故照管不到,前面说如此,后面又都反了。缘他只依傍语句去,皆是不透。龟山年高。与叔年四十七,他文字大纲立得脚来健,有多处说得好,又切。若有寿,必然进。游定夫学无人传,无语录。他晚年嗜佛,在江湖居,多有尼出入其门。他眼前分晓,信得及底,尽践履得到。其变化出入处,看不出,便从释去,亦是不透。和靖在虎丘,每旦起顶礼佛。②

为朱熹所评说的"别立一家"的游酢、杨时、谢良佐,显然有其思想上的独特之处;至于是否真的如朱熹所说"与其师不相似",则需要做具体的分析。

关于谢良佐,《宋元学案》说:"洛学之魁,皆推上蔡,晦翁谓其英特过于杨、游,盖上蔡之才高也。然其堕入葱岭处,决裂亦过于杨、游。或曰:'是江民表之书,误入上蔡语录中。'"又记"明道知扶沟事,先生往从之。明道谓人曰:'此秀才展拓得开,将来可望。'"③

朱熹评价谢良佐说:"上蔡说孝弟非仁也,孔门只说'为仁',上蔡却说:'知仁只要见得此心,便以为仁。'上蔡之说,一转而为张子韶,子韶一转而为陆子静。上蔡所不敢冲突者,子韶尽冲突;子韶所不敢冲突者,子静尽冲

---

① 《朱子语类》卷一百一,第七册,第2558页。
② 《朱子语类》卷一百一,第七册,第2557页。
③ 《上蔡学案》,《宋元学案》卷二十四,《黄宗羲全集》第四册,第161页。

突。"①朱熹之所以认为谢良佐思想是尽是禅学陆子静的前身,在于他认为谢良佐虽然"所见透彻,无隔碍处",但"上蔡说仁、说觉,分明是禅"②。谢良佐近不近禅,其实从他自己的话就能看出。他说:"佛之论性,如儒之论心;佛之论心,如儒之论意。循天之理便是性,不可容些私意;才是意,便不能与天为一。"③这种以禅说儒的地方,还有"佛家有小歇场、大歇场,到孟子处更一住,便是好歇"④。

虽然黄宗羲并不认同朱熹对于谢良佐的评价,他说:"程门高弟,予窃以上蔡为第一。语录尝累手录之。语者谓道南一派,三传而出,朱子集诸儒之大成,当等龟山于上蔡之上。不知一堂之功力,岂因后人为轩轾?且朱子之言曰:'某少时妄志于学,颇藉先生之言,以发其趣。'则上蔡固朱子之先河也。"⑤但他也说谢良佐"此亦以禅言儒"⑥。

关于杨时,全祖望说:"明道喜龟山,伊川喜上蔡,盖其气象相似也。龟山独邀耆寿,遂为南渡洛学大宗,晦翁、南轩、东莱,皆其所自出。然龟山之夹杂异学,亦不下于上蔡。"⑦全祖望认为程颢、程颐之于杨时、谢良佐各有所爱,而杨时、谢良佐又都杂佛,确实有其道理。《宋元学案》总结杨时在师门云:

> (杨时)以师礼见明道于颍昌,明道甚喜,每言"杨君会得最容易"。其归也,目送之曰:"吾道南矣。"明道没,又见伊川于洛。先生年已四十,事伊川愈恭,一日,伊川偶瞑坐,先生与游定夫侍立不去,伊川既觉,则门外雪深一尺矣。横渠著西铭,先生疑其近于兼爱,与伊川辩论往复,闻"理一分殊"之说,始豁然无疑。由是浸淫经书,推广师说。⑧

后来杨时传罗从彦、再传李侗,三传而有朱熹,真正光大了二程之"道"。而杨时尊师立行,提出"理一分殊"之说,更是在宋明理学史上占有一席之地。但是杨时杂佛,也是事实。黄宗羲说:

---

① 《上蔡学案》,《宋元学案》卷二十四,《黄宗羲全集》第四册,第179页。
② 《上蔡学案》,《宋元学案》卷二十四,《黄宗羲全集》第四册,第178页。
③ 《上蔡学案》,《宋元学案》卷二十四,《黄宗羲全集》第四册,第170页。
④ 《上蔡学案》,《宋元学案》卷二十四,《黄宗羲全集》第四册,第168页。
⑤ 《上蔡学案》,《宋元学案》卷二十四,《黄宗羲全集》第四册,第162页。
⑥ 《上蔡学案》,《宋元学案》卷二十四,《黄宗羲全集》第四册,第168页。
⑦ 《龟山学案》,《宋元学案》卷二十五,《黄宗羲全集》第四册,第195页。
⑧ 《龟山学案》,《宋元学案》卷二十五,《黄宗羲全集》第四册,第195页。

第五章 道学论衡：吕大临与关洛浙闽

> 龟山气象和平，议论醇正，说经旨极切，论人物极严，可以垂训万世，使不间流于异端，岂不诚醇儒哉。乃不料其晚年竟溺于佛氏，如云："总老言经中说十识，第八庵摩罗识，唐言白净无垢，第九阿赖邪识，唐言善恶种子。白净无垢，即孟子之言性善。"又云："庞居士谓神通并妙用，运水与搬柴，此即尧舜之道，在行止疾徐间。"又云："圆觉经言：作、止、任、灭是四病。作即所谓助长，止即所谓不耘苗，任、灭即所谓无事。"又云："形色为天性，亦犹所谓色即是空。"又云："维摩经云：真心是道场。儒佛至此，实无二理。"又云："庄子逍遥游所谓无人不自得，养生主所谓行其所无事。"如此数则，可骇可叹！①

朱熹虽然对杨时的学术思想有不认同之处，但他也说杨时："龟山天资高，朴实简易，然所见一定，更不须穷究。某尝谓这般人，皆是天资出人，非假学力。如龟山极是简易，衣服也只据见定。终日坐在门限上，人犯之亦不较。其简率皆如此。"②杨时的思想确实体现了这一特点，虽然他也讲气化，但却有着与吕大临不一样的风格。他说：

> 夫通天下一气也，人受天地之中以生，其虚盈尝与天地流通，宁非刚大乎？人惟自梏于形体，故不见其至大；不知集义所生，故不见其至刚。善养气者，无加损焉，勿暴之而已，乃所谓直也。用意以养之，皆揠苗者也，曲孰甚焉！③

吕大临虽然也由气讲人当大其心，但却承其师张载讲天地之性与气质之性，由气质之性而讲变化气质之性，这一点也为朱熹所认同。至于吕大临与杨时虽然都说养气，前者养气以养心循的是改变气质的路子，后者养气其实是讲挖掘自己固有的天赋，二者并不相同。

关于游酢，全祖望说："廌山游文肃公在程门，鼎足谢、杨，而遗书独不传，其弟子亦不振。五峰有曰：'定夫为程门罪人。'何其晚谬一至斯与？"④程颐曾评价游酢、杨时二人说："游酢、杨时先知学禅，已知向里没安泊处，故来此，

---

① 《龟山学案》，《宋元学案》卷二十五，《黄宗羲全集》第四册，第203—204页。
② 《朱子语类》卷一百一，第七册，第2567页。
③ 《龟山学案》，《宋元学案》卷二十五，《黄宗羲全集》第四册，第206页。
④ 《廌山学案》，《宋元学案》卷二十六，《黄宗羲全集》第四册，第250页。

却恐不变也。"①程颐确实看到了游定夫的思想逻辑,晚年的游定夫直接就学禅。吕紫微曾问游定夫学禅一事,说儒家以为顺父子、君臣、夫妇、朋友、兄弟五伦,就可以达到圣人的境界,佛教背弃人伦,怎么可能至于圣人? 而且,既然他前已从二程学,后却又从诸禅游。如此看来,儒佛二教之论,必无滞阂,有所相通。那么二者所以不同,在哪里? 游定夫回答说:

> 佛书所说,世儒亦未深考。往年尝见伊川云:"吾之所攻者迹也。"然迹安所从出哉? 要之,此事须亲至此地,方能辨其同异。不然,难以口舌争也。②

程门四大高足的思想显然复杂而繁多,不过在一些共同命题的理解上,就能够看出他们的不同。《朱子语类》有:

> 《或问》中近世大儒格物致知之说曰:"必穷物之理同出于一为格物"(吕与叔)。"穷理只是寻个是处"(上蔡)。"天下之物不可胜穷,然皆备于我而非从外得"(龟山)。"'今日格一件,明日格一件',为非程子之言"(和靖)。③

吕大临循格物穷理的思想理路,认为穷万物之理为一理,才是格物,这是知识论的修养论;谢良佐循自己穷理格物只是寻自己觉得是的思想理路,认为穷理只不过是求个是非曲直,这是价值论的修养论;杨时循自己心备万物的思想理路,不须尽穷,只需内求,这是主体论的修养论;尹淳则认为穷理决非穷格万物。程门弟子对于格物的理解,有其本身既有的知识背景,也就有其对于程颐思想不一样的阐释框架、学术进路与逻辑归宿。朱熹对此,理解颇深。他评价这些程门高足说:

> 程门诸高弟觉得不快于师说,只为他自说得去。④

> 程子诸门人,上蔡有上蔡之病,龟山有龟山之病,和靖有和靖之病,无有无病者。⑤

> 看道理不可不子细。程门高弟如谢上蔡游定夫杨龟山辈,下梢皆入禅学去。必是程先生当初说得高了,他们只睬见上一截,少下

---

① 《鹰山学案》,《宋元学案》卷二十六,《黄宗羲全集》第四册,第252页。
② 《鹰山学案》,《宋元学案》卷二十六,《黄宗羲全集》第四册,第253页。
③ 《朱子语类》卷十八,第二册,第416页。
④ 《朱子语类》卷一百一,第七册,第2559页。
⑤ 《朱子语类》卷九十三,第六册,第2355—2356页。

面着实工夫,故流弊至此。①

朱熹认为游、杨、谢只见到上面一截,而少了着实工夫一截,而这正好是吕大临之所长。朱熹曾评张载、二程学术之异说:"横渠说做工夫处,更精切似二程,二程资禀高明洁净,不大段用工夫;横渠资禀有偏驳夹杂处,大段用工夫来。"②工夫与境界,格物与穷理,下学与上达,在朱熹是要求同一的。而且,他也认为上达、下学之别适足是区分儒释的重要思想标志。他之所以如此推崇吕大临,显然与他自己的思想逻辑相一致。

(四)关学洛学化与洛学西传

全祖望说:

> 关学之盛,不下洛学,而再传何其寥寥也? 亦由完颜之乱,儒术并为之中绝乎? 伊洛渊源录略于关学,三吕之与苏氏,以其曾及程门而进之,余皆亡矣。③

他在《和叔家学·吕先生义山》篇中说:

> 关中自南渡后,道梗不通接,蓝田学派,遂至无徵,今仅得列名学案,而其生平之详,不可得而考矣。④

全祖望这里所说的,是指张载所开创的关中学术(包括蓝田学术)虽然曾经有着与二程洛学一样的声势,但自兵乱之后的南渡始,就再无前日之风光。他尤其认为,吕氏兄弟与苏昞作为张载关中高足投身二程,是造成关学真正走向凋敝的原因。全祖望这一论述,显然有其合理性。张载关学盛名曾经为当世所知,但其一些著名弟子虽然在学术思想与政治活动中都有一定的影响,却最终连最基本的生卒(如吕大临、苏昞等)都没有留下确切的史料记载,这不能不说是一种学派的遗憾。

但是,有学者据此认为,一度兴盛的张载关学因之而有关学洛学化的学术命运。在这个关学洛学化的过程中,吕大临是被用来作为最突出的个案加以论述的。正是由于吕大临"默识深契"程颢的学术思想,他就代表了"关学赢得了洛学'涵泳义理',空说心性的特点,却日渐丧失了它'正而谨严''精

---

① 《朱子语类》卷一百一,第七册,第2556页。
② 《横渠学案》下,《宋元学案》卷十八,《黄宗羲全集》第三册,第926页。
③ 《吕范诸儒学案》,《宋元学案》卷三十一,《黄宗羲全集》第四册,第362页。
④ 《吕范诸儒学案》,《宋元学案》卷三十一,《黄宗羲全集》第四册,第396页。

思力践'的古朴风格,开始'洛学化'"①。有学者说得更具体,吕大临受学二程之后,其张载关学时期形成的思想被一步一步地消解掉了。他认为,大程的"识仁"教诲是对张载哲学的一种拦腰砍断——使关学失去了客观的天道本体基础,也使吕大临在关学时期形成的学究天人的哲学理路,被大程拉回、限定到了对于人生的思考之中。同时,他还指出,大临以"心斋"为学颜子的基本方法时,固然完成了关学的洛学化,但也确实丢掉了关学的精神,起码丢掉了其早年博及群书、通六经的博大面向。他并且认为,吕大临问学二程前后期的不同正代表着宋明理学内部两个学派的为学之旨的不同与关、洛二学共同形成理学的融合历程。关学"强探力索",洛学的大程则要求从本心之识仁出发。而吕大临的学术经历,尤其代表了新儒学史上一种重要的现象——"关学洛学化"。②

笔者并不认同这一说法,而更取"洛学西传"。一种学派的其他学派化,至少表明这一学派固有的学术追求、人生实现、学风面貌、精神本质与知识兴趣几乎都被改造、抛弃。就中国传统学派而言,还在于基于或师徒、或私淑关系形成的学派被其他学派化,有一个背叛学派领袖的表现。那么,关学洛学化是否存在这些方面呢?

"关学洛学化"中的"关学",一般指的就是张载关学。张载关学作为存在于关中被世人认可的独立的学术派别,其在学风上有自己不同于洛学的特点。这一学派首先是作为地域文化形态存在的,其学派的主要人物都是关中学者,因而具有"三秦文化"的特质与个性。同时,作为关学的开创者与领军人物张载,在学术上也对自己关中区域文化特点作自觉的认同与阐扬。与并时的洛学、蜀学与新学相比,关学有其自己相对而言比较明显的精神特征。因为张载门人传世著述不多,我们更多只能从张载本人的思想来看张载关学的思想特点。张载学说有两个最重要的特点,一是以气为本,二是以礼为教。③ 就张载与二程思想相较,"大气一本"是张载哲学不同于二程"以理为

---

① 陈俊民:《张载哲学思想及关学学派》,北京:人民出版社1985年版,第13—14页。

② 参见丁为祥:《虚气相即——张载哲学体系及其定位》,北京:人民出版社2000年版,第214—223页。

③ 张岱年:《序》,《张载哲学思想及关学学派》,陈俊民著,北京:人民出版社1986年版,第5页。

本"最明显的一个特点。张载认为,大气既是具体事物的质料,也是天地万物存在的形上之依据与本原。大气有聚与散形态之变异,无生灭之可能。程颐以理为世界最终的本原与依据,气只是构成事物的质料,并且气是有生有灭的存在,因此他认为张载将气作为万物万事的最终依据是将形而下的气做了本体形上之理解。就张载学说另一精神内涵言,在复礼好古上张载、二程虽然能够达成一致,但是张载关学则不仅在政治层面展开讨论,更能够躬行践行、亲自实践加以具体化、可操作化与社会化。

就学派来讲,没有任何一个称得上学派的内部所有人都能够保持与领袖人物一样的思想内涵。张载关学做不到,二程洛学也做不到。前面我们所述朱熹认为程门高足大都坠禅,但我们绝不会据此就说洛学禅学化一样。作为"关学洛学化"一说的标志性人物吕大临,其思想三期的不同并不足以作为学派他化的论证。

假如张载没有与二程一样的学术地位,我想吕大临肯定被思想史家归为洛学学派,只不过是一个"带有关中学人气质的洛学人物"罢了;反之,吕大临必被断为关学,且是一个"带有涵泳义理精神的关学人物"罢了。历来讨论吕大临的学术定位以及相关的"关学洛学化"问题,既有思想史的客观描述一面,但也有意无意地仍然带有争学派学术纯粹性的一面。因之而涉及:关学洛学化是关学的发展,还是背离?洛学里充实关学的内容,是洛学的发展,还是洛学的背离?

笔者更想知道的是:假如吕大临确在关学时期形成了自己新儒学的学术特质与理论架构,那么这一架构又在多大程度上可以包容他在洛学时期的"义理",这一义理的涵泳有无突破关学时期形成的架构并改变其学术特质?

洛学确实具有"涵泳义理"的学术内涵,二程尤其如此,这也是他们与张载思想的一个不同。这一涵泳义理的精神,表现在吕大临与程颢、程颐的学术请益、交流中。例如,他同程颢就思虑困扰的讨论,形成了克己归仁的思想;同程颐进行的对于心之已发与未发、心之体用、性与情的讨论,形成的以赤子之心论中的思想,都受到了二程思想的深刻影响,并使他的学术一定程度上有了洛学求理的思辨特征。但二程还是认为吕大临对于自己的学说,并不能够完全接受。因为,"吕与叔守横渠学甚固,每横渠无说处皆相从,才有说了,便不肯回"①。

程颐既认为张载将形而下的聚散之气作形而上之体看,也批评吕大临将形而下的已发之"赤子之心"当作形而上的未发之体。张载关学影响下的吕大临显然在洛学时期,还是坚持了在关学时期就已经接受的"大气本一"的世界生生思维或说"气化"思想,这在其关学时期的著作《礼记解》《易章句》《孟子解》中就有了。即使"深契默识"程颢"识仁",他还是从"凡厥有生,均气同体"这一张载关学世界本原论出发的,并没有如前面所举研究者所说"失去了客观的天道本体基础"。吕氏兄弟本来就有重礼的家风,他们在张载门下更是以力行实践古礼为特出。吕大临作《礼记解》,对礼进行了系统地分析并给予了宋明新儒学"以理释礼"的阐释。不仅如此,吕氏兄弟制定并推行《吕氏乡约乡议》,突出了"不尚空谈,在宋代理学的濂、洛、关、闽四派中,最具有求实精神的学派"的关学学风。② 而吕大临多年考释、摹绘、整理带有三代之遗风的古器物,一直到元祐七年(1092)才成《考古图》一书,就不能说他丢掉了早就养成的遍览博采,多方探求知识的知识面向。张载"少孤自立,无所不学",吕大临也具有博识的学术特点。

应该说,张载逝后吕大临东师二程,但没有抛弃张载的"立心立命"的学术使命意识。他尽管有向"涵泳义理、空说心性"的洛学转化倾向,但仍保持着"以教化人才、变化风俗为己任"的学术使命感。

不过,我们也不能否认吕大临确实在二程洛学西传的过程中,起到了关键性的作用。

南宋时的真德秀说:"按二程之学,龟山得之而南传之豫章罗氏,罗氏传之延平李氏,李氏传之朱氏,此其一派也;上蔡传之武夷胡氏,胡氏传其子五峰,五峰传之南轩张氏,此又一派也;若周恭叔、刘元承得之为永嘉之学,其源亦同自出。然朱、张最得其宗。"③真德秀只述洛学三派,即道南学派、湖湘学派、永嘉学派,其他不论。等到清代的全祖望作思想史时,他则说:"洛学之入秦也以三吕;其入楚也,以上蔡司教荆南;其入蜀也,以谢湜、马涓;其入浙也,

---

① 《河南程氏遗书》卷十九,《二程集》,第265页。
② 赵馥洁:《中华智慧的价值意蕴》,北京:中国政法大学出版社2002年版,第300页。
③ 真德秀:《读书记》卷31,《西山读书记》,影印文渊阁四库全书本。

以永嘉周、刘、许、鲍数君;而其入吴也,以王信伯。"① 真德秀以学派来立言,全祖望以思想传播来论述,视角不同结论不同。

今天的研究者在论及二程洛学时,也不能不提到吕大临兄弟。比如韩强就二程洛学后学的分系所做的分析说:《二程门人名单碑》记载二程弟子有88人。二程同时讲学,程颢中年早亡,凡是师事程颢的人,后来都从学于程颐。二程高徒有吕大临、游定夫、谢良佐、杨时等人。二程以后洛学分为七派:在河南,谢良佐的"以觉识仁"号称"明道之传"。在陕西,吕大临、吕大钧、吕大忠传播张载的关学也受到二程的影响。在湖南,有胡安国、胡宏、张栻的湖湘之学。在福建,有杨时、罗从彦、李桐、朱熹传播的程颐之学,号称闽学。在浙江,有周行己的洛学别派,即叶适的永嘉学派。在江苏,有王萍的吴学,主要反映程颢的思想。在四川,有谯定的涪陵学派。② 洛学七派之中,韩强认为吕氏三兄弟在关中传播张载关学时受到了二程的影响。

洛学西传有史可载,这既有程颐元丰三年(1080)西行入关留下的《雍行录》为证,也有吕大临、吕大忠、吕大钧、苏昞、范育东师二程返西自悟为证。这其中的吕大临以其独特的学术修养,显然明晰地彰显了洛学思想西传入关的意义。因此,他既有关学"经世实济"的风旨,又具有洛学的"涵泳义理"的特点。③ 这一思想特点,从一个学派必须顺应时代变化做出改变,方能延续其后的思想逻辑与历史进程而言,更能突出其思想史的意义。从这个意义上来看,"对'关学'发展贡献最大的是吕大临"④。而且,"正因为其不背叛师门,所以能为其师张载作《行状》"⑤的现实,也确实表明了吕大临在张载关学以及整个关中学术发展中的独特地位与意义。

今天看来,更换师门并不一定成为否认前师的根据,也不就是学术彻底改变以及前此学派为后一学派化的标志。学派在中国传统社会演绎过程中,不同时期有着不同的内涵。汉代重师承,严于家法。而到了北宋文化昌明、思想解放时代,人们对于师承关系的讲究并不严格。笔者业师张立文先生针对这一处于开放、奠基期的学术交流现实,指出:

---

① 《震泽学案》,《宋元学案》卷二十九,《黄宗羲全集》第四册,第309页。
② 参见韩强:《儒家心性论》,北京:经济科学出版社1998年版。
③ 徐远和:《洛学源流》"洛学传人吕大临"章节,济南:齐鲁出版社1987年版。
④ 姜国柱:《张载的哲学思想》,沈阳:辽宁人民出版社1982年版,第187页。
⑤ 姜国柱:《张载的哲学思想》,沈阳:辽宁人民出版社1982年版,第189页。

这期间学术开放,无有"师法""家法"。学派互相交流、对话、论辩频繁,他们互相吸收、渗透、补充、完善。慕名而互相师事,也不被视为有违师道,反而表现出一种追求真理的虔诚心情和吾爱吾师吾更爱真理的精神。[①]

我们更应肯定的是,张载关学高弟因为老师逝世后,基于自己谦虚、向道的学术精神而投师二程的行为;而不应该纠结于师门转换的情感接受。吕氏兄弟与苏昞、范育等人的问学二程,岂不正表明张载开创的关学有着不拘师法、勤于问道的好学精神与开阔眼界吗?

三 吕大临与浙学

浙学或者说浙东学派在中国学术史上的形成与崛起,是一个重要的文化现象。作为被朱熹目为"功利"之学的浙学,在中国宋明理学思想史上有其自己的思想内涵与学术特质。这一区域特色的学术流派,在历经北宋的肇始、南宋的兴起、有明的独大多个阶段,成为中国学术思想史中重要组成部分。不同时代的浙学学者们有其自己的思考,他们在或主流、或从流、或异端的争辩中参与到宋明理学学术思潮之中,成为其中重要一极。而不同时代的学者们对于吕大临的学术态度,则从一个独特角度反映了吕大临的学术内涵与贡献。

(一)北宋周行己与吕大临

北宋元丰年间,浙江永嘉曾有九位学者远赴京城入太学学习。在接受当时社会主导学术思想之后,他们在乡土积极宣讲、亲身践履心性义理精神,使永嘉得以接上北宋以来的中国传统学术,并形成永嘉地区独特的学术思想。南宋叶适极力表彰九人之功,说:

> 余观自古尧、舜旧都,鲁、卫古国,莫不因前代师友之教,流风相接,使其后生有所考信。今永嘉徒以僻远下州,见闻最晚,而九人者,乃能达志开道,蔚为之前,岂非俊豪先觉之士也哉!然百余年

[①] 张立文:《序》,《吕大临理学思想研究——兼论浙东学派的学术进程》,陈海红著,杭州:浙江工商大学出版社2012年版。

间,绪言遗论,稍已坠失,而吾侪浅陋,不及识知者多矣。幸其犹有存者,岂可不为之勤重玩绎之欤!①

这九人分别是周行己(1067—1125?)②、许景衡(1071—1128)③、刘安节(1068—1116)④、刘安上(1069—1128)、戴述(1074—1110)、沈躬行、赵霄、张辉、蒋元中(后四人生卒不详)。前六人赴洛阳亲炙程颐,他们学习时间应该在绍圣四年(1097)程颐编管涪州之前;后三人则是程颐的私淑弟子。此九人之中,周行己的地位尤为重要。

原因在于永嘉九先生人数虽不少,可是其后学有所承的唯有周行己。《宋元学案·周行己传》说:"永嘉诸先生从伊川者,其学多无传,独先生尚有绪言。南渡之后,郑景望私淑之,遂以重光。故水心谓永嘉之学,舣千载之已绝。退而自求,克兢省以御物欲者,周作于前,郑承于后。然则先生之功,不可没也。"又说:"(百家谨案)伊洛之学,东南之士,龟山、定夫之外,惟许景衡、周行己亲见伊川,得其传以归。景衡之后不振。行己以躬行之学,得郑伯樵为弟子(梓材案:郑先生为浮沚私淑弟子)。其后叶适继兴,经术文章,质有其文,其徒甚盛"⑤,这就突出了周行己在永嘉学术中的重要地位。不过既然被称为"元丰九先生",其意就是永嘉九先生应为元丰年间学于太学,周行己也不例外。全祖望说:

> 周行己字恭叔,永嘉人也。学者称浮沚先生。少而风仪秀整,语音如钟,十行并下。游太学,时"新经"之说方盛,而先生独之西京,从伊川游。持身艰苦,块然一室,未尝窥牖。尝作颜子不贰过论,曰:"过不必大,毫末萌于心,而天地为之应;悟不必久,斯须著于心,而天下归其仁。"伊川亦称之。吕与叔时在同门,先生亦师

---

① 《水心文集》卷二九,《叶适集》,第598页。
② 周行己有《浮沚集》,今《二程集》《河南程氏遗书》卷第十七《伊川先生语三》目录条下有:"本无篇名,不知何人所记。或曰永嘉周行己恭叔,或云永嘉刘安节元承,或云关中学者所记,皆不能明也。"
③ 许景衡有《横塘集》。
④ 刘安节有《左史集》,今《二程集》《河南程氏遗书》卷第十八《伊川先生语四》目录条下有:"刘安节字元承,永嘉人。所记有元祐五年遭丧后、绍兴四年迁谪事。延平陈渊几叟得之于元承之子,有题志在后。"
⑤ 《周许诸儒学案》,《宋元学案》卷三十二,《黄宗羲全集》第四册,第407页。

事之。①

吕大临元祐二年(1087)始任太学博士,再据全祖望之说周行己"独之西京"与"吕与叔时在同门,先生亦师事之",似乎周行己并非吕大临太学学生。今据学者考证,包括周行己在内,"实际上游学太学,向吕大临问学的,不止九人"②。周行己既在太学师从吕大临,又与吕大临一道问学程颐,他将吕大临与程颐一道称为当世"真儒"。今天,在吕大临相关传世史料非常稀少的情况下,周行己与吕大临交往所留下的资料就显得弥足珍贵。吕大临逝时,周行己有《哭吕与叔四首》,诗曰:

平生已作老蓝川,晚意贤关道可传。一篑未容当百涨,独将斯事著余编。

淹留也复可疑人,不向清朝乞此身。芸阁校雠非苟禄,每回高论助经纶。

朝闻夕死事难明,不尽心源漫久生。手足启云犹是过,默然安得议亏成。

朝廷依制起三王,叹惜真儒半已亡。犹有伊川旧夫子,飘然鹤发照沧浪。③

这种"真儒"称谓,无疑表明周行己的人格认同与选择。作为太学博士的吕大临,他践行周行己所认可的师道之义。在现存周行己的文章中,除了乡谊之外提到的学者并不多。而对于吕大临,倒是非常推崇。周行己曾记为太学博士时的吕大临吊学生事,认为吕大临这一行为能够兴师弟子之风。

元祐二年秋七月辛酉,太学徐生不禄,博士吕公率其僚,往吊而哭之恸。周行己跃而起曰:"于美乎哉!师弟子之风兴矣。"自孔子没,大道丧,悠悠数千载间,学者不知师其师,师者不知自处其师,维圣若贤,百不一遇。少也则闻有胡先生,能群诸弟子于太学教之,礼风义行,翕然向古。今亡矣三十余年,谓晚生讫不可得见,乃复在今日。于美乎哉!师弟子之风兴矣。先生之赐甚厚,非特太学化之,将亦四方化之;非特今世化之,将亦后世化之,先生之赐甚厚也。且

---

① 《周许诸儒学案》,《宋元学案》卷三十二,《黄宗羲全集》第四册,第405—406页。
② 《周行己年谱》,《周行己集》,第275页。
③ 《哭吕与叔四首》,《周行己集》,第209页。

将歌其风,倡之天下,布之伶官,而上之天子也。故书。①

北宋的胡瑗,开一代文化教育之先声;但王安石执政以后,推行周行己不喜的"新学"。元祐元年(1086)王安石卒,第二年吕大临职太学博士。据这里周行己所述,吕大临应该在太学倡起了新风,从而引起了周行己巨大的兴趣。这表现在:(1)重视师弟子之风,周行己认为吕大临兴起了蕴含有孔门大道的师道之风。(2)以张载、二程与吕大临共兴的"道学"来教育学生。在太学经典教学中,吕大临尤其重视《中庸》的意义。他说:"《中庸》之书,学者所以进德之要,本末具备矣。既以浅陋之学为诸君道之,抑又有所以告诸君者。"②这里的"诸君"指的应该是太学诸生,周行己与沈躬行当身处其中。吕大临引用"古之学者为己,今之学者为人",从"为己"与"为人"两种不同的学习目的,来区别古今为学者、选才者之不同。他要求学生能够为学有序:

圣人之学,不使人过,不使人不及,立喜怒哀乐未发之中以为之本,使学者择善而固执之,其学固有序矣。学者盖亦用心于此乎?用心于此,则义理必明,德行必修,师友必称,州里必举;仰企于上古,可以不负圣人之传;俯达于当今,可以不负朝廷之教养。世之有道君子,乐得而亲之;王公大人,乐闻而取之。与夫自轻其身,涉猎无本,侥幸一旦之利者,果何如哉?诸君有意乎今日所讲,有望焉;无意乎,则不肖今日自为說读无益,不几乎侮圣言乎?诸君其亦念之哉!③

吕大临教诲学生,应该用心于"立喜怒哀乐未发之中以为本,且择善而固执之"。"喜怒哀乐未发之中",是吕大临与程颐重点讨论的问题,也是吕大临理学思想的核心。周行己继承了吕大临这一教学原则,并在自己浮沚书院讲学过程中践行这一指导思想。周行己筑浮沚书院,在书院中教授学生除了制艺时文之外,就是程颐的理学内容。他甚至因为教授程颐思想,而受到时人弹劾。在现见的《周行己集》中周行己策问书院中学生的题目有:圣贤之学、司徒典乐之教、好恶、王道、孔门数子得失、君子小人、贾谊马周所言、学校科举、煮盐榷酤之禁、本朝治法、佛老与儒者之道同异、孟荀扬文中四子是非。除了煮盐榷酤这一现实功利之言外,所涉及的有关儒佛老之别,君子圣贤小

---

① 《书吕博士》,《周行己集》,第116页。
② 《礼记解·中庸第三十一》,《蓝田吕氏遗著辑校》,第270页。
③ 《礼记解·中庸第三十一》,《蓝田吕氏遗著辑校》,第270—271页。

人之别,王道等,其实主要还是具有道学家的思考问题意识,以及遵循道学家的价值评判原则。

周行己作为永嘉地区杰出的学人,其学术既有区域文化重视功利的思想,也确实受到了程颐、吕大临的深刻影响。他一方面承认:"利之所在,民必从之,虽日杀之而不可禁。"①另一方面,又对程、吕道学自觉认同而深有体会。他自述自己一生为学,说:

> 行己七岁就传,授句读,诵五经书,十五岁学属文,十七岁补太学诸生,是时一心学科举文,编缀事类,剽窃语言,凡所见则问而学焉,趋而从之,十八九相与也。又二年读书,盖见古人文章,浩浩如涛波,纚纚如春华,于是乐而慕之,又学为古文,上希屈、宋,下法韩、柳,见自古文人多不拘耳,谓诚若是也。恃文为非诮,凭文以戏谑,自谓吾徒为神仙中人,而鄙昔之相从者,谓踽促若辕下驹,然求其问而学焉者,十或得二三尔。又二年读书,益见道理,于是始知圣人作书遗后世,在学而行之,非以为文也,乃知文人才士不足尚。②

从一心学作科举文,到学为古文,再到学而行之,周行己完成了程颐洛学门生身份的转变。而这中间学为古文时,刚好他与吕大临在太学相聚。而其后,他东赴洛阳问学程颐更加深了这种道学自觉。周行己的思想虽然杂博,但许多地方都体现出他受到程颐、吕大临的影响。周行己对于程颐、吕大临思想大旨的体认,最鲜明地表现在以下一段话中。他说:

> 人莫不学,鲜能知道。孟死无传,颜亡绝好。笃生程公,万世师表。乃继斯文,以兴坠教。四方朋来,随其所造。致知格物,默通玄授。一理达元,万殊同妙。施国为忠,施家为孝。……达中之庸,入德之奥。立身爱君,无愧屋漏。③

首先,周行己认为知晓为人之"道"意义重大;其次,程颐接孟、颜之后,以兴斯文,以传斯道;再次,程颐思想的大旨是:(1)致知格物;(2)一理万殊;(3)忠孝为人;(4)践中求庸;(5)无愧人格。周行己这里的概括,大致符合程颐洛学的思想。他又说:

> 夫所谓君子之道,中而已矣。或偏于私,或偏于知,过乎中者

---

① 《煮海、榷酤之禁》,《周行己集》,第56页。
② 《上祭酒书》,《周行己集》,第91页。
③ 《祭刘起居文》,《周行己集》,第225—226页。

也。日用而不知,不及乎中者也。太极即中也,中即性也。太极立而阴阳具乎其中矣,性成而阴阳行乎其中矣。是故《易》之为书,阴阳之道也。六十四卦,三百八十四爻,无非是者。然而得所谓君子之道者寡,而过与不及者多,此孔子《系辞》所以明一阴一阳之道,而深叹夫君子之道鲜也。虽然,万物负阴而抱阳,谁独且无道乎!反身而诚,斯得之矣。此所以天下之人,不可自弃,而学《易》者不可以不尽心也。①

这是吕大临重视"中"的思想,在周行己语言中的体现。而他对于张载、程颢、程颐、吕大临所推崇的道也有深切的理解。他说:

道本无名,所以名之曰道者,谓其万物莫不由之也。万物皆有太极,太极者,道之大本;万物皆有两仪,两仪者,道之大用。无一则不立,无两则不成,太极即两以成体,两仪即一以成用。故在太极不谓之先,为两仪不谓之后。然则谓之一阴一阳者,不离乎一也;谓之道者,不离两也。所以太虚之中,氤氲相荡,升降浮沉,动静屈伸,不离乎二端。散殊而可象者为物,物者阴阳之迹也,故曰乾,阳物也,坤,阴物也。清通而不可象者为神,神者阴阳之妙也,故曰阴阳不测谓之神。不测则不可谓之二,成物则不可谓之一,二即一而不离,神体物而不遗。见此者,谓之知道;体此者,谓之得道。然是道也,夫何远之有哉!②

周行己这里的分析,其实杂糅有程颐思想与张载(或说关学)思想。就"太虚"的"氤氲相荡,升降浮沉,动静屈伸,不离乎二端"言,这是张载关学的命题,也就是吕大临的思想。程颐说吕大临守张载学说最力,其实吕大临所守的,就是这一在反对佛老"空""虚"认识上所提出的"太虚即气"的思想。周行己认为"道"是大本与大用的统一,大本是太极,两仪是大用,其意也就是"道"正是通过太极与两仪来化育万物。万物的形成基于太虚的散殊而可象,万物的实现基于一二的统一,神则是阴阳变化不测的奇妙过程与机制。周行己对于吕大临思想中关学理论的大旨,体会可谓颇深。当然,就他这里所举的概念而言,道、太极、太虚、两仪(阴阳)、物、神处于不同的层次。"道"是最

---

① 《经解一》,《周行己集》,第20页。
② 《经解一》,《周行己集》,第19页。

高的范畴,是万物之所由;而"太虚"则是阴阳二气相荡、浮沉的场所,是"道"(一阴一阳)作为原则现实化的空间(他说"太虚之中")。显然,周行己的"太虚"与张载、吕大临的"太虚即气"是有距离的,他的"道"与程颐的"理"也是有区别的。

周行己也坚持吕大临的变化气质之学,他说:"吾窃悲今世之人自认为不若人也。尧舜之后,世之士皆尧舜之学也,而曰不可及焉,则不学而已矣。"①不是不能,是不学。又说:"君臣之义,出于天性;天下之人,同于一体。"②又说:"性灵天植,能尽其道,斯存顺而殁宁也。"③这是张载民胞物与观念与存顺殁宁思想的体现,是受到了吕大临的影响。另外,《周行己集》中所留经解十二条,其中十条都是对于《周礼》的注解,这显然也是受到吕大临关学重礼的影响。

对于吕大临在永嘉元丰学人思想形成中的作用,全祖望说:

> 世知永嘉诸子之传洛学,不知其兼传洛学。考所谓"九先生"者,其六人及程门,其三则私淑也。而周浮沚、沈彬老又尝从蓝田吕氏游,非横渠之再传乎?④

仅仅从师承关系看,吕大临确实承担了永嘉学人与张载之间的联系中介。研究者又多从学者出生地来判定其学术归属,像周行己因生在温州永嘉,所以世人便认为全乎是事功。其实,任何学术思想在初期大致只是开创规模,谈不上精深。理学在北宋,就没有后来那么分宗别派的细致。这虽然讲的是理学在不同时代,有不同的面目,其实也符合周行己的思想。我们认为,周行己的思想还是处于一种非体系化、非逻辑化的状态。虽然他在家乡浮沚书院讲程颐道学,这既不表明他就是正宗的程朱理学学人,也不表明他就一定是永嘉事功学派的明确思想奠定者。周行己的思想莫如是二者的结合体,也就是虽然重视现实的实功、实利,但他又受到正宗道学思想的影响,而且有时这种影响还是很明显的。他在《沈子正墓志铭》中说:

> 洛阳程颐正叔、京兆吕大临与叔、括苍龚原深之,与吾乡先生介夫,皆传古道,名世宗师,学者莫得其门,君能资躬行从之游,而乡党

---

① 《冯先生辨》,《周行己集》,第114页。
② 《上皇帝书二》,《周行己集》,第4页。
③ 《包端睦忠孝传》,《周行己集》,第224页。
④ 《周许诸儒学案》,《宋元学案》卷三十二,《黄宗羲全集》第四册,第405页。

朋友咸称之,以为君子之子。①

《周行己年谱》将此《沈子正墓志铭》系于元祐九年(1094)②,而此时周行己已经受学程颐。按他文中所提之人,龚原(深之)是浙江丽水遂昌人,王安石的学生,以刊版传习王安石新学而有功于师门;林石(介夫)是瑞安人,师从胡瑗的再传弟子,反对王安石新法,以在乡讲习《春秋》之学而闻名。周行己将林石、龚原、程颐、吕大临这几个当时并不能够达到思想一致的人并称"皆传古道",表明他还没有形成明确的道统意识。

从永嘉元丰学人来看,周行己思想确实能够代表永嘉地区北宋末期的思想状况。也正是在以他为代表的元丰学人努力下,浙江学术的重要一支终于能够接上中国传统学术的血脉,并为即将到来的南宋永嘉学派的最终形成提供了精神上与思想上的来源。吕大临作为张载、程颐的高弟,既在思想上也在师承上引领了周行己、沈躬行等人走上了宋明学术的主流。

(二)南宋叶适与吕大临

由北宋五子周敦颐、张载、二程兄弟、邵雍开创的宋明新儒学,在南宋经朱熹而大成。虽有陆九渊与之论辩,但朱陆二学"道问学"与"尊德性"之分是小异,共同维护宗法纲常,都讲心性义理则是大同。黄宗羲说:

> 先生(陆九渊)之学,以尊德性为宗,谓:"先立乎其大,而后天之所以与我者,不为小者所夺。夫苟本体不明,而徒致功于外索,是无源之水也。"同时紫阳之学,则以道问学为主,谓:"格物穷理,乃吾人入圣之阶梯。夫苟信心自是,而惟从事于覃思,是师心自用也。"……二先生同植纲常,同扶名教,同宗孔孟。即使意见终于不合,亦不过仁者见仁,知者见知。③

黄宗羲看到了道学家的异,更重要的是看到他们之间的同,这也是黄宗羲编纂宋元明儒学案的指导原则。实际上宋室南迁的同时,新儒学作为一种学术思想已经扩大了其在知识界、思想界的影响与范围。许多杰出的学者,都参与其中并进行艰苦的阐述、论证与论辩。当然,基于不同的知识背景、致思方式、价值原则与人生经历、生活环境,理学本身作为一种影响深远的社会

---

① 《沈子正墓志铭》,《周行己集》,第144页。
② 《周行己年谱》,《周行己集》,第279页。
③ 《象山学案》,《宋元学案》卷五十八,《黄宗羲全集》第五册,第278—280页。

思潮,其中不能不表现出不同的思想个性。一批南方学人登上历史舞台,像朱熹、陆九渊(江西),还有浙江籍的吕祖谦、陈亮、叶适。在发挥自己的学术见解时,道学家们都以传续孔孟正统作为武器来批驳对方。朱熹以正宗自居,而称陈亮、叶适的思想尽是功利的"浙学"。

  思想史上大的学问家,一般都能够在学术辩论中保持公正平和的心态,倒是后来的自我认同者为了挺立个性(或学派,或区域,或其他群体)要争学术地位,而丧失了学术的理性精神并攻击对方。比如朱陆之辩的朱熹与陆九渊,又比如道学、浙学之论的叶适、朱熹。朱熹斥陈亮、叶适浙学尽是功利,叶适、陈亮目道学是空谈心性,其实这在南宋思想界都是正常的学术辩论,并没有演变成彼此非死即亡的地步。叶适在面对朱熹遭受不公正诋毁时,能够挺身而出为之力辩就是最好的证明。当然,就学术思想而言,永嘉学人确实有着过于彰显自身事功一面,而不能平心静气地谈论心性之学;而道学人物又因意气之争,而排斥永嘉、永康学人的合理思想。其实道学一派虽谈心性,岂能不顾现实?浙学事功纵论功利,岂又不讲道义?显然,思想史本身也会因时势而有非思想本身的因素,在左右着现实的思想史进程。就元丰政治变革的现实言,思想界本身也并没有一个确定无疑的定论。新、旧两党虽然在维护宗法社会、皇权体制这一最终目的上一致,从而都要求讲求"道德义理"之学;但是,由于政治思想、政治举措与具体操作上的不同,还是引起了巨大的论争。这就在他们的新儒学思想上,不能不表现出或者因为学术追求,或者因为意气用事原因而造成的不同。尤其,当政治党争成为社会主流时,这一不同必然影响到思想的评价、选择与践行。

  南宋时期浙江学术形成了以吕祖谦为代表的金华学派,以叶适为代表的永嘉学派,还有陈亮为代表的永康学派。叶适自觉吸收了永嘉众多学者的思想,这既包括北宋永嘉诸子,还包括南宋永嘉地区郑伯熊、陈傅良、徐谊、王自中等学者,从而集永嘉学术之大成,形成具有明确事功特征的永嘉学派。[①] 近人徐规也说,叶适"集永嘉事功之学的大成。……永嘉学派正式形成于南宋乾道、淳熙年间,这个学派反对风靡当代的空谈心性之程朱理学,注重考究经世致用之学,'教人就事上理会,教着实。'"[②]这里其实有两个概念需要区别

[①] 周梦江:《叶适与永嘉学派》,杭州:浙江古籍出版社1992年版,第301页。
[②] 徐规:《序》,《叶适与永嘉学派》,周梦江著,杭州:浙江古籍出版社1992年版,第1页。

厘清,即永嘉学术与永嘉学术中鲜明的事功之学,二者并不等同,虽然永嘉学派以其事功之学而凸显。其实,在整个有宋以来中国传统学术之中,作为主流的程朱理学所讨论的问题是被所有学者、学派所关注的。以事功之学为特质的永嘉学派,虽然反对"空谈心性"的程朱理学,他们岂能真的回避关涉社会伦理道德的心性问题呢?

显然,这一学派重视事功的特质经历了一段时间的积淀、选择与最终确立。北宋永嘉九先生作为永嘉学派的先锋人物,确实在永嘉学术形成之中起到了引领风尚的作用。因为在北宋九先生成名以前,其实已有皇祐三先生,即永嘉王开祖、瑞安林石与永嘉丁昌期三人。清全祖望说:"永嘉师道之立,始于儒志先生王氏(王开祖),继之者为塘奥先生林氏(石),安定、古灵之再传也,而先生(丁昌期)参之。"①虽然三先生有兴起乡学师道之功,但是这三人的思想还处于新儒学之先的章句训诂阶段,并没有新儒学的真正特质。因此,作为丁昌期的学生,刘安节后来就游学京城,并从程颐受学新儒学思想。北宋时期的永嘉学者虽有区域文化的特色,但自觉以程颐道学作为追求则是共同的致思。元丰九先生之一许景衡曾在《送商霖②兼共(恭)叔》诗中说:

> 末学纷纷只自夸,孔颜门户本无遮。农工商贾皆同气,草木虫鱼是一家。我欲收心求克己,公知诚意在闲邪。汝南夫子规模大,归去相从海一涯。③

"农工商贾皆同气,草木虫鱼是一家"就不能说没有张载关学的影子,而收心克己确系程颢与吕大临讨论的重要话题。显然,至少在许景衡看来,他与鲍若雨、周行己在收心克己、诚意闲邪上是一致的。收心克己、诚意闲邪不能不说是谈心性,这是元丰先生从洛学学习所在,也是他们的兴趣所在。至南宋叶适起而力倡事功,他将永嘉九先生所接受的正统道学的"空谈心性"一面弱化,而强化其关注实利实事的一面。

我们可以看出永嘉学术从北宋向南宋的转变,一条明显的线索就是从传播心性思想向突出事功思想的转变。按照叶适的观点,在他以前的永嘉学术大致经历了两个阶段:一是兢省以御物欲,以周行己与郑伯熊为核心人物;一是弥纶以通世变,以薛季宣与陈傅良为核心人物。叶适在自己的文集中收有温州知

---

① 《士刘诸儒学案》,《宋元学案》卷六,《黄宗羲全集》第三册,第319页。
② 商霖,是永嘉鲍若雨的字,程颐晚年学生。
③ 转引自《周行己集》,第256页。

州留元刚的一篇《温州新修学记》,留元刚总结永嘉北宋以来学人的贡献说:

　　昔周恭叔首闻程、吕氏微言,始放新经,黜旧疏,絜其侪伦,退而自求,视千载之已绝,俨然如醉忽醒,梦方觉也。颇益衰歇,而郑景望(郑伯熊)出,明见天理,神畅气怡,笃信固守,言与行应,而后知今人之心可即于古人之心矣。故永嘉之学,必兢省以御物欲者,周作于前而郑承于后也。

　　薛士隆(薛季宣)愤发昭旷,独究体统,兴王远大之制,叔末寡陋之术,不随毁誉,必摭故实,如有用我,疗复之方安在！至陈君举(陈傅良)尤号精密,民病某政,国厌某法,铢称镒数,各到根穴,而后知古人之治可措于今人之治矣。故永嘉之学,必弥纶以通世变者,薛经其始而陈纬其终也。①

留元刚(也包括叶适)认为周行已能够承续程颐、吕大临的微言,其实也就是新儒学家所提倡的心性义理之学;而郑伯熊则体会更深,能够"明见天理,神畅气怡,笃信固守,言与行应",也就是把握住了程颐之学的"天理"大旨,并能够践履蹈行。所谓"兢省以御物欲",不过是程颐以天理抑制人欲思想的永嘉化罢了。叶适自己在《题二刘(刘元丰、刘元节兄弟)》文中也提到,要发掘出"九先生"乡贤的余言坠绪并"为之勤重玩绎"！

但是叶适已经有见于北宋永嘉诸子之学与薛季宣、陈傅良思想的不同,他的"勤重玩绎"走的是另外一条路。也正是基于此一点,叶适不同于九先生对于程颐、吕大临的推崇。可能是留意到永嘉诸子与程颐、吕大临的师承关系,《习学记言序目》有评吕氏兄弟事若干条。叶适认为吕大钧的《天下一家赋》"与《西铭》相出入",但并不认可吕大钧所提出的井田、封建可复思想,认为"若存古道,自可如此论;若实欲为治,当更审详尔"②。"存古道"显然是一种吊古之幽情,而"实欲为治"则需要做多方面的考量。因为时代已变,天下形势岂是人谋可及？其实,这里已经表现出叶适立足于现实的事功精神,与张载、吕氏兄弟依天理原则的复古思想之不同。叶适说这些复古之言,"居今之世,理经援古,欲一举而尽复三代之治者,以寒致暑而进病者于膏粱,不知其不能食而继之以死也,而何以为之哉！"③这就对他心目中的道学家的复古

---

① 《水心文集》卷十,《叶适集》,第178页。
② 《习学记言序目》卷四十七,第699页。
③ 《水心别集》卷六,《叶适集》,第706页。

思想,进行了辛辣的讽刺。

吕大钧另有《世守边郡议》文,讨论如何处理边事。其守边思路是"招携以礼,怀远以德"与"慎选仁勇,世守郡事"。他举商、周二代安抚外夷之事来证三代御边之可取,因而提出自己的守边之策。叶适在具体分析时势基础上,针对南宋偏安江南、异族入主中原的现实说:

> 吕大钧《世守边郡议》,言"在商时,古公以皮币、犬马、珠玉事獯鬻而商王不知。在周时,晋国拜戎不暇而周室不与,三代御边之略盖可知已";虽非透底之论,然既封建诸侯,则势固然矣。今既自有其天下,不以与人,则守边以卫百姓,安得不自任其责?徒曰是广远而不可守,委民命于夷狄,纵其搏食乎?方周衰不能主令,犹且伊川为戎,荆蛮问鼎。今边不能御,坐视入内地,噫,将焉及矣!①

叶适肯定了吕大钧三代御边之策取怀远,但是不认可在当时行"世守边郡"的建议。作为强调事功而又忧国忧民的学者,他主张报仇雪耻收复失地,而不是媚颜屈膝一味投降。正是基于此一爱国思想,他也反对吕大钧所代表的道学家的"迷古"义理原则。道学家的"迷古"正是当时投降派据以为借口的一条理由,尤其是道学家的夷夏之别更造成了朝廷立策的犹疑。叶适反对投降,也就不能不驳斥道学家的这一不分时势的道德原则。三代虽以德抚夷,但犹且"伊川为戎,荆蛮问鼎",南宋则已经是边不能御,国为人占,民为仇有。何况叶适认为金也并非是夷而是仇,夷可抚而仇只可报,这就将投降派借以为遮掩的道学"德抚"原则彻底驳倒。他说:

> 方建炎、绍兴十余年间,天下能愤忾视虏如仇敌,秦桧既坚持之,自此不惟以和亲为性命义理之实,而言复仇雪耻者,更为元恶大憝,灭天常,绝人理,其事极大,未知此论何时当回也!②

> 已往之事,不可追而悔者也。方来之虑不尽,则天下之患又将有甚于此,岂可以坐而讲尧、舜、三代之旧,洋洋焉,熙熙焉,而不思夷夏之分,不辨逆顺之理,不立仇耻之义,一切听其为南北之成形,以与宋、齐、梁、陈并称而已者乎?③

当然,叶适是基于南宋现实而不认同吕大钧的"世守边郡"思想。其实,

---

① 《习学记言序目》卷五十,第748页。
② 《习学记言序目》卷四十三,第641页。
③ 《水心别集》卷十,《叶适集》,第758页。

南宋偏安的局面岂非北宋长期持安抚边疆之患政策造成的？因此，我们认为叶适不肯定吕大钧在有宋一代仍行封建、世守边是有其积极的现实意义的。这确实是叶适为代表的事功学派与程朱为代表的道学家们的不同。下面我们看看叶适在义理问题上的态度，《习学记言序目》评吕大临二条。其一是：

> 吕大临《送刘户曹》，"独立孔门无一事，惟传颜氏得心斋。"按颜氏立孔门，其传具在"博我以文，约我以礼"，"欲罢不能，既竭我才"；虽非杜预之癖，相如之俳，然非无事也。心斋，庄、列之寓言也，其言"若一志，无听以耳而听以心，无听以心而听以气"，盖寓言之无理者，非所以言颜子也。今初学者诵之，深入肺腑，不可抽吐，为害最甚。①

吕大临这里的思想确实有心学倾向，也就是要求学者从心性上下工夫，断灭欲望、思虑，从而进入空灵虚寂的境界。这一境界虽然高明，但确乎是空谈心性而不着实地。叶适认为吕大临这里其实没有把握孔门教学宗旨：孔门高弟颜渊之学虽非杜预之癖、相如之俳，但其为学大旨在于"博我以文，约我以礼"与"欲罢不能，既竭我才"，这岂能是无一事的空寂？叶适认为颜渊的思想，其实还是要求博文约礼，实求实功的进取过程。他并且认为初学者假如轻信此言，就会落入心性空谈之中。显然，这是重视"理在实处"与重视"理在心体"两种思想的冲突。所以，他评邵雍诗以玩物为道，非是。而孔子许曾点"浴乎沂，风乎舞雩，咏而归"，都是"因物以讲德，指意不在物也。此亦山人隐士所以自乐，而儒者信之，故有云淡风轻傍花随柳之趣，其与穿花蛱蝶点水蜻蜓何以较重轻，而谓道在此而不在彼乎！"②这就很明白，道学家所称道的境界、气象与悟道，在叶适这里都遭到了批评。因为这确是两种求学的理路，也是两种道学追求。

我们知道，吕大临受到程颢教其识仁思想的影响，而重视内在心性的修养。由于忧心自己思虑太多，程颢教其要做到先立其大，也就是保持内心的不动心，从而能够不受到外物的干扰，所以他要识仁，要克己。这一点也受到了叶适的批评：

> 吕大临"克己铭"，程氏"四箴"，但缓散耳，固讲学中事也。伊

---

① 《习学记言序目》卷四十七，第707页。
② 《习学记言序目》卷四十七，第706页。

尹言"惟尹躬暨汤咸有一德,克享天心,受天明命",故孟子谓其"自任以天下之重";曾子言"仁以为己任",故曰"动容貌,正颜色,出辞气",以其养于一身者尽废百圣之学,虽曰偏狭,然自任固重矣;不如是,何以进道?而大临方以不仁为有己所致,其意鄙浅,乃释老之下者,犹谓道学,可乎?①

叶适这里对于吕大临、程颐的批评,就不仅仅是事功与道学之不同,也不是实体与心体思想的差异,而是正学与异端也就是儒学与释老之别了。他直指吕大临与程颐不过是讲学先生空谈心性罢了,其实并无实功实事。他认为孟子称伊尹、曾子之求仁,其实都是突出了自我在修养过程中的担当与自任意识;而吕大临却要主体克尽自我(己),显然是背离道学圣人人格的价值追求。当然,叶适认为吕大临"克己"是因为"以不仁有为己所致",这也并不正确。因为吕大临克己是要摒除心中的私欲杂念,并不是要丧失主体的自我。在这一点,其实他同叶适是一致的。叶适说:"克己,治己也,成己也,立己也。己克而仁至,言己之重也。己不能克,非礼害之也。"②叶适的克己,就是一个治己、成己与立己的过程。吕大临克己的最终目的,应该也是一样的。叶适直指吕大临克己是丧己,是庄周之"心斋",也就是等同于佛之"空"与老之"无",甚至还不及释老之所学,更谈不上是道学正宗了。这种观点对于程朱学者而言,显然不可接受。称许吕大临的朱熹有着截然不同的观点,他说:"吕与叔论颜子等处极好。龟山云云,未是。"③

叶适之所以批评吕大临的《克己铭》,其实是针对同时代以朱熹为代表的道学家心性思想。他批评道学家的空疏:"'仁人正谊不谋利,明道不计功',此语初看较好,细看全疏阔。古人以利与人而不自居其功,故道义光明。后世儒者行仲舒之论,既无功利,则道义者乃无用之虚语尔。"④他这是借评董仲舒来批朱熹、陆九渊的义利之辨,要求在功利处见道义之实效。要求在实处见学问,其实我们在前面曾说北宋新儒学张载的关学最重实。不过,张载、吕大临的实,是道学家伦理道德要求在现实人伦日用之际的君君臣臣、父父子子,也就是要尽为人的责任、义务;而叶适的实,则是实利、实功的物质追求

---

① 《习学记言序目》卷四十九,第731—732页。
② 《水心学案上》,《宋元学案》卷五十四,《黄宗羲全集》第五册,第171页。
③ 《朱子语类》卷一百一,第七册,第2562页。
④ 《习学记言序目》卷二十三,第324页。

与建功立业,虽然他自己也认为尽礼之重要。叶适说:"人非下愚,未有无可成之质,使皆一于礼,则病尽而材全。"①

我们在前面已经揭示过吕大临《克己铭》的思想,其实吕大临也并非仅仅要求从心性上下工夫,他还有重视"义以方外"的复礼一面。但是,不论是克己还是复礼都还是个人人格上的道德践履,这不符合重视事功实利的叶适永嘉学术的思路。因此,吕大临为象征的克己思想必然受到叶适的批判。黄宗羲曾有:

> 黄溍言"叶正则推郑景望、周恭叔以达于程氏,若与吕氏(吕大临)同所自出。至其根柢六经,折衷诸子,凡所论述,无一合于吕氏。其传之久且不废者,直文而已,学固勿与焉。"盖直目水心为文士。以余论之,水心异识超旷,不假梯级……其意欲废后儒之浮论,所言不无过高,以言乎疵则有之;若云其概无所闻,则亦堕于浮论矣。②

黄溍③从程朱道学的角度来非议叶适,但他也确实看出了吕大临与叶适的不同。根源在于叶适所表现出来的永嘉学术的南宋特质,已经同北宋元丰永嘉诸子的重视"克己""闲邪"的思想有了一定的距离。浙江永嘉学术至此,而有一个明确的转变。"兢省以御物欲"的思想倾向,转向了"弥纶以通世变"的社会问题视角,永嘉学术的事功得到了鲜明的凸显。黄宗羲后来说永嘉学人薛季宣:

> 永嘉之学,教人就事上理会,步步著实,言之必使可行,足以开物成务。盖亦鉴一种闭目合眼,矇瞳精神,自附道学者,于古今事物之变,不知为何等也。夫岂不自然,而驯致其道,以计较亿度之私,蔽其大中至正之则,进利害而退是非,与刑名之学殊途而同归矣。此在心术,轻重不过一铢,茫乎其难辨也。④

黄宗羲的理学立场是否客观,这不重要。但他这一概括永嘉学术教人就"事上理会,步步著实。言必行,开物成务"内涵,倒是揭示了薛季宣、叶适等永嘉学人思想的事功特色。当然叶适这一事功思想的凸显,并没有完全与永嘉元丰学人脱离。叶适"勤重玩绎"地发挥了周行己道器不离的观点,他说:

---

① 《水心学案上》,《宋元学案》卷五十四,《黄宗羲全集》第五册,第140页。
② 《水心学案上》,《宋元学案》卷五十四,《黄宗羲全集》第五册,第172页。
③ 黄溍(1277—1357),元代以文学、书画名家,婺州义乌人。
④ 《艮斋学案》,《宋元学案》卷五十二,《黄宗羲全集》第五册,第56—57页。

"物之所在,道则在焉",又更进一步说"道虽广大,理备事先,而终归于物,不使散流。"而且,"其道在于器数,其通变在于事物。"他得出结论,"无验于事者,其言不合;无考于器者,其道不化"。① 这就在道器不离的基础上,突出了验于事、考于器的现实风格。而且,叶适与吕大临在克己上可能有不同,但在复礼上却有相契合处。叶适有"程氏诲学者必以敬为始。予谓学必始于复礼,礼复而后能敬"。全祖望评说:"此是水心宗旨。然非敬何以复礼,敬乃所以复礼也。水心言之倒矣。"②

(三)有明浙东蕺山学派与吕大临

明末清初,伴随着传统社会的转型,中国传统学术在反思中酝酿着变革,浙江学人作为传统学术这一时代的中坚力量参与其中。在这一反思过程中学者对于自身的文化自觉更加清醒,全祖望在回溯浙学发展时,高度评价永嘉元丰学人的功绩。他说:

> 世知永嘉诸子之传洛学,不知其兼传关学。考所谓"九先生"者,其六人及程门,其三则私淑也。而周浮沚、沈彬老又尝从蓝田吕氏游,非横渠之再传乎?鲍敬亭辈七人,其五人及程门。晦翁作《伊洛渊源录》,累书与止斋求事迹,当无遗矣。而许横塘之忠茂,竟不列其人,何也?予故谓为晦翁未成之书。今合为一卷,以志吾浙学之盛,实始于此。而林竹轩者,横塘之高弟也,其学亦颇启象山一派。述周许诸儒学案。③

作为史学家的全祖望,从思想史发展的角度来肯定北宋以周行己为代表的永嘉元丰九先生的重要意义。认为周、许诸人承接上了北宋以来新儒学的精神源头,也就是将浙江学术纳进了整个有宋以来中国传统学术的历史流变之中,从而避免置浙江学术孤立于传统学术之外的境地。作为民族文化而不是区域文化的思想家,总会具有更全局的眼界、更中立的态度与更高明的视野。以黄宗羲为代表的浙东史学,就具有这种眼界、态度与视野。而全祖望是有思想史家的胸怀的,他也知晓宋元明以来的中国传统学术的主流,只能是以北宋张载、二程所生发、构建,南宋朱熹、陆九渊所论辩,明代中期王阳明

---

① 《总义》,《水心别集》卷五,《叶适集》,第694页。
② 《水心学案下》,《宋元学案》卷五十五,《黄宗羲全集》第五册,第176页。
③ 《周许诸儒学案》,《宋元学案》卷三十二,《黄宗羲全集》第四册,第405页。

所转承,明末刘宗周延及清初的王夫之、黄宗羲所总结的新儒学。将周行己、沈彬老与吕大临的师承关系明确出来,就凸显出了永嘉学术,从而有了浙江学术与张载关学的承继逻辑;将九人与程颐的师承关系明确出来,就凸显出了永嘉学术,从而有了浙江学术与程颐洛学的承继逻辑;而将九先生中的许景衡(横塘)、林竹轩与陆九渊象山学派的思想关系厘清,就凸显出了浙江学术在心学逻辑演变中的地位。显然,这一思想逻辑的梳理与贯通,就将浙江学术与宋明理学内在思想体系中的气学、理学、心学以及浙江学术本身的事功学术完整地联系在一起,从而大大提升了浙江学术在中国传统社会有宋以来学术进程中的地位与贡献。

全祖望尤其提到,"以志吾浙学之盛实始于此",也就是要突出永嘉诸子在浙江学术上的首创之功。而他突出永嘉诸子的地位,也就在一定意义上揭示了吕大临兼传张载关学、二程洛学的思想史意义。

宋明理学发展到有明时期,程朱道学作为官方意识形态陷入了僵化、停滞的境地。王阳明作为浙江学人的杰出代表一振食古不化的学界,提出了致良心的学说。这一承继程颢、陆九渊的思想,演变成有明一代后期的心学大成,浙江学术的总体也就卷入这一思潮之中。而南宋陈亮、叶适的事功、实利追求,在后学不继的情况下逐渐走向式微。心学较之永嘉、永康的事功之学,显然更为道学正统。承继阳明之学的浙江学术在阐发自己的思想时,必须能够追溯北宋五子开创的新儒学道统。因此,对于先后为关学张载、洛学程颐学生吕大钧、吕大临兄弟的评价,也就发生了变化。

《宋元学案》黄百家说:(吕和叔)"既事横渠,卒业于二程,务为实践之学,取古礼绎其义、陈其数而力行之。横渠叹以为秦俗之化,和叔与有力焉。又叹其勇为不可及也。"他记述吕大钧的刚毅性格:

> (钧)为宣义郎,会伐西夏,鄜延转运使李稷檄为从事。既出塞,稷馈饷不继,欲还安定取粮,使先生请于经略安抚使种谔。谔素残忍,左右有犯,立斩,或先刳肺肝,坐者掩面,谔饮食自若。先生告以稷言,谔曰:"吾受将命,安知粮道?万一不继,召稷来,与一剑耳。"先生正色曰:"朝廷出师,去塞未远,遂斩转运使,无君父乎?"谔曰:"君欲以此报稷,先稷受祸矣!"先生怒曰:"吾委身事主,死无所辞,正恐公过耳。"谔意折,乃竟许稷还。是非先生之刚折不挠,正气屈

谔,穆难免矣。①

黄百家抨击那些"平居高谈性命,临事蓄缩失措"者,"视先生(吕大钧)直如独豕耳。横渠之叹为勇不可及,信哉!"②显然,这里不仅高度评价了关中学人不折正气的勇气,更在于他肯定了作为道学家的吕大钧能够以身践道的责任与担当。后来的批评家非议道学家平居只会高谈性命,其实那些真正的道学人物确乎具有言行一致的境界与人格。

黄百家又评吕大临与程颐《论中书》,说:

> 百家谨案,此条即起豫章、延平看未发以前气象宗旨。子刘子曰:"夫所谓未发以前气象,即是独中真消息也。"又曰:"一喜怒哀乐耳。自其蕴诸中言,则曰未发;自其见诸外言,则曰已发。盖以表里对待言,不以前后际言也。"又曰:"自喜怒哀乐之存诸中者言,谓之中,不必其未发之前别有气象也,即天道之元亨利贞运于於穆者是也;自喜怒哀乐之发于外者言,谓之和,不必其已发之时又有气象也,即天道之元亨利贞呈于化育者是也。惟存发总是一机,故中和浑是一性,推之一动一静,一语一默,莫不皆然。此独体之妙,所以即微即显,即隐即见。而慎独之学,即中和,即位育,此千圣学脉也。自喜怒哀乐之说不明于后世,而圣学晦矣。"③

黄百家肯定吕大临与程颐"论中"之讨论,认为它启发了罗豫章(延平)看未发以前气象的宗旨。当然,这一为罗延平所重视的未发前气象也被朱熹所承接,甚至成为此后道学家讨论心性义理的重要视角。而黄百家引刘宗周"夫所谓未发以前气象,即是独中真消息也",无疑表明吕大临这一求中于未发之前的思考,正与刘宗周独体思想相契合。换句话说,"论中"也是刘宗周学术宗旨得以形成的重要思想渊源。刘宗周概括说:"自喜怒哀乐之说不明于世,而圣学晦矣。"因此,他要讲明喜怒哀乐,以接续"千圣学脉"。

作为宋明理学的总结、反思者,刘宗周要解决朱熹思想的支离,王阳明思想的狂禅化可能,他需要提出新的思路。借助于《中庸》的中、和说,刘宗周在总结前此道学思想的基础上,提出了自己的"独体"论。而且,在刘宗周的思想体系中贯穿着一个重要的方法论原则,也就是合二为一的统贯思想。他

---

① 《吕范诸儒学案》,《宋元学案》卷三十一,《黄宗羲全集》第四册,第374页。
② 《吕范诸儒学案》,《宋元学案》卷三十一,《黄宗羲全集》第四册,第374页。
③ 《吕范诸儒学案》,《宋元学案》卷三十一,《黄宗羲全集》第四册,第379页。

说:"从来学问只有一个工夫,凡分内分外,分动分静,说有说无,劈成两下,总属支离。"①这种动静、内外、有无相一的思维原则,成为他分析"独体",也包括他"慎独""诚意"思想的阐释理路。

刘宗周高度自信于自己的"独体"之学,认为独体是"即微即显,即隐即见"的,而慎独则是"即中和,即位育"。他认为这一独体、慎独之学,实能够承孔孟之正学,也能够解前儒之纷纷。他以喜怒哀乐来剖析自己的独体之妙,认为喜怒哀乐不能作前后两个阶段来理解,而应该是表里对待言。相应的,未发、已发也不能作前后解,也是一表一里对待。喜怒哀乐存诸中,则为中;喜怒哀乐发于外,则为和。刘宗周认为,已发、未发其实气象都是一样,也就是天道(独体)元亨利贞四个阶段的流行与呈现,呈现只不过是流行的展示罢了,二者其实也是表里的关系。而且,他还认为已发、未发都是一机,所以已发之和、未发之中皆是一性。

中既然是独体之里,或者说就是体,所以他的"独体"有时又被称为"中体",致中和也就是"慎独"。"问:'中便是独体否?'曰:'然'"②,这是明确将中作体来看。吕大临说:"'天命之谓性',即所谓中;'修道之谓教',即所谓庸。中者,道之所自出;庸者,由道而后立。盖中者,天道也,天德也,降而在人,人禀而受之,是之谓性。"③既然中是道之所自出,是天道,天德,是人性之所自,则中显然就是体。这里的中体,一定意义上与刘宗周理解的独体是一致的。刘宗周说:"一独耳,指其体谓之中,指其用谓之和。"④但是刘宗周基于自己合内外、一动静,无无有的思维理路,他没有停留在吕大临论"中"的认识上,他将中和统一起来展开理论的构建。他说:

"独"虽不离中和而实不依于中和,即"太极"不离阴阳而实不依于阴阳也。中,阳之动也;和,阴之静也。然则宋儒专看未发气象,未免落在边际,无不当于"慎独"之义者。⑤

刘宗周反对宋儒专从未发以前看圣贤气象,是因为他认为朱熹为代表的程朱理学家分未发为静,已发为动的失误。他认为:"在宋儒则有'静而存养,

---

① 《学言下》,《刘宗周全集》第二册,第452页。
② 《学言上》,《刘宗周全集》第二册,第396页。
③ 《礼记解·中庸第三十一》,《蓝田吕氏遗著辑校》,第271页。
④ 《学言上》,《刘宗周全集》第二册,第396页。
⑤ 《圣学宗要》,《刘宗周全集》第二册,第259页。

动而省察'之说;在明儒则有'无善无恶,有善有恶'之说,只为诸公素叩禅关,却欲取短录长,成其至是,以立大中之极,故持论往往如此。"① 也就是将他所认为的慎独分为两事。在他看来,未发、已发皆是一个气象,无须分一个未发、已发。他又以阴阳动静来分析:

> 中以言乎其阳之动也,和以言乎其阴之静也,然未发为中而实以藏已发之和,已发为和而即以显未发之中。②

在这里中、和是相互为用的,而不分一个未发之中与已发之和的不同。致中即致和,他说:

> 隐微者,未发之中;显见者,已发之和。莫显乎隐,莫显乎微,故中为天下之大本。慎独之功,全用之以立大本,而天下之达道行焉,此亦理之易明者也。乃朱子以戒惧属致中,慎独属致和,两者分配动静,岂不睹不闻与独有二体乎?戒惧与慎独有二功乎?致中之外复有致和之功乎?③

刘宗周这里就将宋儒分中(未发)分和(已发)一统而为慎独之中,"不睹不闻"即是"独"体,"慎独"即足以致中以立大本,致和以行达道。当然,刘宗周这里的慎独之功以达中和独体之体,其慎独是存养、省察工夫的合一,其独是"不睹不闻""寂然不动"又"感而遂通"的。"独者,心极也"④。既然独是心之极,他必须解决独、心、性的关系。他说:

> 《大学》言心到极至处,便是尽性之功,故其要归之慎独。《中庸》言性到极至处,只是尽心之功,故其要亦归之慎独。独,一也,形而上者谓之性,形而下者谓之心。⑤

尽心即可尽性,尽性亦可尽心,心、性都是独体之别名。因为,形而上之性是独之体,形而下者心是独之用。人心之中自有喜怒哀乐,也就自有仁义礼智。不过人如何在喜怒哀乐未发之中处,真正做到达而皆中节之和?如何处理独体的由寂而感,他提出一个"意"。

> 心无善恶,而一点独知,知善知恶。知善知恶之知,即是好善恶

---

① 《学言下》,《刘宗周全集》第二册,第453页。
② 《学言上》,《刘宗周全集》第二册,第392页。
③ 《学言上》,《刘宗周全集》第二册,第372页。
④ 《学言上》,《刘宗周全集》第二册,第392页。
⑤ 《学言上》,《刘宗周全集》第二册,第389—390页。

恶之意；好善恶恶之意，即是无善无恶之体，此之谓"无极而太极"。①

独知即是意，意能好善恶恶。"意"在刘宗周晚年学术思想中，是一个重要范畴。他借助于知善恶恶的意，来实现价值判断与道德践履。

百家谨案，先遗献《孟子师说》云："赤子之心，视听言动与心为一，无有外来搀和。虽一无所知，一无所能，却是知能本然之体。逮其后，世故日深，将习俗之知能，换了本然之知能，便失赤子之心。大人无所不知，无所不能，不过将本然之知能，扩充至乎其极，其体仍然不动，故为不失，犹夫子云：'知之为知之，不知为不知，是知也。'有知之、有不知，知之量也；以为知之，以为不知，知之体也。人以为事事物物，皆须讲求，岂赤子之心所能包括？不知赤子之心，是个源头，从源头上讲求事物，则千红万紫，总不离根，若失却源头，只在事物讲求，则翦彩作花，终无生意。"此说可谓尽赤子之心矣。百家思前未发问答中伊川云"赤子之心，不可谓中"一语，反不如先生（吕大临）之语无病。盖赤子之心如谷种，满腔生意，尽在其中，何尝亏欠？极大人之能事，岂能于此谷种之外，添得一物？②

吕大临的赤子之心思想在程颐那里没有得到肯定，倒是在明末浙东的刘宗周处得到了回应。刘宗周认为赤子之心是一无所知，一无所能；大人之心是无所不知，无所不能；赤子之心是知能本然之体，大人之心是知能本然之体之扩充；赤子之心是源头，大人之心是大川。黄百家则以谷种喻之，谷种中蕴含着满腔的生意，不同的人扩充之功不同，则最终境界亦此不同。据此，黄百川认为，吕大临在这一点较之程颐更为圆熟与无病。刘宗周之所以运用吕大临的"喜怒哀乐"说与"赤子之心"说，是为了论证他"独体""慎独"思想。而他确实通过这一"喜怒哀乐"的表里分析，达到了构建动静、内外、存发一机又一性的思想体系。全祖望、黄百家肯定吕大临"赤子之心"较之程颐周全、无病，也正是要肯定刘宗周思想的无病与周全。

从北宋永嘉诸子对于吕大临新儒学的自觉认同，到南宋叶适对吕氏学术、政治思想的批评，再到明末清初学者的肯定这一思想历程，我们可以看出

---

① 《学言中》，《刘宗周全集》第二册，第411页。
② 《吕范诸儒学案》，《宋元学案》卷三十一，《黄宗羲全集》第四册，第380页。

浙江学术从北宋到明清的历史进程与思想逻辑。一定意义上,吕大临的思想代表了宋明理学所要关涉的问题、命题与话语。随着宋明理学思想进程的展开,吕大临思想中的一些组成部分逐渐被后来不同时期的理学正统、别派、异端所提及、重视与改造,这既可以看出吕大临理学思想在新儒学中的地位与价值,也可以看出宋明理学在不同历史时期、不同区域文化,不同个性学者的关注视点、学术特质与思想渊源上的不同。

四 吕大临与朱熹

朱熹融合了儒、释、道三教,建构了自然、社会、人生整体性的、博大的哲学逻辑结构,是"致广大,尽精微,综罗百代"的学术大家。他既对中国既有的重要哲学范畴、思想命题做出了自己的理解和解释,发前人所未发,见前人所未见;而且,他所作的解释比前人更加严密、系统和仔细。[①] 作为中国传统文化、思想的高峰,理学思想的真正集大成者,朱熹是北宋五子开创的新儒家学术的继承者,也是对于有宋以来学术思想、学术人物最有发言权的评价者、总结者。

(一)朱熹眼中的吕大临

朱熹对于自己的思想有着明确的定位,他曾在《大学章句》中说:"宋德隆盛,治教休明。于是河南程氏两夫子出,而有以接乎孟氏之传。实始尊信此篇而表章之,既又为之次其简编,发其归趣,然后古者大学教人之法、圣经贤传之指,粲然复明于世。虽以熹之不敏,亦幸私淑而与有闻焉。"[②]正是自觉地继承、弘扬程颢、程颐的学术思想,思想史上才有程朱并称之"道学"。程朱之间,黄宗羲讲得好:

> 涵养须用敬,进学在致知,此伊川正鹄也。考亭守而勿失,其议论虽多,要不出于二言。大较明道之言,故欲扬之,恐人滞;考亭之言,故欲抑之,恐人荡,其用心则一也。[③]

这就从两个尺度讲清了朱熹对待程颐、程颢思想时,所持的态度。其实,

---

① 张立文:《朱熹评传》,长春:长春出版社2008年版,第343页。
② 《大学章句序》,《四书章句集注》,第2页。
③ 《晦翁学案》上,《宋元学案》卷四十八,《黄宗羲全集》第四册,第889页。

这也是朱熹面对北宋五子以来的前此心性义理之学丰富资源所持的态度。《续资治通鉴》也说:"熹自少有志于圣道,其为学大抵穷理以致其知,反躬以践其实,而以居敬为主。尝谓圣贤道统之传,散在方册,自经旨不明而道统三传始晦,于是竭其精力以研穷圣贤之经训。所著书为学者所宗。"①朱熹在世时,穷研先贤之书,既与弟子们展开全面、深入地讨论,也形成了卷帙浩繁的著述成果。在这些成果中,以《朱子语类》最能生动、完整地体现朱熹对于前贤的认识与评价。吕大临作为张载、二程的高足,频频出现在朱熹师徒的视野之中,而且朱熹对其为人、为学也做出了全方位的点评。

可能由于记忆性误差,朱熹没有准确搞清吕大临的生卒年。不过这不妨碍朱熹在程门之中最重吕大临,这一点我们在前面已有论述。他最遗憾的就是吕大临的早逝,并多次表示惋惜。

  蔡云:"上蔡老氏之学多,龟山佛氏之说多,游氏只杂佛,吕与叔高于诸公。"曰:"然。这大段有筋骨,惜其早死!若不早死,也须理会得到。"②

  与叔年四十七,他文字大纲立得脚来健,有多处说得好,又切。若有寿,必煞进。③

  吕与叔惜乎寿不永!如天假之年,必所见又别。程子称其"深潜缜密",可见他资质好,又能涵养。某若只如吕年,亦不见得到此田地矣。"五福"说寿为先者,此也。友仁。④

  看吕与叔论选举状:"立士规,以养德厉行;更学制,以量才进艺;定贡法,以取贤敛才;立试法,以试用养才;立辟法,以兴能备用;立举法,以覆实得人;立考法,以责任考功。"先生曰:"其论甚高。使其不死,必有可用。"

  吕与叔本是个刚底气质,涵养得到,所以如此。故圣人以刚之德为君子,柔为小人。若有其刚矣,须除去那刚之病,全其与刚之德,相次可以为学。若不刚,终是不能成。有为而言。⑤

---

① 毕沅:《续资治通鉴》卷一五五,北京:线装书局2009年版,第八册,第4176页。
② 《朱子语类》卷一百一,第七册,第2558页。
③ 《朱子语类》卷一百一,第七册,第2557页。
④ 《朱子语类》卷一百一,第七册,第2560页。
⑤ 《朱子语类》卷一百一,第七册,第2561页。

纔经李端伯吕与叔刘质夫记,便真;至游定夫,便错。可惜端伯与叔质夫早丧!使此三人者在,于程门之道,必有发明。①

与叔甚高,可惜死早!使其得六十左右,直可观,可惜善人无福!②

朱熹之所以如此惋惜吕大临的早逝,显然是基于对吕大临思想倾向、涵养工夫、学术气质、为学理路与政治见解的肯定。吕大临学术纯粹、文字扎实、深潜缜密、政论高明、涵养深厚、体悟真切,这些都是为朱熹师徒所称道的。因此,他读吕大临的著述说:"吕与叔文集煞有好处。他文字极是实,说得好处,如千兵万马,饱满伉壮。上蔡虽有过当处,亦自是说得透。龟山文字却是怯弱,似是合下会得易。某尝说,看文字须以法家深刻,方穷究得尽。某直是拼得下工。"③朱熹认为吕大临肯下问学涵养的工夫,所以为文就有"千兵万马,饱满伉壮"的气势。

不过,朱熹是从全面、整体的角度来看历史人物的,这也体现在对吕大临的认识上。他说:

"吕与叔云:'圣人以中者不易之理,故以之为教。'如此,则是以中为一好事,用以立教,非自然之理也。"先生曰:"此是横渠有此说。所以横渠没,门人以'明诚中子'谥之,与叔为作谥议,盖支离也。西北人劲直,才见些理,便如此行去。又说出时,其他又无人晓,只据他一面说去,无朋友议论,所以未精也。"④

吕与叔言养气可以为养心之助,程先生大以为不然。某初亦疑之,近春来方信。心死在养气上,气虽得其养,却不是养心了。⑤

吕与叔后来亦看佛书,朋友以书责之,吕云:"某只是要看他道理如何。"其文集上杂记亦多不纯。想后来见二程了,却好。⑥

横渠辟释氏轮回之说。然其说聚散屈伸处,其弊却是大轮回。盖释氏是个个各自轮回,横渠是一发和了,依旧一大轮回。吕与叔

---

① 《朱子语类》卷九十七,第七册,第2479页。
② 《朱子语类》卷一百九,第七册,第2693页。
③ 《朱子语类》卷一百一,第七册,第2556页。
④ 《朱子语类》卷一百一,第七册,第2561页。
⑤ 《朱子语类》卷九十七,第七册,第2484—2485页。
⑥ 《朱子语类》卷一百一,第七册,第2561页。

集中亦多有此意思。①

中国地域广阔,历史久远。在这片古老的土地上,一方水土养一方人,形成了东南西北各各不同的风土人情。每一方水土下的人情,显然都经历了自然的磨炼与历史的积累,也都代表了中华民族生生不已的精神内涵。朱熹说"西北人劲直,才见些理,便如此行去",说的便是区域文化生态下的个体共性一面。但是,朱熹这里的评价却是以一个地域的文化特色来分析这方水土下的学人思想,有其历史的局限性。朱熹循的是程颐的理路,对于张载关学的评价基于的是程颐道学为正统的参考系。就这里对吕大临的认识,也主要是从整个张载关学大背景下来讨论的。他所认为的吕大临思想支离、学术不精,养气不可以养心,喜看佛书,以及认为将气作聚散屈伸理解也是一种轮回,都有这种倾向。当然,朱熹不是狭隘的知识分子,他对张载关学"心统性情""天地之性、气质之性"等思想都表达了极大的敬意与认可。尤其张载关学思想熏陶下士人的下学工夫,更是朱熹区别吕大临不同于程门其他高足的重要方面。

(二)朱熹与吕大临的《克己铭》

《克己铭》是吕大临问学程颢后,最重要的学术体悟与思想成果,代表了吕大临二程洛学期的思想特色,成为宋明理学思想史许多时代学人不可回避的命题。《克己铭》以及与之相关的程颢《识仁篇》篇幅都不长,但其中所体现出来的问题意识与理学涵养工夫,却是理学家们涵养义理、提升境界的重要思想资源,也是朱熹师徒平日谈话中重点讨论、往复交流、精深思辨的问题。

诚如前章节所述,吕大临的《克己铭》是"默识深契"程颢《识仁篇》的思想成果。这篇不长的铭文主题思想,就是"克己归仁"。具体而言,也就是解决"均气同体"的"有生"之物为何不仁?如何归仁?吕大临其实已经预设了"有生"当仁的前提,即"均气同体";至于为何不仁,源于"我则有己"。"有己",就有了"己"与"物"之间的"町畦",就有了"胜心"造成的"扰扰不齐"。为了解决这一因"有己"带来的一系列思虑纷乱问题,就需要"克己"。吕大临突出了"志以为帅,气为卒徒"的必要,要求"胜私窒欲"。经过一番"克己"

---

① 《朱子语类》卷九十九,第七册,第2537页。

工夫的努力,最终达到"皇皇四达,洞然八荒,皆在我闼"的境界,如此,则"孰曰天下,不归吾仁?"

因为程颢的《识仁篇》劈头就是:"学者需先识仁",因此,吕大临所有的思想都是围绕这一主题展开的。而且,程颢又认为识得"仁者浑然与物同体"之理,然后"以诚敬存之而已",就无须穷索与防检。其实,程颢的诚敬,就是要以人心为主。"人多思虑不能自宁,只是做他心主不定"①。吕大临以志为帅,也就是要求人当以己心克制内含有私欲的气。而他体味程颢"浑然与物同体"的仁者境界,也就相当于"痒痾疼痛,举切吾身"的感受。但是吕大临这一"识仁"的思想体会,遭到了朱熹师徒的批评。

> 元翰问:"克去己私,最是难事。如今且于日用间每事寻个是处。只就心上验之,觉得是时,此心便安。此莫是仁否?"曰:"此又似说义,却未见得仁。又况做事只要靠著心。但恐己私未克时,此心亦有时解错认了。不若日用间只就事上子细思量体认,那个是天理,那个是人欲。著力除去了私底,不要做,一味就理上去做,次第渐渐见得,道理自然纯熟,仁亦可见。且如圣贤千言万语虽不同,都只是说这道理。且将圣贤说底看,一句如此说,一句如彼说,逐句把来凑看,次第合得,都是这道理。"或说:"如今一等非理事,固不敢做。只在书院中时,亦自有一般私意难识。所谓'孜孜为善,孜孜为利',于善利之中,却解错认。"曰:"且做得一重,又做一重,大概且要得界限分明。"遂以手画扇中间云:"这一边是善,这一边是利。认得善利底界限了,又却就这一边体认纤悉不是处克将去。圣人所以下个'克'字,譬如相杀相似,定要克胜得他! 大率克己工夫,是自著力做底事,与他人殊不相干。紧紧闭门,自就身上子细体认,觉得才有私意,便克去,故曰:'为仁由己,而由人乎哉!'夫子说得大段分晓。吕与叔《克己铭》却有病。他说须于与物相对时克。若此,则是并物亦克也。己私可克,物如何克得去! 己私是自家身上事,与物未相干在。"②

"日用间每事寻个是处",这与谢良佐"穷理只是寻个是处"很是相契,都

---

① 《河南程氏遗书》卷十五,《二程集》,第 144 页。
② 《朱子语类》卷四十一,第三册,第 1043—1044 页。

强调人心的自作主宰意义。朱熹曾经肯定谢良佐这一格物的理解，但他并不认同"寻个是处"的心安就是识仁。因此，他仍旧肯定了吕大临"克己归仁"的思想。从自己格物穷理的阐释理路出发，朱熹更强调的是日用间的事事穷理，而不是人心的自我心安。毕竟人心至虚，不可保证时时事事上的正确。从天理、人欲对立思维讲，朱熹突出了主体"著力"渐次格物、渐次胜私去欲克己的必要性及其现实性意义。

但是朱熹认为吕大临的克己有将己物相对的关系论错误，如此逻辑下去就是"并物亦克"。我们联系《定性书》，因为张载"以定性未能不动，犹累于外物"，所以程颢提出"是圣人之喜怒，不系于心而系于物也。"其实，吕大临与张载一样，都是因为感受到了纷繁外物的干扰而不能无思虑困扰。人，总是在世界中生活，也就不能不与外物相感受，也就必然是一个主客关系的存在。朱熹批评吕大临以己物对说，来谈克己，是连物一道克了。他要求克去自己内心之私，而成一虚名纯一的天理流行。这与吕大临后来《论中书》所讲心如明镜，鉴物不留痕是一致的。朱熹明确指出吕大临的克己，其实就是克物。

先生曰："克，是克去己私。己私既克，天理自复。譬如尘垢既去，则镜自明；瓦砾既扫，则室自清。如吕与叔《克己铭》，则初未尝说克去己私。大意只说物我对立，须用克之。如此，则只是克物，非克己也。"

"吕与叔说克己，从那己、物对处克。此说虽好，然不是夫子与颜子说底意。夫子说底，是说未与物对时。若与物对时方克他，却是自家已倒了几多。所谓己，只是自家心上不合理底便是，不待与物对方是。"又曰："吕与叔《克己铭》只说得一边。"

包详道言："克去胜心、忌心。"先生曰："克己有两义：物我亦是己，私欲亦是己。吕与叔作《克己铭》，只说得一边。"①

朱熹明确了克己之"己"的内涵，即"自家心上不合理底便是"，这是从其天理本体的思想逻辑入手的。他反对吕大临将己、物对克，也就是将己物作关系看。而且，他认为己含两种内涵，视物我为对是己，私欲也是己，这一说法不将克己仅仅作人欲看。孔子说"克己复礼归仁"，克己与复礼分为两事，

---

① 《朱子语类》卷四十一，第三册，第1067页。

合为一体。朱熹承此意又批评《克己铭》只讲了克己一边,没有说到复礼一边。

> 问:"公便是仁否?"曰:"非公便是仁,尽得公道所以为仁耳。求仁处,圣人说了:'克己复礼为仁。'须是克尽己私,以复乎礼,方是公;公,所以能仁。"问:"《克己铭》:'痒痾疾痛,举切吾身。'不知是这道理否?"曰:"某见前辈一项论议说忒高了,不只就身上理会,便说要与天地同其体,同其大,安有此理!如'初无吝骄,作我蟊贼'云云,只说得克己一边,却不说到复礼处。须先克己私,以复于礼,则为仁。且仁譬之水,公则譬之沟渠,要流通此水,须开浚沟渠,然后水方流行也。"
>
> 问:"或问深论《克己铭》之非,何也?"曰:"'克己'之'己',未是对人物言,只是对'公'字说,犹曰私耳。吕与叔极口称扬,遂以'己既不立,物我并观',则虽天下之大,莫不皆在于吾仁之中,说得来恁大,故人皆喜其快。才不恁说,便不满意,殊不知未是如此。"道夫云:"如此,则与叔之意与下文克己之目全不干涉。此自是自修之事,未是道着外面在。"曰:"须是恁地思之。公且道,视听言动干人甚事!"又问"天下归仁"。曰:"'克己复礼',则事事皆是,天下之人闻之见之,莫不皆与其为仁也。"又曰:"有几处被前辈说得来大,今收拾不得。谓如'君子所过者化',本只言君子所居而人自化;'所存者神',本只言所存主处便神妙。横渠却云:'性性为能存神,物物为能过化。'至上蔡便道:'唯能"所存者神",是以"所过者化"。'此等言语,人皆烂熟,以为必须如此说。才不如此说,便不快意矣。"①

朱熹为了能够明晰地说明仁的境界,直接在克己复礼与仁之间加了一个"公"。公虽不是仁,但公能达到仁。以公来看吕大临从己物关系立论的说法,就能发现吕大临既不全面又不贴切。不过,朱熹这里所引的吕大临"己所不立,物我并观"句,我们在《蓝田吕氏遗著辑校》所收《克己铭》中并没有看到。也许,朱熹所见与今传世之本并不一样呢?而且,朱熹之所以"深论《克己铭》之非",也在于他要揭示吕大临"人皆喜其快"的"天下归仁"的不是。

> 林正卿问"天下归仁"。曰:"'痒痾疾痛,举切吾身',只是存想

---

① 《朱子语类》卷四十一,第三册,第 1067—1068 页。

'天下归仁'。恁地,则不须克己,只坐定存想月十日,便自'天下归仁',岂有此理!"时举问程先生曰:"事事皆仁,故曰'天下归仁'。是如何?"曰:"'事事皆仁',所以'天下归仁'。于这事做得恁地,于那事亦做得恁地,所以天下皆称其仁。若有一处做得不是,必被人看破了。"

林正卿问:"吕与叔云:'痒痾疾痛,举切吾身。'不知此语说'天下归仁'如何?"曰:"圣人寻常不曾有这般说话。近来人被佛家说一般大话,他便做这般底话去敌他。"

问:"《克己铭》只说得公底意思?"曰:"《克己铭》不曾说着本意。扬子云曰:'胜己之私之谓克。''克'字本虚,如何专以'胜己之私'为训?'郑伯克段于鄢',岂亦胜己之私耶!"①

朱熹这里继续批评吕大临"痒痾疾痛,举切吾身",并不是"天下归仁"的真正境界。他将吕大临克己的过程与克己最终希望达到的境界,断然分开!他认为二程的"事事皆仁"指的是事事做到实处,也就以此反论吕大临的"痒痾疾痛,举切吾身"只不过是如佛教说大话一般的"存想"也就是空想!我们回看前引黄宗羲"明道之言,故欲扬之,恐人滞;考亭之言,故欲抑之,恐人荡"的总结,则朱熹此处的评价就不能不让我们一方面看出吕大临确实领会了程颢的"识仁"思想精髓,另一方面看出朱熹与吕大临在"克己复礼归仁"理解上的真实不同。

(三)朱熹与程颐、吕大临的《论中书》

正如朱熹师徒对于《克己铭》的评论一样,他们对于吕大临与程颐在《论中书》中的讨论,也做了基于程朱道学阐释学理路的分析。

就程颐与吕大临在《论中书》中所表现出来的学术争辩本身而言,程颐确实践行了教学相长的为师之道精神,而吕大临也表现出了以道自任高度自觉的学术担当意识。程颐一面谆谆教诲吕大临,一面也主动接受吕大临的反驳从而改正、完善自己的思想;吕大临一面虚心接受程颐的批评,一面仍然坚持自己认为正确的学术观点。这种师徒之间自由、平等的学术讨论,正是二程

---

① 《朱子语类》卷四十一,第三册,第1068页。

洛学得以保持生命力的宝贵品格。即使吕大临的学术思想真的"圣人气味殊少"①，应该批评，但程颐、吕大临的相关讨论至少给朱熹师徒的涵养义理提供了真正话题。朱熹师徒之所以否定吕大临的思想，是因为他们是顺着程颐的思想逻辑来构建自己理论体系的。

朱熹也认为中只可作属性词，而不能够直接称之为道体。理学家论述概念，都是与其他词对着说，相依着说的。朱熹说："'中'字是状性之体。性具于心，发而中节，则是性自心中发出来也，是之谓情。"②这里已有心统性情的影子，但表述不完整。又说：

> 伊川言："'喜怒哀乐之未发谓之中'，中也者，言'寂然不动'者也，故曰'天下之大本'。"喜怒哀乐未发，无所偏倚，此之谓中。中，性也；"寂然不动"，言其体则然也。大本，则以其无所不该遍，而万事万物之理，莫不由是出焉。"'发而皆中节谓之和'，和也者，言'感而遂通'者也，故曰'天下之达道'。"喜怒哀乐之发，无所乖戾，此之谓"和"。和，情也；"感而遂通"，言其事则然也。达道，则以其自然流行，而理之由是而出者，无不通焉。③

这里中、和对说，性、情对说。性是大本，是"无所不该遍，而万事万物之理，莫不由是出"的大本；和是达道，是"自然流行，而理之由是而出者，无不通"的达道。但是，这里又是错开来说：中不是大本，是状大本之性的"然"，也就是形容性的属性；情非达道，喜怒哀乐之情发后而无所乖戾的状态和才是达道。

> 问："吕氏言：'中则性也。'或谓此与'性即理也'语意似同。铢疑不然。"先生曰："公意如何？"铢曰："理者，万事万物之道理，性皆有之而无不具者也。故谓性即理则可。中者，又所以言此理之不偏倚、无过不及者，故伊川只说'状性之体段'。"曰："'中'是虚字，'理'是实字，故中所以状性之体段。"④

当引入"性即理"来理解"中则性"的内涵时，这种比较就清晰多了。理是性，中不是性，因为理是实字，中是虚字。通过"理"与"中"，"实"与"虚"

---

① 《论中书》，《蓝田吕氏遗著辑校》，第497页。
② 《朱子语类》卷六十二，第四册，第1507页。
③ 《朱子语类》卷六十二，第四册，第1511页。
④ 《朱子语类》卷六十二，第四册，第1512页。

的对比,朱熹师徒说清了中不是大本,也就不是万事万物之理由之出的本原、道体。不过朱熹认为吕大临其实是将"中"看作是"性"的内涵,并不是真的认为状性之形的"中"就是"道之所从出"。

> 问:"吕与叔问中处,'中者道之所从出',某看吕氏意如何?"曰:"性者,道之所从出云尔。'中,即性也',亦是此意。只是名义未善,大意却不在此。如程先生云'中,即道也',若不论其意,亦未安。"曰:"'中即道也',未安。谓道所从出,却是就人为上说,已陷了。"又云:"'中即道也',却亦不妨。"①

正因为朱熹认为"中"是"性"的属性词,所以师徒态度很明确:"因论吕与叔说'中'字,大本差了。曰:'他底固不是,自家亦要见得他不是处。'"②朱熹要求学生必须能够看透吕大临为什么错的原因是什么,错在哪里。

> 文蔚曰:"喜怒哀乐未发之中,乃在中之义。他引虞书'允执厥中'之'中',是不知'无过、不及之中',与'在中'之义本自不同。又以为'赤子之心',又以为'心为甚',不知中乃喜怒哀乐未发而赤子之心已发。'心为甚',孟子盖谓心欲审轻重,度长短,甚于权度。他便谓凡言心者,便能度轻重长短,权度有所不及,尤非孟子之意,即此便是差了。"曰:"如今点检他过处都是,自家却自要识中。"③

朱熹同意学生的分析,认为吕大临确实理解错了:"喜怒未发之中"中"中"的内涵,用来论证自己观点的虞书中"允执厥中"中"中"的内涵,"赤子之心"是已发还是未发,孟子"心为甚"中"心"的内涵。如此立论,则吕大临"以经解经"的阐释理路本身就有问题。既然中是状性之虚词,是"寂然不动"的体的本然状态,如何识得中、得到中就可以做正面的工夫。朱熹理解的"中"既是"喜怒哀乐未发之前"的体验,也是现实的实践。

> 文蔚曰:"伊川云:'涵养于喜怒哀乐未发之前,则发自中节矣。'今学者能戒慎恐惧于不睹不闻之中,而慎独于隐微之际,则中可得矣。"曰:"固是如此,亦要识得。且如今在此坐,卓然端正,不侧东,不侧西,便是中底气象。然人说中,亦只是大纲如此说,比之大段不中者,亦可谓之中,非能极其中。如人射箭,期于中红心,射在

---

① 《朱子语类》卷九十七,第七册,第2504页。
② 《朱子语类》卷六十二,第四册,第1511页。
③ 《朱子语类》卷六十二,第四册,第1511页。

贴上亦可谓中，终不若他射中红心者。至如和，亦有大纲唤做和者，比之大段乖戾者，谓之和则可，非能极其和。且如喜怒，合喜三分，自家喜了四分；合怒三分，自家怒了四分，便非和矣。"①

讲格物致知居敬穷理的朱熹，显然与高谈识仁的程颢有其不同。他将新儒学的涵养风貌不仅仅做义理的体验，更做知识面向的提升与修养实践的落实。道理是高明的，而实践是中庸的。朱熹说："'学者识得仁体，实有诸己，只要义理裁培。'识得与实有，须做两句看。识得，是知之也；实有，是得之也。若只识得，只是知有此物；却须实有诸己，方是己物也。"②而且，他认为程颢当日之所以如此开导吕大临，有其特殊背景。他说："这般次第，是吕与叔自关中来初见二程时说话。盖横渠多教人礼文制度之事，他学者自管用心，不近里，故以此说教之。然只可施之与叔诸人。若与龟山言，便不着地头了。公今看了《近思录》，看别经书，须将《遗书》兼看。盖他一人是一个病痛，故程先生说得各各自有精采。"③既然分清了说话的语境与对象，朱熹的思想就不会拘泥与狭隘。他对吕大临揭示的心体内涵，表示了肯定。我们前面曾论述程颐在与吕大临的交流中，提炼出了心有体用的思想，在宋明理学史上有着突出的意义。

吕氏"未发之前，心体昭昭具在"，说得亦好。

问：吕与叔云："未发之前，心体昭昭具在；已发乃心之用。"南轩辨昭昭为已发，恐太过否？曰：这辨得亦没意思。敬夫太聪明，看道理不子细。伊川所谓'凡言心者，皆指已发而言'，吕氏只是辨此一句。伊川后来又救前说曰："'凡言心者，皆指已发而言'，此语固未当。心一也，有指体而言者，'寂然不动'是也；有指用而言者，'感而遂通'是也，惟观其所见如何。"此语甚圆，无病。大抵圣贤之言，多是略发个萌芽，更在后人推究，演而伸，触而长，然亦须得圣贤本意。不得其意，则从那处推得出来？问："心本是个动物，不审未发之前，全是寂然而静，还是静中有动意？"曰："不是静中有动意。周子谓'静无而动有'。静不是无，以其未形而谓之无；非因动而后有，以其可见而谓之有耳。横渠'心统性情'之说甚善。性是静，情是

---

① 《朱子语类》卷六十二，第四册，第1511—1512页。
② 《朱子语类》卷九十五，第六册，第2447页。
③ 《朱子语类》卷九十五，第六册，第2446页。

动。心则兼动静而言,或指体,或指用,随人所看。方其静时,动之理只在。伊川谓:'当中时,耳无闻,目无见,然见闻之理在,始得。及动时,又只是这静底。'"①

朱熹既驳斥了张栻对吕大临未发之前昭昭具在的心体的批评,也指出了程颐自己确实也认识到了"凡言心者,皆指已发"的不正确。这里朱熹还针对学生所提深化了对于程颐所说"寂然不动"的心体内涵,"静"并非是说心体不动,而是指心体的无形不可见,静时不是有个动意,而是蕴含着动之理。他借张载"心统性情"说,认为性静情动,心兼动静,有体有用。当然,动静、体用不是个时间先后,而是个逻辑有别,即"随人所看","若以为截然有一时是未发时,一时是已发时,亦不成道理"②,这些思想显然加深了对于心内涵的认识。

"喜怒未发之谓中,中者,天下之大本"是《中庸》所说,程颐与吕大临因为论"中"而涉心,因心之体用而涉未发、已发的涵养工夫,兼涉赤子之心的理解,因赤子之心而涉天地之心、圣人之心,于是宋明理学的问题因之而生发开来,扩展开来,以至越发丰富与精微。既然喜怒哀乐有个已发、未发的不同,那么人该如何做得工夫?

先生问铢曰:"伊川说:'善观者,却于已发之时观之。'寻常看得此语如何?"铢曰:"此语有病。若只于已发处观之,恐无未发时存养工夫。"先生曰:"杨吕诸公说求之于喜怒哀乐未发之时,伊川又说于已发处观,如此则是全无未发时放下底。今且四平着地放下,要得平帖,湛然无一毫思虑。及至事物来时,随宜应接,当喜则喜,当怒则怒,当哀乐则哀乐。喜怒哀乐过了,此心湛然者,还与未发时一般,方是两下工夫。若只于已发处观,则是已发了,又去已发,展转多了一层,却是反鉴。看来此语只说得圣人之止,如君止于仁,臣止于敬,是就事物上说理,却不曾说得未发时心,后来伊川亦自以为未当。"铢曰:"此须是动静两下用工,而主静为本。静而存养,方始动而精明。"③

这就说得周全而完善,因为心是动物,是活的,它既有面对外物而必然有

---

① 《朱子语类》卷六十二,第四册,第1512—1513页。
② 《朱子语类》卷六十二,第四册,第1509页。
③ 《朱子语类》卷六十二,第四册,第1513页。

喜怒哀乐一面，但也有独处无思虑一面，如此则必然两下做到：已发时省察，未发时涵养。朱熹对于吕大临中即性也，中者道之所由出体验于未发之时，是持一定肯定态度的。他赞同学生之问："此一篇前项，只是名义失，最失处在赤子之心。"①吕大临说："喜怒哀乐之未发，即赤子之心。"②这里的赤子之心，吕大临赋予的内涵是"纯一无伪"同与圣人之心。

> 又问："'赤子之心'处，此是一篇大节目。程先生云：'毫厘有异，得为大本乎？'看吕氏此处不特毫厘差，乃大段差。然毫厘差亦不得。圣人之心如明镜止水，赤子之心如何比得？"曰："未论圣人，与叔之失，却是认赤子之已发者皆为未发。"曰："固是如此。然若论未发时，众人心亦不可与圣人同。"曰："如何不同？若如此说，却是天理别在一处去了。"曰："如此说，即中庸所谓未发之中，如何？"曰："此却是要存其心，又是一段事。今人未发时心多扰扰，然亦有不扰扰时。当于此看。大抵此书答辞，亦有反为所窘处。当初不若只与论圣人之心如此，赤子之心如彼，则自分明。"③

朱熹并不一味地否定吕大临的思想，他也认为赤子之心内涵同于人心未发不扰扰时，也就是与圣人之心同。关键之处，吕大临之失在于引赤子之心来拟喜怒哀乐未发之时。他接着程颐未区分的圣人之心与赤子之心不同处来说："吕说大概亦是，只不合将'赤子之心'一句插在那里，便做病。赤子饥便啼，寒便哭，把做未发不得。如大人心千重万折，赤子之心无恁劳攘，只不过饥便啼、寒便哭而已。未有所谓喜，所谓怒，所谓哀，所谓乐，其与圣人不同者只些子。"④实际上，《论中书》中程颐与吕大临的分歧，一是心性义理内涵理解上的不同，一是对于概念运用上是否合适的不同，朱熹对于这两点有着清晰的认识，也做了明确的区别。他肯定了吕大临的喜怒哀乐未发之前的人心皆同，因为圣人凡人之心皆具天理；又反对吕大临将孟子"权然后知轻重，度然后知长短，物皆然，心为甚"作"此心度物，所以甚于权衡之审"的引申阐释，因为"孟子乃是论心自度，非是心度物"⑤。至于语汇使用不当，他认为要

---

① 《朱子语类》卷九十七，第七册，第 2505 页。
② 《论中书》，《蓝田吕氏遗著辑校》，第 496 页。
③ 《朱子语类》卷九十七，第七册，第 2504 页。
④ 《朱子语类》卷九十七，第七册，第 2505 页。
⑤ 《朱子语类》卷九十七，第七册，第 2505 页。

做现实的看。朱熹对于相关问题的思考,因为有了更多的理论架构与思想参考,所以较之程颐、吕大临在《论中书》的讨论就更加深入与清晰。

"心统性情者也。""寂然不动",而仁义礼智之理具焉。动处便是情。有言静处便是性,动处是心,如此,则是将一物分作两处了。心与性,不可以动静言。凡物有心而其中必虚,如饮食中鸡心猪心之属,切开可见。人心亦然。只这些虚处,便包藏许多道理,弥纶天地,该括古今。推广得来,盖天盖地,莫不由此,此所以为人心之妙欤。理在人心,是之谓性。性如心之田地,充此中虚,莫非是理而已。心是神明之舍,为一身之主宰。性便是许多道理,得之于天而具于心者。发于智识念虑处,皆是情,故曰"心统性情"也。

横渠云:"心统性情。"盖好善而恶恶,情也;而其所以好善而恶恶,性之节也。且如见恶而怒,见善而喜,这便是情之所发。至于喜其所当喜,而喜不过(谓如人有三分合喜底事,我却喜至七八分,便不是);怒其所当怒,而怒不迁(谓如人有一分合怒底事,我却怒至三四分,便不是);以至哀乐爱恶欲皆能中节而无过:这便是性。①

朱熹将张载的"心统性情"与程颐的"心兼体用"联系起来讲心性情,讲未发、已发,得出"性者,理也。性是体,情是用。性情皆出于心,故心能统之。统,如统兵之'统',言有以主之也"②。未发是性,既发是情;未发是体,既发是用,从而真正实现了对于新儒家思想心性内涵的构建,也就既吸纳了释老的思维模式,又充实了儒家的伦理内涵,这既在本体论上,也在修养论上提升了宋明理学的形上品质。

(四)朱熹与吕大临的《中庸解》

朱熹师徒对于吕大临《克己铭》《论中书》中的思想批评多于赞许,但这并不与朱熹对吕大临的推崇相矛盾。正如程颐在《论中书》中所说,"大抵论愈精微,言愈易差",我们可以说《克己铭》与《论中书》中的论述体现了程颢、程颐、吕大临精微的理学致思水平。吕大临与朱熹思想确实有其不一致的地方,但朱熹在自己的著述中屡引吕大临的思想,则体现了两人学术思想内涵

---

① 《朱子语类》卷九十八,第七册,第2514页。
② 《朱子语类》卷九十八,第七册,第2513页。

与阐释理路相契的一面,也反映了吕大临相关思考为朱熹庞大思想体系的形成提供了借鉴与启示之功。

在吕大临众多著述中,朱熹尤所致意吕大临的《中庸解》,他辨析了吕大临后《中庸解》非程颐的著作,又对比分析了吕大临两个《中庸解》的逻辑相承关系,他说:

> 若更以其言考之,则二书详略虽或不同,然其语意实相表里,如人之形貌,昔腴今瘠,而其部位神采,初不异也,岂可不察而遽谓之两人哉?又况改本厌前之详,而有意于略,故其词虽约,而未免反有刻露峭急之病,至于词义之间,失其本指,则未能改于其旧者,尚多有之。①

而且朱熹非常赞许吕大临在其中体现出来的思想精神,他说:"吕与叔中庸,皆说实话也。"②"吕与叔中庸义,典实好看。"③"吕中庸,文滂沛,意浃洽。"④"李先生说:'陈几叟辈皆以杨氏中庸不如吕氏。'先生曰:'吕氏饱满充实。'"⑤"龟山门人自言龟山中庸枯燥,不如与叔浃洽。先生曰:'与叔却似行到,他人如登高望远。'"⑥

前面我们已经仔细分析过吕大临重视《中庸》的重要地位,他认为《中庸》是"圣门学者尽心以知性,躬行以尽性"不可逾越之书,是述"圣人之绪言,入德之大要"之书,也是孔、曾、子思传道之书,因此一生着意此书。对于《中庸》在儒家道统体系中的价值,朱熹也是深有体会。他在《中庸章句序》中说:

> 中庸何为而作也?子思子忧道学之失其传而作也。盖自上古圣神继天立极,而道统之传有自来矣。……夫尧、舜、禹,天下之大圣也。以天下相传,天下之大事也。……自是以来,圣圣相承:若成汤、文、武之为君,皋陶、伊、傅、周、召之为臣,既皆以此而接夫道统之传。若吾夫子,则虽不得其位,而所以继往圣、开来学,其功反有

---

① 《中庸或问》,《四书或问》,《朱子全书》第六册,第558页。
② 《朱子语类》卷一百一,第七册,第2560页。
③ 《朱子语类》卷一百一,第七册,第2561页。
④ 《朱子语类》卷六十二,第四册,第1485页。
⑤ 《朱子语类》卷六十二,第四册,第1485页。
⑥ 《朱子语类》卷六十二,第四册,第1485页。

贤于尧舜者。然当是时，见而知之者，惟颜氏、曾氏之传得其宗。及曾氏之再传，而复得夫子之孙子思，则去圣远而异端起矣。子思惧夫愈久而愈失其真也，于是推本尧舜以来相传之意，质以平日所闻父师之言，更互演绎，作为此书，以诏后之学者。盖其忧之也深，故其言之也切；其虑之也远，故其说之也详。其曰"天命率性"，则道心之谓也；其曰"择善固执"，则精一之谓也；其曰"君子时中"，则执中之谓也。世之相后，千有余年，而其言之不异，如合符节。历选前圣之书，所以提挈纲维、开示蕴奥，未有若是之明且尽者也。自是而又再传以得孟氏，为能推明是书，以承先圣之统，及其没而遂失其传焉。则吾道之所寄不越乎言语文字之间，而异端之说日新月盛，以至于老佛之徒出，则弥近理而大乱真矣。然而尚幸此书之不泯，故程夫子兄弟者出，得有所考，以续夫千载不传之绪；得有所据，以斥夫二家似是之非。盖子思之功于是为大，而微程夫子，则亦莫能因其语而得其心也。

熹自早岁即尝受读而窃疑之，沈潜反复，盖亦有年，一旦恍然似有以得其要领者，然后乃敢会众说而折其中，既为定著章句一篇，以竢后之君子。……虽于道统之传，不敢妄议，然初学之士，或有取焉，则亦庶乎行远升高之一助云尔。①

朱熹认为，子思的《中庸》在先秦起到了传承儒家道统的作用，在现代是二程兄弟"续千载不传之绪"之所考，"斥二家似是之非"之所据。他不敢自许自己所作的《中庸章句》能够传承道统，但认为对于初学之士也许有一助之功。正是因为如此，朱熹非常重视《中庸章句》为代表的《四书章句》，一直到临死之际还在修改、完善这本书。朱熹以毕生的精力收集汇总、综合比较、反复选择关于"四书"的各种注释，最终选出自己认为正确的解释加入集注，并在此基础上发挥自己的观点。② 因此，能够被选入《四书章句》的注释，显然都是经过朱熹精心衡定过的。

朱熹在《中庸章句》中引述别人注释不多，主要是直接阐释自己的观点，但他五引吕大临的思想。我们可以通过朱熹处理吕大临的相关注释，来看出

---

① 《中庸章句序》，《四书章句集注》，第14—16页。
② 邓艾民：《朱熹与朱子语类》，《朱子语类》，第一册。

二人的思想关系。在解《中庸》"或生而知之,或学而知之,或困而知之,及其知之一也;或安而行之,或利而行之,或勉强而行之,及其成功一也"一句时,朱熹说:

> 知之者之所知,行之者之所行,谓达道也。以其分而言:则所以知者知也,所以行者仁也,所以至于知之成功而一者勇也。以其等而言:则生知安行者知也,学知利行者仁也,困知勉行者勇也。盖人性虽无不善,而气禀有不同者,故闻道有蚤莫,行道有难易,然能自强不息,则其至一也。
>
> 吕氏曰:所入之塗虽异,而所至之域则同,此所以为中庸。若乃企生知安行之资为不可几及,轻困知勉行谓不能有成,此道之所以不明不行也。①

在解"好学近乎知,力行近乎仁,知耻近乎勇"句时,朱熹说:

> 此言未及乎达德而求以入德之事。通上文三知为知,三行为仁,则此三近者,勇之次也。
>
> 吕氏曰:"愚者自是而不求,自私者徇人欲而忘反,懦者甘为人下而不辞。故好学非知,然足以破愚;力行非仁,然足以忘私;知耻非勇,然足以起懦。"②

在解"凡为天下国家有九经,曰:修身也,尊贤也,亲亲也,敬大臣也,体群臣也,子庶民也,来百工也,柔远人,怀诸侯也"句时,朱熹说:

> 经,常也。体,谓设以身处其地而察其心也。子,如父母之爱其子也。柔远人,所谓无忘宾旅者也。此列九经之目也。
>
> 吕氏曰:"天下国家之本在身,故修身为九经之本。然必亲师取友,然后修身之道进,故尊贤次之。道之所进,莫先其家,故亲亲次之。由家以及朝廷,故敬大臣、体群臣次之。由朝廷以及其国,故子庶民、来百工次之。由其国以及天下,故柔远人、怀诸侯次之。此九经之序也。"
>
> 视群臣犹吾四体,视百姓犹吾子,此视臣视民之别也。③

此处"视群臣犹吾四体,视百姓犹吾子,此视臣视民之别也"一句,《蓝田

---

① 《中庸章句》,《四书章句集注》,第29页。
② 《中庸章句》,《四书章句集注》,第29页。
③ 《中庸章句》,《四书章句集注》,第29—30页。

《吕氏遗著辑校》之《礼记解·中庸第三十一》与《中庸解》都收有,也就是说,是吕大临的话;而据此所引《四书章句集注》,将这一句没有放在吕氏曰中,显然是作朱熹的注释。

在解"果能此道矣,虽愚必明,虽柔必强"句时,朱熹说:

> 明者择善之功,强者固执之效。
>
> 吕氏曰:"君子所以学者,为能变化气质而已。德胜气质,则愚者可进于明,柔者可进于强。不能胜之,则虽有志于学,亦愚不能明,柔不能立而已矣。盖均善而无恶者,性也,人所同也;昏明强弱之禀不齐者,才也,人所异也。诚之者所以反其同而变其异也。夫以不美之质,求变而美,非百倍其功,不足以致之。今以卤莽灭裂之学,或作或辍,以变其不美之质,及不能变,则曰天质不美,非学所能变。是果于自弃,其为不仁甚矣!"①

在解"王天下有三重焉,其寡过矣乎"时,朱熹直接引吕大临所说:

> 吕氏曰:"三重,谓议礼、制度、考文。惟天子得以行之,则国不异政,家不殊俗,而人得寡过矣。"②

朱熹另外也说:"吕氏说'博学、审问、慎思、明辨、笃行'一段煞好,皆是他平日做工夫底。"③又说:"某年十五六时,读中庸'人一己百,人十己千'一章,因见吕与叔解得此段痛快,读之未尝不竦然警厉奋发! 人若有向学之志,须是如此做工夫方得。"④仔细研究吕大临《礼记解·中庸第三十一》,朱熹所赞许吕大临的这"一段""一章"其实就是吕大临解《中庸》"诚者,天之道也;诚之者,人之道也。诚者不勉而中,不思而得,从容中道,圣人也。诚之者,择善而固执之者也。博学之,审问之,慎思之,明辨之,笃行之。有弗学,学之弗能弗措也;有弗问,问之弗知弗措也;有弗思,思之弗得弗措也;有弗辨,辨之弗明弗措也;有弗行,行之弗笃弗措也;人一能之己百之,人十能之己千之。果能此道矣,虽愚必明,虽柔必强"段。其最核心的思想除了我们所引的第四句注释外,就是下面这一段。吕大临说:

> 诚者,理之实然,致一而不易者也。天下万古,人心物理,皆所

---

① 《中庸章句》,《四书章句集注》,第31—32页。
② 《中庸章句》,《四书章句集注》,第36—37页。
③ 《朱子语类》卷六十四,第四册,第1565页。
④ 《朱子语类》卷四,第一册,第66页。

同然,有一无二,虽前圣后圣,若合符节,是乃所谓诚,诚即天道也。天道自然,无勉无思,其中其得,自然而已。圣人诚一于天,天即圣人,圣人即天。由仁义行,何思勉之有?故从容中道而不迫。诚之者,以人求天者也,思诚而复之,故明有未究,于善必择,诚有未至,所执必固。善不择,道不精;执不固,德将去。学问思辨,所以求之也;行,所以至之也。求之至,非人一己百,人十己千,不足以化气质。①

对比朱熹《中庸章句》与吕大临《礼记解·中庸第三十一》《中庸解》,我们发现:(1)二人对于《中庸》分章不一致,朱熹对某些地方作过校正,显然两人所依据的《中庸》版本不一样。这也表明,朱熹采取的方法是"以理解经",吕大临的方法是"依经解经"。(2)朱熹就句作注,而吕大临以段作注。(3)朱熹对于相关章节注释,更多就是吕大临的思想。(4)朱熹在引用吕大临对相关章节所作注释时,并没有完全引用,而是有所取舍。(5)朱熹所参考的吕大临相关注释,用的是《礼记解·中庸第三十一》,这也同他所说改本因为过于简略而显单薄意见相一致。(6)朱熹重视吕大临对于古礼的考证,所以采用有吕大临的相关思想。(7)尤为明显的是,朱熹认同吕大临天地之性、气质之性的观点,也就认同张载关学改变气质由明而诚的进学理路。这既表现在直接引用吕大临相关方面论述,当吕大临阐述不明显时,朱熹自己就直接阐释相关思想。

朱熹对于吕大临《中庸解》的引用,无疑表明他从吕大临思想中汲取了有益的成分,从而完成了自己道学阐释学的展开。

---

① 《礼记解·中庸第三十一》,《蓝田吕氏遗著遗校》,第295页。

第六章 考古鼻祖:《考古图》与《考古图释文》①

《收藏》2010年第7期以《考古鼻祖北宋吕大临家族墓地出土文物》为题,发表了陕西省考古研究院与西安市文物保护考古所联合发掘的蓝田吕氏家族墓地的相关情况论文。文章说:"吕大临是我国最早的金石学家和考古学家之一,就是他首次提出'考古'这一词语。"又说吕大临:"是我国历史上著名的金石学家,也是中国考古学的先驱。他对古器物学情有独钟,不但自己收藏而且将前人零散的书籍图录收集汇总,加以整编标注成《考古图》一书。其长兄吕大忠、三兄吕大钧皆在碑石学研究领域造诣深厚,是西安碑林的奠基人。"②

2012年《文史参考》以"十年十大考古发现系列之八·陕西蓝田吕氏家族墓地·有关'考古学鼻祖'的考古发掘"为题,报道了吕大临家族墓地内陪藏的相关器皿。因为墓地为人所盗,后查缴的文物有"西周乳钉纹铜簋,汉代朱雀铜熏炉、盖鼎、盘、镜、灯,三国重列式神兽章纹铜镜,北宋'政和元年'(1111)铭歙砚等器物。部分宋代以前的铜器带有宋刻铭文和墨书题记。镶银花口青釉刻花钵、包金包银青釉瓷器均为首次发现。经陕西省文物鉴定组初步鉴定,这批文物中属国家一级文物3件、二级文物11件(组)、三级文物49件(组)。文物数量之大,级别之高均属罕见。"后经发掘,考古工作者在墓葬出土器物中发现:"包括陶、瓷、石、铜、铁、锡、银、金、漆、骨、珠贝类,皆为实用器。瓷器均属餐饮具,以陕西铜川耀州窑青釉瓷为主,做工精到、造型别致、釉色晶莹细腻。出土瓷器中属景德镇湖田窑青白釉瓷的较少,但品相好、造型佳。此外,还出土有建窑的黑釉茶具,其釉色庄重华美。随葬器物中河北定窑的产品则以碗、碟等餐具和瓷盒居多。其中出于M2东后室的印泥盒

---

① 笔者视野狭窄,学识浅陋,对于金石学素无研究,但要全面揭示传主吕大临的博学广识,显然不能缺少他金石学方面的学术建树与重要地位,因此本章笔者借鉴采纳了相关领域研究者的既有成果。笔者将会忠实注引研究者的研究成果,并在此一并表示感谢。

② 张蕴:《考古鼻祖北宋吕大临家族墓地出土文物》,《收藏》2010年第7期,第26页。

中尚保留半盒红色印泥。"①考古工作者确定，M2 墓葬为吕大临墓。另外，每座墓葬中都有骊山石器，具有地域特色；而各类石砚则是随葬器物中的又一大亮点。

上述被盗文物与发掘出土的生活用品，包括定制的仿古礼器、收藏的古铜器、精美的茶具、名贵的砚台，都代表了吕氏家族的文化品位与生活状况。正如我们前面所述，吕氏家族真正兴旺起来应该是吕大临为代表的吕氏兄弟登上历史舞台之后。因此吕氏家族墓地出土的相关文物，其实最能反映的是吕大临为代表的兄弟几人对于古器物的喜好与重视。其中，吕大圭赠给吕大临的带有铭文的石敦，就是一个极为明显的例子。吕大临的博古兴趣与其精到的学术研究，终以《考古图》《考古图释文》成就了自己在中国考古学、金石学史上的重要地位。

一 博古风尚中的考古思潮与金石学研究

北宋的金石古文字学、古器物学的兴起，始于经学大师刘敞与欧阳修的带动。仁宗嘉祐六年（1061），刘敞以翰林侍读学士身份出任永兴军路安抚使，召在长安。刘敞"博学好古，多藏古奇器物，能读古文铭识，考知其人事迹。而长安，秦汉故都，时时发掘所得，原父悉购而藏之"②，回时据说"所载盈车"。他把得来的器物与当时有名望的士大夫进行交流，尤其是金石同好欧阳修。蔡絛就说：

> 初，原父号博雅，有盛名，曩时出守长安。长安号多古簋、敦、镜、甗、尊、彝之属，因自著一书，号《先秦古器记》。而文忠公喜集往古石刻，遂又著书名《集古录》，咸载原父所得古器铭款。由是学士大夫雅多好之，此风遂一煽矣。③

也就是刘敞（原父）、欧阳修（文忠公）这两位当世疑古思潮的领头者的

---

① 本刊编辑部：《有关"考古学鼻祖"的考古发掘》，《文史参考》，2012 年第 20 期，第 23 页。
② 欧阳修：《集古录跋尾》卷一，邓宝剑、王怡琳笺注，北京：人民美术出版社 2010 年版，第 5 页。
③ 蔡絛：《铁围山丛谈》卷第四，李欣、符均注，西安：三秦出版社 2005 年版，第 148 页。

博古之好,引起了群体式的效应。一批有识之士纷纷访求三代的古物,从而推动并形成了整个士大夫阶层的博古之风。

博古之风的兴起其实有两个原因:一是文人的博古雅兴,二是官方的博古复礼。前者正如赵希鹄所说:"人生一世间如白驹之过隙",应该惜生明性,"明窗净几,罗列布置","摩挲钟鼎,亲见商周",从而可以"不知身居人世,所谓受用清福,孰有逾此者乎"①。后者则是治国者需要"稽古作新,以追三代之隆",实现"隆礼作乐"的盛世再现。两者相较,治国者追三代之隆的意图则更为直接地契合了士大夫谋求社会安宁、复兴儒家理想的期盼。即使在博古雅兴的这一批士大夫群体中,也少不了追求三代古器物之中所蕴含的"古人精义"。因为,三代的青铜器物本身确实有着丰富的精神内涵,寄托了三代以后的知识分子理想的价值追求。

先秦时期的青铜器主要是祭器与礼器,有其特定的内涵。那个时代的人们生活的世界,就先民的理解而言,是一个天地四方万物有灵的时空。人活在这样一个时空中,需要正确理解天地神灵的思想,才能够趋利避凶、安身立命。而青铜祭器与礼器,正是人们用来沟通人与神灵、人与天地以及人与周边世界万物的重要媒介。而且,为了表示对于天地神灵的尊重与崇拜,先民还将日常观察到的日月星辰山岳虫鳞等具体的物象,铸在青铜器之上,所谓:"圆以象乎阳,方以象乎阴,三足以象三公,四足以象四辅,象饕餮以戒其贪,象蜼形以寓其知,作云雷以象泽物之功,著夔龙以象不测之变。"②这种具象的形式有着现实的作用,因为"铸鼎象物,百物为之备,使民知神、奸,故民入川泽、山林,不逢不若,魑魅魍魉,莫能逢之,用能协于上下,以承天休"③。这样的祭器、礼器由于其使用功能上与天地神灵沟通的独特性,也造就了帝王掌握这一沟通权力的唯一性。而不论是崇拜对象的神灵,还是执行这一仪式的帝王身份,都决定了作为祭器、礼器的青铜器本身必然要表现出来的独特内涵,即:神秘性、端庄性、厚重感、秩序感,一定意义上还必须具备狰狞感、超越性。也就是,神秘中的威严,狰狞中的美感,厚重中的秩序。它既满足了博

---

① 赵希鹄撰:《洞天清禄集序》,《洞天清禄集》,北京:中华书局1985年版。
② 吕大临编撰:《泊如斋重修考古图》,程士庄:《总说》,明万历年间初刻本影印,北京图书馆出版社2003年版,第2页。
③ 《十三经注疏》,《春秋左传正义》宣公三年,卷二十一,北京:北京大学出版社1999年版,第602—603页。

古雅兴的士大夫在神秘中体会与天地无常的交流,从而得到个体情感上的安宁与愉悦;也满足了博古复礼的治国者在厚重中追寻与先圣三王的交流,从而获得治国理念上的借鉴与认同。

正是这一来自远古时代的青铜器物满足了"博古雅兴"与"博古复礼"两方面的情感与现实需要,它在北宋知识分子中成为一种风尚,也就是一件自然而然的事情。而且,基于北宋良好的时代精神风貌与一部分复兴儒家理想知识分子的推动、规范、引导作用,士大夫的博古雅兴与博古复礼相合流,形成了对于出土古器物的祭器、礼器由"雅兴把玩"走向真正的学术研究风尚。针对当时"三王之事,万不存一,《诗》《书》所记,圣王所立,有可长太息者矣,独器也乎哉"①的史实缺乏现状,刘敞曾说:"礼家明其制度,小学正其文字,谱牒次其世谥。"②他希望通过研究古器物的款识、铭文等资料,来考证上古三王时的社会风貌、制度典仪与治国精神。

吕大临的金石考古学问,就是在这一股社会习尚中成为"博古复礼"者的代表。在现可见的众多版本的《考古图》前,附有吕大临的《考古图记》。《考古图记》曰:

> 庄周氏谓儒者逐迹丧真,学不善变,故为轮扁之说,刍狗之谕,重以《渔父》《盗跖》《诗》《礼》发冢之言,极其诋訾。夫学不知变,信有罪矣;变而不知止于中,其敝殆有甚焉。以学为伪,以智为凿,以仁为姑息,以礼为虚饰,荡然不知圣人之可尊,先王之可法。克己从义,谓之失性;是古非今,谓之乱政;至于坑杀学士,燔爇典籍,尽愚天下之民而后慊。由是观之,二者之学,其害孰多?尧、舜、禹、皋陶之书,皆曰"稽古",孔子自道,亦曰"好古敏以求之"。所谓古者,虽先王之陈迹,稽之好之者,必求其所以迹也。制度法象之所寓,圣人之精义存焉,有古今之所同然,百代所不得变者,岂刍狗、轮扁之谓哉?汉承秦火之余,上视三代,如更昼夜梦觉之变,虽遗编断简,仅存二三,然世移俗革,人亡书残,不复想见先王之绪余,至人之謦欬。不意数千百年后,尊、彝、鼎、敦之器,犹出于山岩、屋壁、陇亩、

---

① 刘敞:《先秦古器记》,《吕祖谦全集》第十三册,杭州:浙江古籍出版社2008年版,第444页。
② 刘敞:《先秦古器记》,《吕祖谦全集》第十三册,杭州:浙江古籍出版社2008年版,第444页。

墟墓之间,形制文字,且非世所能知,况能知所用乎?当天下无事时,好事者畜之,徒为耳目奇异玩好之具而已。噫,天之果丧斯文也,则是器也,胡为而出哉?予于士大夫之家,所阅多矣,每得传摹图写,寖盈卷轴,尚病窾启,未能深考。眡日轮次成书,非敢以器为玩也;观其器,诵其言,形容仿佛,以追三代之遗风,如见其人矣。以意逆志,或探其制作之原,以补经传之阙亡,正诸儒之谬误,天下后世之君子,有意于古者,亦将有考焉。元祐七年二月汲郡吕大临序。①

吕大临这里表明,作《考古图》的原因是:观其器,以辨其形制;诵其言,以考其文字;形容仿佛,以知其所用;以意逆志,以探其制作之原。通过追逐三代遗风之迹,补经传之阙亡,正诸儒之谬误,以最终求得圣人、先王之所以迹的大道精义。或者说,稽古以知义,通义以治今。

二 《考古图》与《考古图释文》的成书

《考古图》与《考古图释文》是吕大临历经多年搜集、摹写、整理与研究的成果,也是在北宋金石博古思潮中得益于众多收藏家努力的结晶。它既代表了吕大临本人的学术成就,也代表了那个时代的博古研究水平。作为一部古器物图录方面的著述,《考古图》的成书有其多方面的历史因素。

马端临《文献通考》引国子监丞王普之言,说:"自刘敞著《先秦古器记》,欧阳修著《集古录》,李公麟著《古器图》,吕大临著《考古图》,乃亲得三代之器,验其款识,可以为据。"②这里大致概括了北宋古器物图录学的形成次序,代表了当时金石学者对于这门学问的关注与研究进程。其中,欧阳修的《集古录》是宋代器物学专书的开端,具有开一代风气的意义。正是在这样一批文化修养厚重学者的共同努力下,古器物研究的内容与方法已较完备,至于古器图录、叙录文献的类型也称得上全面而丰富。"大约不出于著录、摹写、考释、评述四端,存其目者,有录其文者,有图其形者,有摹其字者,有分地记

---

① 《考古图序》,《考古图续考古图考古图释文》。
② 马端临撰:《郊社七》,《文献通考》卷七十四,考六八〇,杭州:浙江古籍出版社影印1988年版。

载者,有分类编纂者,或考其时代,或述其制度,或释其文字,或评其书迹"①。金石学者们的学术自觉,体现在相互征引与借鉴上。那个时代的相关学者保有开放的心态与宽容的学术视野,他们既不将自己所藏秘不示人,也不轻易否定别人的研究体会,正是在这一开明的学术氛围中,北宋金石学家们共同成就了中国金石考古学的一次历史兴盛。比如欧阳修对于刘敞的思想参考以及后来薛尚功《历代钟鼎彝器款识》中铭文对于吕大临《考古图》与官修《宣和博古图》的引用,都是其例。而吕大临《考古图》所举40家收藏,就不能不说体现了收藏家们的开放心态,也体现了这种博采众长的精神。再比如后来的赵明诚,他在《金石录》卷十一《簠铭》中有关一字处理时,也继续表现出了这种学养。此字《集古录》释为"张"字,吕大临《考古图》以偏旁推之,得出其字从"巨"不从"长",故他释为"弓巨",赵明诚基于慎重起见则俱录二者,并注当存疑,还说"以候博识君子"以作终判。

另外,适应于尽量如实载录古器物全貌的需要,北宋古器物研究从最初的单纯目录铭文抄录,逐渐走向形制的描摹记录。《皇祐三馆古器图》《先秦古器记》,再到李公麟的《博古图》,无不是努力希望再现古器物的形制全貌。

作为一名严谨的学者,吕大临顺应了历史的潮流,遵循了当时的学术规范,以其博古以考今的学术理念,最终完成了《考古图》。正是在众多古器物收藏家、研究者提供的便利之下,吕大临既"于士大夫之家,所阅多矣,每得传摹图写,寖盈卷轴",又"尚病窾启,未能深考",而最终能够"论次成书"。他以博采众长的精神,将38家收藏的古器物收录自己书中,其中3家虽未及器物可能是误列,但这3家的收藏也可能进入过他的视野。而且,他又以自己高超的礼学学养、古器知识、识物水平、作图理念与绘图技巧,摹写了大量的图录。这一发展完善了既有古器物形制图录水平的成果,将相关方面的研究推上了一个新的高峰。正如后人评价李公麟所说:"实善画,性希古,则取平生所得暨其闻睹者,作为图状,说其所以,而名之曰《考古图》。"②吕大临《考古图》中对于众多古器物形制摹写所体现出来的绘画技术水平,应该如李公麟一样,也是一个了不起的画学成就。

对于《考古图》的最终成书时间,陈振孙《直斋书录解题》说:"其书作于

---

① 朱剑心:《金石学》,上海:上海书店1920年版,第28页。
② 蔡絛撰,李欣、符均注:《铁围山丛谈》卷第四,西安:三秦出版社2005年版,第148页。

元祐七年(1092)。"今天我们当然知道这一说法是不准确的,因为一本汇集了众多古器物的图谱书籍,绝对不可能一年完成,而是经历了长期的准备与著述时间,只能说是"成于元祐七年"。现代学者容庚在阅读《考古图》时,对于成书元祐七年的说法提出了质疑,他说:

> 卷八《琥》按语引《复斋漫录》谓元祐八年(1093),伯时仕京师,居红桥,子弟得陈峡州马台石,斫石为沼,号曰洗玉池。所谓玉者,凡十有六。伯时既没,池亦湮晦。徽宗尝即其家访之,得于积壤中。十六玉惟鹿卢环从葬龙眠,余者咸归内府。此书自序作于元祐七年,而所记乃及徽宗取玉事,若非后人所增,则其成书乃在作序十年以后矣。①

因为不知吕大临卒之实年,所以容庚先生据《考古图》中所记有徽宗时事而做出"或成书于序成十年以后"的推断,也是有一定道理的。今天,我们基于一些容庚先生未见的史料,可以明确断定相关徽宗时的事是后人所增。而且,李如冰女士还考证出《四库全书》据钱曾藏本抄录的《考古图》的两篇吕大临自记,即一篇置于卷首,称《考古图记》,一篇置于《考古图》卷末,称《考古图后记》,其实是吕大临所作的同一篇《考古图记》。她认为前篇末尾所署"元祐七年二月汲郡吕大临记",是书商的作伪,而后篇末尾所署"元祐七年岁在壬申三月上巳汲郡吕大临记",才符合吕氏兄弟写后记的题署习惯,是真正的《考古图后记》,是吕祖谦收录入《宋文鉴》时的原貌。而后世的传本如明泊如斋本、清亦政堂本删去后记,保留了所谓"元祐七年二月"的前记,其实是去真存伪。② 笔者认为这一考释是有道理的,因此认定吕大临《考古图》成书于元祐七年(1092)三月。

另外,吕大临有《考古图释文》一卷。《考古图释文》是适应识读古器物铭文的需要,所做出的古文字研究,这一工作对于古器物的铭文摹写和释读做出了积极的贡献。由于传世《考古图释文》未署作者姓名,史上也有不同说法。《籀史》记载"赵九成"著《吕氏考古图释》,故清人认为此书为赵九成著。近代金石学界也有一些不同的说法,今录容媛《考古图释文之作者》一文如下:

---

① 容庚:《宋代吉金书籍述评》,《学术研究》1963年第6期,第83页。
② 李如冰:《宋代蓝田四吕及其著述研究》,北京:人民出版社2012年版,第179页。

顷读唐立厂君《怀铅随录》于拙辑《金石书录目》有所批评,至幸。拙辑以目睹为限,当增订时宛委别藏尚未印行,故杨鉁《增广钟鼎篆韵》未收入,然所缺者尚不仅此书也。《考古图释文》非赵九成作,家兄庚于《宋代吉金书籍述评》别有考,兹录于下,以谂唐君。

案四库著录此书,附于《续考古图》后,署"宋吕大临撰"五字于书名之下。翁方纲跋据《籀史》有"赵九成著吕氏《考古图释》"之语,遂谓"《释文》一卷是赵九成撰,其卷前题词盖九成所为。"陆氏刻此书遂沿其说,故于卷端删去"宋吕大临撰"五字。余取《考古图》校之,此书瑂、敢、穆三字引伯姬鼎,《考古图》无其器,《考古图》《庚甗史孙盤》等及汉器,此书无其文,《考古图》《师望簋》,此书作师服簋,不无讹脱,然所收之器及器之名称十九以上相同,则此书为《考古图》作盖无可疑者。《郡斋读书志》于《广钟鼎篆韵》云"皇朝薛尚功集元祐中吕大临所载仅数百字。政和中王楚所传亦不过数千字。"此书所收凡八百二十余字,与《读书志》所云合,或原载于吕氏《考古图》之后,其书在王楚《钟鼎篆韵》之前,虽不能必为吕氏自作,然非南宋时人赵九成作,盖亦无可疑者。且赵氏作《续考古图》,而此书不及《续考古图》之字,亦为理之所无。翁氏之言,未足据也。①

首先,容庚先生推断《考古图释文》为《考古图》所作;其次,虽然他不能确定《考古图释文》必为吕大临所作,但却断定必非南宋赵九成作。这无疑还是留下了《考古图释文》作者到底是谁的疑问空间。后来唐兰先生纠正了自己的观点,认为《考古图释文》确系吕大临为《考古图》所撰。他说:

> 余前误据翁方纲说谓《考古图释文》为赵九成作。于时,未见容庚所作《宋代吉金书籍述评》一文也。容氏谓此书非赵九成作,翁氏之言不足据,然亦不能断其为谁所作。余案释文实吕大临所作,原与《考古图》相副而行者。四库本源出钱曾所抄宋本,题"宋吕大临撰",一证也。晁公武《郡斋读书志》于《广钟鼎篆韵》条下云:"皇朝薛尚功集。元祐中吕大临所载仅数百字,政和中王楚所传,亦不过

---

① 容媛:《考古图释文之作者》,《考古学社社刊》第五期,北平:南天书局有限公司影印,1936年12月版,第141—142页。

数千字。"是吕氏原有篆韵之辑,云数百字,与此八百字者正合,二证也。假《释文》为别一人所作,必将述及吕氏作图之事,而卷首题词云"以今所图古器铭识,考其文义,"显系吕氏自作之词,三证也。以此三证,已可证明释文之为吕作。然尚有可疑者三,希白以《图》与《释文》互校,《释文》之伯姬鼎,《图》无其器。《图》之庚甗、史孙盘等,《释文》不采其字,同出一人而有差异,一可疑也。《释文》于文字诠释甚详,而《图》中铭识下又有音释,此为叠床架屋,二可疑也。《考古图释文》与赵九成所著《考古图释》,名极相类,三可疑也。按《考古图》异本甚多,吾邱衍所举有黑白两本,四库所录白字本与吾所举不合,与通行刊本亦不同。各本图说互有多少,则《图》无伯姬鼎者乃阙失也。至《图》有其铭,而《释文》阙者,则偶然失采耳。又师望簋《释文》作师服簋,然以㫃字收疑字类月部中,似本释作朕,后人误改为服耳。师奂父簋《释文》作师奕父簋,凡此似《释文》为吕氏之旧,而今本《考古图》经后人改易也。父己人形彝,《释文》与《考古图》目录合,而《图》中释"冀"为"析子孙",不释为"人形",则《图》中所释,非吕氏原有明甚。余谓吕氏作《考古图》,但详器之出土、收藏、形制诸端,而不为考释,其文字别依韵编次附诸后,即《释文》也。然古文奇字,人多不识。赵九成者殆取《考古图》之书,即铭识之下,附以释文,间用己意。故于吕氏原书多不合也。《籀史》称赵九成之书为吕氏《考古图释》,可见其书专为释图而作也。①

这样经过容庚、容媛先生推断《考古图释文》非赵九成作,再到唐兰先生认定为吕大临所作,《释文》作者问题也就得到了确切的解决。今人据《四库全书总目提要》及近人的考证,有认为其"当为吕大临所作"②,也有认为《释文》是由吕大临原著而赵九成增补了相关内容。③

吕大临死后没有多少年,赵宋王朝就在异族的步步紧逼下退到江南。战

---

① 唐兰:《〈考古图释文〉与〈考古图释〉》,《唐兰先生金文论集》,北京:故宫博物院编,紫禁城出版社1995年版,第397页。唐兰先生后来又直接说:"吕大临作《考古图》,同时又做了《考古图释文》(清代学者误以为赵九成作)。"(唐兰:《中国文字学》,上海:上海书店1991年版,第20页)

② 钱曾怡、刘聿鑫主编:《中国语言学要籍解题》,济南:齐鲁书社1991年版,第548页。

③ 张富祥:《宋代文献学研究》,上海:上海古籍出版社2006年版,第458页。

火与流离造成了历史上的许多文化典籍或损或毁,其中的绝大部分从此不再存于世间。吕大临的《考古图》也面临着这样的噩运,元大德本《考古图》前有陈才子序,说:"汲郡吕公汇诸大家所藏尊、卣、敦、盂之属,绘为巨编,兵后多磨灭",这说的是宋元之际的战火导致宋本《考古图》在元代大概已不多见。其实两宋之际的战火,何尝没有对其造成毁灭?好在陈氏的重修,保持了宋本的一定原貌。当吕大临其他方面的许多著述今天需要我们重新辑校才能够一睹其貌时,《考古图》毕竟还算较完整的流传下来了。

三 《考古图》与《考古图释文》的技法

成书于元祐七年(1092)三月的《考古图》,是我国现存最早最有系统的古器物图录著作。吕大临经由自己特殊的身份,通过多种努力在《考古图》中著录了当时皇室和私人收藏的商周秦汉铜器及玉器等,目列二二四器,实收二三四器。《考古图》的成书原则为,"绘其图,必摹其铭;摹其铭,必释其文"[①]。也就是尽其可能为阅读者在不见实物的情况下,提供详尽而真实的古器物原貌内涵。虽然可能由于历史的局限,书中不可避免地出现了失误,但《考古图》整体上确实达到了吕大临的著录目的。这一成就的取得,首先应该源于吕大临高超的识器能力、绘图理念,以及那个时代相对而言最先进的著录原则、作图技法。

李菁在《宋代金石学的缘起与演进》一文中说:"金石作为一种实物,仅目录、铭文、题跋,尚不足以完整地记录和研究它们。同时,基于恢复礼制的目的,器物的形制也变得尤为重要。因此,自《皇祐三馆古器图》《先秦古器记》开始,即图其形制。后有李公麟、吕大临继之。至《宣和博古图》,在描摹器形时,还注明'依原样制'或'减小样制'等字样,可谓用心至精。这样宋人对古器物的著录在当时的科技水平下已臻于完善了。但是描画器物的著录方式并不易行。如李公麟能'作为图状',与其'实善画'的个人天赋不无关联。而《博古图》出于官方之手,也才有如此作书的实力。但此法对一般人来说则难于实现。"[②]如此看来,吕大临靠一己之力而能够成就当时最有系统的

[①] 刘克明:《宋代金石学著作中的图学成就——读〈考古图〉和〈宣和博古图〉等》,《江汉考古》1989年第3期,第41页。
[②] 李菁:《宋代金石学的缘起与演进》,《中国典籍与文化》1998年第4期,第67页。

古器物图录著作,似乎既具备了善画的个人技能,又有相关的条件。我们前面分析了文化兴盛的时代与学术开明的学者两个因素,而实际上吕氏显赫的家族背景应该也是一个重要条件。吕大临长兄吕大忠、三兄吕大钧精于碑石铭文,收集并形成了西安碑林的初貌;其堂长兄吕大圭虽然身份不详,却赠送给吕大临刻铭仿古石敦一对;二兄吕大防热衷于藏书,并知识广博;更不用说吕氏家族能够提供的强大财政支持与一大批相互交往的高级知识分子群体的文化氛围。所有这些,是吕大临《考古图》成书的综合因素。

就北宋器物类图学著述《考古图》《宣和博古图》与《续考古图》三书来看,虽然它们共同奠定了后世治古器物学的基础,但就制图技法言,应以吕大临的《考古图》为最好。李济先生说:

> 就很多方面说,这部书的出现,不但在中国历史上,并且在世界文化史上,是一件了不得的事件。在这部书中,我们可以看见,远在十一世纪的时候,中国的史学家就能用最准确的方法,最简单的文字,以最客观的态度,处理一些最容易动人感情的材料。他们开始,并且很成功地,用图像摹绘代替文字描写;所测量的不但是每一器物的高度、宽度、长度,连容量与重量都记录下了;注意的范围,已由器物的本身扩大到它们流传经过及原在地位;考订的方面,除款识外,并兼及器物的形制与纹饰。①

《考古图》中众多的图样,体现了极高的图学水平。这一"既写其形,复摹其款"的著录风格,在古器物形制的传承过程中起到了"录文为主,无图自名"与"虽无图谱,但存名目"两种著录类型所具备的共同优点。吕大临《考古图》著录古器物的绘图技法,是成就这本书重要金石史学地位的基础。正是因为吕大临高超的绘图理念与绘图技巧,才将那些来自中国文明史前期的古器物形象地展现在今人面前。应该说,以吕大临《考古图》为代表的金石著作用图样摹绘代替文字描写是极为成功的。图录中的古器物图样,尽其可能全面而科学地记录了古代器物的实况和形制,体现了古人制器尚象的原则。②

《考古图》收入的古器物数量众多,包括有鼎、鬲、甗、鬹、簋、彝、卣、尊、

---

① 李济:《中国古器物学的新基础》,《李济学术随笔》,李光谟、李宁编,上海:上海人民出版社2008年版,第62—63页。

② 刘克明:《宋代金石学著作中的图学成就——读〈考古图〉和〈宣和博古图〉等》,《江汉考古》1989年第3期,第43页。

壶、罍、爵、盘、匜、盂、钟、磬等多种多样的类型。这些古器物通过高度巧妙、繁琐与富于变化的纹饰与形制,来展示先人制器以通天的精神向往。可以说,先人们无不在这些既是食器又是礼器的古器物中寄予了无穷的希望与期盼,因此也就在其中投入非常多的用心与设计。每一件古器物既是神圣的礼器,也是高超的艺术品。而通过阅读这些古器物,希望得到古圣先王制器背后的文化内涵的吕大临,也必然需要投入更多的精力与时间,才有可能阐释清楚其中复杂的"古意"。但"图形"是"图意"的基础,为了能够为后人提供逼真的图像资料,吕大临经过反复揣摩、精心思考,采用了不同的绘图形式。

研究者认为吕大临在《考古图》中熟练运用了多种手法,来对形体各异、形制不同的古器物进行分析与表达。比如,古器物就几何形体来分,有平面体、旋转体,还有圆柱体之间的相贯、球柱相贯等的不同。针对这些不同的形状,吕大临采用了合适的表达画法,如:平行投影、中心投影,不同轴向的正、斜测图,装配示意图,分面图、展开图等形式。且为了清晰地显示器物的结构和表面的纹饰,还注意了器物放置的方位。可以说,吕大临《考古图》中的分面图在表达器物空间形状方面,各个部位相互对应相当准确,近似于现代的第一角投影画法,大致遵循了"长对正,高平齐,宽相等"的作图规律,它表明用平面来表示物体空间形状的思想已经萌芽,宋人在绘制大量的古器物图样时,经过艰苦的探索和努力,已从直观图迈向了分面图。而有了分面投影图,就确定了物体在空间与投影面的位置,就能凭借投影图来想象器物的形状。[1]

显然,吕大临在《考古图》中娴熟的绘图技法是那个时代科学技术水平的反映。这一精湛的技法理念,实际上早在他参与其兄吕大防《长安图》时就应该有所体现。不过,从平面的城市到立体的器物的绘制显然需要更多的技术支撑。

绘图技法其实还停留在观念层面,最关键的是必须通过一笔一画的线条将其运用到真实的古器物绘制中。吕大临《考古图》所收集、摹写的古器物图,"所绘皆纹路清晰,精工细笔"[2]。器物图以线描方式绘出形状及纹饰,线条流畅,图画精美,将上述绘图技法成功地运用到了古器物的摹写中,从而使古器物具有真空感和立体感。研究者认为其"很成功地用图像摹绘代替文字

---

[1] 刘克明:《宋代金石学著作中的图学成就——读〈考古图〉和〈宣和博古图〉等》,《江汉考古》1989年第3期,第45页。

[2] 崔文印:《宋代的金石学》,《史学史研究》1993年第2期,第67页。

描写"①,是一个了不起的成就。

　　作为理学家的吕大临一方面精研心性,涵泳义理;另一方面又能够穷探物理,格物致知,一直表现出了他博及群书无所不究的求学向道精神。我们说,吕大临即使问学洛学二程有了更多义理的涵泳,其博大的知识面向与求真务实的吕学内涵,始终是他不变的学术特色。这一学术特色内涵的终生保持,既在张载关学,也在二程洛学的众多高足中,都是独一无二的。

　　《考古图》虽然以图录成就最为重要,但是吕大临还是在其中体现了高超的其他方面著录水平。具体而言,体现在以下几个方面:

　　第一,吕大临《考古图》的研究方法。宋人的金石研究遵循了一个良性的发展过程,也就是学者之间能够相互承继而又延之后续。从对于古器物的内涵展示来看,宋代人在研究这些出土的古代器物时,也就主要是从著录文字形制、摹写形状体态、考释相关疑难和评述金石成就四个方面来入手。当然,由于金石古器物的对象不同,其所采取的具体做法也就必然有所差异。从刘敞的《先秦古器图》始,金石考古学者主要运用了图录考证的方法。刘敞能够做到这一点,其实同他既是绘画高手,也与他经学大家及个人收藏兴趣相关。他利用个人收藏的11件古器物"使工模其文刻于石,又并图其象",这是真正铜器图录的开始。基于自己的学识与修养,刘敞对古器物上的古文字也就是铭文进行了研究。显然,识别金石文字是第一步,但他又将这些成果与古史研究统一起来。史载刘敞"以他书参之;十得五六,就其可知者校其世,或出周文武时"②,即是考释铜器铭文并断代的方法。而且,他所提出从制度、文字、世谥三个方面来研究古铜器的见解成为宋人研究金石之学的规范。李公麟的《考古图》承刘敞之理念,"每卷每器,各为图叙,其释制作铸文,窾字义训及所用,复总为前序后赞,天下传之。士大夫知留意三代鼎彝之学,实始于伯时"③。也就是说,李公麟真正将这一理念付诸实践。继之而起的吕大临《考古图》,则在前二人基础之上大踏步前进。他既能够自创体例,而且能够发前人之余蕴。也就是对所见之古器物,精心绘图,摹写铭文,考释形制,附

---

　　① 李济:《中国古器物学的新基础》,《李济学术随笔》,李光谟、李宁编,上海:上海人民出版社2008年版,第62页。
　　② 翟耆年:《刘原父先秦古器图碑一卷》,《籀史》卷上,北京:中华书局1985年版,第16页。
　　③ 翟耆年:《李柏时考古图五卷》,《籀史》卷上,北京:中华书局1985年版,第16页。

注收藏人等其他信息。《考古图》著录方法开创了著录铜器书籍的一种体例,至今我们记录非发掘品时仍加参考。在11世纪的宋朝能做出这样的图录是应引为骄傲的。① 吕大临《考古图》在图录古器物上具有奠基之功,《宣和博古图录》就是在集国家力量基础上对这一图录方法的继承与集大成。李济先生说:

> 约三十年后,规模更大的《宣和博古图》问世。有了皇家的支持,金石学——古器物学的前身,渐渐在那里的学术上就占了一个地位。但《博古图》的组织及编辑、记录的方法,考订的题目,叙事的体裁,差不多全以《考古图》为准则;只在若干小的方面有些改进。②

第二,吕大临《考古图》对于古器物的分类。能够对出土古器物进行分类,体现了研究者全面而系统的知识水平。因为若不能了解、把握古代的社会生活与礼仪制度,不能了解、把握古器物的用途,是不可能进行分类的。吕大临自己说:"于士大夫之家,所阅多矣",也就是观摩、收集、整理与摹写了大量的古器物。作为一本真正意义上的金石图录,显然需要做出自己的判断来对古器物进行分类。吕大临主要是根据器物形制与铭识来分类。这包括:卷一,鼎属;卷二,鬲、甗、鬵;卷三,簋属;卷四,彝、卣、尊、壶、罍;卷五,爵属、豆属、杂食器;卷六,未表总目,包括盘、匜、盂等;卷七,钟、磬等乐器;卷八,玉器;卷九、卷十,秦汉器。这个分类基本是以器类统属器物的,但由于有些器物数量较少,就将用途相近者统属于一大类中。如卷二主要为烹饪器,卷三主要为盛食器,卷四主要为酒器,但最后又赘以秦汉器,则又按时代统属器物,造成前后标准不完全一致。也有学者认为,这恰足以体现吕大临分类的特点。吕大临的金石学图录,是先将铜器与玉器分开。铜器中又将时代,即夏商周三代器与秦汉器分开,至于同时代的则按形制器用分类。③

第三,吕大临《考古图》著录古器物的程式。我们发现吕大临在著录古器物时,确实确立了一定的标准化程式。这些标准化的程式对于每一个古器

---

① 夏超雄:《宋代金石学的主要贡献及其兴起的原因》,《北京大学学报》(哲学社会科学版)1982年第1期,第71页。
② 李济:《中国古器物学的新基础》,《李济学术随笔》,李光谟、李宁编,上海:上海人民出版社2008年版,第63页。
③ 夏超雄:《宋代金石学的主要贡献及其兴起的原因》,《北京大学学报》(哲学社会科学版)1982年第1期,第71页。

物,都有一套相似的步骤。吕大临具体操作大概遵循:先列古器物名,收藏人的姓氏以及该器物的异称。如卷一晋姜鼎,下注临江刘氏,又注《集古》作韩城鼎。摹录原铭文,摹录原铭文的异本,一并收录,如上举晋姜鼎的铭文,就又列了《集古》本所摹录的铭文。对原铭文的释文,一般是原铭文在上,释文在下。释文有异说,皆录。如晋姜鼎铭文的释文,就又列了"刘原父释","太常博士豫章杨南仲释"两种释文。对器物的总说明,交代器物来源和原器尺寸大小,等等。如上举晋姜鼎,总交代说:"右得于韩城。径尺有七寸四分,高尺有二寸半,深七寸六分,容四斗二升,铭百有二十一字。"有的在说明之后还加有按语,对器物做某些考证或其他说明。如卷二庚甗,说明云:"右得于京师,高六寸有半,深五寸,径五寸,容二升一合,铭六字。"在这之后,又有按语说:"按右甗皆下体连鬲,此器殊小,未知所用,铭文惟辨字,馀不可训释。"①

第四,吕大临《考古图》中严谨的考证态度及其成果。《四库总目》说,吕大临《考古图》"体例谨严,有疑则阙",这确实是不疑之论。他既对自己引用的当时金石学家杨南仲、刘敞、李公麟等的研究成果进行考证,也对不识的古字附于卷末以示存疑,这无疑是一种自觉的理性与谦虚的谨慎。历来研究者都对吕大临著录古器物的信息理论与方法表示了敬佩之意,他对于古器物的得地、尺寸,甚至图样等认为能够反映其内涵的内容,有则尽其可能详细著录,无有则阙如。如卷二四足鬲,即注明:"右不知所从得。"再如同卷圜甗,即云:"右所以得及度量皆未考,无铭识。"而卷二叔殷毂鬲即"样阙",没有图。② 尤其可贵的是,吕大临的《考古图》在编排上还有意识地关注古器物出土时相关信息之间的联系。他根据三代古器物的形制、铭识、出土地以及其他信息,来考释求证古器物的制作年代。如《考古图》记载了出土于河南河清(今孟县)的一组器物,并加以说明云:"按此器与商癸彝相似,必有提梁,今不存。初,河滨岸崩,闻得十数物。今所存者,此彝外尚有五物,形制多不同,今列于后,皆曰单作彝,疑五物者,为此彝陪设,故谓之从彝,以器铭不著其名,故皆附于后。"同以刘敞为代表的那个时代杰出的知识分子一样,吕大临也有着良好的博大知识面向。他能够兼及古史、古礼、古意来考释相关古器物所内含的丰富历史信息,许多考释成果在今天看来也是很有科学精神的。《考古图》

---

① 崔文印:《宋代的金石学》,《史学史研究》1993 年第 2 期,第 67 页。
② 崔文印:《宋代的金石学》,《史学史研究》1993 年第 2 期,第 67 页。

卷一著录有《庚鼎》《辛鼎》《癸鼎》等铭,吕大临根据《史记》夏商没有谥法,皆有天干命名,遂以为商器,是很有道理的。又如《考古图》卷七著录有《楚邛仲妳南和钟》,吕大临考证以为:"按《类篇》云:'媵,送女也。'妳,姊也。盖楚之送女之器。"通过对铭文文义的考求,认为这是嫁女陪嫁之器,得到后世学者的普遍认可。①

按照我们前面所述,附于《考古图》后的《考古图释文》是为释前之图而作的。因此,《考古图释文》的内容必然有金石学的意义与释金石铭文的古文字学意义。"宋代人著录铜器的专书,于铭文大多只有释文或隶定,极少考证。大多数字因是对照《说文》所收篆文、籀文、古文等释出,不加说明读者也会清楚所据为何。而有一些字,构形与《说文》所收之字有异,为什么如此释,应该有所交代。大概是由于这个原因,吕大临特别编著了一部《考古图释文》收入了所释的几百个金文,并于书前的《叙》中说明:'凡与《说文》同者训以隶字及加反切。其不同者,略以类例文义解于下。所从部居可别而音读无传者,各随所部收之,以备考证。'"②

《考古图释文》分为正文、疑字、象形、无所从四大部分,其中"正编部分共收字408个,重文715个。附录部分共收重文69个。此书是我国第一部金文字典。它的出现,开创了我国编纂金文字典的先河。它首次创通了金文字典的编纂体例,为后来从事金文字典的编纂的一些学者提供范例,并为他们所仿效。它的收录异体,并于必要时对某一字加以简要注释的方式影响更深远。后来的《说文古籀补》等以及收录金文颇为完备的《金文编》就都吸取了这一方式。而且这一方式又被其他古文字工具书的编纂者所共同采用。此书主要缺陷是铭文形体摹得不够精确。另外不少字释的都不对,这是时代的学术水平所致"③。它与后来元代杨鉤的《增广钟鼎篆韵》、金党怀英的《钟鼎集韵》以及明人朱云的《金石韵府》这些工具书一样,为人们释读金石文字也就为解读古器物提供了极大的便利。

《考古图释文》前有吕大临的序文,说:

　　古文,三代之书名也。书名所起,将记言于简策。象物形而画

---

① 李如冰:《宋代蓝田四吕及其著述研究》,北京:人民出版社2012年版,第181页。
② 赵诚:《二十世纪金文研究述要》,上海:书海出版社2003年版,第26—27页。
③ 姚孝遂主编,刘钊等著:《中国文字学史》,长春:吉林教育出版社1995年版,第205页。

之,故厥初以象形为主,不取笔画之均正。又有无形可象之言,然后会意、假借、形声、指事、转注之文生焉。至周之兴,尚文。书必同文,其笔画稍稍均正,(据今所传商周器可见)周衰益盛。窃意周宣王太史籀所作大篆已有修正,故与古文多异。至秦李斯、程邈之徒,又有省改,谓之小篆,即今许氏《说文》是也。小篆兴而古文亡。至汉鲁恭王坏孔子宅,得壁中书,及张苍献古《春秋左氏传》,鲁三老献古《孝经》及郡国于山川得鼎彝之铭,然后古文复出。孔安国以伏生口传之书训释壁中书,以隶古定文,然后古文稍能训读。其传于今者,有古《尚书》《孝经》、陈仓石鼓及郭氏汗简、夏氏集韵等书,尚可参考。然以今所图古器铭识考其文义,不独与小篆有异。而有同是一器、同是一字而笔画多寡、偏旁位置左右上下不一者。如伯百父敦之"百"字、"宝"字、"蘄"字,叔高父簠盘底皆有铭,其"簠"字,晋姜鼎之"作"字,其异器者如彝尊"寿""万"等字,器器笔画皆有小异,乃知古字未必同文,至秦既有省改以就一律。故古文笔画非小篆所能该也。①

《考古图释文》的目的,是要为识读古器物的铭文提供服务。因此,首先必须要能够读懂古器物上的铭文之字。吕大临认为经过历史的演进,三代之时的文字已经与今天的大不相同。这里的文字演进形态,大概是三代的古文、周宣王太史籀的大篆,再到秦李斯、程邈的小篆,许慎的《说文》就是小篆之书。至此,小篆文字兴,而古文字就不见了。汉代是古文字重新被人们发现,并稍稍能训读的时代,其成果就是流传至今的几部书籍。吕大临通过自己经年累月的古器物研究、揣摩与思考,得出三代古器物铭识"不独与小篆有异。而有同是一器、同是一字而笔画多寡、偏旁位置左右上下不一者"。他认为,"古字未必同文,至秦始就一律,故非小篆所能该"。显然,吕大临的这段论述反映了他识别古文字的两个途径:一是参之汉代流传下来的古《尚书》《孝经》等书,一是考之古器物之铭文。他的古字未必同文与笔画非小篆所能概的结论,开阔了人们识读三代金石之文的视野,也同时打通了以三代古器物资料考证古文字的途径,从而提供了研究金石文字的新方法,《四库全书》赞其为"通论"。

---

① 《考古图释文》,《考古图续考古图考古图释文》。

吕大临并没有完全抛弃《说文》的成果,而是以《说文》为基础来逆探古金文字。这一辨识金文的原则,得到了众多学者的重视。"吕大临之《考古图》,无名氏之《续考古图》,宣和之《博古图》,绘古器物之形象,摹其铭文,由实物迻为墨本,虽不能毫发无误,然可以据此认识古器物古文字之形式矣"①。《考古图释文序》总结出若干辨识金文的原则,如"笔画多寡,偏旁位置左右、上下不一"。据吕氏的经验,从小篆考古文,只能得三四,其余有的以象形推得,有的从义类推得,有的笔画省于小篆,有的笔画繁于小篆,有的则左右、反正、上下不同。有的知道偏旁部居而无从考得音义,这样又可考其六七。他说:

> 然则古文有传于今者,既可考其三四。其余则或以形象得之,如……之类;或以义类得之,如……之类;或笔画省于小篆,如……之类;或笔画多于小篆,如……之类;或左右反正上下不同,如……之类;有部居可别而音读无传者,如……之类。又可考其六七。余皆文奇义密不可强释姑存其旧以待知者。②

根据以上所确立的原则,《考古图释文》从《考古图》所著录的 85 器铭文中,摘录出单字 821 个,按《广韵》四声编排。他又用上述方法进行古器物铭文文字的考释,其中有 300 余字现在已证明是确凿无误的,这是一个空前的古文字考释成果。因此《考古图释文》可以说是给古文字学开辟了一条道路,被唐兰先生誉为"古文字学里的第一本书"③。容庚先生也说:"此书据《广韵》韵目分上平、下平、上、去、入四声隶字,后列疑字、象形、无所从三部分,各字间有音释,虽云释文,其用等于字典,故与《续考古图》分列以为《钟鼎篆韵》等书之前驱焉。"④

四 《考古图》与《考古图释文》的精神

作为我国现存最早的一部古器物图录专书,《考古图》在金石学上的价值向为学者所重。吴其昌说:"吉金文字,可称自与叔始立基。""盖吕叔定吉金

---

① 胡朴安:《中国文字学史》上,北京:商务印书馆 1998 年版,第 158 页。
② 《考古图释文》,《考古图续考古图考古图释文》。
③ 唐兰:《中国文字学》,上海:上海书店 1991 年版,第 20 页。
④ 容庚:《考古图释文述评》,《考古图续考古图考古图释文》。

文字书籍之体例,亦犹太史公定断代为史之体例,后世不能外也。"①《考古图》在器物著录和文字考释方面都有很大的首创之功,为后世学人著录古器物提供相应的范例。金石学术至清复兴,虽然清人多不屑宋人成就,其实许多古器物的相关规范已为清人沿用,而且我们今天著录古器物也基本上是循着这一思路。

由于"吕大临不是把钟鼎视为'祥瑞''玩好',他研究钟鼎是要了解古代社会,补经传之阙失,正诸儒之错误。这在当时实为难能可贵"②。他编撰《考古图》的最终目的,是希望通过对古器物的解读,以增加对于礼制的推动作用。也就是其博古的意图是与朝廷廓清与重建礼制的政治需求相一致的。重建一个适应于自己时代的礼乐体系,是北宋博古复礼一派金石学家共同的追求。刘敞的古器物希望做到"礼家明其制度"如此,李公麟的《考古图》也是如此,而在吕大临后形成的《宣和博古图》其"凡彝器,有取于物者小,而在礼实大。其为器也至微,而其所以设施也至广"③主张,更是如此。吕大临的《考古图》参考了李公麟的《考古图》的著述精神,李公麟说:

  圣人制器尚象,载道垂戒,寓不传之妙于器用之间,以遗后人,使宏识之士,即器以求象,即象以求意,心悟目击命物之旨,晓礼乐法而不说之秘,朝夕鉴观,周有逸德,此唐虞画衣冠以为纪,而能使民不犯于有司,岂独眩美资玩,为悦目之具哉。……发明圣人奥义微旨于数千百载之后,非寡见谀闻之所识知,其博学精鉴,用意至到,闻一器捐千金不少靳,既得,则歃磨探考,稽证诗、书百氏,审谛若符契乃已。④

可以说,吕大临编撰《考古图》《考古图释文》以为阅读者提供方便的目的,确实在后来的历史中得到了实现。而他所采用的一系列理念、方法、技巧及形成的程式,也深刻地影响了后来历史的方方面面,成为思想史、文化史阐释的一个重要源头与典范。

---

 ① 吴其昌:《王观堂先生学术》,《国学论丛》1928 年第 3 期。
 ② 钱曾怡、刘聿鑫主编:《中国语言学要籍解题》,济南:齐鲁书社 1991 年版,第 547—548 页。
 ③ 王黼编纂,牧东整理:《爵总说》,《重修宣和博古图》卷十四,扬州:广陵书社 2010 年版,第 257 页。
 ④ 翟耆年:《李伯时考古图五卷》,《籀史》上卷,北京:中华书局 1985 年版,第 11—12 页。

第一,吕大临《考古图》将古器物从实物形态走向图案形态过程,既是器物能够得到历史传承的最好形式(其"器"会失,但其"意",其"形",不会丢失),也是其"意"为后人不断阐释,其"形"因之而不断强化"意"之一面的过程。就古器物传承言,"此书之作既保存了器形、出土地点,等等,又保存了铭文摹本,这些都是比较客观的原材料,足供后代多方面研究之需。例如关于器名,以本书为例,'其所定器名多舛',这是根据他所著录的器物图形才得知的。容庚先生云:'非有图孰从而知之?'一语即道出了此书价值。"①也就是说,《考古图》提供后人以图识器的可能,这在战火后古器物毁灭的情况下更有其现实意义。

另外,吕大临《考古图》寄托了自己通过图谱直追三代,以与古人精神相往来的价值理想。他将直观可见的古器物以形似的图案集之书册,就不可避免地要采取或"神似"或"意似"的途径。很明显,在这一"形似""神似""意似"的过程中,虽然主要是要尽可能地既展示古器物本来的形状,并展示其中的精神内涵,它也必然是一个吕大临本人思想的再创造过程。这一再创造过程,其实就是一重新诠释"古意"的过程。诠释中必然带有吕大临所处时代、生活世界、个人性格与知识水平、文化程度、思想现状、理学境界的丰富内涵。吕大临的《考古图》图谱,为后人提供了巨大的参考,也影响了后世的多方面知识面向。这可能表现在两个方面:一是古器物精义之"古意"在不断继承中,被重新诠释并赋予新意;一是古器物形象之"形神"在图录不断被后世人们翻修过程中,被重新强化并歧出新思。

元大德三年(1299)陈翼俌重修《考古图》时,"广吕公好古素志,属罗兄更翁临本,且更翁刻以传世"②。到明代程士庄泊如斋重修时,又更多地融入了自己对于"古意"的理解。陈翼俌尤其强调《考古图》的意义在于,"器虽亡,书仍存",也就是书存则器不会随实物毁坏、佚失而不被后人知。这就证明了在日后的翻刻过程中原器物已佚,无对照参考之物,只能尽量精准地摹出原书稿器物造型,并还原其"古意",在还原的过程中又融入自己对"古物"的理解。显然,"自己"与"古物"有一个历史与现实融合内涵。实物形态的古器物在变成图谱中图录,并在其后可能被反复翻刻的过程中不断强化了

---

① 姚孝遂主编,刘钊等著:《中国文字学史》,长春:吉林教育出版社1995年版,第196页。

② 转引自容庚:《考古图述评》,《考古图续考古图考古图释文》。

古物本身的"古意",使图谱逐渐脱开实物器形的肖似而成为"古意"的精神图式。

第二,吕大临的《考古图》是以器物研究历史的最好展现。张光直先生说:

> 以考古学研究中国历史,有两个十分重要的标志:一个完成于公元1092年的吕大临的《考古图》,它标志着中国传统的古器物学的开始;再一个是1920年中国石器时代遗址的首次确认,它揭开了中国科学考古研究的序幕。[①]

张光直先生是以吕大临《考古图》的成书时间1092年,作为中国考古学三个阶段之第一个阶段的开始年份的。可见,《考古图》在这一分析架构中的重要意义。张先生还肯定了以吕大临《考古图》为代表的中国传统学者留给了我们一套古代器物的命名方式。他引用鲁道夫的话说:"对中国考古学最重要的一项贡献,是宋代学者对青铜器及其他青铜器的分类和命名。除去某些错误以外,宋代学者建立起来的名称和分类,现在基本上还在沿用。"宋代古器物学家的考古研究,开创了应用古代名称命名器物的先河,即使今天看来这些命名显得主观而又含糊。

第三,吕大临的《考古图》提供了金石学史的重要资料。作为一部汇集时人收藏古器物的著作,《考古图》所列举多家为今天我们了解有宋一朝的吉金书籍提供了历史的参考资料。"宋代金石著作的数量没有精确的统计,据吕大临《考古图》记收藏家为40处,《续考古图》列30家,除重复5处,政府及寺院5处外,私人收藏计60家。而翟耆年《籀史》所载著录金文之书为34家,还不包括南渡后出的诸家之书"[②]。而正是根据这些宋代的金石著作,王国维先生才将金文著作分为三类:

> 今就诸书之存者论之,其别有三:与叔《考古》之图,宣和《博古》之录,既写其形,复摹其款,此一类也。啸堂《集录》,薛氏《法帖》,但以录文为主,不以图谱为名,此二类也。欧、赵金石之目,才甫《古器》之评,长睿《东观》之论,彦远《广川》之跋,虽无关图谱,而

[①] 张光直著,陈星灿译:《考古学和中国历史学》,《考古与文物》1995年第3期,第1页。

[②] 夏超雄:《宋代金石学的主要贡献及其兴起的原因》,《北京大学学报》1982年第2期,第66页。

颇存名目,此三类也。国朝乾嘉以后,古文之学复兴,辄鄙薄宋人之书,以为不屑道。窃谓《考古》《博古》二图,摹写形制,考订名物,用力颇巨,所得亦多。乃至出土之地,藏器之家,苟有所知,无不毕记,后世著录家当奉为准则。至于考释文字,宋人亦有凿空之功,国朝阮、吴诸家不能出其范围;若其穿凿紕缪,诚若有可讥者,要亦国朝诸老所不能免也。①

体例严谨的《考古图》,是为铜器作图录书籍中年代最早也是最重要的一部专书。它与《考古图释文》一道成为中国金石学史、古文字学史上重要一环,影响了当时与后世的许多方面。不用说,《考古图》与《考古图释文》展现了吕大临理学家外的另一面。

---

① 王国维:《〈宋代金文著录表〉序》,《王国维考古学文辑》,南京:凤凰出版社2008年版,第118页。

第七章 关西清英:吕大临的社会理想与人生追求

博及群书,学通六经,尤邃于礼的吕大临,生于关中蓝田,去世后亦被其兄归葬于蓝田。一方水土养一方人,一方水土也接纳了一方人。今人寇养厚在《蓝田宋吕大临墓》一诗中说:

> 程门立雪四先生,史传昭然记姓名。相府参禅关教化,朝堂取士在贤能。将遵古制兴周礼,拟舍空言振宋风。美誉高行堪大任,天年未尽叹凋零。①

并引《宋史·吕大临传》一段:"学于程颐,与谢良佐、游酢、杨时在程门,号'四先生'。通六经,尤邃于礼。每欲掇习三代遗文旧制,令可行,不为空言以拂世骇俗。"寇诗对于吕大临的评价就是基于此一段的内容,其实并不全面。我们在此再引苏轼的《吕与叔学士挽词》:

> 言中谋猷行中经,关西人物数清英。欲过叔度留终日,未识鲁山空此生。论议凋零三益友,功名分付二难兄。老来尚有忧时叹,此涕无从何处倾。②

笔者借用苏轼悼吕大临"关西人物数清英"句,以"关西清英"作为对吕大临一生的评价。《后汉书》评琅邪赵昱说:"高洁清廉,抱礼而立;清英俨恪,莫干其志。"清英,也就是清正英特清新秀美,更是社会精英。吕大临是张载、二程高足,理学人物;是遵古重礼,"曲礼三千目,躬行四十年"的好礼者;是"以意逆志",集古器物以成《考古图》的现代考古学鼻祖;也是关注社会,思考现实问题的士大夫。他不愧为那个时代的清英,他也自始至终都是关中大地养育的三秦清英。

---

① 寇养厚:《雕虫斋律诗集》,济南:山东大学出版社2012年版,第178页。
② 施元之:《施注苏诗》卷三十三,转引自陈俊民:《蓝田吕氏遗著辑校》,第4页。

一 治理思想

我们前面经过文献的考释,已经知道《伊洛渊源录》所载"吕与叔以门荫入官,不应举。或问其故,曰:'不敢掩祖宗之德'"的说法,是不准确的。吕大临一生54年,21岁登进士第,后做过邠州推官、凤翔府尹属佐、太学博士、左宣德郎、右宣德郎、左奉议郎、秘书省正字。这些都是一些散职,并无实际的为政一方之责。今天,我们既不能见到吕大临在任之绩的史料,甚至连他这些散职,也因为史上要突出他好学一面而被后来的理学家们有意忽略了。不过,《全宋文》收有吕大临在分析当时社会现实问题基础上提出的对策多篇,我们也能够透过文字背后的内容看出他的一些政治见解。这包括《论御边奏》《明微论》《论选举六事奏》《建官正官论》《举辟论》《任贤使能论》《养才论》《财用论》《善俗论》《风俗议》十篇,内容涉及选举、御边、人才、官任、风俗、财用六个方面,有奏、有论、有议。显然,这六个方面正是当时北宋社会面临现实问题的主要方面,反映了吕大临关注社会的现实精神。

(一)吕大临论边事与财用

有宋一朝的边境之患,是整个社会都必须面对的现实问题,它关乎到王朝的安危、社会的稳定与民众的切身生活。在吕大临生活的年代,辽与西夏已经皆已称帝并对大宋构成了巨大的威胁。虽然时人对于这二患有不同的看法,但就现实的宋、辽、金对峙局面来看,北方契丹之辽给北宋造成的亡国危险远大于西边党项之西夏,而西边党项之西夏给北宋带来的国防压力又远大于北方契丹之辽。①

称帝两年后的西夏李元昊于宋仁宗康定元年(1040)初,入侵北宋。也就在这一年,吕大临生于关西蓝田。庆历四年(1044)在抗击连连失利后,北宋朝廷只好向西夏"赐"绢、银、茶等财物,这大大打击了中原政权轻视西夏少数民族政权的自信心,也实实在在地给生活在直接面对西夏之威胁的关陕地区的人们带来了巨大生存压力。生活在这一地区的北宋士大夫更加感受到这

---

① 李华瑞:《北宋朝野人士对西夏的看法》,《安徽师范大学学报》(哲社版)1997年第4期,第97页。

种现实的刺激，也就自然有相应的思考与谋划。史载同为关中人士的张载，年轻时就喜谈兵。他曾上书陕西经略安抚副使、主持西北地区军务的范仲淹，希望对西夏用兵，而且自己也准备联络同好去攻取被西夏占领的洮西之地。当然，辽、金压力何者为大，由于不同的人基于不同的现实考虑，看法也不一致。后来与吕大临、吕大防都有交集的秦观，在对比辽、夏对于北宋政权的压力时，就有：

> 臣尝以谓，方今夷狄之患未有甚于西边者。夫契丹强大，几与中国抗衡；党项遗种假息之地，不当汉之数县；而臣以为夷狄之患未有甚于西边者何也？盖大辽自景德结好之后，虽有余孽，金帛绵絮他物之赂，而一岁不过七十余万。西边自熙宁犯境以来，虽绝夏人赐予，熙河兰会转输飞挽之费一岁至四百余万。北边岁赂七十余万，而兵寝士休，累世无犬吠之警。西边岁费四百余万，而羌虏数入，迩执事如雁行，将吏被介胄而卧。以此言之，北边之患孰与西边之患重乎。①

秦观确实看到了西夏对于北宋政权现实的军事压力与财政压力，因此他要求对西夏用兵以解现实之患。秦观代表了北宋朝廷主战派的观点，这一观点又与北宋朝廷内部的革新人士与保守人士的政治斗争纠缠在一起，现实地影响了朝廷战、和的决策。当然，西夏与北宋之间的对峙形势、胜败之局也是不断变化的，因而士人的观点也就有不同的内容。秦观讲得好："顺逆之势殊，则抚御之术异。"②一般而言，吕大临兄弟包括张载被归入保守派阵营。但其实面临西夏的直接压力，关陕边境前线的士人有着自己现实的考虑。吕大临同那个时代关注现实的士大夫一样，也有自己的思考，在《论御边奏》中他说：

> 臣闻古将之有为者，未尝有不先审处其宜，而能收其后功者也。有不可取之势于己，然后可以有所处；必有机械足以应万变而不穷，然后可以有所为。是以其处必获，其为必成。不幸而不获不成，则可以言天，而非数之失也。《兵法》曰："无恃其不来，恃吾有以待之；无恃其不攻，恃吾之不可攻。"今不先修其战之具，而望其必不

---

① 秦观：《边防上》，《淮海集笺注》卷十八，第655页。
② 秦观：《边防上》，《淮海集笺注》卷十八，第656页。

来；不先修其可守之备，而望其必不攻；不忍悁悁之忿，而轻于一举，殆非善战者也。臣窃闻夏人背约犯边，陛下恻然不忍边民之被害，忿犬羊之无礼，议者直欲绝累世之好，止常岁之赐，徐议兴师，讨其不共，此乃群臣误陛下也。陛下试思今日绝好，明日必大举而来，其将何以待之？任何将可以当御侮之寄？用何兵可以应敌？以何力可以供军兴之费？此不可不虑也。臣儒生，素不知兵，但生长关陕，当任边郡，至于夷狄之情，御备之要，亦妄留心，知其一二。不敢以疏贱自绝，敢为陛下梗概而陈之。臣观今三边之兵，仅可以自守而不可以战，食仅足以支岁月而不足以横费。今不幸轻绝虏好，致其举国而来，与之战则不足敌，坚壁清野以待，则吾未必能邀其师，被边之民伤残亦已多矣。又不幸夷人知吾之不战，委城不攻，长驱而入，则关中非朝廷有也。当此时又何以待之？议者必曰：康定之战，元昊举国不敢过潘原，今安敢委城而深入？臣独以为元昊不过潘原，元昊未为知兵，而不知中国之虚实也。使其知兵与吾之虚实焉，长驱而入，不知中国之兵可与腹背攻之乎？其众寡强弱可以敌之乎？景德之难，北虏弃魏都六七郡不攻，而直犯澶渊，其势可知也。伏惟陛下知勇，圣算深远，当以天下根本为虑，然而议臣不虑后害，轻起兵端，臣恐虏难未已而中国坐困。惜一岁之赐，而殚十岁之赐，未足平也，臣深为陛下惜之。伏愿陛下少留圣虑，延问老成，姑忍一朝之忿，与图万全之计，择仁厚之师，戒生事之臣，聚兵畜财，常若寇至，俟数年间，将足以用，兵足以战，财足以养，然后下诏问罪。彼将惕然承命，可不战而服矣，又焉敢轻犯盟约，侮慢朝廷哉？伏惟陛下少留意焉。臣亦有愚策，可使兵足而费少，边宁而民不困。如陛下不以臣言为无取，少加采择，则臣敢继此以献。①

面对西夏毁约犯边，吕大临总的指导思想是：审宜后功，才能做到"处必获，为必成"。他反对逞一时之激愤，在北宋政权面临将衰、兵弱、费匮的现实情况下，轻起兵端，以致可能造成西夏长驱直入立取关中的局面。因此，他主张从万全之计出发做长远的准备，在将足、兵足、财足的前提下，自然可以德以威终至不战而服西夏之患。在一般研究者的视野中，吕大临就是一个谈心

---

① 《论御边奏》，《全宋文》卷二三八五，第一一〇册，第150—151页。

论性的理学家。但在这篇《御边奏》中,吕大临明确自陈,"臣儒生,素不知兵,但生长关陕,当任边郡,至于夷狄之情,御备之要,亦尝留心,知其一二"。也就是说,吕大临因生关陕边郡平日亦曾留意西夏情况与御边守土之大要,所以能够对敌我之势做出实际的分析。从其所引"《兵法》曰:'无恃其不来,恃吾有以待之;无恃其不攻,恃吾之不可攻'"看,吕大临也确实研读过相关兵书。重视军事斗争准备,了解中原地区与少数民族政权的现实,是那个时代知识分子在家国忧患中的自觉行为,代表了爱国爱土的情怀。吕大临在《奏》末说:"臣有愚策,可使兵足而费少,边宁而民不困",由于传世资料不见,当然也可能还停留在思想中没有形成文字,我们不能够具体分析吕大临真实的对策是什么。就吕大忠、吕大防、吕大钧、吕大临兄弟四人而言,他们都参与过对于边事的讨论与实际行动,对于固国守边都做出过自己的贡献。而且,他们因各自地位、职责的不同,面对的敌对方也有不同,面临的形势因时间的推移也不同,因此对于如何处置辽、夏问题的理念、对策其实也不相同。

吕大忠、吕大防因为身居高位,所以思考问题的角度肯定与吕大临不一样。不过他们重视社会安危、国计民生的态度一致,都表现出了对相关问题持有极大的热情。北宋一朝面临辽、金压力,需要不断支付庞大的财物来换取边境的安宁。而且庞大的文官数量与既得利益集团的兼并土地,也造成了政府与民间共同的巨大财政压力。吕大临有《财用论》,他说:

> 民间财用不足,亦缘不立制度,僭踰侈费之所致。富者既得而为之,贫者又从而跂慕。一衣之直,一饭之费,有可以充累月之用者,则财何由不乏?民何由不贫?有场工未毕而家无担石者,一有水旱,安得不至流亡?古者以民无常心,故制民之产,使仰事俯畜,皆不失所。莫若自公卿达于庶人,宫室服御,饮食车马之类,依品秩高下,细立制度。如庶人制度,乞先自宫室,计口以定间椽。衣止用紬绢布,男子不得乘马,上衣用白,不得裹帽。妇人不得乘檐子,首饰不得用珠金,衣服不得组绣,器用不得用银,婚礼不得用乐,送丧不得用綵,攀不得设道。祭会葬亲,宾不得饮酒。破服昏礼,财币不得过五匹。似此之类,细立禁约,城郭以坊,乡村以社,使之相察,犯者立罚,不伏者送官,量行决罚。如此,则民心必定,财用可足。①

---

① 《财用论》,《全宋文》卷二三八六,第一一〇册,第175页。

吕大临这里谈的是民间的财用匮乏问题,他认为造成这一问题的原因是:没有一个制度来规范社会不同等级人的消费,从而形成了社会"僭踰侈费"之风。他的对策是要针对不同的等级群体,制定不同的日用消费标准,也就是"自公卿达于庶人,宫室服御,饮食车马之类,依品秩高下,细立制度"。他尤其以普通百姓为例,细致地规定了百姓的住、衣、行,婚丧送娶皆有定制。并且,他还以传统社会的社会组织结构为依托,要求做到相互监督,有犯必罚,最终达到"民心必定,财用可足"的理想。很明显,吕大临对于这一民间财用的思考理念是以三代的制度为参考的,体现了鲜明的等级观念与政府治理理路。问题在于,仅仅从消费的角度来节流,是否真的能够达到财用充足的目的;以政府的规定来强制限定民间的日用消费,是否真的合乎已经世俗化的北宋社会现实,这些都是值得怀疑的。正是因为以他为代表的吕氏兄弟一直以三代之理想来观察时代之问题,也引起了我们前面所述的叶适的批评,不能说没有一定的道理。因为我们仅仅看到了吕大临这一篇涉及"财用"问题,而且对于节流也仅仅只是举了庶人制度,所以并不能够得出吕大临就不谈"开源"与上层社会的消费问题。就"富者""贫者"对举言,他应该对富者所起、贫者相效的浪费行为是一致遣责的。

朱熹《大学章句》引吕大临《礼记解·大学第四十二》相关内容说:

> 吕氏曰:"国无游民,则生者众矣;朝无幸位,则食者寡矣;不夺农时,则为之疾矣;量入为出,则用之舒矣。"愚按:此因有土有财而言,以明足国之道在乎务本而节用,非必外本内末而后财可聚也。①

吕大临从四个方面论述了务本节用的内涵:国无游民、不夺农时,是从财富生产角度讲的;朝无幸位、量入为出,是从财富消费角度讲的,这显然对于北宋社会而言有非常现实的意义,所以朱熹肯定了吕大临务本节用思想在国家富足之中的价值。

(二)吕大临论风尚

作为涵泳义理的理学家,吕大临自有高明的境界、精微的思辨;作为逆意知古的复礼者,吕大临也自能够在古器物的揣摩考量中追寻三代之古意;但作为现实世界的生活者,他不能不理性地面对有着荣辱爱好追名逐利的众

---

① 《大学章句》,《四书章句集注》,第12页。

生。一个社会的风俗,其实也就反映着这个社会的主体价值取向与道德判断。吕大临仔细分析了北宋中期社会的习尚,提出了有深刻内涵的相关见解。他说:

> 风俗之原,皆自世之笃尚而变也。从我者荣,不从我者辱,尚此者为能,不尚此者为不能。世俗之人非有甚高之见,孰能舍荣以取辱,舍能而为不能者哉?故今风俗方妄披倒堕,似不可复起,卒无人为振之,又从而尚之,是以天下之事终不能有所立也。某人有过,试使某人言之,必曰规过人之所不喜,且无与我事,胡为往取怨哉?他日有过之人为左右所誉,复使某人勿誉之,必曰众所共誉,吾何为独异,且誉之何伤于我?至于问劳庆吊,称道一切,出不诚之言,周旋委曲,惟恐少忤于物。受之者亦心知其非诚而辄喜之,不如是亦辄怒之。探意而言,涉浅而行事,古人所不许,而公为之自若而无愧。苟以佞辞徇上而不顾其非,苟以谦意接下而不顾其过,亦古人所恶,而今公行而不以为失。专持苟简之道,求合于天下人之情。故处士者不畏于义,失人情则畏之;仕于公者不畏法,失人情则畏之。世以此谋身,以此取名,以此逃祸。入于小人之党,小人固喜之;入于中人之党,中人亦爱之;入于君子之党,自非介直不容物者,虽不敢尚之,然未殆以恶辞拒之也。如此,则家以为良子弟,里闾朝廷之间皆以为能而共推之。上下靡然,同波共流,相效而行之,未见其正也。噫,俗已成矣,好事者欲立天下之事,亦以难矣。昔之圣人将有所为,出一号令,天下响应而从之。此无他术,矫厉之而已。上之人一日取果敢特立不阿之士尊而用之,一切苟简合人情者,严惩而差择之,则天下将劫其宿昔之志,耸动视听,争趋而效之。风俗一更,乘其端以立,天下事未见其难也。今以不可起之风俗,欲更置有为之事,是以一握之竿负百钧之石,其不折必且挠矣。异时执事者尝有志于更张,一谋而百沮,朝行而夕迫,缙绅处士又窃谈其术之不精,然皆不知风俗有以胜之也。①

吕大临认为,要想成大事者必须关注社会的风俗。而如何破除消极丑陋习俗形成正面风尚,则是一个需要做出深入研究的问题。吕大临从人的笃好

---

① 《风俗议》,《全宋文》卷二三八六,第一一〇册,第 172—173 页。

习尚入手,来分析一个社会的风俗。虽然他相信人性天赋必善,但现实社会的人显然是充满着太多欲望的存在。按照他所说,"世俗之人非有甚高之见,孰能舍荣以取辱,舍能而为不能者哉?"因为如此,所以人人不喜说人过,人人喜人誉于己,即使人、己皆知是假语。他深刻揭露所生活的时代,是一个"以佞辞徇上而不顾其非,以谦意接下而不顾其过"的混乱局面。人们坦然面对这一现实,只为合于人情之所尚。问题在于,当整个社会都习惯性接受并默认这一人情基础之上的恶习时,只能是"上下靡然,同波共流,相效而行。"风俗一起,则凡事必难。吕大临在此没有采取后来理学家一贯的道德说教,而是持正负并举的现实态度:他认为,一方面需要树立正面典型即重用果敢特立不阿之人,另一方面,则需要严厉对待社会不正常的人情顾虑,这两者也是他所谓的"矫厉之术"。他坚信,当社会正面风尚形成之后,才有也必定能够成就真正的事业。

吕大临尤其重视在上者对于树立社会正面风尚的重要意义,他说:

> 国之风俗,一出于上之好恶,好恶之发,其端甚微,其风之行,或至于不可止,其俗之成,或至于不可败,此不可不慎也。季康子患盗,孔子曰:"苟子之不欲,虽赏之不窃。"盖上之所好,利必从之;上所不好,害必随之;盗虽小人,未有舍其所利而趋其所害。故上有好货之君,则下必有盗贿货之民,其势然也。君者,民之表也,文武兴则民好善,幽厉兴则民好暴,非他,唯上所好而已。故"禹立三年,百姓以仁遂焉",非百姓之尽仁,以禹好仁,故民从而仁尔。"赫赫师尹,民具尔瞻"者,言民无恒心,瞻视上之所为,以为之法而已。"一人有庆,兆民赖之"者,上好善,则民皆蒙赖其善也。"成王之孚,下士之式",成就王道,所以信于天下,则天下莫敢不信以为法也。三者引取《诗书》之言,皆以证上之人所好,下视之以为法,不可不慎也。①

这是说君主的好恶直接影响了社会的风尚,其原因就在于人情趋利而避害。他列举史上周文、武王与周幽、厉王事做对比,"上之所好,利必从之;上所不好,害必随之",君主必须注意自己一言一行甚至是细微的好恶之情发端处。吕大临不再讲体验于喜怒哀乐未发之前的涵养,但要求君主注意自己的

---

① 《礼记解·缁衣第三十三》,《蓝田吕氏遗著辑校》,第341—342页。

垂范作用,则是这一思想的现实化。不过,吕大临认为君主之好善恶恶必须是言行一致,心迹如一才能真正起到示范作用。

> 子曰:"示之以好恶,而民知禁。"上之所以示下,下之所以从上,唯好恶而已。虽有好善之迹,而无诚好之心,则虽赏不劝;虽有恶恶之迹,而无诚恶之心,则虽刑不惧。盖诚心不至,则好恶不明;好恶不明,则民莫知其所从违。如此,而欲人心之孚,天下向风,难矣。《缁衣》,美郑武公之诗也,父子并为周司徒,善于其职,国人宜之。缁衣者,武公所为周家卿士之服也。武公之为卿士,国人宜之,其爱之之深,欲武公长为卿士,虽衣见其敝,我将改为,馆之食之,唯恐其去,好贤之至者也。《巷伯》,寺人伤于谗之诗,恶恶之至者也。好贤必如缁衣之笃,则人知上之人诚好贤矣;不必爵命之数劝,而民必起愿心以敬上矣,故曰"爵不渎而民作愿"。恶恶必如巷伯之深,则人知上之人诚恶恶矣,不必刑罚之施而民畏服矣,故曰"刑不试而民咸服"。《大雅》曰:"仪刑文王,万国作孚。"盖文王之德,好恶得其正,而一出乎诚心,故为天下之所仪刑,德之所以孚于下也。①

假如在上之君没有真正的好善恶恶,心迹不一,则民受赏也不会有道德教化之效,民受刑也不会有畏惧之心,也就不会形成社会可以遵循的伦理规范,最终完成良好社会风尚的构建。有鉴于不同社会阶层在形成社会风尚中作用差异,吕大临也非常重视士风与官风的养成教育。他说:

> 昔之妄意天下之事者,其威力虽足以制人,亦未能直行其志,亦必有所顾忌。顾忌之者,威力之不足恃,公义一失,虽千乘之国,将孤立而坐受其敝。故奸人欲有为也,常託公议之名。公义之行,其迹犹涉于不顺,乃取古人不得已之事而师之。欲禅代于君,则曰吾师舜;欲谋其上者,则曰吾师汤。至于伊尹之废太甲,周公之摄政,赵鞅之诛君侧之恶,皆有以师之。前日之师古人者,古人之心固亡矣,其迹犹粗有所依焉。今日学之者,迹亡其大略矣,而尚有取焉。后日学之者,徒以虚名鼓动之,而心迹俱亡矣。此乃假人之物,异日必将假而不归,又私窃之,又强夺之,而后已也。②

---

① 《礼记解·缁衣第三十三》,《蓝田吕氏遗著辑校》,第340页。
② 《明微论》,《全宋文》卷二三八六,第一一〇册,第165页。

吕大临认识到社会舆论的重要意义与巨大威力,他认为古之奸人无不借社会舆论来塑造自己的正面形象,也就是宣称代表了社会的公德与正义,即他所谓的"公义"。显然,舜、汤这些明君,伊尹、周公、赵鞅这些明臣代表了社会的公德与正义,也就成了奸人的借口与托名。

> 乌乎,弊至于此,学者不为圣人明不得已之微意,使后世奸人有所顾忌而无以托名,反窃议古人有首乱之罪。殆非古人之罪也,学者不明之故也。昔舜于尧犹为臣,受其权不受其位。尧崩,服尧之丧毕,乃即天子位。以至公之道相受,未尝不臣于尧,而以邪说惑之也。至燕子之力以邪说惑子会而伐之,然犹其君愿予,而位号犹在也。曹丕乃非山阳之所愿,又夺其位号而臣之,然犹不至于害也。刘裕之取晋,杀其长而立其幼,就孺子之手而夺之矣。汤之伐桀,以救民为心,然犹顾犯上之迹,故放之南巢而不杀,犹有惭德。及武王伐纣,亲提黄钺而斩之,不复有所顾,然救民之心尚在也。至项羽之取秦,既不顾君而又不顾民,杀子婴,屠咸阳,收其宝货而东,其暴又甚矣。伊尹当太甲居汤之丧,百官总已以听冢宰,而太甲未与于政。太甲既纵欲而不明,伊尹之不听,乃营桐宫,使居而思过。及除汤之丧,太甲悔而复善,伊尹乃以冕服迎太甲而授之政。此特太甲居丧,未与于政,伊尹遣之思过而已,固非放君也。而霍光废昌邑,假此为名,而更置其君,终身不复以政,然犹以公议而废也。至司马昭之废齐王,桓温之废海西公,则主无毫末之过可绝,特以私忿弃置,振威以胁天下,公议又无复有矣。周公以成王之幼,惧天下之乱,故摄行政事七年。及成王长,乃稽首而复政,未尝苟贪其权也。霍光之摄汉政,至宣帝已长,而犹不归之,眷眷然唯恐权失而祸至,然犹未有私夺之心也。至王莽则久据而遂有之矣。赵鞅虽不足法,然后世以晋阳之甲诛君侧之恶人,亦有靖乱之意,非苟托名以为他也。吴王濞之诛晁错,王敦之诛刘隗、刁协,则意不在于错与隗、协也。由此观之,变愈久而乱甚,亦不足怪也,其出于学者异说惑之也。舜未尝不臣于尧,而学者谓舜受禅而不复为尧臣。伊尹未尝废太甲,而学者谓废之。虞商之书具在,而学者之说如此,又心知其不顺,由为区区之论以救其迹,是诬人之罪,反饰词以赦之,宜其后世奸人有以为名,亦不足怪也。夫赵鞅固不足数,舜、汤、伊尹、周公,亦将为首乱

之罪乎?①

假如说古之奸人还知道假借舜、汤、伊尹、周公、赵鞅之名号的话,今之奸人则由于文人学者的曲意妄解,直认舜、汤、伊尹、周公、赵鞅就是篡位夺权,直开了后世的先河。既然这些人都可以这么行事,则后来人也就可以无所顾忌,乱了君臣之纲常。吕大临直斥士大夫的失节与惑乱之罪,也就是"诬人之罪,反饰词以赦之",造成社会秩序混乱、价值失范的风气。为了能够揭示并传承三代之明君贤臣的"微意",他作经注、考古器、研古礼,孜孜以求,力图为重建社会正常的伦理规范与树立正面习尚做出自己的努力。针对北宋王朝官风的败坏,吕大临在《善俗论》篇中说:

> 先王养人以德,非特教化使然,盖亦有术以驱之,使不得不尔。黜陟必以九年,虽欲苟安,不可得矣。位高者责重,虽欲幸进,不可得矣。不祭者不敢以燕,则无容不奉其祭。久而(疑缺"不"字)葬者不除其丧,则无容不葬其亲。惟上之人屡省必行而已。后世变更先王之法,一切取官府苟简之便,多失所以养人以善之术。如百官磨勘拟官,必自陈而后行;以功被赏,必自言而后得;有所辟请,必先问其愿而后举。凡此,皆非所以养廉耻之道。如苟安幸进之风,不祭不葬之敝,天下患之久矣,天子诏令丁宁训告,有司羞于甲令,莫之能革者,势非难也,特其术有所未至尔。欲乞不以京朝官选人,自监司、知州而下必以三年为一任,任满所属考绩,闻于有司,有司以闻,优者迁,中者如故,劣者降。若不满三年而罢去,或从他职,及京朝官不厘务,皆不考绩。其以功当被赏者,亦所属列上功状,皆不得逾月。若逾月及所考绩取上功不以实,方许人自言,覈实而罪其所属。辟请者不问其愿,直举而以牒报之。被辟者愿就则不言,不愿者三日内申所属有司。凡任官,皆有官责。如为郡县者则责以赋役办、狱讼平,民富而俗美,不越十数条而已。胜其任则进之,不如所责则重黜之。其他禁令,皆可阔略。凡百官皆以品秩定祭仪,禄赐足以共祭,而器服牲物犹不备者,皆不得祭。不得祭者,不得燕乐,不得嫁娶。其不葬其亲者,皆不得释服。有犯者与居丧同。如此,

---

① 《明微论》,《全宋文》卷二三八六,第一一〇册,第165—166页。

则虽使中人,亦勉于善,养成美俗,利莫大焉。①

吕大临这里主要谈的是官员的道德养成问题。从他所举来看,北宋中期官场之风不正,表现在苟安、幸进,不祭、不葬等方面。针对此一问题,吕大临以古讽今,强调了现实举措也就是"术"的重要性。而他所举之"术",是通过官员是否做到善俗与官员本身的升迁、降黜联系起来进行考核的一套制度。当然,吕大临仍然需要强调士君子在社会中的教化作用。他说:"山上有木,逮其成林,长养有渐矣。君子之处贤德,使成美材,善风俗,使成美俗,其长养亦有渐已。"②吕大临、吕大钧自己一方面提高自己的涵养工夫,一方面也希望通过乡村社会的复礼实践来改变身边的风尚。他们也确实通过自己的实践与表率作用,使"关中之俗为之一变",更不用提他们的开创之功对于其后的示范意义。

(三)吕大临论人才、选举、考官

《朱子语类》《宋史》《关学编》《宋元学案》都载吕大临"立士规以养德厉行,更学制以量才进艺,定试法以区别能否,修辟法以兴能备用,严举法以核实得人,制考法以责任考功"的"论选举"事。我们前面也曾引过朱熹的评价,他说吕大临此奏:"其论甚高,使其不死,必有可用。"也就是说,对于吕大临这一针对北宋养人、选人、用人、考人事所提出的对策表达了赞许之意。假如我们认为吕大临对于西北军事可能还是基于一种爱好,是儒生谈兵,那么他对于北宋政权的人才、选举、官考确实有过深入的思考,提出了许多有价值的见解。

吕大临对于养士、取才、考官的思想集中体现在元祐元年(1086)的《论选举六事奏》中,他开宗明义地提出:

> 古之长育人才,以士众多为乐;今之主选举者,以多为患。古之以礼聘士,常恐士之不至;今以法待士,常恐士之竞进。古今岂有异哉?盖未之思尔。夫为国之要,不过得人以治其事。如为治必欲得人,惟恐人才之不足,而何患于多?如治事皆任其责,惟恐士之不至,不忧其竞进也。今取人而用,不问其可任何事;任人以事,不问

---

① 《善俗论》,《全宋文》卷二三八六,第一一〇册,第174—175页。
② 《易章句·渐》,《蓝田吕氏遗著辑校》,第154页。

其才之所堪,故入流之路不胜其多,然为官择士则常患乏才。待次之吏历岁不调,然考其职事,则常患不治。是所谓名实不称,本末交戾。如此而欲得人而事治,未之有也。今欲立士规以养德厉行,更学制以量才进艺,定试法以区别能否,修辟法以兴能备用,严举法以核实得人,制考法以责任考功,庶几可以渐复古矣。①

吕大临认为治国的根本,就是"得人以治其事"。如何得人呢?这需要通过多种途径来选士。如何治事呢?这需要选对正确的人来治理合适其职责的事。其实,就是一个人、才、事的关系问题。人不一定有才,有才也不一定合事。因此,一个良性的社会应该做到尊重人才,多养人才,量才任事。他认为要改变现实中"名实不称,本末交戾"的局面,应该从立士规、更学制、定试法、修辟法、严举法、制考法这六个方面来完善选才、用人、治事的制度。

第一,立士规以养德厉行。吕大临说:"今也农工商贾尚各有事,惟士一职,多容游手罢惰之流。士风沦丧,人才不兴,皆原于此。"②也就是说,造成今之士风不正的原因是士无主业。而且,由于本朝以来对于士人管理不善,仅仅由守令督导应举课业的举措造成了"乡里服士衣冠,而与士大夫游,皆名为士,而贤不肖混淆,莫之能辨。"这只能使"德学之进者既无以旌别,无行之人又无忌惮,欲望美风俗,育人才,难矣"③。因此,他提出:

> 州县皆立学,皆立士籍,学官正录掌之,凡士人不以侨寓土著,已仕未仕,并居学不居学,应举不应举,皆委自乡郭邻里博访以姓名,申州县长吏,再加审覈无遗,与学官参考行实无滥,然后书于籍。除居学者自有学制外,别立士规,略如学规禁过条目。簿二道,一道记善,一道书过。委州县学正于学外士人中推择为众所服者,为外学正。凡预籍者,又月输一人,主书善记过,谓之直月。每月约日群集于学,释菜于先圣,退而食于堂。直月以所记过之状白于外学正,外学正与众评其可否而书之,而如犯大过,既书许其改过,不愿改及终不悛者去其籍,不得与士齿,不得服士衣冠。朝廷考察德行,皆质于此。其学行素高,为众所推者,别加尊礼,不与众同。如出游他

---

① 《论选举六事奏》,《蓝田吕氏遗著辑校附录》,第610页。
② 《论选举六事奏》,《全宋文》卷二三八五,第一一〇册,第145页。
③ 《论选举六事奏》,《全宋文》卷二三八五,第一一〇册,第145页。

所,皆具所以游之事告。①

吕大临要求建立一套可以对士人进行管理的制度,这一制度以立士籍为核心。也就是将士人的"本贯、三代、年齿"等内容登记在册,做到以名核人。而且,这一制度设计的关键在于,既劝善又罚过。也就是将士人平日的言行与未来的士籍、士齿、士服等待遇以及朝廷考核相挂钩,以起到真正的进善改过作用。

第二,更学制以量才进艺。吕大临指出旧学制的多种弊端:一是,"多欲士人居学日久"②,这造成了士人不能在家尽为人子、为人夫、为人兄弟、为人父的人伦之道。二是,成童以上就可以应举,造成"人之子弟不务积学蓄德,自稍有知,已奔驰仕进之门"③。三是,没有区别求学的顺序,"往往躐等以进,群应有司。其艺稍中有司之格者,十无二三"④。最终造成人不成才,浪费社会资源的后果。所以他提出:

> 故今立学制,分大小学之法,自十九以下皆居小学,二十以上其艺可升大学者,方升大学,始得应举。则童子必能安业,所习有序,不致有违越之心,庶几成材,可得而取。⑤

北宋中期朝廷试士,只重进士一科。吕大临认为进士只试经义、策论,而士人进选之后又必须承担百官之事,这必然造成此种知识背景下的士人只知经文义理而缺少实际工作能力,也就是理论与实践脱节的弊端。因此,他提出了大学设置德行、学术、文辞、政事四科的建议。他设想:

> 学术之科,以多闻博识,明义理,辨节文,考典故为业,一曰明经,二曰习史。文辞之科,皆习杂文为业,如制诰、章奏、文檄、书问、碑铭、诗赋之类,如唐制。政事皆务究知利害本末及措置之法,如吏文条陈利害,如法令修立条约,不必文辞,惟取措置议论优长为善。⑥

吕大临四科的设置以及四科的选拔,也有一定的安排。体现了学终有用,优必得升的制度理念。他自己对于这些安排也非常自信,认为"若明立四

---

① 《论选举六事奏》,《全宋文》卷二三八五,第一一〇册,第144—145页。
② 《论选举六事奏》,《全宋文》卷二三八五,第一一〇册,第145页。
③ 《论选举六事奏》,《全宋文》卷二三八五,第一一〇册,第146页。
④ 《论选举六事奏》,《全宋文》卷二三八五,第一一〇册,第146页。
⑤ 《论选举六事奏》,《全宋文》卷二三八五,第一一〇册,第146—147页。
⑥ 《论选举六事奏》,《全宋文》卷二三八五,第一一〇册,第146页。

科,以笼人才,则庶几有得"。就这里他所列举的各种知识以及掌握知识之后通过一系列的推荐、考试措施而言,可谓规划周详。

第三,立试法以试用养才。立试法,也就是通过一系列的实践或说实习环节,来测试已中举之人的才能。他说:

> 试法者,凡初入仕人,在京委开封府及府界提点司,在外委监司郡守审察人才,可当何等职事,先令权摄管局,或差委定夺公事,以试其才。①

在具体的实习过程中,由相关部门根据被试者的表现分为四等,并依次考定优劣迁降。吕大临认为这一实习经验,对于士人后来接触真正的工作职事能够起到顺利过渡与操之有数的好处。

第四,立辟法以兴能备用,立举法以覈实得人。辟法的原则是"各辟所知"②,举法的原则与之相类。吕大临辟法、举法的具体思想主要体现在他的《举辟论》中。他说:

> 古者官属皆自其长辟除,而专其废置。自辟除则可举所知,专废置则不容幸人。汉唐藩守,尚行此法,当世名臣,多由此出。盖养才之术,必更烦使,然后知小人之依,一日用之,则所行不谬于世务。故(笔者疑此"故"当为"而"字)后世党比公行,其所辟召,多出私徇,徼幸并进,人不被泽。故本朝之法,自一命以上皆命于朝廷。虽稍革旧风,然为治得人,反减前世。盖不惩其本,而治其末,故弊至于此。如使上择官长,不使非其人者居之,又时省岁察,从而诛赏,虽欲徇私,不容为矣。今辟召之法大抵不行,惟帅臣监司许举数员而已,而又资历深浅,必须应格而后从。其余皆命于朝廷,亦非以才选,亦非以器使,皆有司一切以资考条例而授之。故天下郡县无旷官,而士犹不得志;缙绅非乏才,而事功不举。盖举不以所知,使不以器而已。此法之不可不革者也。欲乞天下监司、牧守、将帅皆自朝廷选择,其参佐僚属,除州通判外,皆许官长辟除,各举所知。自京朝官至于举人,不限资历深浅。在本属者,直行牒请;不在本属者,奏取朝旨。若素未深知者,且许试任半年或一年,举人则三年或

---

① 《论选举六事奏》,《全宋文》卷二三八五,第一一〇册,第147页。
② 《论选举六事奏》,《全宋文》卷二三八五,第一一〇册,第148页。

六年。见其可任,乃许上闻正授。不职者,即罢去之;才有长短者,以器使之;胜其任者,增秩而久任之;其才过人,可闻朝廷者,则以时荐举之。苟涉私徇,容庇徼幸,许监司覈实,重行废黜。如此则官长荷责任之重,敦敢用非其才?察属被所知之举,敦敢不尽其力?而又小官烦事,使之更习,一旦用之,必能周达世务,亦养才之要术也。①

吕大临举辟二法的原则是"自辟除,专废置"。为了避免"党比公行,其所辟召,多出私徇,徼幸并进,人不被泽"的弊端,北宋一朝改变了汉唐以来一直沿用的"自辟除,专废置"的制度,绝大部分官员采取的都是"有司一切以资考条例而授之"的机制。吕大临认为,这一制度带来的就是:不以才选,不以器使。或者说,选人不以才,使人不以器。也就是吕大临所说的"天下郡县无旷官,而士犹不得志;缙绅非乏才,而事功不举",即官非其才,才非能举,庙堂之上与江湖之中,人非其用。他提出的"自辟除,专废置"举措,将举、主两者责任连带,也就是同进退、共赏罚。吕大临认为根据这一规划,官长必辟举真才,被辟举之人必尽力治事。在举法之中,吕大临还有任贤使能的思想。

任贤使能,古之道也。二者犹阴阳之相资,废一则不可。所谓任者,知其贤也,委之讬之,收其成功,未尝有间于其间也。不贪者可以讬府军,不疑其有欺也;不夺者可以讬幼孤,不疑其或倍也。况天下之重,委得其人,岂可置疑乎?既疑则不如勿任之。如此之谓任贤。所谓使能者,或行或止,唯吾令而已。委之以财,不能任其弗窃,必有术以防之;付之以兵,弗能任其弗暴,必有法保任之。②

任贤使能的目的,是使真正的人才能够为朝廷所用,也就是人事相得益彰。吕大临这里所体现的贤与能不同,因之对应之态度与举措不同的思想观念,显然有着深刻的内涵与现实意义。

第五,立考法以责任事功。吕大临说:"考法者,先立所莅职事主意所在,以为责任之词。"③也就是先确定职务内应做的事情,以之作为考核职事须承担的职责的依据。考官根据事责对应的原则,确定"殿最而升黜之"④。吕大

---

① 《举辟论》,《全宋文》卷二三八六,第一一〇册,第169—170页。
② 《任贤使能论》,《全宋文》卷二三八六,第一一〇册,第170页。
③ 《论选举六事奏》,《全宋文》卷二三八五,第一一〇册,第149页。
④ 《论选举六事奏》,《全宋文》卷二三八五,第一一〇册,第149页。

临对于自己的试法、举法、辟法、考法尤所致意,他自己说:

> 此四法于选官,庶几尽知。盖试法之立,足以区别能否,不致多容滥进。辟法之立,使官长自择僚佐,足以深任其责。举法之立,使在上者多知人才缓急之用,不患乏人。考法之立,使非才者不敢幸进,无功者不可苟容。仕路之清,无越于是。①

吕大临认为同现存的试法相比,依自己的举措选举出来的人才能够真正做到"究达义理,适于实用"。而且,他相信自己的选举之法能够为朝廷储备人才;也能够避免由于私利造成的无才之人滥进的后果,因为"无他,责之以实之效也"②。

第六,针对北宋一朝的官称不符之实,吕大临提出了"立官与爵,循名责实"的复古之法。他在《建官正官论》中说:

> 古之建官,有爵有官而已。五等诸侯、公卿、大夫皆爵也,三公、六卿、二伯、三监及其属皆官也。爵以制禄,定命秩之差;官以任事,责事功之实,未有有名而非事者。③

但随着历史的演进,到了北宋时就出现了"命秩所定,高下失宜;官职差遣,名实纷乱,多失其当"④的局面。他认为:"此不可不革者也。况正贰参伍之法不立,苟不侵官,则有旷职,无所统类,此所以废事功,长偷惰,能者无所效其力,不才者足以免其责,将欲政举令行,卒莫之致。"⑤因此,他提出应该学习三代的建官制度,立官爵二法,并且要求"各正其名,不使淆乱"。最终实现"百虑一致,循名责实,贤能皆得而官,使侥幸不能以自容"。⑥

二 中体独识

"通天地人之理,明古今治乱之原"是北宋以来儒家学人的一个最基本的目标。其实通天地人之理,是为了明古今治乱之原;而要实现明古今治乱之

---

① 《论选举六事奏》,《全宋文》卷二三八五,第一一〇册,第149页。
② 《论选举六事奏》,《全宋文》卷二三八五,第一一〇册,第150页。
③ 《建官正官论》,《全宋文》卷二三八六,第一一〇册,第167页。
④ 《建官正官论》,《全宋文》卷二三八六,第一一〇册,第168页。
⑤ 《建官正官论》,《全宋文》卷二三八六,第一一〇册,第168页。
⑥ 《建官正官论》,《全宋文》卷二三八六,第一一〇册,第168—169页。

原,就必须通天地人之理。一个需要形上的哲学思辨,一个需要理性的历史求证。儒家学者正是怀抱这样的追求,从事自己的人生学术的。吕大临的一生,也是为了实现这样的目的演绎开来的。

经过长期的文化积累与思想论辩,以张载、二程兄弟为代表的宋明新儒家学人从"学不际天人,不足以谓之学"[1]来试图解答"天地人之理"与"古今治乱之原"问题。天人问题,从物质的层面来说,就是自然与人的问题,是主体的人如何同自己赖以生存的自然环境互动与调适的问题。从精神层面讲,就是人的终极关怀问题,是人如何在现实的世界中寻求精神归属以真正成为人的问题。张载说:"天无心,心都在人之心。"[2]这其实就是新儒家学人回答天人问题的基石。天地是一个生生不息创造万物的过程,但只有人才能够真正体会天地的生意并参赞天地的化育。吕大临说:

> 天道性命,自道观之则一,自物观之则异。自道观者,上达至于不可名,下达至于物,皆天道也。[3]

有着"天地之心"的人,是"观道""观物"的主体。对"道"的观察、体悟、思考,是建构合理的人间社会的前提。但是,实现真正的"观道"绝对不是一件容易的事情。吕大临虽然在自己学术生命的初期就一直追求"观道",但真正"观"出"己意"则经历了漫长的问学过程。这一过程,既是吕大临现实人生的展开,也是其知识面向的展开,更是其深邃致思的展开。吕大临礼学思想、金石思想与理学思想,都贯穿了一个基本的思维逻辑,即"中道"。这一思想最终通过形上的理学逻辑命题,即"中为大本"最贴切地表现出来。

我们在前面提到,《郡斋读书志蓝田吕氏遗著提要》有吕大临撰《吕氏老子注》二卷。虽然今天已经不可见,但《提要》认为:

> 其意以老氏之学,合"有""无"谓之玄,以为道之所由出,盖至于命矣。其言道体,非独智之见,孰能臻此?求之终篇,膠(或"缪")于圣人者盖寡,但不当以圣知仁义为可绝弃尔。[4]

吕大临师从张载、二程时,张载51岁,程颢48岁,程颐47岁,他们已经

---

[1] 《观物外篇》下,《观物篇》卷四,《太极图说通书观物篇》,第53页。
[2] 《经学理窟·诗书》,《张载集》,第256页。
[3] 《孟子解·尽心章句上》,《蓝田吕氏遗著辑校》,第478—479页。
[4] 晁公武:《郡斋读书志蓝田吕氏遗著提要》,转引自《蓝田吕氏遗著辑校》,第629页。

完成了批判佛老,也就是从佛老之学中走出,从而构建了自己的新儒学思想。而且,吕大临成于洛学时期以前的《礼记解》中有明确的批判佛、老思想。基于此,我们认为《老子注》是吕大临前期的思想,也就是还没有受学于张载前的思想,毕竟吕大临进入张门已经31岁了。吕大临这里对老子持平和的态度,也就是极为肯定老子道家的体道之思,认为是智见,达到了"臻"的地步。老子思想与儒家圣贤相谬胶滞处不多("盖寡"),也就是在追求道体上有其相契处。他认为老子之书不当处在于,不应当绝弃圣知仁义。因此,要想实现真正的参悟道体,就必须完成老氏道体与儒家圣贤仁义思想的相通。这实际上不仅仅是吕大临的学术追求,也是整个宋明新儒学思想的一个重要任务。吕大临确实在张载、二程门下,完成了这一道体的证悟与现实伦理道德的学思工夫。他通过"中"道,实现了"通天地人之理,明古今治乱之原"。吕大临的"中道"原于天,达于人;用乎古,及乎今;形于器,藏于意;显于礼,明于法,是他所有思想的逻辑归宿与支点。

虽然吕大临《老子注》全文不可见,但我们还是能够在所倾向认定的他吕学期所撰的《论语解》中,有着开明的中道意识。他说:"谄生于过,无勇生于不及也,推是二端,以明过与不及之害。"①这是从中道的角度来讨论谄与无勇。吕大临又以中来判定人之不同,说:

"狂简"当为"狂狷"。狂者进取,进取则过;狷者有所不为,不为则不及。自非圣人,立言举不能悉合乎中,虽未合乎中,固已杂然成章矣。成章则达矣,其中者尚矣,其不中者尚在裁以就中尔。道之不行也,既不得中行而取狂狷,又不得其行而卒归乎立言,则圣人之不遇可知矣。②

他推崇中庸,认为"中庸者,经德达道,人所共有,人所常行"③,也就是突出了中庸的至上价值。这一思想延续到了关、洛二期。一个很明显的地方在于,不论在关学时期,还是洛学时期,吕大临都极其重视先秦经典《中庸》。不同于他所认为的程颢重视《大学》,他从《中庸》中寻求新儒学思想的精神资源与学术源头。关学期间,不论从《礼记解》中《中庸》解的篇幅,还是对于《中庸》的评价,都明显超出其他章节;在洛学时期虽然他没有系统著述,但是

---

① 《论语解》,《蓝田吕氏遗著辑校》,第430页。
② 《论语解》,《蓝田吕氏遗著辑校》,第436页。
③ 《论语解》,《蓝田吕氏遗著辑校》,第442页。

第七章 关西清英:吕大临的社会理想与人生追求

他对《礼记解·中庸第三十一》做了一个重新编辑。就现在看来,吕大临是在《礼记解·中庸第三十一》基础上进行编辑《中庸解》的。他既在太学为诸生讲《中庸》,而且自觉地以《中庸》的思想精神作为形成自己新儒学思想的最重要经典依据。他可能在《易章句》中形成了自己的理论架构,但吕大临新儒学的精神特质则是体现在《中庸解》中,这也与朱熹后来以"四书学"作为构建自己的理论大厦很是相契,二人思想的相契性,我们前面已做分析。《中庸解》中,才真正贯穿着吕大临新儒学的精神实质,包含有吕大临新儒学的几乎所有思想。

在学术思想逐渐成熟的过程中,吕大临最终形成了中为大本,中也就是道体的思想。这一中,既是天下之大本,也还是形上的道体,这就完成了回应佛之空、老之无的理论挑战。他的中体思想的形成,是基于他自觉认同的新儒学天人合一的思维方式的。而且,他的中体之中包含着"天下通一气,万物通一理"的宇宙形成论思想,这就将张载"大气本一"的思想与二程"以理为本"的思想融会在一起。有了中为道体的思想,他也能够提出"赤子之心"为未发的理论;他才能够提出心之体用的思想;他也能够以之评判诸子学说;他才能够以人心作为天心、本心,从而作为人的先天价值尺度来权衡万事万物。一句话,"中"是吕大临思想逻辑的中心与归宿。

在《礼记解·中庸第三十一》中,吕大临说:

> "天命之谓性",即所谓中;"修道之谓教",即所谓庸。中者,道之所自出;庸者,由道而后立。盖中者,天道也、天德也,降而在人,人禀而受之,是之谓性。《书》曰:"惟皇上帝,降衷于下民。"《传》曰:"民受天地之中以生。"此人性所以必善,故曰"天命之谓性"。性与天道,本无有异,但人虽受天地之中以生,而梏于蠢然之形体,常有私意小知,挠乎其间,故与天地不相似,所发遂至于出入不齐,而不中节,如使所得于天者不丧,则何患不中节乎?故良心所发,莫非道也。①

新儒学需要寻找形上的本体,来完成心性的构建。张载通过大《易》来完成,程颢通过《大学》来实现,而吕大临通过《中庸》。因为,"圣门学者尽心以

---

① 《礼记解·中庸第三十一》,《蓝田吕氏遗著辑校》,第271页。

知性,躬行以尽性,始卒不越乎此书"①。《中庸》是孔子、曾子、子思一脉相传的"入德之大要",其要旨,也就是"中庸"。中是道,庸是常道;"中则过与不及皆非道,庸则父子、兄弟、夫妇、君臣、朋友之常道"②。吕大临这里从多个层面来论"中"的内涵:一是,中是天道、天德;二是,中降而在人,人禀受天地之中,人就禀有性;三是,中无过无不及;四是,人虽然受天地之中,但是人由于气所成的形体的限制而有私意小知干扰,因而喜怒哀乐发于外之后就不齐,不中节,或过或不及,也就是偏离了"中";五是,但人天赋之"中"并未在良心之中丧失,尽良心所发,一切都与道合,也就是合乎"中";六是,在"中"与"庸"关系上,有"中"而有"庸",因为中是"道之所自出",庸是"由道而后立"。

吕大临这里就不仅仅将"中"看成是不偏不倚的状态,而就是天地之本。中是天道,是天德,道在这里是低于中的范畴。什么是"道",他说:"道之为言,犹道路也,凡可行而无不违,皆可谓之'道'也。"③假如作细微的区分,"中"是事物的本原,而"道"是流行的规律。所以,也就是说中就是道,中是道之所自出。他描述大本之中:

> 所谓中者,性与天道也。谓之有物,则不得于言;谓之无物,则必有事焉。不得于言者,视之不见,听之不闻,无声形接乎耳目而可以道也;必有事焉者,莫见乎隐,莫显乎微,体物而不可遗者也。古之君子,立则见其参于前,在舆则见其倚于衡,是何所见乎? 洋洋如在上,如在其左右,是果何物乎? 学者见乎此,则庶乎能择中庸而执之,隐微之间,不可求之于耳目,不可道之于言语,然有所谓昭昭而不可欺,感之而能应者,正惟虚心以求之,则庶乎见之,故曰"莫见乎隐,莫显乎微",然所以慎其独者,苟不见乎此,则何戒慎恐惧之有哉? 此诚之不可揜也。④

吕大临从无、有,隐、微两个角度来论说"中"的特征:其一说它有,可又不能表于言,因为视之不见,听之无闻,你得不到任何感性知识;其二说它无,它又"必有事焉",也就是一种存在,在隐微之际呈现自己。隐微之际确实非一

---

① 《礼记解·中庸第三十一》,《蓝田吕氏遗著辑校》,第 270 页。
② 《礼记解·中庸第三十一》,《蓝田吕氏遗著辑校》,第 270 页。
③ 《礼记解·中庸第三十一》,《蓝田吕氏遗著辑校》,第 272 页。
④ 《礼记解·中庸第三十一》,《蓝田吕氏遗著辑校》,第 273 页。

般认识手段所可体会,非耳目言语所可把握;但是它的存在确实是"昭昭不可欺,感之而能应",只有"虚心"也就是"慎独""诚"才可以接近它。

既然他说,"'天命之谓性',即所谓中",那么"中"降而在人的性就具有中的特性与内涵。他说:

> 天之道虚而诚,所以命于人者,亦虚而诚。故谓之性虚而不诚,则荒唐而无征;诚而不虚,则多蔽于物而流于恶。性者虽若未可以善恶名,犹循其本以求之,皆可以为善,而不可以为不善,是则虚而诚者,善之所由出,此孟子所以言性善也。①

这就将性与天道联系起来,以天道之中来论证人性无不善。保证人性为善而不为不善的原因,在于"循本"就能找到性之禀受于天地之中的最终本原、依据。如何真正实现人性之善,吕大临说是"循本","反本",反己心之本。人的本心不受形体之梏,私意所蔽,它基于"中"而能够如衡之平、如鉴之明。

> 此心自正,不待人正而后正,而贤者能勿丧,不为物欲之所迁动。如衡之平,不加以物;如鉴之明,不蔽以垢,乃所谓正也。唯先立乎大者,则小者不能夺。如使忿懥恐惧、好恶忧患一夺其良心,则视听食息从而失守,欲区区修身以正其外,难矣!②

这是讲具有"中"内涵的本心的"至灵不昧",因此也可以说"本心"就是"中"。"情之未发,乃其本心,元无过无不及……极吾中以尽天地之中,极吾和以尽天地之和,天地以此立,化育亦以此行"③。一定意义上,吾中即天地之中,吾和即天地之和。中是天道、天德,从这个意义上讲,则吕大临这里中、和万物为一的思想,就有张载"一理万殊"的内涵。

从反面来说,假如不能够体认中的内涵,学术就会失序,人伦就会无常。他评价诸子百家学说与贤不肖者之处事:

> 诸子百家,异端殊技,其设心非不欲义理之当然,卒不可以入尧舜之道者,所知有过不及之害也。疏明旷达,以中为不足守,出于天地范围之中,沦于虚无寂寞之境,穷高极深,要之无所用于世,此过之之害也;蔽蒙固滞,不知所以为中,泥于形名度数之末节,徇于耳

---

① 《孟子解·告子章句上》,《蓝田吕氏遗著辑校》,第477页。
② 《礼记解·大学第四十二》,《蓝田吕氏遗著辑校》,第377页。
③ 《礼记解·中庸第三十一》,《蓝田吕氏遗著辑校》,第273页。

目闻见之所及,不能体天地之化,达君子之时中,此不及之害也;二者所知,一过一不及,天下欲蹈乎中庸而无所归,此道之所以不行也。贤者常处其厚,不肖者常处其薄。曾子执亲之丧,水浆不入口者七日,高柴泣血三年,未尝见齿,虽本于厚,而灭性伤生,无义以节之也;宰予以三年之丧为已久,食稻衣锦而自以为安,墨子之治丧也,以薄为其道,既本于薄,及徇生逐末,不免于恩以厚之也;二者所行,一过一不及,天下欲择乎中庸而不得,此道之所以不明也。知之不中,习矣而不察者也;行之不中,行矣而不著者也,是知饮食而不知味者也。①

佛老过,而名法不及;曾子、高柴过,而宰予、墨子不及,所以,中不仅仅是大本之体、之规律、之依据,它还是规则、标准。

这一"中为道之所由出"的思想,后来受到了程颐的批评。吕大临虽然有所调整,但是他还是支持中是道体的思想。师徒谈"赤子之心",其实也是从谈"中"引来的。

> 大临云:中者道之所由出。
>
> 先生曰:中者道之所由出,此语有病。
>
> 大临云:谓中者道之所由出,此语有病,已悉所谕。但论其所同,不容更有二名;别而言之,亦不可混为一事。如所谓"天命之谓性,率性之谓道",又曰"中者天下之大本,和者天下之达道",则性与道,大本与达道,岂有二乎?
>
> 先生曰:中即道也。若谓道出于中,则道在中外,别为一物矣。所谓"论其所同,不容更有二名,别而言之,亦不可混为一事",此语固无病。若谓性与道,大本与达道,可混而为一,即未安。在天曰命,在人曰性,循性曰道。性也,命也,道也,各有所当。大本言其体,达道言其用,体用自殊,安得不为二乎?
>
> 大临云:既云"率性之谓道",则循性而行莫非道。此非性中别有道也,中即性也。在天为命,在人为性,由中而出者莫非道,所以言道之所由出也,与"率性之谓道"之义同,亦非道中别有中也。
>
> 先生曰:"中即性也",此语极未安。中也者,所以状性之体段

---

① 《礼记解·中庸第三十一》,《蓝田吕氏遗著辑校》,第276—277页。

（若谓性有体段亦不可,姑假此以明彼）。如称天圆地方,遂谓方圆即天地可乎？方圆既不可谓之天地,则万物决非方圆之所出。如中既不可谓之性,则道何从称出于中？盖中之为义,无过不及而立名。若只以中为性,则中与性不合,与"率性之谓道"其义自异。性道不可（一作可以）合一而言。中止可言体,而不可与性同德。

又曰：观此义（一作语）,谓不可与性同德,字亦未安。子居对以中者性之德,却为近之（子居,和叔之子,一云义山之字）。

又曰：不偏之谓中。道无不中,故以中形道。若谓道出于中,则天圆地方,谓方圆者天地所自出,可乎？

大临云：不倚之谓中,不杂之谓和。

先生曰：不倚之谓中,甚善（语犹未莹）。不杂之谓和,未当。[1]

吕大临认为,中与道,大本与达道,中与和不可有二。程颐认为大本是体,达道是用,体用二分,不可混二为一；性与道,大本与达道也不可混而为一。

吕大临还认为中即是性,中也就是体,所以从这一意义上说,"中者道之所由出"。程颐断然否定,认为中不是体,中只是"状性之体段",状天地的方圆不可谓天地,则状性的中不可谓性；中不是体,性才是体,"中是性之德",也就是性表现为中的属性,二者不可混为一；中也是道的体段,"道无不中",也不可谓道就出于中,这同中、性的关系一样,二者也不可混为一。

我们仔细分析,可以看出在大本之上,也就是形上之体上,吕大临与程颐是有明确区别的。吕大临以中作形上之体论,而程颐以性、道作为体看,中只是性、道不偏不倚的"体段",是属性。基于对于"中"（也就是"圣人之心"）理解不一样,吕大临与程颐在对于道、中之体认所必须具备的条件上,设定的标准是不一样的。吕大临在这一问题上,更使人有成圣的希望,因为达致"不偏不倚"的无过无不及的境地,就是"中"。人心即天心,只要求在现实的人伦日用上能够保住心的"纯一无伪",就能够实现"神明不测"的天心境界。显然,吕大临给了人们更多的期望,可以有更多信心去从事体道的事业。吕大临的"赤子之心",也就有了更多现实的意义。

关于程颐与吕大临在"中"之理解上的争论与分歧,朱熹做了一个调和。

---

[1] 《论中书》,《蓝田吕氏遗著辑校》,第495—496页。

他说：

> 或问：名篇之义,程子专以不偏为言,吕氏专以无过不及为说,二者固不同矣,子乃合而言之,何也？曰：中,一名而有二义,程子固言之矣。今以其说推之,不偏不倚云者,程子所谓在中之义,未发之前无所偏倚之名也；无过不及者,程子所谓中之道也,见诸行事各得其中之名也。盖不偏不倚,犹立而不近四旁,心之体、地之中也。无过不及,犹行而不先不后,理之当、事之中也。故于未发之大本,则取不偏不倚之名；于已发而时中,则取无过不及之义,语固各有当也。然方其未发,虽未有无过不及之可名,而所以为无过不及之本体,实在于是；及其发而得中也,虽其所主不能不偏于一事,然其所以无过不及者,是乃无偏倚之所为,而于一事之中,亦未尝有所偏倚也。故程子又曰："言和,则中在其中；言中,则今喜怒哀乐在其中。"而吕氏亦云："当其未发,此心至虚,无所偏倚,故谓之中；以此心而应万物之变,无往而非中矣。"是则二义虽殊,而实相为体用,此愚为于篇之义,所以不得取此而遗彼也。①

显然,这里问者认为程颐、吕大临一从"不偏"立言,一从"无过不及"立言,二者有其不同。朱熹则将二者结合起来论说"中"之义,这就将程颐、吕大临统一到了名虽异而实则同之上。程颐、吕大临的分歧,在理学思想后来的演进史中得到了更深层次的发展与推进。

在《中庸解》中,所述"中者道之所由出"一段没有了。但是,他提出另外一个观点,"理之所自出而不可易者,是谓之中"的思想。他说：

> 大经,庸也。大本,中也。化育,化也。莫非经也：亲亲,长长,贵贵,尊贤,其大经欤！莫非本也：致公平,极广大,不偏倚,不系累,其大本欤！莫非化也：阴阳,合散,屈伸,其化育欤！诚者,实有是理也。反而求之,理之所固有而不可易者,是谓庸。体其所固有之义,则经纶至矣。理之所自出而不可易者,是谓之中。尊其所自出,则立之至矣。理之所不得已者,是谓化育。明其所不得已之机,则知之至矣。至诚而至于此,则至诚之事尽矣,天德全矣。夫天德无所不覆者,不越不倚于物而已。有倚于物,则覆物也有数矣。由不倚,

---

① 《中庸或问上》,《四书或问》,《朱子全书》第六册,第548页。

然后积而至厚,厚则深,深则大。厚也,深也,大也,不至于天则不已。卒所以浩浩者,天而已。故非达天德,不足以知之。①

必须肯定的是,在洛学二程"涵泳义理""以理为本"思想影响下,吕大临对于二程的"天理"终于有了更深的体会与领悟。他这里将自己的"中"本与二程的"理"本联系起来,但还是坚持了自己一贯的理路。就理而言,有理之所固有而不可易者,这就是"庸";理之所自出而不可易者,这就是"中";理之所不得已者,这就是"化育"。人能明晓所不得已的化育之机,就达到了知;人之求诚而到此,就尽了至诚之事。这是说理的内涵,但是吕大临又强调了"天德",由"天德"之不倚于物,也就是"中",就可以达致博厚、深沉、旷大的境界。显然,"不倚"的"中"成为天德的同义语。

另外,洛学时期与程颐的《论中书》中,吕大临即使承认不应讲"中者,道之所由出",但他仍然认为"圣人之学,以中为大本",坚持中为形上的本原、依据,这是同他一贯的中体思想一致的。我们认为,吕大临也许会在某些具体论述中接受张载、二程的思想影响,但在追求道体并以中为体的逻辑构建中,是始终如一的,这也是他新儒学最为可贵之处。

三 仁者至诚

新儒学要实现天道、人道为一,必须提升自己的眼界与心量,这就需要理学家突破为自己形体所束缚的小我,在更高的层次来看面前的世界。因此,理学家们重视心灵的境界。吕大临认为,最高的境界就是人格完成所达致的仁者境界。人既禀宇宙天地之秀气,又是万物之最灵者。因而,人既深沉地蕴含着天道的精神层面,又是人道独立精神和理想价值的体现。② 仁者境界,正体现了人道与天道的相融与贯通。仁是人所追求的境界,也是人进行道德修养的最终目的。达到这一境界,人就不仅在精神上实现了体天下万物于一体,而且在社会实现修齐治平的社会理想,也就是内圣与外王的统一。

---

① 《中庸解》,《蓝田吕氏遗著辑校》,第492—493页。
② 张立文:《中国哲学范畴发展史》(人道篇),北京:中国人民大学出版社1995年版,第773页。

(一)境分三等

吕大临认为,仁是一种至高至周的德性。他说:"仁之为德,兼容遍体,举者莫能胜,行者莫能至。"①仁作为一种德性,含有所有道德性质的内涵。就一般的人而言,既不能将它全部列举清楚,也不能在行动上将其完备地推行。作为至高的境界与道德,吕大临说:

> 唯圣人性之,然后能不息;贤者身之,可久而已;其下随其力为至之久近也。②

依据能否持久地持有仁之德,吕大临将人分为圣人、贤人与其他人。圣人"性之",也就是能够"从心所欲,不逾矩";贤人"身之",也就是能够通过自己践履道德修养,体认到仁德的内涵,他们对于仁德也只能持续一段较长的时间罢了。比之贤人更低一层次的人,也就是一般的人(即学知之人)在能够认识到仁之可学而成的基础上,随自己修养工夫的不同,而或久或近的在一段时间里守仁。

按照这个标准,贤于颜子也只能是"'三月不违',可久也,以身之而未能性之,故久则不能不懈"③。可见,仁之为德至矣哉!仁德实现难矣哉!造成这一局面的原因,在于对所禀于天的气采取的致养之功不同。

> 君子之学,必致养其气。养之功有缓有速,则气之守有远近,及其成性,则不系所禀之盛衰。如颜子之所养,苟未成性,其于仁也,至于三月,久之犹不能无违。非欲违之,气有不能守也,则"日月至焉"者,从何如矣?若夫从心所欲,不踰矩,则其义将与天始终,无有岁月之限。故可久,则贤人之德;如圣人,则不可以"久"言。④

他认为,圣人之性全善,没有气质之性的干扰;而圣人以外的人,则受到气质之性的限制,守仁就有久有短之别。圣人在尽性的基础上,能够从心不逾矩,能够与天地相终始,而不受岁月的时间制约,因此不能用"久"这一时间来加以形容;用"久"来加以界定的,只能是贤人的境界。其实,吕大临在这里将仁之境界与圣人人格联系在了一起。这就使高明的境界,能够体现在可感

---

① 《论语解·雍也第六》,《蓝田吕氏遗著辑校》,第 438 页。
② 《论语解·雍也第六》,《蓝田吕氏遗著辑校》,第 438 页。
③ 《论语解·雍也第六》,《蓝田吕氏遗著辑校》,第 438 页。
④ 《论语解·雍也第六》,《蓝田吕氏遗著辑校》,第 438—439 页。

的人格上。吕大临在能够体仁的层次上，又将人的境界划分为三个层次。他说：

> 大而化之，则气与天地一，故其为德，自强不息，至于悠久、博厚、高明，莫之能已也。其次则未至于化，必系所禀所养之盛衰，故其为德或久或不久，孰使之然，非致养之功不能移也。如颜子所禀之厚，所养之勤，苟未至于化，虽与"日月至焉"者有间然，至于三月之久，其气亦不能无衰，虽欲勉而不违，仁不可得也。非仁之有所不足守，盖气有不能任也。犹有力者，其力足以负百钧而日行百里，力既竭矣，虽欲加以一钧之重，一里之远，而力不胜矣。①

假如说前面是从守仁的时间上、人格上来看达致仁之境界上的不同，这里就是从能否与天地相"化"，即相融通来看仁的境界。

理学家将"化"表述并界定为一种与天地万物、天道至理融为一体的精神状态，这一境界当然极为高明。张载说："《中庸》曰'至诚为能化'，《孟子》曰'大而化之'，皆以其德合阴阳，与天地同流而无不通也。"②按张载的意思，大而化之只有至诚的工夫才能实现。至诚也就是道德与天地之大化生生相合，无所不通、无所受滞。程颐则从人与理的相合来说明，他说："'大而化之'，只是谓理与己一。其未化者，如人操尺度量物，用之尚不免有差，若至于化者，则己便是尺度，尺度便是己。颜子正在此，若化则便是仲尼也。"③这是说，化就是能够体认到自己与天理合一，自己的一言一行皆合于天理。化则自己便是尺度，一切无不合于自己一心之定夺；不化则同于以尺度为工具，以尺度为工具，在量物时，便不能无差错。所以他认为，孔子才是大而化之的仁者，而颜子只能是未化。程颢则说："人之学，当以大人为标垛，然上面更有化尔。人当学颜子之学（一作事）。"④也就是说，在大人境界之上还有化这一境界。他因受周敦颐的教诲，认为应该学习颜子"乐而不忘其忧"的境界。较之程颢的思想，吕大临的思想更同于程颐。

按照理学家这种诠释，如果大人境界是"居仁由义"，也即吕大临的"身之"，那么，"化"的境界便是"即仁即义"，即"性之"的境界；颜子"至于化"，

---

① 《论语解·雍也第六》，《蓝田吕氏遗著辑校》，第439页。
② 《正蒙·神化》，《张载集》，第16页。
③ 《河南程氏遗书》卷十五，《二程集》，第156页。
④ 《河南程氏遗书》卷十二，《二程集》，第136页。

是贤人，孔子"便是化"，为圣人。孟子曾说："大而化之之谓圣"①，"夫君子所过者化，所存者神，上下与天地同流"②，很显然，理学家对于"化"之思想的挖掘与诠释，是沿袭并继承孟子的思想的。在理学理性精神的背景之下，当理学家在进一步论述"化"的境界如何形成时，他们在这一"化"的境界中增益了超理性的新的特质。关学的张载，基于其"盈天地之间者皆气"思想而重视大气之流行，经过深入、成熟的思考，他对此做了最明确的与反复的说明："《易》谓'穷神知化'，乃德盛仁熟之故，非智力所能强也"，"'穷神知化'，乃养盛自致，非思勉之能强"，"穷神知化，与天为一，岂有我所能勉哉？乃德盛而自致尔。"③而理本论的程颐，虽在形上之依据上与张载表现不同，但他也说，"'赞天地之化育'，自人而言之，从尽其性至尽物之性，然后可以赞天地之化育，可以与天地参矣。言人尽性所造如此"④。

统观张载与程颐所言，理学家认为"化"的境界是"德盛仁熟之故"，"非思勉之能强"，是"尽性所造"，而"不可只于名上理会"。也就是说，是通过高于理性的包括感性经验、认知理性在内的全部经历的精神总体。从这一理论的逻辑出发，假如主体能够达到理学家的"化"的境界，那么精神上就会自然感受到与天地同流，并且做到与"理"为一。这一"化"实际上就是吕大临与张载所说的"大其心"的境界。在这一与天地同流的境界中，所有世间的纷繁困扰，所有让人不得安宁的人间之苦与人生难题，就都不再存在。这一力量所生的大化境界，以其理性的精神内容消解了苦、消解了累，也消解了因此而生的空与无。张载说："世人取释氏销碍入空，学者舍恶趋善以为化，此直可为始学遣累者，薄乎云尔，岂天道神化所同语也哉！"⑤

"化"就是吕大临所说："变者如病始愈，以愈为乐；如迷始悟，以悟为得。及其久，则愈者安然无忧，不知所以为乐，悟者沛然自如，不知所以为得，故能纯一不杂，混混一体，无形色可求，无物我可对，然后可以谓之化。"⑥"化"是同"变"相对的，达到化，就能物我无对，纯一不杂，一体而已。这是一种乐而

---

① 《孟子·尽心章句下》。
② 《孟子·尽心章句上》。
③ 《正蒙·神化》，《张载集》，第17页。
④ 《河南程氏遗书》卷十五，《二程集》，第158页。
⑤ 《正蒙·神化》，《张载集》，第16页。
⑥ 《礼记解·中庸第三十一》，《蓝田吕氏遗著辑校》，第299页。

不知其乐、得而不知有得的至善的境界,是真、善与美统一的境界,也就是仁者天地一体的境界。

(二)仁者天地一体

孔子在他的学说中,以仁作为人之本质的规定。孟子则说"仁者爱人,有礼者敬人"①。仁作为一种品性,它是人之所以为人的根据。理学家在论证自己的思想时,无不以仁作为人的核心价值。朱熹就曾明确地说:"人之所以得名,以其仁也。言仁而不言人,则不见理之所寓;言人而不言仁,则人不过是一块血肉耳。必合而言之,方见得道理出来。"②朱熹强调了仁是人的本质,是人之所以为人的前提;人则是仁得以表现的寓所与载体,没有人,则仁就只能是一概念的存在。他认为必须将二者结合起来,才能说明人与仁的内涵与本质。

什么样才是仁者的境界呢? 吕大临从多个方面来进行阐释。他说:

> 仁者以天下为一体,天秩天叙,莫不具存。③

> 圣人之于天道,性之者也;贤者之于天道,反之者也。性之者,成性而与天无间也,天即圣人,圣人即天,从心所欲,由仁义行也,出于自然,从容不迫,不容乎思勉而后中也;反之者,求复乎性而未至也。④

仁者以天下为一体,没有己物之别。天下为一体,天下为一人。作为仁者同义词的圣人,他是尽性而知天的君子,他与天为一。圣人,即仁者,他能够随心所欲而无所违于仁义,因为他的一言一行都合于仁义,自然而然,不思不勉;而贤者只能通过自己的道德践履反求其本心所具有的善性天道,因而算不上是性之的仁者。吕大临认为仁者,是性之者;而贤者,则是反之者。所谓"性之者"是指:

> 性者,合内外之道,以天地万物为一体者也。人伦、物理,皆吾分之所固有;居仁、由义,皆吾事之所必然。物虽殊类,所以体之则

---

① 《孟子·离娄章句下》。
② 《朱子语类》卷六十一,第四册,第1459页。
③ 《论语解·颜渊第十二》,《蓝田吕氏遗著辑校》,第454页。
④ 《孟子解·离娄章句上》,《蓝田吕氏遗著辑校》,第473—474页。

一;事虽多变,所以用之则一。①

性之者,是内外合,己我同,视天地万物为一体。人伦、物理,居仁、由义都是自己分内之事。天地万物虽然从形体上看各不相同,但都是自己一体而已;事事不同,只不过天地之发用流行。又说:

> 达天德者,物我幽明,不出吾体;屈伸聚散,莫非吾用;性命之禀,虽与物同,其达乃与天一。大德必受命,则命合于性(位禄名寿,皆吾性之所能致);天命之谓性,则性合于命(我受于天,亦天所命),性命一也。圣人之于天道有性焉,则性于天道一也。②

仁者、圣人是与天相一的至者,他能够感知并体认到物我幽明、屈伸聚散。虽然他同万物一样,也从天地禀受性与命,但他却能够与天为一。圣人之命就是性,就常人而言位禄名寿只能是天命所授,而圣人、仁者则是自己德性所致,其性与命合,圣人之性与天道相合:

> 仁者,以天下为一身者也,疾痛疴痒,所以感吾恻怛怵惕之心,非有知力与乎其间也。以天下为一身者,一民一物,莫非吾体,故举天下所以同吾爱也;……仁人之心,与民同之,虽食不能饱也。③

> 仁者之于天下,无一物非吾体,则无一物忘吾爱。④

仁者在体认到天下万物莫非吾身之后,必然会在情感上一视同仁。吕大临这里与程颢有一致之处,他们都以天地万物就是一己之身,则物之疾痛疴痒必在己心产生恻怛怵惕之感受。天下同一身,则众人甚或物物皆是自己的身体,仁者也就会像爱惜自己的身体一样,爱护天地万物与众生。这一思想是同张载民胞物与理想相符合的。他进一步论证道:

> 天生人物,流行虽异,同一气耳。人者,合一气以为体,本无物我之别,故孺子将入井,人皆有怵惕恻隐之心,非自外铄也。天下无一物非我,故天下无一物不爱,我体或伤,心则憯怛,理之自然,非人私智所能为也。人而不仁,非无是心,丧是心尔。故大人自任以天下之重,匹夫匹妇有不被尧舜之泽,若己推而纳之沟中,岂勉强之所能为也?为人君止于仁,则君人者之于是也,舍仁曷以哉?心体之

---

① 《礼记解·大学第四十二》,《蓝田吕氏遗著辑校》,第371页。
② 《孟子解·尽心章句上》,《蓝田吕氏遗著辑校》,第479页。
③ 《礼记解·曲礼下第二》,《蓝田吕氏遗著辑校》,第233页。
④ 《礼记解·缁衣第三十三》,《蓝田吕氏遗著辑校》,第342页。

说,姑以为譬,若求之实理,则非譬也。体完则心说,犹有民则有君也;体伤则心憯,犹民病则君忧也。①

天下万物在一气之体的基础上,无物我之别。则必然有人子落井而生怵惕恻隐之心,因为他将人之痛视为己之体痛。并且他认为,君民之关系也应如此。为了让人明晓仁之德的内涵,他还从反面加以表述:

> 人之所以不仁,己自己,物自物,不以为同体,胜一己之私,以反乎天秩天叙,则物我兼体,虽天下之大,皆归于吾仁术之中。一日有是心,则一日有是德。
>
> 有己,则丧其为仁,天下非吾体;忘己,则反得吾仁,天下为一人。故克己复礼,昔之所丧,今复得之,非天下归仁者欤?安仁者,以天下为一人而已。②

众人之所以不能够有仁之境界,原因在于他分己物为二,以一己之私而不能体认天下之物皆己体的本质。有了私己之念,则是天人二分。而要实现仁的境界,只需克去自己心中的一己之私,将自己本心具足的天地之理崭露出来,就能够物我皆体,从而体天下之大而不遗。

(三)不诚无物

"仁"是"化","化"又与"诚"相联系。吕大临说:"变者,复之初。复于故,则一于理。圆神无滞,不知其所以然,与至诚者同之,故曰'变则化'。惟天下至诚为能化。"③"诚"是理学家共同运用的一个范畴,从某种意义上说,"诚"更能表达理学家所向往的理想人格境界与个体魅力。理学家关于人的价值追求、人性理论,最终是要培养理想的人格。一个人要培养理想人格,就必须有所追求与目标,吕大临以至诚的天地境界作为人生的最终目的。

> 诚者,理之实然,致一而不可易者也。大而天下,远而万古,求之人情,参之物理。理之所同然者,有一无二,虽前圣后圣,若合符节。理本如是,非人私智所能为,此之谓"诚"。诚,即天道也。天道自然,何勉何思,莫非性命之理而已。故诚者,天之道,性之者也;诚

---

① 《礼记解·缁衣第三十三》,《蓝田吕氏遗著辑校》,第349页。
② 《论语解·颜渊第十二》,《蓝田吕氏遗著辑校》,第454页。
③ 《礼记解·中庸第三十一》,《蓝田吕氏遗著辑校》,第299页。

之者,人之道,反之者也。①

这里是将"诚"与"理"联系起来进行分析,认为"诚"是天理的实然之状态。这一"诚"的状态,从空间、时间,还是从人情、物理而言,都是至一无二的,他强调"诚"作为天理的唯一性与真实性。另一方面,"诚"就是"天道",将"诚"同"天道"相同一,是从"诚"具有天道自然的纯一无妄性质而言的,"诚"者出乎自身之自然,无一丝做作。而同"诚者"相对应的"诚之者"则是复性,也就是必经过一番格致工夫,才可以达到"诚"者的境界。吕大临又认为"诚"的最本质的规定就是"实",他说:

> 夫诚者,实而已矣,实有是理,故实有是物。②

> 实有是理,乃有是物。有所从来,有以致之,物之始也;有所从亡,有以丧之,物之终也,皆无是理,虽有物象接于耳目,耳目犹不可信,谓之非物可也。③

"诚"具有与物相终始的重要意义,吕大临以"诚"即"实"这一属性,将"诚"与"物"相联系,达致诚的境界,物才有真正的意义,这就是"不诚无物"的内涵。所以,"诚则有物,不诚则无物矣"④。达到了"诚",就可以与天地同流而无间,就能够做到知前知后以至于神明之地,他说:

> 诚一于理,无所间杂,则天地人物,古今后世,融彻洞达,一体而已。兴亡之兆,犹心之有思虑,如有萌焉,无不前知。盖有方所,则有彼此先后之别。既无方所,彼则我也,先即后也,未尝分别隔碍,自然达乎神明,非特前知而已。

> 至诚与天地同德,与天地同德,则其气化运行,与天地同流矣。兴亡之兆,祸福之来,感于吾心,动于吾气,如有萌焉,无不前知。况乎诚心之至,求乎蓍龟而蓍龟告,察乎四体而四体应,所谓莫见乎隐,莫显乎微者也。此至诚所以达神明而无间,故曰"至诚如神"。⑤

"至诚"作为一种至高至明的境界,它能与天地同德同流。而对于万事万物之感应也必然不差不离,对于天地万物的至隐至显无所不知,也就是通晓

---

① 《孟子解·离娄章句上》,《蓝田吕氏遗著辑校》,第 473—474 页。
② 《礼记解·中庸第三十一》,《蓝田吕氏遗著辑校》,第 301 页。
③ 《礼记解·中庸第三十一》,《蓝田吕氏遗著辑校》,第 300 页。
④ 《孟子解·离娄章句上》,《蓝田吕氏遗著辑校》,第 473 页。
⑤ 《礼记解·中庸第三十一》,《蓝田吕氏遗著辑校》,第 300 页。

天地之机。这一知天知地的神秘莫测的工夫,也就是"神"。这一"神"同于张载所说,是事物神秘莫测的变化过程所表现出来的特性,它不是神鬼之神。吕大临说:"惟至诚可以交神明,然后动而为天下信。"①

"诚"作为一种理学概念具有多方面的内涵,这些内涵之不同,实际上也就是众生在其生命追求中,所表现出来的不同层次。"诚"不仅仅是一种至仁至善的美德,"诚"也不仅仅是一种与天地同德同流的高明的境界,"诚"应该是一种贯通天下的原则与规定。吕大临认为诚应该从多方面来加以展开其作为至德、至善与至实的内涵。"诚"作为一种天地之原则,它是存在于事事物物之中的。新儒家学者们没有将至诚的境界与现实的日用分离,而是在现实中统一起来。就社会的人伦关系而言,"诚"是人与人交往的内在的本质,吕大临有时以"质"来称人际交往中的原则。他说:

质具矣,而文有不足,非所谓患也。所谓质者,诚而已矣。贤贤至于改色,好善有诚矣;事亲不爱其力,孝有诚矣;事君不有其身,忠有诚矣;待朋友而不欺,交际有诚矣。四者,先立乎诚,所未学者,文耳。②

"质"是"诚",诚就是人与人交往时必须遵循的原则,这一原则是善、孝、忠、交(信)这些具体交往过程中必须具有的道德共同原则。就人之善、孝、忠、信而言,最重要的是它所内涵的诚信内容,而非外在的礼义规范与行为模式,质同文相比,质胜于文。诚是人们在日常生活交往中的内在规范:

仁者,诚于此者也。智者,明于此者也。反身而诚,知未必尽,如仲弓是也。致知而明,未必能体,如子贡是也。惟以致知之明诚其意,以反身之诚充其知,则将至于不勉而中,不思而得,故曰"仁且智,夫子既圣矣"。③

就"博"与"约"二者言,诚就是约。大临说:"为学之道,造约为功。约,即诚也。"④这是就学习过程而言的,约是博的目的,不约则杂。约即诚,则诚是学习目标与对象。儒家的学习主要是对于道德修养的追求,他们为学的主要目的是做人、成人。成人的首要问题是知天地之性,也就是天地之一理,这

---

① 《易章句·观》,《蓝田吕氏遗著辑校》,第95页。
② 《论语解·学而第一》,《蓝田吕氏遗著辑校》,第425页。
③ 《孟子解·公孙丑章句上》,《蓝田吕氏遗著辑校》,第470页。
④ 《孟子解·离娄章句下》,《蓝田吕氏遗著辑校》,第475页。

一理就内在地包含有人伦物理仁义礼智。约就是一,一就是诚,诚就是理。诚在这里,既有一以贯之的思维特点,而且应该是儒家学者学为人的最后归趋,这一归趋是知理与识仁的统一。

吕大临还认为"诚"是善性之所出。他说:"天之道虚而诚,所以命于人者,亦虚而诚。故谓之性虚而不诚,则荒唐而无征;诚而不虚,则多蔽于物而流于恶。性者虽若未可以善恶名,犹循其本以求之,皆可以为善,而不可以为不善,是则虚而诚者,善之所由出,此孟子所以言性善也。"①天道之虚,因其是无形的本体,不可通过感觉器官加以感受,道之虚是同物之实的可见可触相比较而言的;天道之诚,因天道实有其存在的天理,它不同于佛教的空与道家的无。由天道之实而不可觉,而有人之本性之善。这就将诚致于形上的本体层面,达到这一至诚的层面,实际上也就是实现了人格的完善。

就"命"与"诚"言,吕大临则说至诚可以移命。"虽命不易,惟至诚不息,亦足以移之,此大德所以必受命,君子所以不谓命也"②。命是一种存在于人生之中不可违背的客观规律,有其不容改易的客观性、敬畏性,因此一般的人只能是受命而不可违于命。但作为达到至诚境界的君子而言,他能够以至诚不息、与天地同流、万物一体的大德改变自己的命运。能够与天地同流的圣人,其前提就是达到了"至诚不息",可见诚之用大矣!这里虽然高扬的是圣人对于自己命运的自作主宰的精神,但他反映出吕大临对于人之能力的高度自信。而且,圣人的至诚移命,也正是人类社会文明得以实现的必备前提。因为,"天之神,道也,惟圣人至诚然后可与天通,此所以'设教而天下服'也"③。这就很清楚,只有达到了至诚与天通之后,圣人才能够设教化民,使天下和顺、咸服、文明。

吕大临又认为诚是达致所以然者,他说"惟诚所以能中庸"④。《中庸》中有:"中庸其至矣乎!民鲜能久矣。"这说明中庸是一种难得的精神境界,唯有圣人才能实现。但是,"君子之道,造端乎夫妇,及其至也,察乎天地。"它普通而平常地存在于匹夫匹妇之中,可是它又神而明的可以察变于天地之间,这种普通平常而又神妙莫测的大道说的是中庸费而隐的性质。可见,中庸之

---

① 《孟子解·告子章句上》,《蓝田吕氏遗著辑校》,第 477 页。
② 《孟子解·尽心章句下》,《蓝田吕氏遗著辑校》,第 480 页。
③ 《易章句·观》,《蓝田吕氏遗著辑校》,第 96 页。
④ 《中庸解》,《蓝田吕氏遗著辑校》,第 484 页。

德、之境是如何高明。达致这种境界,就是圣人。吕大临这里认为,诚是实现中庸的条件,诚也就是中庸。既然中庸造端乎匹夫匹妇之际,那么诚也就应该践行于人伦之中。高明的境界,应该落实到平实的日用之上。

四　君子如玉

新儒学的仁者境界,过于高明、过于超越而玄远。但因为它同大化流行相通,同天地之生相类,同人伦物理致一,所以虽然它是一种至上的追求,它又可以表露在一定的人格之上。吕大临除了在超越层面上对这一境界做出阐释,他还从现实的角度对这一品性加以论证,提出了君子人格。作为杰出的金石学者,吕大临在长期浸淫玩摩金石古器物中体会到了先王古贤的"古意",也真正体会到现实人格实现的主体价值。他既是一个博学的学者,也是一名自觉的儒家学人。在由周敦颐提出,程颢、程颐兄弟实践的"体孔颜乐处"的心性义理涵泳的氛围熏陶下,吕大临也有着宋明新儒家学人的共同精神追求,也就是将高明的境界与中庸的日用结合起来,从而最终完成人格的实现。

吕大临以玉作为君子的象征,因为玉的特点正是君子的最好写照。他自己也就在这一"玉譬人生"的思想论证中,挺立了自己关中清英的现实人格精神。

(一)儒者立于义理

作为自觉的孔子之道的继承者,吕大临将君子人格落实到对于儒家学人身份的认同与塑造上。他从多个方面来对儒家学者所应该具有的德性进行阐释,其实质就是将君子人格贯穿到儒者之行上。他认为,最重要的一点就是在持有理义的基础上,儒者能够以高洁特立的人格作为自己立身处世的准则。他说:

> 儒者之行,一出于理义,皆吾性分之所当为,非以自多求胜于天下也。①

---

① 《礼记解·儒行第四十一》,《蓝田吕氏遗著辑校》,第360页。

> 儒者之立,立于义理而已,刚毅而不可夺,以义理存焉。①
>
> 儒者之自信,有义理存焉。人有知不知,吾所恃者,尚论古之人而有合也;时有遇不遇,吾所守者,不丧乎本心也;志有行不行,吾所存者,不敢忘天下也。三者,义理之所在,故儒者信之,至于穷不悔,达不变,自信之笃者也。……故儒者自信之笃,凡以有忧天下之心,主于仁义而已。②

儒者之行事,行的是本性中所蕴含的理义之当为的原则,它具有客观性;儒者之立世,基于理义而有不可夺之刚毅,它具有不可侵犯之独立性;儒者之自信,自信于这种基于理义作为支撑;儒者也许会有人不理解、时有不遇、志有不行的情况,但是只要能与古圣相合、守住自己的本心、不忘天下苍生,这就够了。有了义理的自信,儒者就会处贫穷而不悔,居富达而不变,他有一颗忧天下之心。他说:

> 儒者刚毅而不可夺,则所得于天者,可得而保者也。仁义忠信有礼,皆天之所授也。忠信则不欺,不欺者人亦莫之欺也。有礼者敬人,敬人者人亦莫之侮也。忠信礼义,所以御人之欺侮,犹甲胄干橹,可以捍患也。行则尊仁,居则守义,所以自信者笃,虽暴政加之,有所不变也,自立之至者也。③

理义所包含的礼、义、忠、信都是人生来时天地所授予人之内心的。儒者在一言一行中都能够做到不违于理义,也就是持守仁、义、忠、信,就必然会在自己的内心深处生出一种不畏强者的干扰,而立于天地之间的至高至刚精神。这种高度的自信,表现了吕大临作为一个自觉的儒家学者,对于自己所论证学说的高度信奉,这种信奉使儒家学者在感情与理智上都会产生一种内在的力量。这种基于对于自己学说信奉所产生的力量,显然是一种精神上的超越,而非对于外在的物质利益的追求。

显然,吕大临是把儒家倡导的包含仁义礼智诸多道德品性于一身的天理(理义、义理),作为儒者立天下的至高准则的。本心所具的理义,体现了天道之至善至美至真,它是宇宙万物得以存在的根据,它也是人得以成为人的真正的根据。儒家认为,成人就是尽心、知性、知天,在天理流行上与天道相一

---

① 《礼记解·儒行第四十一》,《蓝田吕氏遗著辑校》,第364页。
② 《礼记解·儒行第四十一》,《蓝田吕氏遗著辑校》,第365页。
③ 《礼记解·儒行第四十一》,《蓝田吕氏遗著辑校》,第364页。

致。识天下万物莫不是一体,己就是物、物即己,天人一、内外合。

(二)道学气象

遵循孔子之道,也就是理义的儒家学人,既能够在理性基础上形成可以信奉的道德精神力量,也能够在追求大道过程中识得天理之流行,并从而体会到万物生意于己身的精神愉悦之情。这种精神愉悦,也就是"孔颜乐处"时的气象。

"气象"学说首先是由二程兄弟明确提出的,褒崇"圣贤气象"是他们倡导圣学的一个重要组成部分。"气象"的观念与中国传统的"道"观念相联系。在理学家,他们则认为天理与气象是相关联的。气象在一定的意义上代表了一个人理会了多少天理、天道。理会的天理多,就会多一分气象,理会的少,则会少一分气象。气象是天理在人之气质上的表露与呈现。二程要人观"天地生物之气象",是因为他们认为生生不已是天地之道,万物之生成长养,体现着宇宙间生命的韵律,鸢飞鱼跃,皆天理之自然。周敦颐庭前草不除去,程颢养小鱼,都是要观其中的"生"意。理学家认为,自然与社会秩序都是天理的自然流布,学者能将"自家意见"与天地之道相沟通,便会胸襟开阔,气象和平。《河南程氏遗书》就载有程颐观吕大临之气象的语录:

> 问:"人之燕居,形体怠惰,心不慢,可否?"
>
> 曰:"安有箕踞而心不慢者?昔与叔六月中来缑氏,闲居中,某尝窥之,必见其俨然危坐,可谓敦笃矣。学者须恭敬,但不可令拘迫,拘迫则难久矣。"
>
> (尹子曰:"尝亲闻此,乃谓刘质夫也。")①

这里不论是吕大临,还是刘质夫,小程认为在主体心平气和之时,便生出一种气象来。吕(刘)之气象可能过于恭敬而有陷于拘迫之嫌,因此,难以将这种气象持守很久。理学家所推崇的气象,更多的是一种舒缓的、明净的、疏朗的境界,周敦颐可以作为代表。黄庭坚曾说周敦颐:"人品甚高,胸怀洒落,如光风霁月,廉于取名,而锐于求志;薄于徼福,而厚于得民;菲于奉身,而燕及茕嫠;陋于希世,而尚友千古。"②门人刘立之说程颢:"先生德性充完,粹和

---

① 《河南程氏遗书》卷十八,《二程集》,第191页。
② 黄庭坚:《豫章黄先生文集·濂溪诗序》,民国四部丛刊本。

之气盎于面背,乐易多恕,终日怡悦。立之从先生三十年,未尝见其忿厉之容。接人温然,无贤不肖,皆使之款曲自尽。闻人一善,咨嗟奖劳,惟恐其不笃。人有不及,开导诱掖,惟恐其不至。故虽桀傲不恭,见先生,莫不感悦而化服。风格高迈,不事标饰,而自有畦畛。望其容色,听其言教,则放心邪气不复萌于胸中。"①程颢较之程颐,在气象上要和顺温然。按照学生的说法,这种气象发之行事,则使人感悦而化服。范祖禹也说程颢:"清明端洁,内直外方。"②实际上,理学家程颢之所以有这种气象,是同他能够体道明性相关联的。吕大临说:

> 先生负特立之才,知《大学》之要;博闻强识,躬行力究,察伦明物,极其所止;涣然心释,洞见道体。……其养之成也,和气充浃,见于声容,然望之崇深,不可慢也;遇事优为,从容不迫,然诚心恳恻,弗之措也。
>
> 夫位天地,育万物者,道也;传斯道者,斯文也;振已坠之文,达未行之道者,先生也。使学不卒传,志不卒行,至于此极者,天也。先生之德,可形容者,犹可道也;其独智自得,合乎天,契乎先圣者,不可得而道也。③

程颢作为儒家学人,显然不是圣人,而是理学家心目中的君子人格。这一君子人格,和气充浃,既有望之崇深的威严,又有遇事优为的从容。当然,这种崇高境界的养成与和浃气象的袒露,是同其"天下一体"的超越心境相关的。正是因为他能够从"天下一体"的角度来看物观事,所以在心理上应物而不累于物,鉴物而不留物。这种心境,是通畅的而非牵滞的,是旷远的而非逼狭的。它能够在主体的内心产生一种至乐的心理愉悦,这种心理境界形之外就是气象。它是理学家在体天理流行、大化生生、天地一体的认知基础上产生的,它既有理性的自觉,也有超越理性的心理体验。程颢自己也是有亲身体验的,他有诗:

> 云淡风轻近午天,望花随柳过前川。旁人不识予心乐,将谓偷闲学少年。④

---

① 《明道先生行状》,《河南程氏遗书·附录》,《二程集》,第330页。
② 《明道先生行状》,《河南程氏遗书·附录》,《二程集》,第333页。
③ 《哀词》,《河南程氏遗书·附录》,《二程集》,第337页。
④ 《偶成》(时作鄠县主簿),《河南程氏文集》卷第三,《二程集》,第476页。

>　　闲来无事不从容,睡觉东窗日已红。万物静观皆自得,四时佳兴与人同。道通天地有形外,思入风云变态中。富贵不淫贫贱乐,男儿到此是豪雄。①

如此看来,这种心理感受是一般人、旁人体会不到的,因为他要能够与天地万物相贯通。而实现天地万物贯通,只能是体道。吕大临也有诗:

>　　花气自来深户里,鸟声长在远林中。斑斑叶静垂新荫,曳曳丝光入素空。②

程颢是在静观中体道,吕大临则在深、远、静、素中得春意,理学家虽然反对佛老之空虚,但也还是需要静中寻得动意、生意。当然,静观生意仅仅是一种辅助手段,理学家最重要的是要实处下工夫,要能够将个人人生与社会、天地相连。

>　　村北硗田久废耕,试投嘉谷望秋成。天时地力难前料,万粒须期一粒生。③

从新儒学思想分析,万粒须期一粒生的"一粒"是人的"赤子之心","赤子之心"含有无有不善的天理人性,但是由于天时地力的不同,也还有个人努力程度的不同,而有最终不同的收成。不论如何,纵使久废未耕的不肥沃郊田,还是应该趁时节、尽人力投下嘉谷。

这当然是一种积极的人生态度,是现实的入世精神。君子人格的养成,其实就是人的价值的有意义实现。就个体自身来说,包含有内在价值与外在价值的两个方面。作为理学家的吕大临认为,人天生就有天赋的内在的创造能力和德性,但在没有表现和发挥出来之前,却只能是潜在的、可能的内在价值;内在价值必须通过人的行为活动表现出来,使其对象化,这一外在的过程会创造出符合人类社会需要的物质价值与精神价值,就称为外在价值。就个体与社会关系来说,又分为自我价值与社会价值。一般而论,个体理想人格的实现是与其在社会中承担的责任及其做出的贡献密切相关的。儒家认为,只有具有高度的社会责任感与历史使命感,为他人或社会群体做出贡献的人,才能达到个体内在价值的最高境界,实现人生的理想人格。唐末五代后

---

① 《秋日偶成》,《河南程氏文集》卷第三,《二程集》,第482页。
② 《春静》,《濂洛风雅》,《宋诗纪事》卷二十六,转引自《蓝田吕氏遗著辑校》,第601页。
③ 《北郊》,《蓝田吕氏遗著辑校》,第600页。

的北宋社会,需要重建人的精神信仰与社会的正常秩序。新儒学思想首先面对的就是这一现实的课题,他们汲取佛、老心性思想,切入传统儒家伦理内涵,而达成新的学术创新。其中一个任务,就是提供新的人格象征。君子人格,正是这一新时代背景之下的产物。

(三)如玉君子

儒家的君子人格,既是高明的也是中庸的,既是境界的也是现实的,既是超越的也是当下的。但不论是哪一方面的内涵,他最终是必须承担天地之道的。这一道不仅仅是外在的天理,它就存在于君子之内心。吕大临说:

> 君子之善与人同,合内外之道,则为德非特成己,将以成物,故君子言货色之欲,亲长之私,必达于天下而后已。①

这就将君子落实到了现实的人群之中,没有将君子人格与凡人生活拉得太开。吕大临还处于新儒学的开创初期,没有太多严苛的道德律令。因此,他能够正视并承认匹夫匹妇的现实欲、私。他认为,君子的人格魅力在于不是断绝、不言货色之欲,亲长之私,而在于他成人、成物,将欲、私推及天下万物。这在境界上是高远的,在现实上也是可行的。他又强调"反本",认为反本是入德的关键。他说:

> 君子贵乎反本。君子之道,深厚悠远而有本,故淡而不厌,简而文,温而理,本我心之所固有也。习矣而不察,日用而不知,非失之也,不自知其在我尔。故君子之学,将以求其本心之微,非声色臭味之得比,不可得而致力焉。唯循本以趋之,是乃入德之要。②

成就了君子人格,其实就是挖掘本心所具有的君子之道而已。这一君子之道,淡而不厌,简而文,温而理,也就是深厚悠远。吕大临是杰出的金石学家,他希望能够通过金石古器物来逆知古圣先贤的天地之道意。正是在长期钻研、揣摩、把玩金石基础上,他以玉譬君子,彰显了君子多方面的优秀品德。他说:

> 君子不贵难得之货,故玉之贵非以寡,碈之贱非以多也。玉者,山川至精之所融结,其德之美有似乎君子,故君子服之用之,所以比

---

① 《礼记解·中庸第三十一》,《蓝田吕氏遗著辑校》,第310页。
② 《礼记解·中庸第三十一》,《蓝田吕氏遗著辑校》,第308页。

德而贵之也。碈,石之似玉者也,似是而非,君子贱之,如紫之于朱,莠之于苗,乡愿之于德也。玉气粹精之所发,则温润而泽,如君子之仁,温厚深淳之气形诸外也。玉理密致而坚实,如君子之知,密而不疏则中理,坚而不解则可久也。金之有廉,虽利也,用之则伤;玉之有廉,虽不利也,用之则不能伤。如君子之义,其威虽若不可犯,卒归于爱人而已。玉之体重,垂之则如坠而欲下,如君子之好礼,以谦恭下人为事,故曰礼也。凡声滞浊而韵短者,石也;清越而韵长者,玉也;始洪而终杀者,金也;始终若一者,玉也:此玉之声所以与金石异也。其终诎然,所谓始终若一,所谓玉振之也者,终条理也。乐之始作翕如,至于皦如以成,歌者止如槀木,其合止皆无衰杀之渐,则君子于乐,其终诎然,如玉之声也。玉之瑜者其美也,瑕者其病也,玉之明洞炤乎内外,瑜瑕不能相掩,如君子之忠无隐情,善恶尽露而无所盖,故曰忠也。"孚尹"未详,或曰"信发于忠,谓之孚也",信也;"尹"或训为"诚",亦信也。玉之明彻,蕴于内而达于外,犹君子之信由中出也。先儒以"孚"为"浮",以"尹"为"筠",如竹箭之"筠",谓玉采色也,其文其音,既悉有改,义亦无据,恐未然也。玉之莹者,光气能达于天,所谓"气如白虹"也。韫诸石中,则光辉必见,所谓"精神见于山川"也。如君子之达于天,则与天同德;充实而有光辉,则与地同德也。玉之为璧琮,其用也,必有币以将之;玉为圭璋,特达而已,不用币也,如君子之德,无待乎外也。莫非物也,玉之为物,天下贵之;莫非道也,君子之道,天下尊之。故曰:"天下莫不贵者道也。"①

吕大临这里以玉为喻,表达了一个中心意思:"天下莫不贵者道也"。也就是君子具有玉一样的美好品德,是天地之精华,人间的极品。玉有其贵之华,君子有承道之德。他说玉有气,玉有理,玉有廉,玉有体重,玉有声,玉有瑜有瑕,玉有色,等等,可谓对玉格外钟情,颇为喜爱。他又以玉所具有的多种特性对君子人格进行类比,从多个层面揭示了君子的品德与情操。以玉之粹比君子之仁,以玉之密致坚实比君子之知,以玉之廉而不伤比君子之威而爱人的义,以玉之重而垂下比君子之好礼恭下,以玉振之声比君子之翕如皦

---

① 《礼记解·聘义第四十八》,《蓝田吕氏遗著辑校》,第417—419页。

如之乐,以玉之瑜瑕不相掩比君子之善恶尽露而无所隐的忠,以玉之蕴于内而达于外比君子之信,以玉之光辉显于外比君子之德达于天地。作为一名金石学者,吕大临以天下最贵之物状具有大德的君子。他认为,玉作为人们所贵的物品,并不在于其少,而在于玉之具有的特性。而作为君子,之所以能够得到世人的尊敬,成为天下之所贵者,也不在于其不见于世的现象,而在于君子拥有常人所不具备的品德,这一品德实际上就是君子身上所体现出来的天地之道。

因为君子身上具有如玉一样的美好品格,他仁、义、知、恭、忠、乐、信,而最重要的是他能够践行天理之大道,这些可贵的品格就蕴涵了君子独立的人格与高度的自信。君子是高峻的,他不会因自己之贫,而在人格上有所自损。吕大临说:"彼以其富,我以吾仁,彼以其爵,我以吾义,吾所慊乎哉？此在下位,所以不援上也。"①君子当然不会视财富如粪土,视功名如草芥,但他也绝不会因此而屈身事人。这正如孟子所说:"富贵不能淫,贫贱不能移,威武不能屈——此之谓大丈夫。"②君子人格,其实就是这里的大丈夫人格。

吕大临终生追求孔子之道的实现,他既寄托于三代之礼的社会再现,也努力在儒释道之间寻求至上道体的建构,但最终都必须通过自我君子人格的挺立才能彰显出来。他是优秀的金石学者,是关中张载、洛学程颢、程颐的高足,是杰出的新儒家学人,他更是清杰特立的关西英才。

---

① 《礼记解·中庸第三十一》,《蓝田吕氏遗著辑校》,第283页。
② 《孟子·滕文公章句下》。

参考文献

[宋]吕大临,陈俊民辑校.蓝田吕氏遗著辑校[M].北京:中华书局,1993.
[宋]吕大临、赵九成撰.考古图续考古图考古图释文[M].四库全书本影印,北京:中华书局,1987.
[宋]张载.张载集[M].北京:中华书局,1978.
[宋]程颢、程颐.二程集:上下[M].北京:中华书局,2004.
[先秦]荀况,[清]王先谦集解,沈啸寰、王星拱点校.荀子集解:上下[M].北京:中华书局,1988.
[秦]吕不韦,陈奇猷校释.吕氏春秋校释[M].上海:学林出版社,1984.
[秦]吕不韦,张玉春等译注.吕氏春秋译注:上下[M].哈尔滨:黑龙江人民出版社,2003.
[汉]刘安.刘文典集解,冯逸、乔华点校.淮南鸿烈集解:上下[M].北京:中华书局,1989.
[汉]扬雄,汪荣宝疏,陈仲夫点校.法言义疏[M].北京:中华书局,1987.
[魏]何晏注,[宋]邢昺疏,朱汉民整理,张岂之审定.论语注疏[M].北京:北京大学出版社,1999.
[魏]王弼,楼宇烈校释.王弼集校释:上下[M].北京:中华书局,1980.
[唐]韩昌黎.韩昌黎集[M].上海:商务印书馆,1958.
[唐]李翱.李文公集[M].上海:上海古籍出版社,1993.
[宋]石介,陈植锷点校.徂徕石先生文集[M].北京:中华书局,1984.
[宋]周敦颐,陈克明点校.周敦颐集[M].北京:中华书局,1990.
[宋]周敦颐、邵雍.太极图说通书观物篇[M].上海:上海古籍出版社,1992.
[宋]周行己,周梦江笺校.周行己集[M].上海:上海社会科学出版社,2002.
[宋]朱熹,郭齐、尹波点校.朱熹集[M].成都:四川教育出版社,1996.
[宋]朱熹,[宋]黎靖德编,王星贤点校.朱子语类[M].北京:中华书局,1986.
[宋]朱熹.四书章句集注[M].北京:中华书局,1983.
[宋]朱熹,朱杰人等主编.朱子全书[M].上海、合肥:上海古籍出版社、安徽教育出版社,2001.
[宋]陆九渊.陆九渊集[M].北京:中华书局,1980.
[宋]叶适,刘公纯等点校.叶适集[M].北京:中华书局,1961.

[宋]叶适.习学记言序目[M].北京:中华书局,1977.

[宋]陈亮,邓广铭点校.陈亮集:上下[M].增订本.北京:中华书局,1987.

[明]王阳明,吴光等编校.王阳明全集:上下[M].上海:上海古籍出版社,1992.

[明]罗钦顺,阎韬点校.困知记[M].北京:中华书局,1990.

[明]冯从吾,陈俊民、徐兴海点校.关学编(附续编)[M].北京:中华书局,1987.

[明]刘宗周,吴光主编.刘宗周全集[M].杭州:浙江古籍出版社,2007.

[清]黄宗羲,沈善洪主编.宋元学案、明儒学案,黄宗羲全集:三、四、五、六、七、八册[M].杭州:浙江古籍出版社,2005.

[元]脱脱等.宋史,二十四史[M].简体字本:43、49、50册.北京:中华书局,2000.

[宋]李焘,上海师范学院古籍整理研究室、上海师范大学古籍整理研究室点校.续资治通鉴长编[M].北京:中华书局,1986.

曾枣庄等编.全宋文[M].成都:巴蜀书社,1993.

张岱年.中国哲学大纲[M].北京:中国社会科学出版社,1982.

赵馥洁.中华智慧的价值意蕴[M].北京:中国政法大学出版社,2002.

赵馥洁.中国传统哲学价值论[M].西安:陕西人民出版社,1991.

葛荣晋.中国哲学范畴通论[M].北京:首都师范大学出版社,2001.

姜国柱、朱葵菊.中国历史上的人性论[M].北京:中国社会科学出版社,1989.

冯友兰.中国哲学史新编:上中下[M].北京:人民出版社,1999.

陈望衡.玄妙的太和之道——中国古代哲人的境界观[M].天津:天津教育出版社,2002.

袁贵仁主编.对人的哲学理解[M].郑州:河南人民出版社,1994.

陈其泰、郭少川、周少川编.二十世纪中国礼学研究论文集[M].北京:学苑出版社,1998.

宋志明、向世陵、姜日天.中国古代哲学研究[M].北京:中国人民大学出版社,1998.

周桂钿.中国传统哲学[M].北京:北京师范大学出版社,1990.

张立文.中国哲学逻辑结构论[M].北京:中国社会科学出版社,1989.

张立文.中国哲学范畴发展史:天道篇[M].北京:中国人民大学出版社,1988.

张立文.中国哲学范畴发展史:人道篇[M].北京:中国人民大学出版社,1995.

张立文.宋明理学逻辑结构的演化[M].台北:万卷楼图书有限公司,1993.

张立文.宋明理学研究[M].北京:人民出版社,2002.

张立文.正学与开新——王船山哲学思想[M].北京:人民出版社,2001.

张立文.朱熹思想研究[M].北京:中国社会科学出版社,2001.

张立文.走向心学之路——陆象山思想的足迹[M].北京:中华书局,1992.

张立文主编.道[M].北京:中国人民大学出版社,1989.

张立文主编.心[M].北京:中国人民大学出版社,1993.

张立文主编.性[M].北京:中国人民大学出版社,1996.

李泽厚.中国古代思想史论[M].北京:人民出版社,1985.

任继愈.中国哲学史论[M].上海:上海人民出版社,1981.

冯友兰.中国哲学史[M].上海:华东师范大学出版社,2000.

冯友兰.中国哲学史新编[M].北京:人民出版社,1998.

崔大华.儒学引论[M].北京:人民出版社,2001.

韩强.儒家心性论[M].北京:经济科学出版社,1998.

成中英.合内外之道——儒家哲学论[M].北京:中国社会科学出版社,2001.

唐凯麟、张怀承.成人与成圣——儒家道德伦理精粹[M].长沙:湖南大学出版社,1999.

韩钟文.中国儒学史(宋元卷)[M].广州:广东教育出版社,1998.

侯外庐主编.中国思想通史(第四卷,上、下)[M].北京:人民出版社,1956、1960.

章权才.宋明经学史[M].广州:广东人民出版社,1999.

方东美.新儒家哲学十八讲[M].台北:黎明文化事业股份有限公司,1983.

侯外庐、邱汉生、张岂之主编.宋明理学史(上卷)[M].北京:人民出版社,1984.

潘富恩、徐洪兴主编.中国理学(第一卷)[M].上海:东方出版中心,2002.

蒙培元.理学范畴系统[M].北京:人民出版社,1989.

蒙培元.理学的演变[M].福州:福建人民出版社,1984.

贾顺先.宋明理学新探[M].成都:四川人民出版社,1987.

陈来.宋明理学[M].沈阳:辽宁教育出版社,1991.

朱汉民.宋明理学通论[M].长沙:湖南教育出版社,2000.

牟宗三.性体与心体:上中下[M].上海:上海古籍出版社,1999.

龚杰.张载评传[M].南京:南京大学出版社,1996.

姜国柱.张载的哲学思想[M].沈阳:辽宁人民出版社,1982.

陈俊民.张载哲学思想及关学学派[M].北京:人民出版社,1986.

丁为祥.虚气相即——张载哲学体系及其定位[M].北京:人民出版社,2000.

潘富恩、徐余庆.程颢程颐理学思想研究[M].上海:复旦大学出版社,1988.

徐远和.洛学源流[M].济南:齐鲁出版社,1987.

刘象彬.二程理学基本范畴研究[M].开封:河南大学出版社,1987.

卢连章.程颢程颐评传[M].南京:南京大学出版社,2001.

庞万里.二程哲学体系[M].北京:北京航空航天大学出版社,1992.

河南省社会科学院(哲学研究所、中州学刊编辑部)编.二程思想研究文集[M].郑州:河南人民出版社,1986.

［英］葛瑞汉,程德祥等译.中国的两位哲学家——二程兄弟的新儒学[M].郑州:大象出版社,2000.

陆建猷.四书集注与南宋四书学[M].西安:陕西人民出版社,2002.

何炳松.浙东学派溯源[M].桂林:广西师范大学出版社,2004.

陈永革.儒学名臣——刘宗周评传[M].杭州:浙江人民出版社,2005.

吴光.天下为主——黄宗羲评传[M].杭州:浙江人民出版社,2008.

周梦江.叶适与永嘉学派[M].杭州:浙江古籍出版社,1992.

文碧芳.关洛之间——以吕大临思想为中心[M].北京:中华书局,2011.

李如冰.宋代蓝田四吕及其著述研究[M].北京:人民出版社,2012.

陈海红.吕大临理学思想研究——兼论浙东学派的学术进程[M].杭州:浙江工商大学出版社,2013.

陈海红.乱世君子——理学大家张履祥评传[M].北京:中国民主法制出版社,2012.

图书在版编目(CIP)数据

吕大临评传/陈海红著. —西安：西北大学出版社，2014.12

(关学文库/刘学智，方光华主编)

ISBN 978-7-5604-3535-0

Ⅰ.①吕… Ⅱ.①陈… Ⅲ.①吕大临（1040~1093）—评传 Ⅳ.①B244.995

中国版本图书馆 CIP 数据核字(2014)第 305746 号

出 品 人	徐 晔 马 来
篆 刻	路毓贤
出版统筹	张 萍 何惠昂

吕大临评传　陈海红 著

责任编辑	张 萍　　装帧设计　泽 海
版式统筹	刘 争
出版发行	西北大学出版社
地　　址	西安市太白北路 229 号　　邮　编　710069
网　　址	http://nwupress.nwu.edu.cn　　E－mail　xdpress@nwu.edu.cn
电　　话	029-88303593　88302590
经　　销	全国新华书店
印　　装	陕西向阳印务有限公司
开　　本	720 毫米×1020 毫米　1/16
印　　张	20.5
字　　数	320 千字
版　　次	2015 年 1 月第 1 版　2016 年 3 月第 2 次印刷
书　　号	ISBN 978-7-5604-3535-0
定　　价	42.00 元